赵匡胤

从黄袍加身到金匮之盟

张三迟 著

北京理工大学出版社
BEIJING INSTITUTE OF TECHNOLOGY PRESS

版权专有　侵权必究

图书在版编目（CIP）数据
赵匡胤：从黄袍加身到金匮之盟 / 张三迟著.
北京：北京理工大学出版社，2025.5.
ISBN 978-7-5763-5119-4
Ⅰ．K827=441
中国国家版本馆 CIP 数据核字第 2025TN2902 号

责任编辑：李慧智		**文案编辑**：李慧智	
责任校对：王雅静		**责任印制**：李志强	

出版发行 ／ 北京理工大学出版社有限责任公司
社　　址 ／ 北京市丰台区四合庄路 6 号
邮　　编 ／ 100070
电　　话 ／（010）68944451（大众售后服务热线）
　　　　　　（010）68912824（大众售后服务热线）
网　　址 ／ http://www.bitpress.com.cn

版 印 次 ／ 2025 年 5 月第 1 版第 1 次印刷
印　　刷 ／ 天津睿和印艺科技有限公司
开　　本 ／ 880 mm × 1230 mm　1/32
印　　张 ／ 15.5
字　　数 ／ 372 千字
定　　价 ／ 98.00 元

图书出现印装质量问题，请拨打售后服务热线，负责调换

读懂赵匡胤,方能读懂宋朝史。

从黄袍加身到金匮之盟,赵匡胤的一生可谓充满了谜团,也充满了误解。

他出身平凡,资质平平,没有家世,也没有背景,为何能在五代乱世末年迅速崛起,并一举成为后周禁军的最高统帅?

陈桥兵变到底是蓄意的图谋,还是意外的叛乱?

他深得皇帝信任,堪称国之栋梁,为何一朝陈桥兵变,就黄袍加身?赵匡胤又是如何做到兵不血刃、市不易肆就改朝换代的?

赵匡胤究竟是篡夺皇位的逆臣,还是服膺天命的真龙?

五代十国,兵连祸结,武将跋扈,藩镇强权,赵匡胤靠什么除腹心之患,罢肢体之疾,避免二代而亡的命运?

宋朝初兴,强敌环伺,天下未靖,江山未宁,赵匡胤如何运筹帷幄之中,决胜千里之外,统一大半个中国?

杯酒释兵权到底是泽被后世,还是遗患无穷?

悬科取士,天子门生,看赵匡胤如何崇文抑武、躬亲临试,开启两宋声明文物之治。

龙有逆鳞，狼有倒刺，看赵匡胤怎样刚柔兼济、恩威并施，展现帝王驾驭群臣之术。

赵匡胤究竟是允文允武的明君，还是积贫积弱的祸首？

他出师未捷，五十而崩，英年早逝，柱斧斫雪，烛影摇动，"烛影斧声"遂成千古谜团。

他韬光养晦，一人之下，万人之上，兄终弟及，荣登大宝，"金匮之盟"引发后世质疑。

赵匡胤到底是暴病不治而亡，还是死于兄弟之手？

读罢此书，相信你能尽释对宋太祖的误读，认识一个真正的赵匡胤。

目录

楔子		/ 001
第一章	闯荡江湖	/ 007
第二章	名将郭威	/ 016
第三章	命运转折	/ 024
第四章	真命天子	/ 034
第五章	高平之战	/ 042
第六章	目标淮南	/ 053
第七章	一战成名	/ 064
第八章	英雄相惜	/ 076
第九章	一龙二虎	/ 086
第十章	限佛运动	/ 094

第十一章	壮志未酬	/102
第十二章	山雨欲来	/112
第十三章	黄袍加身	/124
第十四章	兵不血刃	/131
第十五章	权力交接	/136
第十六章	枪打出头鸟	/146
第十七章	御驾下扬州	/156
第十八章	谋定后动	/164
第十九章	假道伐虢	/171
第二十章	蜀道艰难	/184
第二十一章	剑门险阻	/195
第二十二章	英雄难过美人关	/205
第二十三章	意想不到的事件	/210
第二十四章	邻里内斗	/216
第二十五章	负隅顽抗	/223
第二十六章	水淹太原	/231

第二十七章	兵发岭南	/240
第二十八章	秘密武器	/251
第二十九章	杯酒释兵权	/258
第三十章	腹心之患	/266
第三十一章	肢体之疾	/280
第三十二章	三大纲领	/285
第三十三章	全面削藩	/294
第三十四章	小小知县不好惹	/304
第三十五章	半部《论语》治天下	/312
第三十六章	小心眼的大宰相	/321
第三十七章	真正的对手	/331
第三十八章	坐山观虎斗	/339
第三十九章	冒牌的海货	/347
第四十章	蚍蜉撼大树	/357
第四十一章	一心事中原	/364
第四十二章	长江天堑变通途	/377

第四十三章	金陵王气黯然收	/ 386
第四十四章	东风不与江南便	/ 394
第四十五章	一片降幡出石头	/ 401
第四十六章	曲终人散	/ 407
第四十七章	外交风云	/ 414
第四十八章	战无不胜	/ 425
第四十九章	天子门生	/ 432
第 五 十 章	允文允武	/ 445
第五十一章	龙有逆鳞	/ 453
第五十二章	烛影斧声	/ 465
第五十三章	金匮之盟	/ 476

楔子

罗贯中在《三国演义》中一语道破中国数千年历史分合之象：

话说天下大势，分久必合，合久必分：周末七国分争，并入于秦；及秦灭之后，楚、汉分争，又并入于汉；汉朝自高祖斩白蛇而起义，一统天下，后来光武中兴，传至献帝，遂分为三国。

让我们遵循罗贯中的思路，继续追踪天下统一与分裂的轨迹。

三国鼎立而归于晋，晋室南迁，五胡入华，十六国轮番登台，南北朝并立百余年，天下终统于隋唐。

三百年后复大乱，五代十国你方唱罢我登场，终由宋室结束乱象，臻于大治。

迄至元、明、清三代，中华再无大分裂。直至列强侵华，王朝崩塌，又有军阀割据，混战不已。近百年前，华夏最后一个乱世方告终结。

分裂割据总是与战争、动荡、混乱、灾难相生相伴，哀鸿遍野，生灵涂炭，百姓生活在水深火热之中。但越是乱世，越容易诞生改变历史的风云人物,越容易发生激动人心的英雄故事。毫无例外的是,再长久的分裂也会归于统一。本书讲述的就是从分裂到统一、从乱世到治世的故事,故事的主角是一个为人熟知的英雄,大宋王朝的开国皇帝——赵匡胤。

一讲到赵匡胤,人们总是习惯将他跟其他开国皇帝和著名帝王相提并论,比如"秦皇汉武,唐宗宋祖"。但在很多人看来,赵匡胤跟秦始皇、汉武帝、唐太宗,乃至明太祖、明成祖,还是有不小差距。赵匡胤既不配与这些帝王平起平坐,也配不上"雄才大略"这样的评价。甚至有人认为,赵匡胤的历史地位被抬举得太高了。

围绕赵匡胤的非议确实非常之多。有的人认为他欺负孤儿寡母,靠兵变篡位,得国不正;有的人认为他开创的王朝国力不强、疆域不广,不算大一统王朝;有的人认为他以文制武,守内虚外,外战外行,导致宋朝屡遭屈辱……"忘恩负义""积贫积弱""重文轻武"……这些都成了赵匡胤甩不掉的标签,似乎宋朝的一切问题都是他这个开国皇帝导致的。

然而,事实果真如此吗?赵匡胤真的是一个被吹嘘得过高的皇帝吗?你真的读懂赵匡胤了吗?

其实,很多贴在赵匡胤身上的标签都是后来人的误读,真正的赵匡胤绝不是一个平面的、刻板的脸谱化人物,而是多面的、生动丰满的角色——他不但是皇帝,也是儿子、兄长、丈夫和父亲。

读完这部书,相信你会对赵匡胤有不同的认识。而要想读懂赵匡胤,就必须回到他成长的那个时代——五代十国。

五代十国,是对中原地区五个前后交替的朝代和同时期前后并存的十个割据政权的合称。五代是后梁、后唐、后晋、后汉、后周,十国是前蜀、后蜀、吴、南唐、吴越、南汉、楚、南平(荆南)、闽、北汉。从907年唐朝灭亡算起,到979年宋朝灭掉北汉,共历时七十二年。

但至少在907年前的数十年,由于藩镇割据,唐王朝已经名存实亡了,分裂的主旋律大概从唐末(约820年)开始,直至宋初(约979年)才宣告终结,持续了近一百六十年。

作为最负盛名的分裂时期,五代十国的乱世名副其实。后世对这个时代的评价,几乎众口一词:人性堕落、道德沦丧、杀父弑君、兄弟阋墙、礼崩乐坏、武夫当道……

这个时代到底有多混乱?不妨用数据说话,如表0-1所示:

表0-1 五代十国国运简表

序号	朝代	统治年代	统治年数	皇帝数	平均在位年数	非正常死亡数	非正常死亡比例
1	后梁	907—923年	16	3	5.3	3	100%
2	后唐	923—936年	13	4	3.3	3	75%
3	后晋	936—947年	11	2	5.5		
4	后汉	947—950年	3	2	1.5	1	50%
5	后周	951—960年	9	3	3		
	合计/平均		52/10.4	14	3.7	7	50%
1	吴	902—937年	35	4	8.8	2	50%
2	南唐	937—975年	38	3	12.7		
3	前蜀	907—925年	18	2	9		
4	后蜀	934—965年	31	2	15.5		
5	闽	909—945年	36	6	6	4	67%
6	楚	927—951年	24	6	4	1	17%
7	南汉	917—971年	54	4	13.5	1	25%
8	荆南(南平)	924—963年	39	5	7.8		

续表

序号	朝代	统治年代	统治年数	皇帝数	平均在位年数	非正常死亡数	非正常死亡比例
9	吴越	907—978年	71	5	14.2	1	20%
10	北汉	951—979年	28	4	7	1	25%
	合计/平均		374/37	41	9.1	10	24%

注：上述政权所统治年代的起始时间均以建国号的时间为准，始终未建国号者（如南平、吴越）以其统治者被中央政权封王的时间为准。

由此表可见，中央政权在五十二年间换了五个国号，每个朝代的平均存在时间只有十年多一点，"皇帝轮流做，今年到我家"的说法在这里得到完满印证。

不管出身如何、姓甚名谁，不管是华夏子孙，还是异族后裔，只要你有实力、有兵马，就可以问鼎中原、争霸天下。正如五代军阀安重荣所言："天子，兵强马壮者当为之，宁有种耶！"

当然，做皇帝并不意味着高枕无忧，恰恰相反，这表明你的屁股已经坐到了火山口上。据统计，中原在那五十三年间虽然共有十四个幸运儿过了一把皇帝瘾，但每个人的平均在位时间还不到四年。放到现在，这么短的时间连大学都没毕业。

更令人痛心的是，把你拉下马的或许不是你的死对头，而是你最亲近的人——可能是你的儿子，可能是你的手足，可能是你的得力部将或亲密战友。越是亲近的人，就越有可能要了你的性命、夺了你的皇位，所有人都不可不防。

不可不防，可终究防不胜防；即便日防夜防，仍然是家贼难防。十四位皇帝中，以篡夺的方式登上帝位的有七人；七人中，又有五人是通过弑杀父兄夺权的。都有谁呢？图0-1直观地反映了五代帝王世系的传承关系。

图0-1 五代帝王关系图

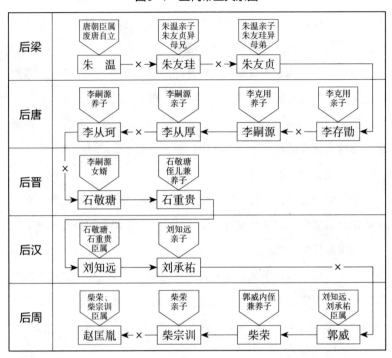

注：图中的×表示被下一任皇帝弑杀或篡位。指使他人杀害皇帝、逼迫皇帝自杀、制造兵变、迫使皇帝禅让等情形均被视为弑杀或篡位。

1.后梁：朱温建梁，912年被朱友珪弑杀；朱友珪登基，913年被朱友贞弑杀；朱友贞登基，923年被后唐李存勖灭国，后自杀。

2.后唐：李存勖建唐，926年因李嗣源叛乱，李存勖死于乱军之中；李嗣源即位，933年李从荣欲武力夺位，事败被杀，李嗣源闻讯惊逝；李从厚即位，934年被李从珂弑杀；李从珂登基，936年被石敬瑭所攻，而后自杀。

3.后晋：石敬瑭建晋，942年忧郁而死；石重贵即位，被契丹灭国后投降，于947年病死。

4.后汉：刘知远建汉，948年病逝；刘承祐即位，郭威兵变，刘承祐死于乱军之中。

5.后周：郭威建周，954年病逝；柴荣即位，959年驾崩；柴宗训即位，960年被迫禅位给赵匡胤。

五代乱成一片，南方的割据政权也不甘寂寞。虽说地盘不大、国力不济，但在权力斗争和篡夺行为上，其激烈程度丝毫不亚于中原大地，几乎每个政权都上演着相似的情节。

这是一个"篡夺—被篡夺—再篡夺"的生死循环，一个充斥着野心、阴谋和背叛的权力游戏，游戏的唯一规则就是实力。

依靠武力和阴谋取得皇位的人，最终也逃不过被人赶下台的命运。在这场反复循环的历史闹剧中，没有谁是永远的胜利者。

你方唱罢我登场，武力争斗几时休？

换一个角度看，五代十国虽乱，却乱中有治。这个时代既是对唐末藩镇割据现象的加剧和发展，又是对这一混乱局面的整合和终结。

从朱温篡唐到郭威代汉，五代相继，十国并立，征战不已。经过数十年大鱼吃小鱼、小鱼吃虾米的生存竞赛，地方割据势力被不断削弱，中央政权实力不断增强。此消彼长之下，中央政权在实力上始终保持着对地方割据势力的优势，这与唐末"只知有藩镇不知有天子"的形势形成了鲜明对比。

物极必反，乱极趋治，再加上人心所向，统一的趋势已经不可阻挡了。

这时候的华夏大地需要一个英雄——一个具有战略眼光，能够顺应历史潮流、整合所有资源和有利因素来完成统一使命的领袖，他不仅要结束五代十国的分裂，还要缔造更伟大的功绩，开创更灿烂的文明。

幸运的是，这是一个英雄辈出的时代，一个注定不缺乏豪杰的时代。看似漫无边际的黑暗边缘，已经绽出一丝晨曦的光亮，带给绝望中的人们希望。而这希望的起点，是从一个特定的年份开始的。

第一章　闯荡江湖

传奇，从一声啼哭开始。

后唐天成二年（927年）二月十六日，一声响亮的啼哭划破静谧的夜空，一名男婴在洛阳夹马营的一处宅院呱呱坠地。

喜得贵子的男主人名叫赵弘殷，他给自己的孩子取了一个响亮的名字：赵匡胤。

匡，匡扶社稷；胤，子孙相承。

从"赵匡胤"这个名字中，我们完全可以感受到这位父亲对孩子所寄予的期望。可这个时候的赵弘殷一定不会想到，这个新生的婴孩和他伟大的名字都将被载入史册，被后人仰望。

在正式介绍第一男主角前，先来认识一下他的父辈们。

赵朓，赵匡胤的高祖父，娶妻崔氏。赵朓"以儒学显"，唐朝时历任永清、文安、幽都三县县令。正是赵朓为赵氏家族奠定了官宦世家之基。

赵珽，赵匡胤的曾祖父，娶妻桑氏，"历藩镇从事，累官兼御史中丞"。唐末官制混乱，这里的"兼御史中丞"不是什么高官，只是藩镇幕僚兼领的中央虚职，除了好看好听之外，没有任何用处，所以赵珽仍然是一名低级幕僚。

赵敬，赵匡胤的祖父，娶妻刘氏，"慷慨有大志"，历任营州、蓟州、涿州三州刺史。刺史乃一州之长，这个级别足以光耀赵家门楣。赵氏历经三代、百余年的奋斗，终于成为当地较有声望的家族。

赵氏世居涿州（今河北涿州），与幽州（今北京）毗邻。据史料记载，赵氏从赵朓开始"以儒学为业"，祖孙三代"累代仕宦"。但他们靠的不是科举入仕，而是依附于"河朔三镇"之一的卢龙节度使（又称范阳节度使、幽州节度使，驻地幽州），这一点可从赵氏三代的任职地点都在卢龙镇下，以及赵朓直接出任幽都令等信息推断出来。

在当时的形势下，朝廷没有权威，藩镇才是历史舞台的主角。一个人想要安身立命、建功立业，都离不开藩镇这个平台，所以老赵家的选择是十分务实的。

赵氏家族的成功之路走到赵敬这一代，遇到了一个重要的转折点。

唐光化二年（899年），卢龙节度使刘仁恭跟强大的朱温火拼惨败，自此一蹶不振。刘仁恭的下属赵敬眼见靠山不稳，为避覆巢之祸，忍痛放弃了工作，举家搬迁到保州（今河北保定）丰归乡东安村，他的儿子赵弘殷就出生在这里。

赵氏搬迁到保州后，家道中落，沦为庶民，赵弘殷自然无法沿袭父辈的入仕之路。他喜欢武艺，年轻时就练就了一身功夫，尤其擅长骑射。凭借这一优势，赵弘殷投入镇州王镕（原成德军节度使，被朱温封为赵王）麾下。由于作战骁勇，屡立战功，赵弘殷颇受王镕赏识，不仅工作稳定、衣食无忧，还解决了老婆问题，娶了定州人杜氏（即后来的昭宪太后）为妻。

可惜王镕这人缺乏远见，只满足于当一个小小的藩镇之主，周旋于各大强敌之间。久而久之，赵弘殷便觉得跟他混没什么前途。一次偶然的机会，赵弘殷奉王镕之命，率五百骑兵驰援正与朱温（后梁太祖）交战的李存勖（后唐庄宗）。由于赵弘殷增援及时，他本人又骁勇善战，因此得到了李存勖的赏识，被他纳入麾下，留在禁军任职，赵弘殷因此举家搬迁至后唐都城洛阳，住在夹马营一带，并在这里迎来了第三个孩子的出生。

新老板比前任老板强得多，甚至一度统一了大半个中国，赵弘殷的前途似乎一片光明。可命运实在弄人，李存勖因为宠幸宦官伶人，没几年就垮台了，中原再度陷入混乱。此后短短二十年间，中原王朝三易其号，七位皇帝轮番登台。赵弘殷一直在禁军工作，却得不到历任老板的赏识，仕途不顺，加上不会搞钱，因此经济十分拮据，生活也很窘迫。这段经历给他的孩子们留下了深刻的印象，以致赵匡胤当了皇帝后还经常回忆儿时的艰苦时光。

然而赵弘殷为人正直厚道，与妻子感情融洽，也非常重视孩子们的教育。尽管生活不富裕，但夫妻两人齐心协力，尽最大的努力去呵护和教养孩子，为孩子们的成长提供了良好的家庭环境，也为赵匡胤造就了健全的人格。

在父母的呵护下，生逢乱世的赵匡胤难能可贵地拥有了一个无忧无虑的童年。他热衷于与小伙伴们玩打仗游戏，尤其钟爱一匹小石马，经常扮作骑着骏马、威风凛凛的将军，指挥"士兵"作战。

驰骋疆场，勇冠三军，这或许就是少年赵匡胤的理想吧！

与很多年少成名的天才不同，赵匡胤早年的成长经历可谓波澜不惊。936年，后晋攻入洛阳，后唐灭亡，效力禁军的赵弘殷随之换了新老板——著名的"儿皇帝"石敬瑭。

不久后，后晋迁都汴京（今河南开封），十岁的赵匡胤随父亲离开洛阳，来到新帝都，开启了自己的少年生活，也为开封这座城市开启了一段辉煌的历史。

944年，赵匡胤十七岁，在父母之命、媒妁之言的安排下，他娶了一个门当户对的媳妇——他父亲的同僚贺景思的长女贺氏，结束了单身的生活。

成家之后，赵匡胤过了一段逍遥自在的生活。父母健在，弟妹尚幼，妻子贤惠，闲来无事便和伙伴们骑马射箭、习武打拳、斗鸡走狗，生活无忧无虑，还练就了一身好武艺。他刀枪棍棒，无一不精，拳脚功夫，无一不通，据说还开创了"太祖长拳"。

但日子一长，赵匡胤就开始厌倦这种生活。窘迫的家境、操劳的父母、身无长物的自己——堂堂七尺男儿，不能为二老分忧解难，只知啃老度日，岂不令人汗颜！彼时的赵匡胤夜夜辗转难眠，不断思考着自己的人生：大丈夫理应胸怀大志，图谋建功立业；而自己空有一身好武艺，却无用武之地！赵匡胤左思右想，下定了决心：至少要像父亲一样驰骋沙场、为国征战，才不枉此生！

当这种思考不断深入时，一个大胆的想法突然冒了出来：世界那么大，我想去看看！

心动不如行动，决定追求梦想的赵匡胤毅然辞别父母与妻子，离开了这个虽不富裕却很温暖的家——好男儿志在四方，他要外出闯荡！

赵匡胤没写过回忆录，也没写过游记之类的文字，史料对他早年的经历记载更是语焉不详，因此我们只能从有限的资料中大体勾勒出他当年的游历路线。

"游历"这种说法其实就是史书为了照顾皇帝的面子，赵匡胤这段离家在外的经历，用"流浪"来形容其实更为恰当——他不是旅游观光的贵公子，也不是行万里路的秀才，而是一名外出务工人员，一个追寻梦想的青年。

离开汴京后，赵匡胤选择了向西溯黄河而上。

走在黄河古道上，看见河水滔滔，奔腾不息，浩荡东去，赵匡胤不禁受到了极大鼓舞：男子汉大丈夫就该像这气势磅礴的黄河一般，不管前方有多少艰难险阻，都毫不惧怕，永不止步！哪怕千回百转，哪怕翻山越岭，依然奔着大海而去，向着那个最终目标坚定地前进。

在初出茅庐的赵匡胤看来，这个世界到处都是机会。自己年轻力壮，敢打敢拼，又有绝世武艺傍身，只要遇到独具慧眼的伯乐，建立一番功业，自然不在话下。

然而理想很丰满，现实很骨感。离家出走数月后，赵匡胤的盘缠花光了，工作却没着落，成了个身无分文的穷光蛋，只得风餐露宿、流落街头。实在饿极了，赵匡胤有时还会放下脸面向沿途的人家讨要，有时甚至会挖些野菜凑合来填饱肚子；实在没穿的，衣服脏了破了，也只得将就着继续穿。那时候的赵匡胤面有菜色、衣衫褴褛，一副丐帮弟子形象。

在家靠父母，出门靠朋友——无依无靠的赵匡胤突然想起了这句话。父亲在禁军打拼多年，有不少故旧好友，其中不乏坐镇一方的大员，自己或许可以到他们那里去碰碰运气，于是他转而南下，继续找寻属于自己的机会。

后汉乾祐年间的一天，复州（今湖北仙桃）防御使王彦超的府上来了一位不速之客。对方自报家门——乃故人赵弘殷之子。

王彦超见到来人，着实吃了一惊。赵弘殷曾和他同在禁军任职，也是一条汉子，但眼前这个风尘仆仆的落魄青年实在不像他的儿子。

这个落魄青年正是赵匡胤。他看出对方的疑惑，便如实地讲述了自己的经历。王彦超还算热情，赵匡胤也不客气，提出想让他帮自己在复州谋一份差事。

这个请求并不过分，毕竟王彦超作为复州的一把手，帮人安排个工作还是不在话下的。可他打心底里不喜欢甚至有点瞧不起赵匡胤，好酒好肉招待几天后，王彦超就给了赵匡胤一些银子并说道："贤侄对不起，我就不留你了。"

话都说到这个份儿上，就没必要赖着不走了。赵匡胤深鞠一躬，离开了复州。

老到的王彦超对自己的送客方式十分满意——既盛情款待，尽了地主之谊；又给了对方面子，做到仁至义尽。想来，赵匡胤也不会怪罪自己。

被扫地出门的赵匡胤没有忘记王彦超拒而不纳的薄情。十多年后，当命运逆转，赵匡胤荣登帝位时，他仍然没有忘记这段经历——毕竟被人瞧不起的滋味总是不好受的，何况是"龙游浅水遭虾戏，虎落平阳遭犬欺"。

其实赵匡胤或许应该感谢王彦超，毕竟如果不是这次被拒绝引起的"蝴蝶效应"，一切就会是另一番光景，他的人生可能朝着完全不同的轨迹发展。或许，这就是天意吧！

投靠故人的算盘落空后，赵匡胤只好继续在湖北境内游荡，希望能有一张"馅饼"从天而降。他不相信，天下之大，他赵匡胤竟找不到一展抱负的安身立命之所。

可能老天爷也觉得赵匡胤可怜，决定给他一个小小的机会。

同在湖北境内的随州（今湖北随州）刺史董宗本也是赵弘殷故交，赵匡胤尽管上次被熟人拒绝，心里很不痛快，但他还是硬着头皮上了董宗本的门。

这一回,赵匡胤确实遇到了好人。得知老朋友的儿子不远千里前来投靠,董宗本十分热情,当即让他住到了自己家里,并承诺给他安排一份工作。赵匡胤深受感动,开始憧憬在随州开创一番属于自己的事业。

董宗本确实在积极帮助赵匡胤,但他的儿子董遵诲不以为然。

董遵诲时任随州牙校,虽没读过多少书,却颇有韬略,兼武艺绝伦,射术高明,为人颇为自负。由于两人年龄、特长均相近,董遵诲对穷困潦倒的赵匡胤抱有一种排斥甚至鄙视的心理,时常在赵匡胤面前展示自己的优越感。

寄人篱下的赵匡胤尽量控制情绪,不跟董遵诲起正面冲突。但他毕竟年轻气盛,有时也不给对方留面子,两人几次谈论兵事,都是董遵诲理屈词穷,狼狈败北。

一天,董遵诲问赵匡胤:"赵兄,我昨晚做了一个怪梦,梦中看到城上紫云如盖,又梦见一条长达百尺的黑蛇化作飞龙腾空而去,周身电闪雷鸣相随。你看我这个梦是何征兆?"

《宋史·董遵诲传》将这个梦解释为赵匡胤是真龙天子的启示,但结合上下文分析,这段故事更像董遵诲用"黑蛇化龙"的梦境来隐喻自己将来会飞黄腾达。这当然是一种炫耀,只不过"预测"错了对象而已。

对于这种炫耀,赵匡胤选择避而不答。他自尊心极强,可以忍受流浪时的风餐露宿、居无定所,可以忍受别人对他不闻不问、漠不关心,却无法忍受别人践踏自己的尊严。董遵诲的仗势欺人让赵匡胤倍感压抑,这种仰人鼻息的生活也让他无法继续忍受,于是他毅然决然地选择了离开。

辞别董宗本的赵匡胤又一次站在了命运的十字路口。

离家一年来，他西出潼关，南下荆襄，走过沙尘滚滚的黄河故道，穿越饱经风霜的中原大地，辗转奔波千余里。他受过别人的白眼，也得到过别人的帮助，却仍一无所获、一事无成。最初的一腔热血、满腹豪情，已经消磨殆尽，建功立业的梦想却仍然遥不可及，甚至愈来愈远……

面对困境，赵匡胤一度想放弃。他想起了自己那个温暖的家庭，想起了家中的严父慈母、娇妻幼弟。他的家庭虽不富裕，却足够温馨，回到那里，远胜做一个四海为家的流浪汉。但赵匡胤终究不是一个轻言放弃的人，失败的经历虽然让他产生了挫折感，但更激起了他性格中绝不服输的一面。复州和随州的经历固然让他郁闷，却也让他明白了一些道理：在这个弱肉强食的时代，要想赢得别人的尊重，就只有依靠自身实力。

赵匡胤不再向南，而是转向西北，溯汉水而上，不久后就到达了湖北重镇襄阳。由于没钱投店住宿，赵匡胤只能向全国性的"连锁招待机构"——寺庙借宿。在这里，赵匡胤遇到了一个擅长看相算命的老和尚。

老和尚仔细端详着赵匡胤的面庞，神秘地说："你命中有富贵，继续往北走，就有机会了。"

看出赵匡胤的犹豫，老和尚继续说："我给你足够的盘缠，你继续往北走吧！"这次经历让赵匡胤开始相信，自己可能真的要时来运转了。于是，按照大师的指示，赵匡胤继续北上，一直走到了一个他无比熟悉的地方——黄河。

一路向北，一路向北——如今已经到了黄河边上，机会仍没出现，下一步，他要去往何方呢？

第一章　闯荡江湖

向东？那里有自己的家，用不了多久，他就能回到汴京。赵匡胤仿佛已经看见了家中昏黄的灯光，感受到了家中被窝的温度。向北，坚持原来的方向，渡过汹涌的黄河，或许预言中的那个机会会突然出现，然后彻底改变自己的命运——也或许，再也找不到回家的路了。渡河还是向前？！赵匡胤做出了改变他命运的一个决定。

渡过黄河后，赵匡胤进入山西境内。很快，又一道难关横在了他的面前——打仗。打仗在五代十国可谓司空见惯，但是当赵匡胤打听清楚交战双方和各自主帅后，突然意识到自己的机会可能真的来临了。

此时交战的双方，一方是后汉的藩镇叛军，主帅是河中节度使李守贞；另一方是平叛的后汉官军，主帅是后汉枢密使、同平章事郭威。

第二章　名将郭威

李守贞，河阳（今河南孟州）人，五代时期的风云人物。李守贞先是跟随石敬瑭建立后晋，并在石重贵统治时期平定了杨光远的叛乱，后来与杜重威率兵在阳城（今山西晋城）大败契丹，成为朝廷炙手可热的实力派人物。

可惜的是，李守贞没能把忠诚坚持到底。后晋开运三年（946年），李守贞、杜重威这对老搭档率二十万晋军投降契丹，直接导致了后晋的灭亡。

从击败契丹的功臣到投敌卖国的叛将，李守贞名字中的"守贞"二字变成了对自己的绝妙讽刺。

契丹皇帝退出中原后，被抛弃的李守贞审时度势，再度投入本土皇帝刘知远的怀抱，做了后汉的河中节度使——如今的他，依然是高官厚禄，节镇一方。

刘知远之所以这么做，也是无奈之举，毕竟节度使们个个手握重兵，实力不凡，除了安抚，他别无他法。可惜的是，他只当了几个月皇帝就一命呜呼了，把这些不安分的节度使留给了年仅十七岁的儿子刘承祐。

第二章 名将郭威

这个乳臭未干的黄毛小子就这样成了这些节度使的新老板，兵强马壮的节度使们怎肯服气？在那个只用实力和拳头说话的时代，他们可不讲什么君臣之道。于是，在948年，心怀种种不服的永兴军节度使赵思绾、河中节度使李守贞、凤翔节度使王景崇先后反叛，公然结盟对抗朝廷。

叛乱的三镇分别占据永兴（今陕西西安）、河中（今山西永济）、凤翔（今陕西凤翔）三处战略要地，进可攻，退可守，又互为支援，他们推举资格最老的李守贞为秦王，旗帜鲜明，意志坚定，绝非一般乌合之众。

年轻的刘承祐派出三路大军分别征讨三镇，欲一举奏功剿灭叛乱。但由于用兵分散、将帅不和，三路大军忙活了几个月也没搞定，反倒是叛军越打越精神，李守贞甚至已经在憧憬造反成功后的美好前景。

战事的拖延可能导致其他藩镇群起呼应，这种形势对朝廷十分不利。为迅速平定叛乱，刘承祐打出了手中最后一张王牌——枢密使郭威。

郭威，字文仲，后周王朝的创立者，五代十国时期最有作为的帝王之一，时任后汉枢密使，是赵匡胤遇到的第一个改变他命运的人。

唐天祐元年（904年）七月二十八日，郭威出生于邢州尧山（今河北隆尧）。

在那个兵连祸结的年代，郭威的童年没有多少幸福可言。他三岁时随全家徙居太原，不久后便失去了父母——郭威的父亲死于北方的军阀混战，被幽州节度使刘仁恭所杀，母亲也早早病逝。

郭威的遭遇在当时并不罕见，许多可怜的孩子都在战争中失去了亲人，乃至失去了自己的生命。相比而言，郭威还算不幸中的万幸，毕竟不到四岁的他或许还体会不到失去至亲的痛苦，即便有，也会被时间冲淡。而且他还有一个亲人可以依靠——他的姨母韩氏。

在姨母的抚养下，郭威逐渐成长起来。

跟众多缺失父爱母爱的孤儿一样，郭威也表现出了不合群、爱打架、攻击性强等特点。他虽然读过书，略通算术，但还是更擅长自由搏击和格斗。史书记载郭威"身材魁梧，习武好斗"，是个谁也不敢惹的街头霸王。

像郭威这样的苗子，要是一辈子种地务农，实在是浪费了他的一身武艺。还好郭威不是一个安于现状的人。十八岁那年，郭威选择投身军旅，在潞州节度留后李继韬麾下当了一名普通军卒。

在弱肉强食的军队里，勇猛好斗又不乏头脑的郭威混得如鱼得水，并因此获得了李继韬的赏识，甚至即便他公然违法乱纪，也能得到上司的庇护。

潞州集市有个欺行霸市、人见人怕的屠户，颇有正义感的郭威早就看他不顺眼。有一天，郭威便趁着酒劲儿准备跟屠户比画比画。

郭威先让对方给自己割肉，又找碴儿说割得不行，嘴上不依不饶，劈头盖脸地将对方一顿臭骂。

屠户被惹毛了，敞开衣服冲着郭威大叫："你这么厉害，敢不敢杀我？"谁知郭威竟然毫不含糊，跳起来取刀便刺，白刀子进红刀子出，屠户一命呜呼。

这个段子看起来是不是十分眼熟？后来写出"鲁提辖拳打镇关西"的施耐庵，很有可能就是借鉴了郭威当年怒杀屠户的激愤之举，情节可谓精彩绝伦。

即便犯下这样的命案，李继韬还是设法让郭威逃脱了制裁。风头一过，李继韬又把郭威重新招致麾下，爱才之举让人颇为动容。

第二章　名将郭威

在军中成长的郭威陆续换了几任领导，从李继韬到李存勖，从李存勖再到石敬瑭，直到隶属刘知远后，才逐渐稳定下来，成为刘知远的心腹爱将。此后，郭威也一直追随刘知远左右，官至枢密副使。

郭威的成功绝非偶然，他虽然四肢发达，头脑却不简单。郭威之所以受到刘知远的信任，除了忠心耿耿，更因为他立下的汗马功劳。

概括地说，郭威十年间主要为刘知远立下了三件大功。

第一件功劳是聚财养兵。

941年，受后晋高祖石敬瑭猜疑的刘知远改任北京（太原府）留守、河东节度使。

刘知远非常清楚石敬瑭的用意——这既是试探，也是防范。刘知远表面上服从中央，暗地里却利用河东这块地盘壮大实力，悄悄做着两手准备。

在五代十国的舞台上，谁要是把赌注全部押在一场牌局上，他一定会输得很惨。

在此期间，郭威接到了刘知远下达的一项重要任务：招降吐谷浑首领白承福。白承福是山陕边境的一位番民部落首领，趁中原混乱之时割据一方，素来兵强马壮、财大气粗。据说白承福连喂马的马槽都是用白银打造的，是个名副其实的土豪，非常值得拉拢。

郭威没有辜负刘知远的期望，成功招降了白承福，收编了对方的精锐骑兵，立下了一桩大功。

但事情还远远没有结束，在五年之后的946年，郭威经过缜密侦察，向刘知远密奏白承福等番族五部意图谋反，主动请求带兵讨伐。

明眼人都知道，这是赤裸裸的诬陷。白首领是个老实人，军队全部被收编了，自己只领了大同节度使的空衔，还一直处于刘知远监控之下，赤手空拳，怎么可能谋反？

可刘知远和郭威不管这些——谋反只是借口，他们的目的就是要灭掉五部。

在刘知远的指示下，郭威亲自率兵平叛，轻松剿灭了五部叛贼，还抄了他们的家，五部的全部财产家资都被没收充公。

有了大富翁白承福奉献的大量财产，刘知远就有了充足的经费，这为他进一步招兵买马奠定了经济基础——这才是他真正的目的。

郭威立下的第二件功劳是佐命拒降。

虽然刘知远靠着小心谨慎躲过了大老板石敬瑭的猜忌，但后来的小老板石重贵也非等闲之辈。石重贵表面上对刘知远一再加官晋爵，实际上对他处处提防，一度架空了他的军权，"密谋大计，皆不得预"。一通操作下来，搞得刘知远十分郁闷，一度颓废不已。

作为刘知远的重要心腹，郭威趁此机会展示了自己的远见卓识。他力劝刘知远韬光养晦，利用河东山川险固的地理优势、民俗尚武的群众基础来扩充实力，伺机而动。

后来的历史进程证明了郭威的眼光——刘知远正是因为采纳了郭威的策略，才得以在十年之内坐拥河东，进而进取中原，建立后汉。

947年，契丹经过三次南下、几番大战，终于灭掉了后晋。当耶律德光入主中原，下旨命令各地藩守入京觐见时，一向精明的刘知远却犯起了糊涂——他居然真的收拾行李，打算进京面圣。

危急时刻，郭威又站了出来。他明确指出这是契丹皇帝想借此把各地守将诱入京城，然后一网打尽。郭威表示如果刘知远真的听命前往，必然有去无回。

在郭威的带动下，其他部属也纷纷劝阻，刘知远这才恍然大悟，改派部下王峻奉表进京，从而把这件事给应付过去，捡回了一条命。

力劝刘知远韬光养晦，做强做大，拒降契丹，保全性命——这是

第二章 名将郭威

郭威立下的第二件功劳。

不久后,郭威又立下了第三件功劳,也是最重要的一件。

后晋灭亡后,契丹入主中原,却一直不得民心,各处都在反抗。这个时候,形势迫切需要一个有声望、有实力的人物站出来,以中原正统的身份号召群雄,驱逐外族。放眼天下,最符合这个条件的只有刘知远。

刘知远既有这个实力,也有这样的想法。但他明明眼馋虚悬的皇位,却自称后晋忠臣,不忍改晋。

947年二月,当麾下将士高呼万岁,试图拥立刘知远为帝时,他仍然装模作样、严词呵斥,表示坚决制止这种置自己于不忠不义的行为。

这种心态,一向是历史上所有篡位者的共同心理。对此,刘知远的亲信自然心知肚明。在改朝换代的决定性时刻,郭威再次挺身而出,率领所有部属反复劝谏。他们声称中原无主,而今号令群雄、让天下归心之人,非刘知远莫属,摆出一副"你不即位我们决不罢休"的姿态。

如此表演了若干次后,刘知远终于被感动,勉为其难地在太原即皇帝位。

三月,在各地势力的不断反抗下,耶律德光只得结束了他短暂的中原皇帝梦,撤兵北还。六月,刘知远捡漏进入汴京,改国号为汉,史称后汉。

基于这十年的追随和三大功劳,刘知远高度信任郭威,甚至临终之时委以托孤重任。只是刘知远没有想到,这份信任最终还是被辜负了——辜负他的既有他的儿子刘承祐,也有他的顾命大臣郭威。

刘知远留下了好几位顾命大臣,但他们大多私心甚重、寡于谋略,真正富有才干、堪当左辅右弼的只有郭威一人。所以当朝廷进剿三镇叛军的行动受阻时,刘承祐决定请郭威亲自领兵出征。

948年八月,郭威接受了平叛的使命,再次跨上战马,率军讨伐叛军。

朝廷平叛之所以久战无功,跟其军事策略的不合理有很大关系。

刘承祐先前派出了三支人马分别讨伐那三个叛乱的藩镇,试图一举扑灭所有动乱。但由于三路兵马缺乏一个统一的主帅,导致协调上出现了问题。具体来说,讨伐河中的白文珂跟讨伐永兴的郭从义互相不对付,两人互相推诿、消极怠工,根本不肯用心攻战;而三镇仗着城池坚固顽强抵抗,自春至秋,岿然不动,战局一度陷入僵持。

郭威到了前线后,并没有急于求功,而是调整策略,决定集中力量,先击河中。

名将的水平就是高人一等。翻开地图,我们便能发现郭威的英明之处。

地图上,河中府(今山西永济)、永兴府(今陕西西安)、凤翔府(今陕西凤翔)自东向西一字排开,各自相距数百里。若同时进攻三镇,多线作战,不利于集中优势兵力,显然是一个错误的选择。

如果集中优势兵力攻击一处,则存在一个先攻谁的问题。

攻凤翔,就要绕过东面的河中、永兴,李守贞、赵思绾一定会从背后袭击,左右夹攻;攻永兴,更是自讨苦吃,只要分居两边的李守贞和王景崇各自出兵,就能把后汉军给包了饺子。

这样看来,除了攻击河中,郭威别无选择。主攻方向确定后,接下来就是选择战术了。

郭威没有强攻,而是选择了围城。郭威命常思建栅于城南,白文珂建栅于城西,自己则建栅于城东。此外,他还征调了两万壮丁来修筑防护工事，以确保围城的稳固。

李守贞明白"郭雀儿"（郭威的脖子上有一只飞雀文身，因此得名"郭雀儿"）是要用围而不攻的战术硬生生耗死自己。对此，他的应对策略是坚持固守城池，不时派兵出城骚扰，破坏郭威搭建的栅栏，从而牵制对方兵力，然后等待盟友的援军，到时候再来个内外夹击，必定扭转战局。

但可惜的是，这一切算计都在郭威的掌握之中。

凤翔、永兴两地确实如李守贞所望，几度出兵救援河中，但都被郭威的军队给打了回去，就连王景崇从后蜀争取来的外援也多次被汉军击败，只得放弃了援助。叛乱的三镇被分割开来，各自为战。

失去援助的李守贞依然在坚守，但他的日子一天比一天难过，派兵外出骚扰的次数也越来越少，弃城逃跑和主动投降的士兵则越来越多。郭威在城西和黄河边上布置岗哨巡兵，专门玩官兵抓俘虏的游戏，一抓一个准儿。

此时的李守贞早把郭威祖宗三代骂了个遍，城外的郭威却依然我行我素，不管部将如何强烈请战，始终严令各路兵马不得妄动，战局又陷入了僵持。但这种僵持对李守贞极其不利，他从中嗅到了令人窒息的危险。

在这种令人窒息的僵持中，赵匡胤来到了河中府，这里将是他命运的转折点、游荡生涯的终点，也将是他传奇事业的起点。

第三章　命运转折

　　在赵匡胤看来，正在进行的平叛战争就是那个自己等待已久的机会。他毫不犹豫地加入郭威的部队，成为一名普通士兵。

　　赵匡胤本不想当兵。自儿时起，他就与困顿结下了不解之缘。从洛阳夹马营的童年，到汴京开封府的少年，再到闯荡江湖、一无所成的青年——一路走来，赵匡胤从没享受过安宁富足的生活，而这一切的罪魁祸首，就是战争。

　　五代十国时期，各国普遍实行募兵制，参军门槛大大降低，大量流氓无赖得以进入军队，因此军队流氓化、士兵流氓化现象严重。这些流氓士兵向来无组织无纪律，只要打了胜仗就大肆劫掠以示庆功，打了败仗则四处奔逃，骚扰百姓。而这一切，赵匡胤都亲眼所见。

　　深受战争之苦的赵匡胤自然不愿做战争的参与者。事实上，如果他真想投身军旅，在家门口就能参军，根本用不着出来跑江湖。

　　然而，不想当兵的赵匡胤还是选择了参军。促使他改变初衷的，就是他两年游荡期间的见闻。

　　在民间传说中，赵匡胤仗着一身绝世武艺行走江湖，结交各路好汉，杀贪官、除恶霸，路见不平一声吼，该出手时就出手。他在驼峰山义结金兰,勇斗恶霸韩通父子,千里送京娘坐怀不乱……这些极具英雄主义色彩和浪漫主义情怀的事迹,深受人们的喜爱和敬仰。

但真实的历史一点也不浪漫,生活在五代十国时期的百姓更是不幸。藩镇割据、战火不断,大旱、水涝、蝗灾、河决,天灾人祸轮番上阵,芸芸众生饱受摧残。自从汴京出走,赵匡胤闯荡了整整两年。他辗转数千里,眼中所见皆是饿殍满地,耳中所闻尽皆百姓哀号。然而,最让他震撼的是一个匪夷所思的怪现象——狗肉竟然贵于人肉。

有人可能会问,人肉真的能吃吗?

能吃,当然能吃!支配人类吃人肉的,是人类最基本的欲望——生存。为了生存,没有什么不可能。

但这里所说的人肉,是从死人身上割下的肉。这些死人大多是无家可归的难民,他们不是饿死的就是病死的,倒在路边,无人理会,因此成为人肉的主要来源。他们有一个凄惨的名字——"路倒"。因为没有成本,所以这些人肉售价极低。

买卖人肉的双方其实对肉的来路心知肚明,但谁也不肯说破。战乱之下,大家只不过借此果腹而已,又有什么好追究的呢?或许他们中的有些人将来也会沦为"路倒",能多活一天便是一天吧。

要不是亲眼所见,赵匡胤真的难以相信,生活在社会最底层的百姓的境遇竟如此悲惨,这个世界竟如此残酷。

赵匡胤还发现,这个世界对另外一些人来说,却是人间天堂。就拿王彦超、董宗本来说,他们虽远远达不到封疆大吏的层次,但无不是高宅大院、锦衣玉食,闲暇时还可以读经论史、指点江山。

他们绝不会去关注另外一个群体——一个与他们有着天壤之别的群体,哪怕这些快要饿死的穷光蛋跪求施舍,他们也只会昂起高贵的头颅,露出一脸厌恶的表情,扬长而去。

最令赵匡胤痛心的是,这种情况绝不是一时一地的。他走过的地方,那些政府官员和豪门贵族,哪个不是此般模样?更别提那些雄踞一方的藩镇守将和高高在上的皇帝大臣了。

"国破山河在,城春草木深。""朱门酒肉臭,路有冻死骨。"

这就是赵匡胤游历两年的所闻所见,悲惨但真实。这是他窝在家里永远看不到的画面,既是他"行万里路"的价值,也是他外出闯荡最大的收获。

究竟是什么造成了这一幕幕人间悲剧呢?是高居庙堂、昏庸无道的皇帝,还是尸位素餐、碌碌无为的大臣?是恃强凌弱、肆意妄为的契丹人,还是割据一方、攻伐不已的藩镇?抑或降下灾祸、荼毒百姓的老天爷?

这些都是,又都不是。这些人虽要为眼前的一切承担责任,却不是导致这一切的罪魁祸首——这一切的直接制造者,是战争和分裂。

正是战争让国破家亡,正是战争让妻离子散,正是战争让生灵涂炭,正是战争让悲剧重演……这可恶的战争!这像恶魔、吸血鬼一样的战争!

赵匡胤继续思考:既然是战争造成了这一切,那有什么办法可以阻止战争、结束分裂,拯救万民于水火呢?

答案似乎很简单——和平。

当对和平的向往胜过了对战争的需要时,战争就会被抑制,和平就得以维持。但当世界失去和平,战争成为主旋律时,又该拿什么换回和平呢?

战国时期,七雄争霸,攻伐不断,秦以最强军力削平六国,统一天下;东汉末年,军阀割据,混战不息,魏、蜀、吴各自为战,吞并诸侯,成三国鼎立之势,最终魏国吞灭吴蜀,南北混一,三家归晋;

第三章 命运转折

隋末群雄并起，李唐以武力东征西讨、南伐北战，最终统一天下，四海臣服，八方来朝。

想到这里，赵匡胤豁然开朗！他终于找到了问题的答案——只有战争才能换来和平。要想人间重归和平，就必须先投身战争。

于是赵匡胤大步向前，渡过黄河，推开了他人生中至关重要的一扇门。然后他遇见了郭威，这个给他命运带来转折的人。

郭威是一个非常有个人魅力的人。他虽是行伍出身，却很有涵养，一派儒将风采。接待宾客时，郭威常常宽袍大袖、言谈儒雅；打仗时，郭威身着戎装，带头冲锋，勇不可当。更难得的是，郭威爱兵如子、赏罚分明。若将士们英勇作战，他必定厚赏；若有人因公受伤，他必定亲自慰劳。如此将帅，谁人不拥戴？

可以说在当时的后汉官军中，郭威的威望无人可及。冲着郭威的良好声誉，赵匡胤加入了汉军。

此时，平叛之战已经到了尾声。李守贞苦守孤城近一年，外无救援，内无补充，叫天天不应，叫地地不灵。关键时刻，赵思绾第一个支撑不住了，举城投降。李守贞闻讯万念俱灰，心理防线也彻底崩溃。

敏感的郭威抓住了这个时机，下令全力攻城。憋了足足一年的汉军一阵猛攻，城池旋即易主，李守贞携全家自焚而亡。

这位五代时期的风云人物，历经政权更迭，见惯你争我夺，最终死于叛乱。不久后，凤翔节度使王景崇也被剿灭，三镇叛乱就此平定。

事后论功行赏，郭威居功至伟。除了原本的枢密使、同平章事职位之外，刘承祐又给他加检校太师兼侍中，并赐他玉带一条，以示恩宠。

谦虚的郭威提出建议，表示杨邠、史弘肇等顾命大臣在平定叛乱中也立下了大功，请求皇帝封赏。

刘承祐大手一挥，全都赐玉带。

没想到的是，郭威居然又列出一堆朝廷官员名单，说这些都是破贼平叛的功臣，也该封赏。刘承祐一一准奏，于是窦贞固、苏逢吉等一大批跟郭威非亲非故的官员，也都跟着他加官晋爵。

可接下来，郭威又说皇帝宗室、天下藩镇和州县官员都对平叛有功，理应全部封赏。刘承祐想了想，赏就赏吧。于是，赏赐范围再次扩大，"众皆受赐，滥赏遍及天下"。在这场大规模的滥赏运动中，谁是最大的受益者呢？答案毫无疑问，不是刘承祐，而是郭威。

大家都知道，赏赐虽是皇帝给的，建议却是郭大帅提的。郭威不掏一分一毫，就收买了大批人心，刘承祐则结结实实地当了一回赞助商。

只是颇具心机的郭威似乎没有想到，自古以来，顾命大臣多是没有好下场的。而当了冤大头的刘承祐，其实也没有他所表现的那么天真幼稚。郭威功高盖主、收买人心的表现已经给自己埋下了巨大隐患。

在这波滥赏浪潮中，赵匡胤想必也是受益者，但他彼时实在寂寂无名，郭威自然也没注意到他，更未考虑提拔这个寸功未立的小兵。不过，这个小人物却有一个与众不同之处——善于学习。

在河中围城战中，赵匡胤琢磨出了郭威所用兵法的奥妙；在平叛后的滥赏中，赵匡胤领会了郭威收买人心的计谋；在平时的耳濡目染中，赵匡胤学到了郭威驾驭三军的艺术。可以说，郭威是一个高明的导师，他虽未必有意，却在无形中用自己的言行举止影响着赵匡胤。

成功人士之所以能成功，不一定是因为天赋超人，有时只是比别人多观察了一些而已。比如，牛顿就是因为一颗砸到脑袋的苹果而琢磨出了万有引力定律。

赵匡胤也是如此。当别人只是机械地执行命令时，他却在思考和模仿，这似乎是他与生俱来的天赋。靠着这种天赋和用心，赵匡胤不断学习和成长。相信总有一天，他将超越同时代所有杰出人物，包括他曾经的导师。

950年，郭威被任命为邺都留守、天雄军节度使，移镇邺都（今河北大名）。

刘承祐此举似乎有将郭威挤出京城之嫌，但邺都是汴京的北大门，扼守着契丹南下的要道，战略位置十分重要，把当世第一名将安排在这里，似乎也属情理之中。

赵匡胤跟随郭威一同来到邺都。在无聊的戍守日子里，他结交了一帮年龄相仿的战友。这些人和他一样，大多是普通士兵或低级军校，他们走在一起，与其说是因为有共同的理想抱负，不如说是因为有着相近的地位。

在赵匡胤的这些铁哥们儿中，有一些人的名字后来广为人知：石守信、王审琦、韩重赟、李继勋、杨光义、刘廷让等。他们一共有十人，合在一起常被称为"义社十兄弟"。

十年后，这批地位低微的年轻人将联合上演一场惊心动魄的兵变，彻底改变历史的进程。

除了"义社十兄弟"，赵匡胤还结识了另一个年轻人。此人大他六岁，职务和地位都比他高得多，且有着超乎常人的领袖气质，就连赵匡胤都心甘情愿地做他的小弟。

与此同时，这个年轻人也对赵匡胤印象深刻，两人虽然并非密友，却也惺惺相惜。

这个年轻人的名字叫郭荣,但我们更习惯叫他的本名——柴荣。

在邺都留守的日子里,郭威、柴荣和赵匡胤都过得波澜不惊。然而,在这一片宁静之下,一个巨大的阴谋正在酝酿,一场血雨腥风即将到来,并将打破这短暂的宁静。

这场阴谋的策划者,正是当时的皇帝刘承祐。

由于郭威实在是功高震主,又惯于收买人心,让本该是权力中心的刘承祐都被边缘化。同时,朝政也被郭威、杨邠、史弘肇、王章等顾命大臣把持,但刘承祐偏偏又想独揽大权,有所作为,这种境况令他十分不满。因此,他开始酝酿将这帮所谓的顾命大臣一网打尽。

刘承祐找来自己的舅舅李业日夜密谋,终于制订了一套完美无缺的夺权计划。

这套计划实施得非常顺利。950年十一月十三日,刘承祐以雷霆手段将在京城的史弘肇、杨邠、王章三位顾命大臣全部诛杀,并灭其三族,郭威一家在京的数十口人也遭遇了同样的命运。

与此同时,刘承祐派心腹火速前往澶州(今河南濮阳)、邺都,密令澶州节度使李洪义诛杀侍卫步军都指挥使王殷,命屯驻邺都的护圣左厢都指挥使郭崇、奉国左厢都指挥使曹英诛杀枢密使郭威和宣徽使王峻。

然而就在这个关键的节骨眼上,计划出了岔子。

李洪义收到密诏后吓了一大跳,思来想去,还是不敢动手,便把密诏给了本该被诛杀的对象王殷。两人一商量,又火速将密诏给了郭威——刘承祐的绝密杀人计划,就这样被泄露了。

郭威万分震惊,他怎么也想不到,这个看似弱不禁风的皇帝竟然如此狠辣!

十万火急之下,郭威也顾不得伤心,当机立断,召来王峻、郭崇、曹英等一干将领。

杀人的、被杀的都到齐了，郭威向他们出示密诏，不动声色地说："这是皇帝的密旨，你们就遵旨砍掉我的脑袋，拿到皇帝那里邀功领赏吧！"

郭崇等人面面相觑。在别人帐下，怎么敢动手？说不定帐外就埋伏着三百刀斧手，就等着郭威一声令下，取自己脑袋呢！

大家赶紧回答说："此事必是李业这厮的主意，这种人要是掌了权，国家岂得安宁？！我等愿随郭公入朝，清君侧、除小人，为郭公洗清冤屈，共安天下！"

郭威的目的达到了，他成功取得了军队的支持，旋即打出"清君侧，杀小人"的口号，率军南下。此后，郭军顺利渡过黄河，在汴京北郊轻松击败汉军，刘承祐的计划彻底宣告失败。

但郭威还面临着一个棘手的问题——如何处置刘承祐。毕竟自己喊出的口号是"杀小人"，而不是"杀皇帝"。可不杀刘承祐，又怎能咽下胸中这口恶气？！

就在郭威内心纠结不已时，一个好消息传来：刘承祐死了。

这位落魄的皇帝本来在北郊慰劳军队，兵败后想跑回城内，却被守城将士拒绝，狼狈地逃到了附近村舍，结果被心腹郭允明所杀，结束了他短暂的一生。

对郭威而言，这是一个大快人心的好消息，也是最理想的结局。皇帝死了，却不是自己杀的，还有什么比这更完美呢？

关于郭威举兵一事，史料记载多有不同。《新五代史》说郭威先叛，刘承祐才杀其家人；《旧五代史》说刘承祐先杀其家人，而后郭威遂叛。

根据其他材料的佐证，应该是刘承祐打算一举铲除包括郭威在内的实权派，但由于郭威镇守在外，他便先杀了郭威在京的家人，而后命人诛杀郭威。刘承祐本以为众将都会俯首听命，却高估了自己的权威，也低估了郭威的人望，最终葬送自己的性命，成了五代又一位短命君主。

无论史实如何，刘承祐的故事都已经落下帷幕了。国不可一日无君，郭威无疑是最合适的皇帝人选。全家老小都赔进去了，不捞个皇帝做，实在不够本。但一向深谋远虑的郭威是不会公然干这种弑君篡位的蠢事的，他主动请皇太后临朝听政，并高调建议迎立刘知远的侄子刘赟入京为嗣，继承皇位。

刘赟是刘知远弟弟刘崇的儿子，时任徐州节度使。刘赟突然听说轮到自己当皇帝了，顿时喜出望外。但可怜的他还不知道自己只是郭威谋取皇位的垫脚石，直到死连京城的门都没摸着。

950年十一月二十七日，边境急报，契丹军队进犯河北，诸州告急。这等大事，枢密使郭威自然义不容辞，亲率大军北上迎敌。

奇怪的是，军情如此紧急，汉军的行进速度却十分缓慢。郭威所部十二月一日离京出发，走了足足十五天，才刚刚抵达澶州，哪有一点着急迎战的样子？要知道，郭威之前从距离更远的邺都打到汴京也只用了七天。

更奇怪的是，汉军竟在澶州驻扎了整整三天。直到十九日，郭威才下令于次日继续北进。到此时为止，契丹军队的影子还没见着，一场意外却悄然而至。

二十日凌晨，一大帮情绪激动的将士突然集体上访，要求面见主帅。郭威却好像害怕他们一样，把自己关在屋里，拒不见面。

可区区一扇木门，怎能阻挡这帮虎狼之士？对方翻墙跳到院里，强行闯进房间，又拉又扯，硬是把郭威拥了出来。外面的士兵黑压压地站了一大片，混乱中，有人撕裂了一面黄旗，不由分说地将黄旗披到了郭威身上。

还没等郭威反应过来，众将士已经呼啦啦跪倒在地，高呼万岁——一片山呼海啸声中，新皇帝诞生了。

一切都在按照剧本上演——三军将士完全可以证明，当时的形势十万火急，主帅完全是被胁迫的，郭威本人对于称帝是不情不愿的。

兵变发生后，没人再关心契丹军队在哪里，汉军当天就掉头南返，只用五天就抵达了汴京城郊，速度足足比来时快了三倍！

就在大家以为郭威会毫无悬念地登上皇位时，皇太后却宣布由于新皇帝还没到位，暂由郭威监国，中外庶事，全权处理——郭威还是没当皇帝。但这不过是揭开底牌前的最后一次表演。951年正月，皇太后发布禅位诏书，郭威即皇帝位，改元广顺，建国号为周。至此，后周代汉的故事完美落幕。

第四章 真命天子

郭威登基后，首要之事便是大封功臣。王峻、王殷、郭崇、曹英、李洪义等立下拥戴之功的将帅全部加官晋爵，就连年轻的赵匡胤也跟着沾了光，被任命为东西班行首。

东西班行首虽然只是个七品的芝麻官，却是皇帝的近卫军，品级虽不高，职责却很重要，前途也很光明。

对赵匡胤而言，这个职位给他带来的不仅仅是跟皇帝混个脸熟、快速被提拔的机会，更难得的是可以让他亲近皇帝的生活，方便他观察皇帝的言谈举止，揣摩郭威为人处世的艺术、驾驭群臣的技巧、治理天下的策略、决断军政的计谋。学习这些看似跟自己毫无关系的帝王之道，可以让自己变得更加成熟老练。

未来的某一天，这些东西将改变他自己和全天下的命运。

郭威确实是一个值得学习效仿的好榜样，他登基后没有走前朝皇帝的老路，而是努力做一个勤政爱民的明君。他体恤民情、推崇节俭、惩治贪官、革除弊政……经过三年多的努力，郭威彻底稳定了大周政权，国内初步呈现欣欣向荣的局面。接下来等待他的，将是一统天下的重任。

第四章 真命天子

然而,郭威最终没能担起这个重任,因为他已经身患重病,时日无多了。在生命的最后时光,他必须尽一切可能,为继任者扫除障碍。

后周广顺三年(953年)二月,郭威诛灭权臣王峻,铲除了对皇权最大的威胁。

王峻虽然出身乐户、地位低贱,但情商很高,善于察言观色、曲意逢迎。靠着这身本事,他一直干到了后汉宣徽使(与枢密副使级别相当)的职位。

郭威留守邺都时,王峻任都监,是邺都的二号人物,正是他带头拥戴郭威,立下从龙之功。事成后,郭威以后汉太后名义擢王峻为枢密使,自己即位后又加右仆射、门下侍郎、同中书门下平章事、监修国史。郭威还大打感情牌,对作为臣子的王峻从不直呼其名,而是尊敬地称呼"大哥""王兄",这种待遇可谓绝无仅有。此时王峻的地位,可谓一人之下、万人之上了。

可王峻还不满意,不仅整日问郭威要官衔,还强烈要求整点实惠的——兼领藩镇。他要做地方大员?!当真是贪得无厌。

可没想到的是,郭威居然答应了,真的让王峻兼领了重镇青州的节度使。

胃口大开的王峻不但不知满足,反而越来越跋扈,动辄给皇帝脸色看,可以说毫不客气。比如,他特别喜欢给皇帝提意见,皇帝要是采纳了,王峻就很高兴,摆出一副孺子可教的表情;要是没采纳,王峻的脸色立马就不好看了,甚至还出言不逊。

如果这些只是因为王峻不知君臣之礼,郭威尚可勉强容忍,可他三番五次地忤逆郭威的旨意,千方百计阻挠潜在的皇位继承人柴荣进京,妄图孤立皇帝,这就是居心叵测了,实在让郭威无法忍受。

953年二月，郭威急召宰相、枢密使入宫议事。冯道、范质、王溥等人奉命进宫。过了很久之后，最大牌的王峻才施然而来。

王峻这次进宫是打算听好消息的。三天前，他曾向皇帝举荐自己的亲信做宰相，郭威的答复是三天后召集群臣共议。现在皇帝召宰辅议事，看来自己的举荐八九不离十了。

得意扬扬的王峻刚一踏入宫门，就感觉气氛不对。他还没来得及反应，数十名铁甲卫士一拥而上，把他捆了个结实。由于事发突然，在场之人都大大吃了一惊——这是演的哪一出？

郭威走出来接见了群臣，历数王峻的种种罪恶和不法行为，尤其是王峻身为臣子，对君上百般欺压，简直是得寸进尺。这些宰辅大臣也早对王峻深恶痛绝，眼见权臣失势，自然落井下石，纷纷表达了最强烈的谴责：王峻罪大恶极，必须斩首示众，以儆效尤。

群情激愤下，郭威却做了一个出人意料的决定：解除王峻的一切职务，贬为商州司马。

在贬斥王峻的诏书中，郭威对王峻罪行的指责有八个字："肉视群后，孩抚朕躬。"意思是把群臣看成砧板上的肉，想怎么切就怎么切；把皇帝当作三岁小孩，想怎么骗就怎么骗。

这样看来，王峻实在罪不容赦。即便如此，也只是得到了贬官外放的处罚，郭威也太仁慈了。

事实上，自从郭威下决心贬谪王峻那一刻起，王峻的结局就已经注定了。不久后，王峻在商州突然患病，医治无效死亡。至于个中原因，就只有郭威和王峻知晓了。

料理完王峻后，郭威没有忘记另一位老朋友王殷。

后周建立后，王殷因佐命之功被郭威任命为天雄军节度使、同平章事，兼侍卫亲军都指挥使，统兵镇守邺都以备契丹——不错，干的

第四章 真命天子

正是郭威登基前的差事。

王殷比王峻低调,但他同样不甘寂寞。据说他暗中和王峻勾结,经常互派使者往来。两人一个在朝廷飞扬跋扈、呼风唤雨,一个在地方把握重兵、恃功专横,结成了颇具实力的政治联盟,对皇权构成了严重的威胁。

按照政治斗争的规律,王峻既已倒台,同乘一条贼船的王殷自然难逃厄运。

但郭威没有像刘承祐对付自己那样,下诏委托别人杀人。他先利用王峻事件敲山震虎,接着派使者赶赴邺都安抚王殷,以防他狗急跳墙,然后又利用王殷入朝的机会,把他调离邺都老巢,解除了他的兵权。随后,郭威留他在京城担任京城内外巡检。

七天后,王殷沿着与王峻相同的路线入宫,郭威故技重施,将其控制。

这回郭威连审判都省了,立即下诏称王殷密谋在郊祀之日发动叛乱,判其流放登州。

郭威没有让王殷活着抵达流放地登州。王殷刚离开京城,就被送上了西天。送走当年的亲密伙伴后,郭威也已到弥留之际。郭威并不怕死,他考虑的是继承人问题。

想到继承人,郭威欣慰地笑了——自己选定的这个人,胸怀大志、出类拔萃,一定能完成自己未竟的事业,缔造一个真正的太平盛世。

后周显德元年(954年)正月十七日,周太祖郭威驾崩,终年五十一岁。四天后,柴荣奉遗诏即位,是为周世宗。

郭威提倡并带头厉行节俭,艰苦朴素的作风贯穿他的一生,甚至延续到了死后。临终前,郭威下诏薄葬,诏曰:"陵所务从俭素……

勿修下宫，勿置守陵宫人，勿作石羊、虎、人、马，惟刻石置陵前云'周天子平生好俭约，遗令用纸衣瓦棺，嗣天子不敢违也'。"

纸衣瓦棺，青砖黄土，这是一种彻头彻尾的节俭精神，试问历史上有几个皇帝能做到呢？仅凭这一点，郭威就无愧为五代十国最伟大的帝王之一。

纵观五代十国的诸多帝王，以郭威之贤能明仁、英敏神武，也只能屈居第二。而位居五代帝王之首的，正是他亲自培养的接班人——柴荣。

柴荣，字君贵，五代十国最杰出的皇帝、最优秀的政治家，没有之一。

921年九月二十四日，柴荣出生于邢州龙冈（今河北邢台西南）的柴家庄。

柴荣的爷爷能"通冥事，知天机"。有一天，老爷子突然哈哈大笑，老伴儿问他为何大笑，他故作神秘，并不回答。被灌了几杯酒后，迷迷糊糊的老爷子泄露了天机："老天爷有命，让咱孙子做皇帝！"

很明显，这个故事不过是附会之说，不必真信。柴荣之所以能有当皇帝的机会，得益于一段颇具传奇色彩的爱情故事。

柴老爷子的儿子柴守礼，就是柴荣的父亲；柴守礼有一个妹妹，就是柴荣的姑姑。这位柴姑娘在少女时期就进了后唐庄宗李存勖的后宫，但后来被遣散归家。父母接她回家时，不巧遇到了暴风雨，一家人被迫滞留在一家旅店。

住店期间，柴姑娘邂逅了一个衣不蔽体、不修边幅的军校。她只看了对方一眼，就决定嫁给对方。

对此，柴姑娘的父母自然强烈反对。老爷子生气地说："你好歹

第四章 真命天子

曾是皇帝的女人,即便回家,也得嫁给节度使级别的人物,为何要嫁这种人?"

可柴姑娘很有主见,她非嫁不可。

老两口拗不过女儿,只好答应了这门婚事,于是两个年轻人直接就在旅店成了婚。

这桩婚姻并不被人看好,毕竟男方只是一个低级军校,没钱没权,还喜欢打架斗殴。但柴姑娘坚信自己的眼光,她相信这个落魄汉子将来必有发达之日。

柴老爷子这回算是看走了眼,他都能知晓孙子做皇帝的天机,却看不出这个穷女婿才是柴家真正的贵人。如果不是他,自己的孙子绝对不可能当上皇帝——这个军校,就是郭威。

柴荣自幼便跟随姑姑柴氏生活,是个老实听话的好孩子,很受姑姑、姑父的喜欢。正巧郭威和柴氏婚后多年无子,干脆就把柴荣收为养子,从此改叫郭荣。

郭威还没发达时,好饮酒、爱赌博,不拘小节,也不会理财,日子过得很是拮据,因此家庭生活的担子就落到了年幼的柴荣身上。

柴荣十分聪明,也很勤奋。他用稚嫩的肩膀努力挑着养家这份重担,悉心计划着家庭的开支用度。为了贴补家用,柴荣甚至不远千里到江陵去贩卖茶叶。柴荣就这样在日复一日的勤勉中,成长为一个真正的男子汉。

史书记载柴荣"器貌英奇,善骑射,略通书史黄老,性沉重寡言"。柴荣年纪轻轻就承担了生活的重担,早年的生活磨砺培养了他果敢、独立和敢于担当的性格特质;外出贩茶经商的历练让他熟悉了人情世故、社会百态。更重要的是,柴荣能经常深入民间,了解百姓疾苦和时政利弊,这对他治国理念的形成产生了重要影响,是那些高高在上的肉食者永远不可能拥有的宝贵经验。

付出总有回报。多年后，郭威成了朝廷的高级官员，并给柴荣安排了一份正式工作——他让这位养子追随自己，不离左右。

郭威率兵平定三镇叛乱时，柴荣随军征战，参赞军务；郭威镇守邺都时，柴荣随之前往，任天雄军牙内都指挥使，领贵州刺史。柴荣是郭威最为信任的人。

彼时的柴荣春风得意，但不久后的惊天巨变彻底改变了他的命运——留在汴京的郭家老小悉数被杀，无一幸免，包括柴荣的妻儿。

巨大的打击让柴荣悲痛欲绝，他想随郭威一起杀回汴京，手刃小人，报仇雪恨，但郭威决定让他留守邺都——邺都是自己的后方，必须让完全信得过的人驻守。

郭威登基后，把柴荣调到澶州，任澶州刺史、检校太保，封太原郡侯。他想让柴荣在地方上好好锻炼一下，以便将来委以重任，托以大业。

镇守澶州期间，柴荣一抓政事，勤于民生，为政清肃；二抓社会治安，综合治理，盗不犯境，路不拾遗；三抓城市建设，亲自设计，规划布局，整修设施，拓宽街道。短短一年，柴荣就使得澶州的城市面貌提升了好几个档次，用实际成绩证明了自己完全能够独当一面。

953年正月，郭威将柴荣召入汴京。三月，郭威授柴荣开封府尹兼功德使，封晋王。

五代时期，凡宗室封王且任开封府尹者，基本就是皇储人选，柴荣的继承人身份就此确定了下来。

此时的柴荣开始组建藩邸班子，他第一时间把赵匡胤招至麾下，转为开封府马直军使。当时，赵匡胤刚刚因功被拜为滑州兴顺副指挥使，尚未就职便转到开封府，虽然不是提拔，却当上了柴荣的侍卫亲军将领，成了皇储身边的亲信，这显然更有发展空间，一旦柴荣登基，他就是从龙之臣，再有了三五件功劳，他日便可青云直上。

954年一月，郭威任命柴荣为开府仪同三司、检校太尉、兼侍中，判内外兵马事，掌控军权。不久，郭威驾崩，柴荣受遗诏于灵前即位，是为周世宗。

郭威的时代结束了，属于柴荣的时代开始了。

第五章　高平之战

郭威的驾崩让柴荣悲痛万分,但这种悲痛没有持续多久,因为上门讨债的人来了。

这个上门讨债的人就是刘崇——他不是单枪匹马来的,而是带来了一大队人马。这个刘崇大有来头,他的亲哥哥就是后汉高祖刘知远。

刘知远任后晋河东节度使时,刘崇就在哥哥的麾下;刘知远称帝后,任命他为北京留守、行太原府尹、河东节度使,赋予其镇守河东的重任,这为刘崇日后能割据一方奠定了基础。

刘崇跟郭威原本就有矛盾,当他听说郭威带兵打回汴京的消息时,立刻起兵南下,准备找郭威算账。但没走多远,汴京方面就传来了新消息:刘承祐死了,郭威提议迎立刘崇的儿子刘赟入继大统。

刘崇的心情立刻阴转晴:自己的亲儿子做了皇帝,自己就是太上皇,还有什么好担心的?于是,这位仁兄就放心地打道回府了。

这样的举动,充分说明刘崇智商堪忧。

对于郭威迎立刘赟的提议,《新五代史》记载如下:"人皆知太祖(郭威)之非实意也。"但刘崇却信了。

刘崇的副手李骧告诉刘崇:"郭威这家伙一定会自立为帝,为安全起见,不如迅速带兵南下,占据孟津关(今河南孟津),给郭威施加压力,让他不敢轻举妄动。"

可李骧实在是高估了刘崇的智商,刘崇不但不理他的话,反而大怒道:"你个迂腐的老书生,竟敢离间我们父子感情,给我拉出去斩了!"

摊上这种领导,李骧简直被气疯了,回骂道:"你这个愚夫!要杀我,就把我全家都杀了吧!"

刘崇没有被骂醒,竟然还满足了李骧的要求——把李骧的全家老少都处死了,还把自己的"忠心之举"报告给郭威,表示自己坚决拥护朝廷。

二十几天后,正在太原欢度春节的刘崇收到一条不幸的消息:郭威称帝,刘赟被废。

刘崇彻底清醒了,明白原来自己一直以来都被郭威当猴耍,这口恶气让他如何咽得下?但现在儿子在别人手里,还不能翻脸,得先想法保住刘家的香火。

抱着最后一丝幻想,刘崇向郭威提出申请,希望对方能放刘赟一马。

郭威热情地回信说:"您儿子正在宋州(今河南商丘)暂住,我已加派人手保护。您一万个放心,只要您支持我,什么封王封爵,什么丹书铁券,我都不会吝惜的。"

郭威不愧是厚黑学专家,撒谎吹牛如同家常便饭,他一边忽悠刘崇,一边派人到宋州干掉了刘赟。

刘崇终归知道了真相,他暗暗发誓:好你个郭威,我与你不共戴天!

乾祐四年（951年）二月，饱含着屈辱和愤恨，刘崇在太原即皇帝位。为了表示自己延续的是汉室国祚，不服郭威的后周，他继续沿用后汉的国号和乾祐年号，史称北汉。

北汉所辖的只有十二个州，大多位于山西中北部，总人口不过五万户，地狭物薄、财力贫瘠，想灭掉后周报仇雪恨，基本就是痴人说梦。

但就是在如此艰苦的条件下，刘崇和他的子孙发扬艰苦创业的精神，始终坚守这片贫瘠的弹丸之地，在后周、北宋的多次进攻下，硬生生地挺了二十八年，熬死了郭威、柴荣、赵匡胤这三位五代时期最杰出的帝王，成为五代十国中最后一个灭亡的政权，这不能不说是一个奇迹。

刘崇决定汲取先辈石敬瑭的成功经验，向契丹借兵，但他出不起幽云十六州这么高的价码，只得做出一个艰难的决定——向契丹皇帝称侄。

辽世宗耶律阮为人豪爽，考虑到刘崇的态度十分诚恳，就满足了刘崇的心愿，接受了这个年龄比自己大的侄子，还赐给刘崇一匹黄骝马，册封他为"大汉神武皇帝"。

得到契丹支持的刘崇腰杆立即硬了起来，多次率兵南下攻周。无奈刘崇水平有限，屡战屡败。特别是951年九月，刘崇大举进攻晋州（今山西临汾），又一次惨败而归，所部十亡三四。

这次失利让刘崇认识到，自己想要战胜狡猾的郭威，几乎是不可能的，唯一明智的选择就是乖乖回到太原，厉兵秣马，养精蓄锐，等待机会，一雪前耻。

显德元年（954年）正月，一个令人振奋的消息传来：郭威驾崩了。

刘崇长出胸中一口恶气，仰天长叹："报应，报应不爽啊！"而

第五章 高平之战

当他听说即位的皇帝是只有三十来岁、寂寂无名的柴荣时,更是禁不住大呼:"天助我也,一雪前耻的机会到了!"

按理说,冤有头债有主,与刘崇结下梁子的是郭威,现在郭威死了,这恩怨也就一了百了了。但屡次讨债反被毒打的刘崇实在是恨意难消,决定根据父债子偿的原则,连本带息一并讨回。于是,刘崇再次向契丹借来数万精兵,气势汹汹地向后周发动进攻。

在刘崇看来,这是一次真正的天赐良机。自己联合契丹大兵压境,倾国而来,初登帝位的柴荣必定不堪一击。此时的他,似乎已经看见后周军队望风披靡、丢盔弃甲的狼狈情景。

对即位还不到十天的柴荣来讲,北汉入侵不啻一颗重磅炸弹。对方如此兴师动众,显然是欺负自己刚刚继位,准备捏软柿子。

经过短暂的慌乱,柴荣很快就意识到这次威胁背后隐藏着一个难得的机遇——如果自己能击退北汉大军,必定可以极大地提高自己的威望,压住前朝那些重臣和实力藩镇。而要抓住这个机遇,必须采取一个重要举措:御驾亲征。

柴荣立刻召开紧急会议,打算统一思想,为亲征做好准备。参加这次军事会议的包括太师冯道,宰相范质、王溥,枢密使郑仁诲,枢密副使魏仁浦。当柴荣通报敌情,并抛出会议主题后,立刻引发了群臣的热烈响应。

冯道认为刘崇只会吓唬人,新皇帝刚登基,人心不稳,最好老老实实地待在朝廷。对付刘崇这个纸老虎,只要派出将帅御敌,就能轻松搞定。

柴荣不以为然:"北汉欺我年少新立,趁国丧之际大举来犯,刘崇一定会亲自前来。他来了,我却不出头,岂不成了胆小鬼吗?"

柴荣越说越激动,最后甚至搬出了自己的偶像唐太宗:"昔日唐太宗马上得天下，凡有征战，莫不亲临战场，朕又有何不可呢？"

冯道丝毫不为所动，立马回了一句："未审陛下能为唐太宗否？"意思是说，陛下您怎么能和唐太宗相比呢？您还差得远呢！

兜头而下的冷水没能浇灭柴荣的热情，他装作没听见冯道的话，继续鼓动大家："刘崇号称带甲兵十万，不过一群乌合之众。我大周兵强马壮，朕御驾亲征，破敌犹如泰山压卵！"

冯道跟皇帝较上了劲，针锋相对地来了一句："未审陛下能为山否？"

怒火中烧的柴荣忍无可忍，只好从头再忍。他强压怒火，十分坚定地说："朕意已决，众卿无须多言！"

显德元年（954年）三月，柴荣亲率大军出征，向潞州（今山西长治）方向快速推进。

看着自己的大军浩浩荡荡，旌旗蔽日，剑戟遮天，柴荣心中一股豪气油然而生——指挥千军万马纵横驰骋，与敌人决一死战，这是何等豪迈壮烈！

柴荣也明白，前方的命运是未知的，胜负一时难料，但自己身居皇位，又岂能趋利避害，惧蹈风险？敢于迎难而上，才是真正的王者风范！

就在柴荣率军北进时，北汉猛将张元徽已经取得了一场胜利。他成功伏击后周将领穆令均，斩杀一千多人，打响了复仇行动的第一炮，又逼得驻守潞州的昭义军节度使李筠不敢出战，固守待援。

这次刘崇倒是没有强攻潞州，而是只留下部分兵力包围潞州城，自己则亲率主力绕过潞州，直接南下，目标十分明确——打过黄河去，夺取全中原！

后周和北汉，柴荣和刘崇，一南一北，倍道兼行，很快便狭路相逢。

三月十九日，后周先锋在泽州（今山西晋城）东北十五里的高平遭遇汉军。仇人见面，分外眼红，双方二话不说就打了一仗，结果汉军先失一阵，稍稍向后退却。

柴荣见状，担心汉军逃跑，督促诸军迅速追击。

其实刚才的交锋只是一次试探，刘崇已经在巴公原摆开阵仗，命手下第一骁将张元徽统领左路，契丹援军为右路，自己统率精锐坐镇中军，严阵以待，只待周军前来决战。

抵达战场后，柴荣倒吸一口凉气：汉军阵容齐整，兵强马壮，反观自己则进军太快。此时，柴荣的援军还在后方，能投入战斗的不到三万人，这绝对是一场恶战。

柴荣不敢大意，他将兵马分为三军，与北汉针锋相对：侍卫亲军马步军都虞候李重进、滑州节度使白重赞居左，侍卫亲军马军都指挥使樊爱能、步军都指挥使何徽居右，宣徽使向训、郑州防御使史彦超居中。柴荣自己则披甲仗剑，亲临阵前督战，保护他的是殿前都指挥使张永德。

双方列阵完毕，刀出鞘，箭上弦，军旗猎猎，战马嘶鸣，战场的气氛紧张到了极点。

大战一触即发，刘崇却突然脑袋抽筋，吃起了后悔药：早知道后周就来了这么点人，何必花大价钱请契丹外援呢？

"今天用不着契丹出手，咱们自己就能灭了周军，也让契丹人见识见识咱们的厉害！"刘崇信心十足地对手下将领说。

契丹主将杨衮（本名耶律敌禄）看出了刘崇的骄傲轻敌，提醒刘崇不可大意。

可刘崇正在兴头上，完全不以为然，只是答了一句："机不可失，请公勿言，试观我战。"

杨衮热脸贴了个冷屁股，心里很不痛快，只得悻悻地站到了一边。

刘崇确实勇猛有余，而智谋不足，关键时刻又犯了刚愎自用的老毛病。他花高价请来的契丹外援，仗还没开打，就把人家摁到替补席上，彻底给得罪了。

就在刘崇准备下令攻击时，战场风云突变，原本强劲的东北风一下变成了南风。

顶着南风作战对汉军大大不利，看来老天爷也打算给刘崇提个醒。但就在刘崇因此产生犹豫时，司天监李义拍着胸脯保证："大风转向，对我军有利，请陛下下令吧！"

枢密直学士王得中听到李义的馊主意，急得拉住刘崇的战马说："现在正刮南风，我军逆风作战，老天爷哪里是在帮我们呢？李义胡说八道，误我军国大事，应该斩首！"

但刘崇的"二杆子精神"已经爆发，以往屡遭郭威羞辱的场面一一涌入脑海，仇恨和愤怒冲昏了他的头脑，他的心中只有四个字——挡我者死。

刘崇大喝道："吾意已决，老书生勿妄言，且斩汝首！"

说完，他大手一挥，数万大军发起进攻，一切已然不可挽回。

汉军方面，攻势最猛的是左路统帅张元徽。这位猛将不但功夫了得，还是出了名的打仗不要命，挥动两柄板斧一马当先，所到之处，尽皆披靡，无人可挡。

士兵见到主将如此威猛，军心大振，人人奋勇，个个争先，与周军短兵相接，厮杀在一起。战场上人喊马嘶，刀枪相撞，乱成一团。

与张元徽对阵的是樊爱能、何徽，两人一个是马军统帅，一个是步军统帅，都算是久经战阵的老将。但面对张元徽这样的亡命之徒，他们立刻表现出了贪生怕死的本色。

樊爱能见张元徽像打了鸡血一样冲锋,一副要在千军万马中取上将首级的势头,心里早已发怵。还没等对方杀到跟前,樊爱能就果断掉转马头,惊惶失措地向南逃去。

看到主帅不打招呼就开溜,骑兵们也不干了,纷纷转身南逃,导致军心大乱,局势彻底失控。步军首先被自己的马军冲散,接着又被汉军撵着屁股一顿穷追猛打,损失极其惨重,跑得慢的一千多人干脆扔下兵器,跪地投降,后周的右路军彻底溃散。

张元徽击溃周军右路后,乘胜冲向中军。此时的汉军士气正盛,势不可挡!

目睹眼前这一切的柴荣,心中震惊无比:这难道就是大周身经百战的主力部队?竟然如此不堪一击,还临阵脱逃?!他们把打仗当什么了?又把朕当什么了?

危急之下,柴荣不顾自身安危,冒着飞矢亲自指挥作战,其他将领也抖擞精神、奋勇杀敌,终于勉强抵住了汉军的疯狂进攻。然而,要想反败为胜,几乎是不可能的。

就在此时,周军阵中忽然传出一声高呼:"皇上身处险境,我们怎能不誓死作战!"

柴荣搭眼一看,发现喊出这句话的正是赵匡胤。

当初,柴荣决定御驾亲征,众皆沮丧,赵匡胤却始终是他坚定的拥护者,他敬佩柴荣的勇气,更坚信柴荣的决断。作为宿卫将领,赵匡胤一直待在柴荣身边,负责保卫皇帝安全。他虽然并没有直接投入巴公原的战斗,但他一直密切关注着战场形势。当周军右路崩溃,汉军乘胜直击中军时,赵匡胤深知形势严峻,若不迅速采取行动,绝地反击,必败无疑。因此,情急之下,他才会喊出这么鼓舞人心的口号。

内殿直马仁瑀跟着高声大呼:"皇帝陷入险境,要我们这些侍卫有什么用?!"说完,马仁瑀跃马引弓,接连射杀数十名敌人,另一名将领马全义也率数百骑兵不顾一切杀入敌阵。

喊出第一句口号的赵匡胤没有轻举妄动,他对殿前都指挥使张永德说:"汉军虽气焰嚣张,却并非不可战胜。我们兵分两路,你率两千神箭手为左翼,登高临下,压制敌军攻势;我领兵为右翼,与敌近身搏战。你我通力合作,奋勇杀敌,必能奏效。国家安危存亡,在此一举!"

张永德连连点头,两人按照预定的计策,迅速带兵向汉军发动反击。

借着神箭手的掩护,赵匡胤带领数百骑兵,不顾一切地向汉军发动反击。他身先士卒,勇不可当,周军将士也因此受到鼓舞,士气大振,个个以一当百,拼死战斗。

在突如其来的强力反击下,汉军的攻势被彻底遏制,战场形势迅速出现逆转。

千钧一发之际,一起突发事件彻底扭转了战场局面。

由于冲锋过猛,加上南风正盛,沙尘扑面,汉军猛将张元徽杀得正过瘾时,胯下坐骑突然被绊了一跤,一下子把这位猛将掀翻在地。

这次马失前蹄的后果十分严重,倒在地上的张元徽还没明白过来是怎么回事,就被附近的周军一顿乱刀砍成肉酱!

张元徽乃北汉第一勇将,他的战死立刻引起一片恐慌。没了主将的带头冲锋,汉军顿时群龙无首,再也抵抗不住周军的凌厉反击,开始四散逃窜。

柴荣及时发现了这一变化,他指挥军队转守为攻,全力发起

第五章　高平之战

追击。

正自鸣得意的刘崇此时也彻底慌了手脚。他挥起本军旗帜，试图收拢散军，组织抵抗，但兵败如山倒，数万大军如潮水般退却，已经不可阻挡。

就在刘崇最需要帮助的时刻，在旁观战的契丹主帅杨衮却一箭不发。甚至危急时刻，杨衮竟率本部人马全师而退。而刘崇也只好夹起尾巴和溃兵们一起逃命——他终于为自己的傲慢和无脑付出了惨重的代价。

巴公原一战，北汉先胜后败，痛失大好形势，这成了刘崇挥之不去的噩梦。

刘崇的噩梦还没有结束。傍晚时分，后周援军赶到，与主力军合兵一处，向疲惫不堪的汉军发动二次攻击。已无斗志的汉军再度大败，死伤无数，数千人投降做了俘虏。史书记载"僵尸弃甲，填满山谷"，"所获辎重、兵器、驼马、伪乘舆器服等不可胜纪"。

是役，北汉军惨败，十亡七八，史称高平之战。

刘崇连遭重创，犹如惊弓之鸟，狼狈逃窜，甚至还学曹操玩了一出割须弃袍。他换上粗布衣服，戴上斗笠，扮成老百姓，一路狂奔，几不能支，最后几经周折，才总算逃回了太原老巢。

反败为胜的柴荣决定乘胜追击，直捣太原。他立刻挥师北上，北汉的州县听闻高平败绩，慑于周军声势，纷纷献城投降，周军不费吹灰之力便占领了大批州县。

五月，后周大军兵临城下，将太原城团团围住，并发起了猛烈的攻坚战。

在柴荣看来，自己挟高平大捷之威，对付瓮中之鳖的刘崇绝对是手到擒来。但他忽略了两点，而正是这两点，导致了太原攻坚战的失败。

首先，柴荣低估了困兽的力量。北汉守军退无可退，背水一战，反而迸发了强烈的求生意志和战斗力。他们在刘崇的统领下负隅顽抗，周军攻城一月未果，反倒由于粮饷不济，出现劫掠当地百姓的现象，导致本已归顺的州县纷纷改变态度，重回北汉怀抱。

这些还是小事，第二点才是大问题，柴荣低估了契丹救援北汉的决心。辽世宗是个仗义之人，对杨衮见死不救的行为大为恼火。太原被围时，他马上派出了数千骑兵前去救援。

柴荣针锋相对，派出强大阵容前去阻击。

承担此任的都是后周名将，包括符彦卿、史彦超、李筠、张永德等人。这本是一次实力相当的较量，却有人犯了一个致命错误。

担任先锋的史彦超最早遭遇契丹援兵，双方交战一场，后周取得小胜。这场胜利让史彦超有些飘飘然，他一路轻敌冒进，结果不慎陷入了契丹军队的包围圈，最终力战而死，所部伤亡众多，就连前去救援的李筠也差点因此丢了性命。符彦卿见势不妙，立即领兵撤回太原城下。

这下柴荣沉不住气了。长期的围城不克，已经让军队疲惫、士气低落，近日又连逢大雨，形势十分不利。万一契丹援军继续增援，后周很可能面临一场惨败。万般无奈之下，柴荣决定诏令班师，这一天是954年六月二日。

胜利虽近在咫尺，却不得不选择放弃，人世间最痛苦的事，莫过于此。

第六章　目标淮南

高平之战数月后，饱受打击的刘崇忧愤成疾，撒手人寰。

经此一战，北汉元气大伤，无力南侵；契丹也领教了后周的实力，不敢轻易来犯，后周边境因此获得了数年的安定。这一切使得柴荣有暇南顾，发动对后蜀和南唐的攻势。

柴荣力排众议，御驾亲征，取得高平大捷，证明了自己的魄力和能力，彻底巩固了自己的皇位。史料载："帝违众议破北汉，自是政事无大小皆亲决，百官受成于上而已。"

不过，这场战役的最大受益者或许不是柴荣，而是赵匡胤。

高平之战成为赵匡胤命运的重要转折点。凭借关键时刻智勇双全的表现，他被提拔为殿前都虞候，成为殿前司的第三把手，并且获得了一次异常宝贵的机遇——整顿禁军。

高平之战中，樊爱能、何徽临阵脱逃；战后，两人又厚颜无耻地回来认罪求饶，气得柴荣指着他们的鼻子大骂："你们这些宿将不是不能打仗，不会打仗，如今竟不发一箭就望风而逃，这不是把朕卖给刘崇吗？！"

骂完之后，柴荣决定整肃军纪。他痛下杀手，将以樊爱能、何徽为首临阵脱逃的五十多名将领、一千多名士兵全部斩首。

这招杀鸡儆猴效果显著,军中的骄兵悍将一下子领教了军法的严厉和皇帝的可怕。但仅仅是将士的害怕,并不能让柴荣满意,他的目标是削平四海,统一天下,他需要的是一支军纪严明、上下齐心,战无不胜、攻无不克的精锐之师。

整顿禁军,提高军队战斗力,已经势在必行。

返京后的第四天,柴荣下诏整顿禁军,淘汰老弱病残,招募天下勇悍之士以充禁军,精选强壮有力者为上军。而承担这个任务的,正是新任殿前都虞候的赵匡胤。

把如此重任交给一个年纪轻轻、资历平平的将领,柴荣绝对是费了一番心思的。一方面,他看中了赵匡胤冷静机敏、勇敢忠诚的素质,这是其他将领所不具备的。

另一方面,相较于符彦卿、张永德、李重进这些功臣宿将,赵匡胤家世普通,根基尚浅,不易在军中形成派系势力,更不会有什么政治野心。

将骄兵惰、贪生怕死,纪律涣散、兵匪不分,动辄哗变失控,甚至废立皇帝等,这些问题严重影响着禁军的忠诚度和战斗力,虽然五代的很多皇帝都想整治,却都有心无力。随后,柴荣和赵匡胤这对君臣搭档,决定给禁军动一次大手术。

显德二年(955年)三月,手术由赵匡胤执刀,一共动了三刀。

第一刀是裁员,即淘汰老弱病残。

五代普遍采用募兵制,士兵都是职业军人,靠当兵挣钱养活家人。如果只是混日子也能拿工资,大家就不会去拼命,很多兵油子就靠点卯报数,数十年如一日地混在军队里头,既不努力训练,也不拼命打仗。长此以往,老兵、弱兵、不能打仗的兵越来越多,就形成了传说中的"冗兵"。

赵匡胤对付冗兵的态度是一刀切,"老弱羸者去之"。

赵匡胤不是不知变通,但他更知道裁减冗员是皇帝的意思。拒绝请托固然会得罪一些高官权贵,却能让皇帝放心;徇私办事虽讨好了一些人,反而会得罪皇帝。孰轻孰重,赵匡胤心里是有一杆秤的。

第二刀是招聘,即补充兵员。

军中老弱病残被一扫而空,腾出大量兵额亟须补充。朝廷面向全国海选,表示禁军招人不拘一格,不论出身贵贱,只要身强体壮、能打能杀、不贪生怕死,都可以报名参加。

消息一经发布,各地应征者纷至沓来。赵匡胤对应征者进行了严格的甄选考察,录用了一大批符合要求的兵员,分别充实到龙捷、虎捷等禁军主力部队。于是,"诸军士伍,无不精当",士兵素质和战斗力得到显著提升。

第三刀是重组殿前司。

禁军是后周的中央正规军,直接隶属朝廷(皇帝),下设殿前司、侍卫亲军司(又有马军司、步军司)二司。其中,殿前司负责统领皇帝的近卫部队,其下又设内殿直、外殿直、东西班、金枪班等诸班直,相当于皇帝的警卫团,他们一般很少直接参战,但也有一部分不隶属班直的殿前司部队,可以像侍卫亲军(马步军)一样外出征战。

赵匡胤曾任东西班行首,现在又任殿前都虞候,深知殿前司的重要性。他本着优中选优的原则,把最优秀的将士选入殿前诸班,挑选兵员时还请皇帝亲自面试把关,以确保殿前司集中了大周最英勇善战的将士,成为精锐中的精锐。

整顿禁军是柴荣一系列重要改革活动的开篇。通过这次大整顿,不堪大用的禁军旧貌换新颜，成了一支能征善战、举世无双的精英部队。

军中新贵赵匡胤抓住这次机会展现了自己的过人才干，圆满完成了皇帝交给自己的任务。而这一切，柴荣都看在眼里，记在心中。

对赵匡胤而言，整顿禁军也为自己带来了一项特殊回报——新选拔进入殿前司的官兵成了他的嫡系。虽然赵匡胤是出于公心为国选才，却在无形中为自己谋取了潜在利益。

高平之战的胜利证明了柴荣杰出的军事指挥能力，整顿禁军的成功则体现了柴荣高超的治军水平。而柴荣的治国理政能力，更是毫不逊色。

他广开言路、虚心纳谏，求贤爱才、知人善任，均定赋税、减轻刑罚，疏浚漕运、发展生产。柴荣的这些举措使得大量荒地得到开垦，百姓负担得到减轻，漕运水路得到畅通，社会生产得到发展，国家财政得到充实，军队战斗力得到增强，从而极大地提升了大周的综合国力。

经过短短数年的励精图治，柴荣和他的大周已经初步具备问鼎天下的实力，他现在需要解决的是拿谁开刀的问题。

显德二年（955年）四月，柴荣给侍从近臣布置了一道作业——以"平边策"为题，撰写一篇文章。

数十份答卷很快就送到了柴荣面前。这些出自不同手笔的策论文字优美、辞藻华丽，却无一例外都是"修文德，怀远人"之类的陈词滥调，毫无价值可言。

正当柴荣失望不已时，接下来的一篇文章让他眼前一亮。

攻取之道，从易者始。当今惟吴易图，东至海，南至江，可挠之地二千里。从少备处先挠之，备东则挠西，备西则挠东，彼必奔走以救其弊。奔走之间，可以知彼之虚实，众之强弱，攻虚击弱，则所向无前矣。勿大举，但以轻兵挠之。彼人怯弱，知我入其地，必大发以来应；数大发，则民困而国竭，一不大发，则我获其利。彼竭我利，则江北诸州，皆国家之所有也。既得江北，则用彼之民，扬我之兵，江之南亦不难平也。如此则用力少而收功多。得吴则桂、广皆为内臣，岷、蜀可飞书而召之。如不至，则四面并进，席卷而蜀平矣。吴、蜀平，幽可望风而至。唯并必死之寇，不可以恩信诱，必须以强兵攻。力已竭，气已丧，不足以为边患，可为后图。

按照这篇《平边策》的分析，后周统一天下的次序应该是：吴（南唐、吴越）——桂、广（南汉）——岷、蜀（后蜀）——幽州（契丹）——并州（北汉）。

纵观这篇《平边策》，紧扣主题，高屋建瓴，论点鲜明，论据充分，论证有力，其核心思想为"攻取之道，从易者始"，这正是柴荣需要的完美答卷。

柴荣接受了《平边策》的真知灼见，并随即将它的核心——"先易后难，先南后北"付诸实践。同时，柴荣也牢牢记住了这篇《平边策》的作者——王朴。

天下谁人识王朴，平边一策耀千古。

不久之后，一场规模宏大的战争将要席卷南北，不可阻挡，华夏统一的序幕已经拉开——黑暗终将结束，光明即将来临。

五月，柴荣派宣徽南院使向训、凤翔节度使王景等人率军西征，进攻后蜀。起初，战事非常顺利，但当周军试图进攻凤州（今陕西凤县）时，却遭到了后蜀的顽强抵抗。

凤州地处秦岭腹地，地势奇峻，易守难攻，蜀军据险固守，周军攻势受阻，一筹莫展。战役一直打到七月，还没分出胜负，而周军由于出师远征，深入山区，交通不便，后勤补给出现问题——种种不利因素纠缠在一起，引发了朝臣对战事的争论。

大多数人认为这个时候应该主动撤军，以免深陷泥沼。但做出攻蜀决策的柴荣并不甘心，便派赵匡胤赶赴前线考察战况。

这是一个烫手山芋。如果主张撤军，符合大多数人的意见，主战的皇帝却不高兴；如果主张坚持进攻，万一作战失利，黑锅就要由自己来背。

赵匡胤没玩左推右挡、推卸责任那套，而是经过认真实地考察调研，再回朝复命：只要策略得当，凤州可取。

听过赵匡胤的汇报，柴荣坚定了信心。他重新调整兵力部署，组织再次进攻。不久，周军终于攻下凤州。而后，秦（今甘肃天水）、成（今甘肃成县）、阶（今甘肃武都东）三州也被拿下，后晋时被后蜀夺去的四州之地终于重回中原怀抱，这使得柴荣对赵匡胤的信赖与日俱增。

只是在这次战事中，赵匡胤没有获得指挥作战的机会，这让他感到十分遗憾。相比待在皇帝身边，他更喜欢统领千军万马在战场上纵横驰骋，那才是他最荣耀的时刻。

拿下后蜀四州只是小试牛刀。接下来，柴荣马不停蹄地又将矛头指向了南唐——一个真正堪与匹敌的对手。

南唐是在吴国的基础上建立起来的，地处江淮下游，地理条件优越，加上历代统治者多采取保境息民的政策，境内局势比较安定，经济繁荣，文化昌盛，综合国力较强。

第六章 目标淮南

南唐中主李璟在位时,曾大举对外攻伐,一鼓作气灭掉闽、楚两个政权,这使得南唐的版图达到了鼎盛状态。这一时期的南唐疆域辽阔,涵盖今天的江西全省,安徽、江苏、福建、湖北和湖南的大部分或部分地区,可以说稳坐江南第一大国宝座。史载南唐"东暨衢、婺,南及五岭,西至湖湘,北据长淮,凡三十余州,广袤数千里,尽为其所有,近代僭窃之地,最为强盛"。

面对这样一个重量级对手,柴荣毫不畏惧地做出了进攻的决定。他发布诏书,痛斥南唐种种恶行:

> 顾兹昏乱之邦,须举吊伐之义。蠢尔淮甸,敢拒大邦……飞扬跋扈,垂六十年,盗据一方,僭称伪号。幸数朝之多事,与北境而交通,厚起戎心,诱为边患……杀掠吏民,迫夺闽、越之封疆,涂炭湘、潭之士庶……我无所负,彼实多奸,勾诱契丹,至今未已,结连并寇,与我世雠,罪恶难名,人神共愤……

这份斥责南唐的诏书,其中所列举的如勾结契丹、结交北汉、占据闽楚等事,虽然大体都是事实,但在当时的历史背景下,"僭称伪号""厚起戎心""结连并寇"之类的事大家都没少干,这"昏乱之邦"又从何说起?

欲行讨伐,何患无辞?打你,需要理由,又不需要理由。

955年十二月,西征后蜀的战事刚刚结束,柴荣就任命宰相李谷为淮南道行营前军都部署,兼任庐、寿等州行府事,统帅数万大军,十多名战将,开始征伐淮南。

柴荣将首要的进攻目标对准淮南重镇寿州(今安徽寿县)。

李谷率领大军沿颍水而下,很快就抵达淮河中下游的重要渡口正阳关（今安徽寿县正阳关镇），然后火速架设浮桥渡过淮河，大军围困寿州，开始攻城。

李谷身居后周宰相，却并非不懂军事的书生。史书载他"少勇力善射，以任侠为事"，后来追随郭威并受其重用，兵法韬略颇通，是一名文武兼备的复合型人才。

李谷年轻时十分自负，曾自诩"中原若用吾为相，取吴如囊中物耳"。如今，他果然成为中原宰相，又恰好统军征讨南唐，春风得意下淮南，当年的抱负和雄心即将实现。

然而出乎意料的是，寿州城池竟然十分坚固，城内守军又拼命抵抗，任凭周军如何攻打，就是坚守不出。这仗打了一个多月，还是徒劳无功，战局陷入了僵持。

寿州久攻不下，让柴荣心急如焚。柴荣有一个明显的缺点——脾气急躁，且事必躬亲。

956年正月，柴荣再次御驾亲征，讨伐淮南。

就在他赶赴前线时，淮南战局又发生了意想不到的变化。

寿州是南唐在淮南最重要的军事据点，寿州一旦失守，整个淮南可能就会沦于后周之手。为确保寿州安全，巩固北方屏障，南唐皇帝李璟火速派出了两支人马北上支援。

一路是神武统军刘彦贞，领兵三万直接救援寿州；另一路是奉化节度使皇甫晖、常州团练使姚凤，率军三万屯守定远（今安徽定远），以为寿州掎角之援。

刘彦贞是南唐著名的饭桶将军，但这次他倒是聪明了一回——他没有率军直冲寿州，而是赶赴正阳关，打算利用水军摧毁浮桥，截断周军后援。

这个举动让李谷大吃一惊，他担心腹背受敌，于是在没有请示皇帝的情况下便主动后撤，退保浮桥。为了不给敌人抢夺战利品的机会，李谷还把留在寿州城下的辎重粮草付之一炬。

干完这些活后，李谷才想起告诉已到陈州（今河南淮阳）的柴荣："陛下，敌人很强大，形势很危险，您还是先别来前线了，咱们等冬天守军疲劳不支之时，再来攻城也不迟！"

柴荣看得气不打一处来："这个李谷，擅作主张退兵也就罢了，居然还劝朕不要上前线！如此藐视朕的勇气和魄力，这不是长敌人志气，灭自己威风吗？"

为挽回战局，柴荣速命李重进率军赶赴淮南。

李重进率军急行，很快就赶到了正阳关，然后迅速渡过淮河，绕到唐军背后，发起袭击。唐军猝不及防，混战中竟被斩首一万，伏尸三十里，刘彦贞战死疆场。

支援寿州的援军有去无回，这可吓坏了屯据定远的皇甫晖、姚凤部。两人听闻友军惨败，还没看到周军的影子，就从定远逃之夭夭，退守清流关，滁州刺史王绍颜也跟着弃城逃跑。

正月十三日，柴荣的御驾终于抵达前线。他撤了李谷的职后，重整旗鼓，再次包围寿州，准备发动新一轮的攻势。可怜李谷那"取吴如囊中物耳"的伟大抱负，也只能由柴荣代为实现了。

城下的柴荣踌躇满志：一个小小的寿州，难不成比太原还要顽固？殊不知，寿州城确实是一根极为难啃的硬骨头，因为守卫这座城池的是一个铁骨铮铮的男人——南唐第一名将刘仁赡。

刘仁赡，字守惠，江苏徐州人，出身将门世家，史书评价他"性淳谨，器度伟重，喜怒不形于色。总领兵士严而不残，有良将之才。出典郡符，专治无滞，有政绩能名，军民乐其仁信"，是一位文武齐备、智勇双全的将领。

周军朝寿州而来的消息传至南唐时,朝廷上下一片恐慌,身在寿州的刘仁赡却镇定自若,积极部署守城防御,让周军的第一波进攻无功而返。

当初李谷退兵后,刘彦贞企图尾随追击,趁机捞上一把。刘仁赡劝他不要轻敌冒进,但刘彦贞不听他的劝告,一意孤行,结果偷鸡不成蚀把米,最终连自己都赔了进去。

刘仁赡一不吹牛,二不诉苦,只是日夜不休地加紧修缮城池。他知道周军必定会加强对援军的阻截,自己或许只能靠手头这些兵力守城了。从那一刻起,刘仁赡就暗下决心:无论如何,自己都要死死守住寿州,守住南唐在淮南的咽喉所在;哪怕战至一兵一卒,也绝不放弃,人在城在,城破人亡!

三月二十三日,攻城之战再次开始。

柴荣亲临指挥,周军士气大振。他们不顾漫天箭矢与飞石,架起云梯,像蚂蚁一样往城头上攀爬,前仆后继地拼命攻城。

数万劳工在城外忙着搬运攻城器械,抛石机、"竹龙"等杀伤性武器相继登场,硕大的石头与炮弹呼啸着飞向城墙,虽然准头差了些,但气势惊人,还是造成了一些有效杀伤。

攻城一方攻得坚决,守城一方也守得惨烈。南唐守军在刘仁赡的指挥调度下,全军同仇敌忾、拼死防御,击退了周军一波又一波的进攻。

眼见攻势受阻,柴荣又命人在城下挖掘战壕,把护城河里的水排了个一干二净,这才让周军得以靠近城墙,展开攻势。但除了离城墙近一些外,他们还是没能取得任何突破。

任凭柴荣用尽千方百计,刘仁赡总能做出相应抵御措施,将后周的攻势一一化解。

不知不觉中，攻城之战已经打了两个多月。十万周军轮番上阵，昼夜不停，进攻手段无所不用，但除了不断增加的伤亡人数外，寿州城依然固若金汤。

柴荣终于领教了刘仁赡的厉害——区区一座寿州城，兵力不过两三万，自己十万精锐全力攻击，居然徒劳无功，岂不是滑天下之大稽？柴荣开始调整策略，把注意力转向外围。

之前被吓跑的皇甫晖、姚凤退到了寿州东南方向的滁州清流关，这数万兵马虽然不敢主动过来找揍，但对城内守军而言，无疑是极大的精神鼓舞，让他们知道李璟还没有放弃寿州，只要他们坚守城池，就有反败为胜的可能。

与此同时，南唐另外一支一万多人的援军也在寿州东北方向的涂山（今安徽怀远）安营扎寨，时刻准备与滁州方面的援军包抄合围，救援寿州。

为了彻底消灭南唐的有生力量，打垮寿州守军的士气，柴荣决定将解除外围威胁的任务交给赵匡胤。

第七章 一战成名

赵匡胤终于等到了这个梦寐以求的机会，他独自率领一队人马攻城拔寨，准备展现自己真正的实力。虽然这队人马只有五千，但已经足够。

涡口位于距离寿州东北约一百五十公里处的涡河和淮河的交汇处，是淮河中游的重要渡口和军事据点。河对面的南岸就是当涂，南唐兵马都监何延锡的一万援军就驻守于此。

第一次独立指挥作战的赵匡胤并不紧张，也没有因为唐军此前的糟糕表现而恃勇轻敌，而是冷静分析形势，定下诱敌深入、设伏歼敌的计策。

三月十七日，赵匡胤派出一百多名骑兵对南唐守军发动佯攻。唐军一看对方只有这么点人，立刻出来迎战。

待敌军追击迫近时，这一小队骑兵就开始掉头逃跑。头脑简单的何延锡果然立即上钩，率全部人马追击，准备消灭这百十来号不知死活的周军。

何延锡一路追到了涡口，眼看就要追上周军，正准备大杀特杀一番，却没想到钻进了赵匡胤所布的口袋阵里。

第七章 一战成名

"杀！"赵匡胤一声令下，事先埋伏好的周军突然四起，杀声震天，以迅雷不及掩耳之势，向唐军杀了过去。

唐军猛然遭到伏击，阵脚大乱，被周军围住一顿猛砍，死的死，伤的伤，剩下的见大势已去，纷纷举手投降，五十余艘战船也被周军缴获，主帅何延锡在混战中被斩杀。赵匡胤人生中第一场独立指挥的战役，就这样取得完胜。

而这不过是赵匡胤精彩表演的开始。

几天后，柴荣又把肃清寿州东面敌军的任务交给了赵匡胤，命他攻打清流关。

赵匡胤不敢怠慢，率军倍道兼行，很快就杀到了清流关。

清流关乃滁州门户，地势险峻，易守难攻，驻守清流关的是南唐老将皇甫晖。

皇甫晖是河北魏州（今河北魏县）人，史书记载他年轻时"骁勇无赖"，是个十足的不安定分子，搞破坏的好手。926年二月，一介小兵皇甫晖先是煽动魏州军士逼迫上司杨仁晸作乱，在对方坚决不从的情况下将其"杀之"；接着又胁迫裨将赵在礼叛乱，制造了著名的"魏州兵变"。

在后唐军队镇压魏州兵变的过程中，皇甫晖故伎重演，胁迫赵在礼一把将领兵前来平叛的李嗣源拉下水，引发了后唐一系列的连锁叛乱，最终导致李存勖兵败身亡。随后，李嗣源即位称帝，皇甫晖也从中受益匪浅，由一名普通军卒一跃成为陈州刺史。

有鉴于此，欧阳修在《新五代史》中给了皇甫晖一句很"高"的评价："庄宗之祸自晖始。"

不过在十多年后，契丹南下灭晋，时任后晋密州刺史的皇甫晖倒是表现出了一身正气。他不但没有依附契丹，还率本部人马投奔南唐，获得了李璟的重用。

以这位仁兄的闹事经验，率领十万人马，面对寂寂无名的赵匡胤和五千骑兵，怎么也不至于落败吧？可结果却让人大跌眼镜。

赵匡胤来到清流关后没有盲目强攻，因为他认为敌我兵力悬殊太大，皇甫晖也不是头脑简单的何延锡，想要破敌夺关，必须出奇制胜。

城内的皇甫晖则恰恰相反，他发现周军只有几千人马，主帅还是一个黄毛小子，自己人多势众、兵强马壮，岂能示弱当缩头乌龟？于是下令打开城门，亲率一万五千部众出城列阵，主动出击，与周军展开激战。

仗一打起来，皇甫晖就忽然发现一个问题：跟自己交战的这股敌军似乎也太少了些，看起来还不到两千人，周军的主力军跑到哪里去了？

正当他思考这个问题的时候，答案出现了——只听背后传来一阵喊杀声，三千多名周军精锐骑兵突然从清流山后疾驰而出，朝皇甫晖发起了猛烈的攻击。

皇甫晖意识到自己犯了和何延锡同样的错误，中了对方的诱敌之计。不仅如此，他还发现，有时人多未必是好事，因为战场狭窄，部队被压缩在一个较小空间内，根本来不及调整阵形，形势十分被动。

皇甫晖试图指挥部队应战，却根本没人理会。唐军被前后包抄夹击，只知对方攻势迅猛，却搞不清周军到底有多少人马，现在被赵匡胤领兵一阵冲击，阵形大乱，大家都只顾四处逃命，完全无力抵抗。

眼看败局已定，皇甫晖觉得还是保命要紧。他迅速收拾残兵，一溜烟逃入滁州城，逃命的时候还没忘记断后，命人毁掉护城河桥。

可没想到的是，护城河水根本不足以阻挡对方的脚步。赵匡胤振臂高呼，一马当先，率骑兵强渡护城河，直抵滁州城下。

欧阳修《醉翁亭记》中的一句"环滁皆山也"，足以概括滁州的地理形势。从地理位置看，滁州向东南不到百公里便是长江，长江对面就是南唐国都金陵。如果说清流关是滁州门户，那滁州就是金陵门户。滁州若失守，金陵必定震动，所以李璟才派皇甫晖屯重兵于此，西北援寿州，东南卫京师。

如今，号称"金陵锁钥"的清流关宣告失守，皇甫晖已经退无可退。他若是再退，就要面临被赶到长江里喂鱼的境地了。因此，为今之计只有据城坚守，让周军知难而退。

赵匡胤很清楚，皇甫晖已经吃了一回算计，除非脑子进水，否则他绝不会轻易上当。因此，自己这五千人马面对滁州，根本无计可施。

但令赵匡胤绝对想不到的是，皇甫晖的脑子居然真的进了水。这位以"无赖"著称的沙场老将不服自己被对方用诡计所败，竟然对着城下大喊："大家各为其主，你让我领兵出城，排好阵列，咱们光明正大地打一仗！"

送上门的肉，焉有不吃之理？赵匡胤哈哈一笑，高声答应。

皇甫晖太不服气了，他只希望能有一次光明正大的机会，让自己好整以暇，从容出击，一雪前耻，以至于完全忽略了兵不厌诈的基本常识。

当皇甫晖率全部主力背城列阵时，赵匡胤确实履行了君子之约，在一旁静静等待。但当唐军刚刚摆好阵形，还没发动攻击时，意外却发生了。

只见原本保持沉默的周军队列中突然杀出一骑，一名将领手抱马颈，身体紧紧伏在马背上，双腿用力夹击马腹，催动战马风驰电掣般向唐军冲了过去,一边冲还一边高喊:"我只取皇甫晖的脑袋,与他人无干!"

众将大吃一惊:这是哪个不要命的?大家定睛一看,此人正是赵匡胤。

影视剧中经常会有孤胆英雄冒着枪林弹雨纵马冲锋的拉风场面。无一例外的是,那些子弹都像长了眼睛一样呼啸而过,绝不往人和马身上招呼。虽然处境万分凶险,但主角每次都有惊无险地取得了上将首级,赢得了胜利。

赵匡胤的这次冲锋不是表演,而是实实在在的战场搏杀。但奇怪的是,整个冲锋过程中,唐军方面竟无人放箭阻拦,或许是被这一幕震撼了吧!

由于事发突然,加上冲锋速度极快,赵匡胤转眼就冲到了皇甫晖面前。皇甫晖还没反应过来,就觉眼前一闪,被一剑击中头盔,狼狈地栽下马来。

说书人常讲"说时迟那时快",战场上的变化也就在电光石火之间。周军见状,大为振奋,立刻发起潮水般的进攻,个个如狼似虎、猛进疾击。唐军见对方主帅如同天将下凡,一招就制服了自己的主帅,顿时胆战心惊,斗志全无,一击即溃。在周军的追击砍杀中,唐军死伤无数,非逃即降。

是役,周军大胜,赵匡胤以五千人马击溃南唐十万大军,生擒皇甫晖、姚凤两位主帅,占领滁州城。

清流关之战和滁州之战让赵匡胤声名鹊起,他在战役中表现出的非凡军事才能更是令人叹服。

面对南唐十万大军,赵匡胤头脑清醒,谋划机智,反应敏锐,出奇制胜。在战斗过程中,他身先士卒,带头冲锋,英勇无比,实在是一名极具天赋的将领，就连手下败将皇甫晖也对他彻底服气，当面向柴荣盛赞赵匡胤的智谋英勇。

攻占滁州后，赵匡胤奉命暂时接手州城军政事务。这天半夜，城外来了一个熟人——侍卫亲军龙捷右厢都指挥使赵弘殷。

打虎亲兄弟，上阵父子兵。赵弘殷也参加了此次淮南之战。此番，他带领数千兵马前来滁州，想让儿子赶快打开城门，放他们进城休息。

没想到的是，赵匡胤竟当众拒绝了父亲。他站在城楼上说："父子虽至亲，城门王事也，不敢奉命！"

赵匡胤狠心不给老爹开门，是有原因的。

在古代，城门是进城的唯一途径。为保障城池安全，战争期间若没有上级签发的命令或信物，守军是断不能擅自开启城门的。尤其是在夜间，万一被敌军所乘，后果极其严重。因此，"城门王事也"的说法一点也不夸张。

赵弘殷当然明白这个道理，也知道儿子的脾气，只好率军在城外安营扎寨，直到第二天一早，赵匡胤才打开城门，迎接父亲进城。

其实，以赵匡胤的身份，加上他和赵弘殷的父子关系，即便打开城门也没什么问题，就算皇帝知道了也不会怪罪。但即便人人都觉得可以破例，赵匡胤依然选择了坚持原则，这才是最难得的。

为人若此，治军若此，何愁三军将士不令行禁止？

除了偶遇父亲，赵匡胤还在滁州遇到了另一位至关重要的人物。

一天，城内守军向赵匡胤请令，说捉到了一百多号偷窃军粮的盗贼，依律当斩。赵匡胤正在忙碌之际，没有细问，就直接下了处斩令。

眼看这伙盗贼就要人头落地，有一个人突然站出来替他们说话了:"这些人中可能会有无辜百姓,将军不能这样草率处理,还是亲自加以讯问,弄清楚真相后再做处置为好。"

说这话的人时任滁州军事判官,并非赵匡胤的下属,赵匡胤完全可以不予理会,但他觉得对方言之有理,所以还是虚心地接受了意见,亲自讯问这些嫌犯。这一查不要紧,原来所谓的"盗贼"里果然有很多无辜百姓。他们迫于饥饿,不得已铤而走险,偷盗军粮,罪不至死。重新量刑定罪后,不少人免于一死。

五代武将蛮横跋扈,枉法杀人随处可见。在这样的背景下,处斩盗窃军粮的盗贼行为是否合法,根本不会引起关注。但赵匡胤没有滥用生杀大权,这源于他对权力的克制、对百姓的爱惜,以及对生命的尊重,这一点就连柴荣都自叹弗如。在淮南之战中,赵匡胤不仅展现了他的杰出军事才能,更展现出他对人性、对生命的关怀。

那位不知名的滁州军事判官也因为这次劝谏而受到了赵匡胤的尊重,年纪相仿的两人很快就成了亲密的伙伴。在未来的二十年内,他将成为赵匡胤最重要的参谋助手,他们二人的名字将紧紧地联系在一起。

这个人就是宋初名相赵普。

在赵匡胤率军连战连捷、横扫唐军的同时,其他部队也纷纷告捷。

一方面,柴荣在探知江北重镇扬州兵力空虚后,派侍卫马军都指挥使韩令坤率两万步骑挥师向东,奇兵突袭,一举攻克扬州。几天后,又一鼓作气攻克泰州,乘胜扩大战果。

另一方面,配合后周进攻南唐的武平节度使王逵、吴越王钱俶分别从西南、东南向武昌、常州、宣州等地发动进攻,让南唐陷入了三面受敌的困境。

第七章 一战成名

对南唐来讲,在这三面之敌中,真正的威胁来自江北——寿州被团团包围,朝不保夕,自不必说,连滁州和扬州也先后失陷,这使得被南唐恃为天险的长江防线遭受严重威胁,更让李璟寝食难安。

滁州和扬州同在长江北岸,两地分踞安徽和江苏南端,形成掎角之势。这对掎角所冲方向正是南唐国都金陵,中间仅隔一条长江。虽说以后周水师的实力,渡江直捣金陵的可能性不大,但是整天处在别人的掎角威胁之下,实在是提心吊胆,觉都睡不好。

为缓解这种令人崩溃的压力,李璟决定求和。他开出了如下筹码:第一,割让寿州、濠州、泗州、楚州、光州、海州六州;第二,赔偿后周军费黄金千两,白银十万两,罗绮两千匹;第三,自降身价,甘做后周藩属之国,每年进贡价值百万的财物。

又是割地赔款,又是称臣纳贡,就算后世清廷与列强签订的不平等条约,内容条款也不过如此,足见李璟求和还是拿出了十分的诚意的。而他的要求只有一个:周军撤出淮南。

柴荣一口回绝:"交出淮南全部十四州,否则一切免谈。"

李璟实在低估了柴荣的胃口。自从决定南征那一天起,柴荣的目标就只有一个——拿下淮南。

李璟愤怒了:"我好歹也是一条汉子,既然谈不拢,那就继续打吧!"

事实证明,天无绝人之路,南唐还没到灭国的时候。很快,李璟就迎来了两个好消息。

第一个好消息来自西南。

准备进攻武昌的王逵还没正式向南唐开战,就先和自己在湖南的老邻居潘叔嗣火拼一场,兵败被杀。南唐西南面的危机解除。

第二个好消息来自东南。

攻击常州的吴越军被南唐将领柴克宏一战击溃，损失惨重，主将吴程孤身逃回吴越。吴越国王钱俶本想借此向后周表表忠心，顺便趁火打劫，没想到遭此大败，自信心受到严重挫伤，再也不敢出兵。因此，南唐的东南面也安全了。

三路敌军已退两路，战场形势的好转让李璟信心倍增。于是，他决定转守为攻，主动出击，狠狠打击一下后周的嚣张气焰，彻底扭转战局。

956年四月，李璟向江北同时挥出两记重拳。

右路拳是陆孟俊率领的一万兵马，主要任务是自东路渡江北上，收复泰州、扬州，夺回金陵东北门户，巩固长江防线。

这路部队的进军出奇地顺利，后周泰州守将没有应战就直接弃城逃窜，陆孟俊不费吹灰之力就收复了泰州。而当他继续向扬州进发时，驻守扬州的大将韩令坤居然也主动率军弃城。

柴荣闻讯大怒，扬州是江北的重要据点，怎能如此轻易放弃？他立刻派张永德带兵驰援扬州，又命赵匡胤率两千精兵火速前往江北的六合（今江苏南京六合区），以阻止从扬州方向后撤的周军。除此之外，他还特别命令韩令坤务必守住扬州。

变幻莫测的战局再次将赵匡胤推到了风口浪尖。但在这重重挑战和风险背后，也隐藏着难得的机遇。

赵匡胤率军赶到六合时，韩令坤已奉命返回扬州。大战在即，为防止韩令坤部再次溃退，赵匡胤当机立断，放出一句狠话："扬州兵敢有过六合者，断其足！"

这招十分奏效。皇帝下了死命令要守住扬州，自己的发小兼战友也放出了狠话，谁要后撤就在六合砍谁的腿。韩令坤无处可退，只得背水一战。

四月十三日，韩令坤率军击败南唐军于扬州城东，擒南唐主帅陆孟俊，杀之。

赵匡胤在六合用极端方式阻止了周军的溃退，帮助韩令坤守住了扬州城，但他没有意识到，自己即将面临一场更加严峻的考验——李璟的左路重拳正在向他击来。

李璟的左路军足有两万人马，他对这支部队寄予厚望，将统帅位置交给了自己的亲弟弟齐王李景达，并任命亲信陈觉为监军。

李景达生长在深宫，过的是锦衣玉食的生活，从来没有行军打仗的经历，李璟把两万精锐之师的指挥权交给他，实在不知是在求胜还是在求败。

至于监军陈觉，更是声名狼藉，他唯一的特长恐怕就是"窃弄威福"了。除了是李璟的亲信外，陈觉在其他方面一无是处。李璟之所以让他监军，完全是为了防范李景达，因为李景达曾是父亲李昇心中的皇储人选，也是自己皇位的第二顺位继承人。

这种"无能+小人"的组合，想不打败仗都难。

李景达和陈觉率领的左路军是南唐反击的主力军，他们的任务本来是北上救援寿州，但当大军从瓜洲渡江后，迎面就碰上了还在六合的赵匡胤。

这时的赵匡胤刚刚完成督战任务，麾下只有两千骑兵，而他的对手足有两万之众，敌众我寡，形势十分危急。

然而，决定一场战役胜负的不是人数多寡，而是交战双方的将领水平和士兵素质。不幸的是，这对"无能统帅"和"小人监军"碰见了五代最杰出的将领之一。

李景达充分吸取了皇甫晖轻敌冒进的教训，没有立刻向这支人数不多的部队发动进攻。他让大军在距离六合二十里处扎下营寨，设立栅栏，摆出一副严防死守的姿态，一直摆了好几天，这算给了赵匡胤撤退的机会。

但赵匡胤没有选择撤走，他从李景达迟滞不前的奇怪举动中察觉到对方的胆怯和谨慎，敏锐捕捉到了新的战机——或许自己可以冒险一搏，以少胜多。

不过当部将要求主动出击时，赵匡胤却拒绝了。他说出了自己的理由："敌军摆出防守姿态是因为不了解我们的底细，不敢贸然进攻。如果我们主动攻击，敌军就会发现我们真正的兵力，到时就不会再惧怕，并利用人数优势将我们围歼。我们现在要做的是等待，等到他们沉不住气主动来攻时，再集中兵力，全力出击，一定可以击败他们。"

敌不动，我不动。面对十数倍于己的敌军，这是一战破敌的唯一良策。

对峙数天后，李景达和陈觉终于摸清了对方底细，决定吃掉这支敌军。四月二十二日，唐军毁弃栅栏，拔营而起，浩浩荡荡地向六合发动进攻。

眼见对方列阵前进，咄咄逼人，赵匡胤没有一丝慌乱——他等的就是这一刻。

敌欲动，我先动！没等唐军逼近，赵匡胤当机立断，身先士卒，率领两千骑兵奋勇出击，直插唐军阵中！

周军虽在人数上处于绝对劣势，但个体优势明显，士兵们个个骁勇善战，奋不顾身，纵横往来，挡者披靡，气势上完全占据上风，搅得两万唐军乱作一团。反观南唐，刚一开战，李景达和陈觉就慌了神，自顾尚且不暇，更别谈指挥作战了。

南唐拥有两万士兵，却缺乏有效指挥，士兵各自为战，很快便成了一群待宰的羔羊。经过一番鏖战,唐军死伤惨重,被斩杀者近五千,剩下的都被吓破了胆,无心恋战,全都向南溃退,准备渡江逃回老家。

这个时候的唐军完全没了几天前北渡长江的从容,在周军的穷追猛打下,溃兵们乱作一团,争相渡江。由于舟船不足,乱军争来抢去,又是踩踏,又是溺水,再次造成了士兵的大批伤亡。

是役,赵匡胤以两千人马击败两万唐军,斩杀唐军五千人,溺死、伤者不计其数,又创造了一个以少胜多的战场奇迹。

第八章 英雄相惜

其他各部捷报频传，柴荣亲自主攻的寿州却固若金汤。

数万周军在皇帝的亲临督战下使出浑身解数，水攻、火攻、挖地道等各种招数轮番使用，竹笼、巨炮、云梯等各式武器攻具全部上阵，从955年十二月一直到956年四月，足足打了五个多月之久，却收效甚微。

守城的刘仁赡铁了心要跟柴荣对抗到底，甚至还时不时地来一次主动出击，偷袭围城的周军营寨，顺便焚烧一下周军的攻城器具，气焰十分嚣张。

柴荣实在想不通，刘仁赡究竟在靠什么死守这座没有希望的孤城。

答案很简单，因为城内的刘仁赡和城外的柴荣一样，是一个坚定且执着的男人。两个同样刚强血性的男人就这样一攻一守，互不相让，双方都是拼尽全力，绝不放弃，战事陷入了长久僵持。

从战术层面讲，围城战中的防守一方是占据优势的；但从战略层面讲，则是进攻一方把握着战略主动。无论是"围城打援"还是"围而不打"，都可以消耗防守方的战力。

第八章 英雄相惜

柴荣对寿州城的策略就是"围城打援"。南唐派出的援军来一拨灭一拨,精锐部队几乎被消耗殆尽,除了伤亡数字不断增长,对缓解寿州城的困局没有一点帮助,南唐几乎就要放弃寿州了。

如此大好形势之下,柴荣却发现眼前这个孤立无援的城池仍然无懈可击,一些对自己不利的因素反而开始显现。

首先是天时。

柴荣选择在十二月讨伐淮南是有原因的。每年的十二月到次年四月正是冬春两季,一则冬季农闲,方便征发大批民夫,从事运输粮草、建造工事等战场保障工作;二则气候寒冷,遍布淮南的河流与池沼水位下降,甚至干涸结冰,障碍作用减弱,方便部队大规模运动作战。

但由于寿州战事不利,时间拖延到了四月,淮南开始进入阴雨季节,天公也不作美,雨水连绵不断,坑苦了围在城外的后周军队。

寿州城池的地势较高,城外地势较低,大量雨水来不及排走,堆积在城外洼地,积水最深处达一米多,周军营帐被泡在雨水里,连睡觉都找不到一块干燥的地方,原本平坦宽阔的道路也变得泥泞不堪,这给后周的粮草运输和后勤给养造成很大困难。

寿州城久攻不下,周军本就师老兵疲,偏偏又遇雨季,粮草不济,饭吃不好、觉睡不香,没了起初那股铆足劲攻城的精气神,士气渐趋低落。此情此景,大概可以用"天不时、地不利、人不和、粮不济"来形容了。

面对如此处境,究竟要如何应对?很多人开始提议班师回朝,来年再战,柴荣面临着艰难的抉择。

四月七日,柴荣终于做出决定:起驾回京。

注意,是起驾回京,不是班师回京。这次回京的只有柴荣和侍从大臣，各路军队大多还是留在淮南继续征战。

在柴荣看来，现在是最艰难也是最关键的时刻，寿州已是强弩之末，绝对不能轻易放弃，只要再坚持下去，城破是早晚的事情。

既然如此，柴荣为何还要在最关键的时刻返回京师呢？

原来，是因为一个女人，一个病得很重的女人，她就是柴荣的老婆，后周的国母——符皇后。

符皇后家世显赫，祖父是后唐太祖李克用的干儿子符存审，生前位及将相，死后追封秦王；父亲是五代名将，天雄军节度使、魏王符彦卿，历事后唐、后晋、后汉、后周四代，是五代时期著名的风云人物。

但符姑娘的运气却不太好。她先是嫁给了一个叫李崇训的男人，当了河中节度使李守贞的儿媳妇。

没错，这位李守贞，就是前面那个三镇叛乱之首李守贞。

李守贞造反前，曾让一个据说可以听人声预凶吉的术士来给家人算命，此人听了符氏的说话声音后大惊失色："这可是将来的天下之母啊！"

李守贞一听，禁不住扬扬得意：这岂不预示着自己有皇帝命？否则自己的儿媳将来怎么可能当天下之母呢？这才坚定了造反的决心，没想到最后却以失败而告终，死前还在怪那个术士坑了自己一把。

郭威率军讨伐三镇叛乱，攻破河中府，李崇训准备拉着全家共赴黄泉，但符氏不想陪他一起死，便偷偷躲在帷幔里，逃过了一劫。

这时，一群后汉士兵冲了进来，发现了符氏。

面对这群心怀叵测的官军，符氏毫无怯意，厉声喝道："郭威大帅跟我父王是故交，你们谁敢碰我？"

大兵们不敢怠慢，赶紧把消息报告给郭威，符皇后就这样安全地返回家中。

郭威对符氏的沉稳冷静十分欣赏，就认她做了干女儿。再后来，柴荣的家眷被隐帝刘承祐屠杀殆尽，原配不幸遇害，郭威便将这位干女儿跟柴荣撮合在了一起。

郭威和符彦卿一个娶媳，一个嫁女，双方地位声望相当，可谓门当户对；柴荣的妻小死于灭门屠杀，符氏的家人亡于叛变兵败，两人一个鳏夫，一个寡妇，可谓同病相怜。从性格上来讲，柴荣脾气急躁，容易发怒；符氏则内刚外柔，为人温婉，性格互补，可谓珠联璧合。

组建新家庭后的柴荣和符氏十分幸福。柴荣脾气暴躁，驭人严厉，处罚下属后往往又追悔不已。每逢此时，符皇后都会在一旁从容劝解，尽量让丈夫控制情绪。

柴荣登基后，册封符氏为皇后，这位坚强的女子终于证实了昔日术士那句"天下之母"的预言，但用的却是李守贞怎么也想不到的一种方式。

对柴荣亲征淮南之事，符皇后并不赞同，但在劝阻无效的情况下，她只好跟丈夫一同前往。结果由于久居江淮，水土不服，适逢炎暑，又遭暴雨，符皇后不幸身染病患，忧患成疾。

正因为如此，柴荣才不得已做出了返回汴京的决定。五月二十四日，柴荣回到汴京。

这时符皇后的病情已经很重了，柴荣最终没能挽回她的生命。后周显德三年（956年）七月二十一日，皇后符氏去世，时年二十有六，史称"大符后"（她的妹妹后来也嫁给柴荣，称"小符后"）。

失去皇后的柴荣十分悲痛，他在汴京待了半年处理政务，但淮南的战局始终让他放心不下，战报每天都会传来，可谓忧喜参半。

957年年初,柴荣在汴京坐不住了,因为淮南的形势又发生了意想不到的变化。

没了皇帝在现场督战,一直紧绷着神经的周军不免有些放松,个别自律意识差的将领开始暴露其土匪本色,掠夺百姓、强抢民女、残杀无辜,引起当地百姓的强烈不满。

很快,这种不满的情绪就转化为敌视——百姓们自发聚集在一起,以武力保卫自己的家园。装备精良、经验丰富的周军曾把南唐正规军打得狼狈不堪,但面对这些拿着农具、穿着纸甲的农民时,居然被对方打得落荒而逃。

失去民心的周军很快陷入不利局面,唐军则抓住这一难得的机会发动了反击。短短几个月内,舒州、蕲州、和州先后被唐军收复。一时间,淮南战局出现逆转之势。

镇守扬州的后周前线总指挥向训认为兵力太过分散,很难有效抵御南唐的反攻,因此在报经柴荣同意后主动收缩战线,命令各路守军放弃城池。

周军撤退时,南唐将领纷纷请战,要求趁机背击敌军。但李璟认为搞偷袭会让双方积怨更深,不如通过主动放行来感化敌人,便下令诸将以和为贵,不得擅自出击。这充分体现了南唐与后周睦邻友好、和平共处的美好愿望。

但是李璟很快发现,这只是自己的一厢情愿。被放行后的周军非但没有被感化,反而变得更加顽固,他们一路风雨无阻地去了寿州,与那里的周军会合,集中兵力围攻寿州城。

肠子都悔青了的李璟开始亡羊补牢,他东拼西凑了五万大军,再次发兵北上,救援寿州。而统帅这五万大军的依然是"黄金搭档"——主帅齐王李景达和监军陈觉。

第八章 英雄相惜

这是一个令人匪夷所思的决定。李景达和陈觉的唯一战绩就是被赵匡胤以少胜多,唯一的能力是于溃军中胜利逃亡。把救援重任再度交给他们,不啻一次危险的赌博——一向犹豫不决的李璟此次押下了巨大的筹码。

遗憾的是,这对"黄金搭档"又让李璟失望了。他们率军走到濠州就停住了脚步,美其名曰"声援",然后便派大将边镐和许文稹领兵前往救援寿州。

南唐援军直趋寿州城下,在城南的紫金山扎下大营,营营相连,依山而峙,足足有十五六座,与寿州城池相互呼应,场面十分壮观。

957年二月,柴荣再度亲征。他知道寿州的坚守已经达到极限,只要消灭城外的南唐援军,就能断绝城内守军的最后一丝希望。

柴荣把南唐援军的两座营寨和紫金山北麓的一处据点作为首要突破目标——只要拿下这两处就可以将数万唐军的阵形拦腰斩断,使其首尾难顾,然后再分割包围,一举歼灭。

在这个策略中,突击将领的人选是最重要的,柴荣把这项重任交给了他最信任的心腹将领——赵匡胤。

此前,赵匡胤对唐军的战绩是四战四胜,胜率高达百分之一百,堪称后周对付南唐的第一杀器,先锋重任非他莫属。

由于征战淮南的杰出表现,柴荣不断给赵匡胤加官晋爵,授以节钺。此时的赵匡胤,已是后周殿前都指挥使、定国军节度使,以及禁军的高级将领。

赵匡胤没有家世背景,也不会溜须拍马,他获得别人梦寐以求的节度使头衔时只有三十岁,晋升速度之快,完全超越了同时代的其他将领,前途不可限量。

更加难能可贵的是,这位御前红人一点都不骄傲自满。对他而言,升官是一种奖赏,更是一种激励。他只有不断取得新的胜利,才能回报皇帝对自己的器重。

三月二日清晨,赵匡胤率军向南唐军营发动突击。

唐军刚刚睁开眼,还没吃早饭,就遭到了周军突袭,立即陷入了混乱之中。赵匡胤率军左冲右突、肆意砍杀,连破两座营寨,斩首三千余级,还顺道切断了南唐援军供输寿州城内粮草的秘密通道,超额完成突击任务。

周军的犀利攻势让唐军陷入恐慌,一时间军中谣言四起,人心浮动,斗志大减,就连南唐大将朱元也临阵倒戈,率上万士卒向周军投诚。

朱元是这支南唐援军中唯一能打仗、会打仗的将领,在军中威望很高。他的举动严重打击了唐军士气,大部分将士已经在盘算自己的退路了。

柴荣终于等到了这个机会——三月五日晨,他一声令下,指挥大军发起全面进攻。张永德在北、李重进在西、赵匡胤在东,三面合围,把唐军杀得人仰马翻,落花流水,主将边镐、许文稹等高级将领悉数被俘。

那位无能的总指挥陈觉也在营中,他再次发挥自己的逃跑专长,侥幸逃出生天,跑回了濠州,并在那里和老搭档李景达会合。

主帅只顾自己跑路,这可苦了那些败军之师。唐军数万人无组织无纪律,纷纷自淮河向东逃窜。

柴荣不是李璟,当然不会讲什么"以德服人,纵之勿追"之类的鬼话,他亲自指挥诸路兵马,水陆并进,南北夹击,对南唐溃军穷追猛打。

一边是斗志全无的丧家之犬,一边是士气高昂的虎狼之师。唐军仓皇东窜，周军紧追不舍，南唐数万逃兵或死或伤，或溺或降，几乎被扫荡殆尽。

是役，周军大获全胜，杀死、俘虏敌军四万余人，缴获战船、粮草等物资无数。

至此，寿州外围援军全部被清除，寿州成为彻底的孤城兼危城。

得知援军惨败，刘仁赡禁不住扼腕叹息。自己能坚守孤城，全赖朝廷不断派兵援救，即便屡战屡败，依然不离不弃。哪怕只是遥相呼应，只要看见南唐旗帜高高飘扬，城内就始终保留着一丝反败为胜的希望。

然而，这一次刘仁赡很清楚，寿州的最后一根救命稻草没了。仗打到这个地步，胜负已经彻底失去了悬念。

柴荣十分敬重这位对手，他向刘仁赡发出最后通牒："城破在即，是战是降，是福是祸，都由你自己选择。"

等待几天后，没有任何回音。

柴荣还不死心，命十万大军围到寿州城下，耀武扬威，三军将士刀枪出鞘，剑拔弩张，摩拳擦掌，跃跃欲试，做大举攻城状。

这招果然奏效，城内很快作出反应——刘仁赡奉表投降了！

刘仁赡居然投降了，柴荣简直难以置信。

三月二十一日，柴荣举行了盛大的受降仪式，正式接受南唐守军投降。

按理说，作为胜利方的最高统帅，柴荣应该骄傲地接受失败一方主帅的跪降，但是他没能享受这一殊荣，因为寿州守将刘仁赡已经重病缠身，不省人事，连一句话都说不出来了。

从955年十二月到957年三月，刘仁赡在寿州苦苦支撑了十四个月。

后周的铁壁合围没有让他惧怕,城内的弹尽粮绝没有让他放弃,南唐的全面溃败没有让他绝望,甚至为严肃军纪被迫对临阵脱逃的爱子痛下杀手也没有让他崩溃——刘仁赡是一个真正的钢铁战士,真正的孤胆英雄。

但再铁血的将军,也抵不过岁月的无情和疾病的折磨。这一年,刘仁赡已经五十七岁了,长期的军旅生涯摧残了他原本健壮的体魄,一年多近乎炼狱的拼死作战和废寝忘食让他疲惫不堪,最后重病缠身。

寿州城内传出降表时,刘仁赡的神志已不清醒。那封降表不是他真实意愿的表达,而是城内守军的二把手、监军使周廷构代笔的。

周廷构不是孬种,他很务实:主帅重病在床,周军在城下耀武扬威,城破在即,再怎么效忠报国也无补于事。于是他审时度势,向周军送去降表,而且是以刘仁赡的名义。

柴荣受降时,周廷构命人用担架抬着深度昏迷的刘仁赡出城。

面对这位跟自己对峙一年多的铁血将军,柴荣的心情是复杂的。他既恨刘仁赡的不识时务、负隅顽抗,导致周军伤亡惨重;又惋惜其未逢明主,壮志难酬;更敬重他铁腕治军,精忠报国。

英雄惜英雄。柴荣当即下诏,以刘仁赡为天平军节度使兼中书令。柴荣在诏词中高度评价了这位昔日的对手:"尽忠所事,抗节无亏,前代名臣,几人堪比?朕之伐叛,得尔为多。"

在这场与南唐争夺寿州的攻防战中,后周是最终的胜利者,但在柴荣心里,刘仁赡也不是失败者。

消息传到金陵时,李璟再也控制不住情绪,当着群臣的面失声痛哭。

李璟的失控既包含了对刘仁赡以身殉国的悲痛,更隐含了对国家前途和个人命运的担忧。这位以词闻名的帝王虽然治国能力一般,甚至屡出昏着,但保卫国家主权和领土完整的决心始终是坚定的。

面对咄咄逼人的后周,李璟动摇过、犹豫过,甚至想过以六州之地换取两国和平。但对于寿州,他始终没有放弃,而是派出一拨又一拨援军,试图解围。遗憾的是,除了这一点外,他的其他抉择几乎全是错误的,尤其是将统帅大军的重任不断交给错误的人,彻底断送了反败为胜的希望。

第九章　一龙二虎

寿州是淮南的战略核心，对争夺淮南的双方而言都是至关重要的一环。所谓淮南，顾名思义就是淮河以南地区。对南唐而言，淮南地区包括十四个州，除泗州（今江苏盱眙）、海州（今江苏连云港）在淮河北岸外，其他十二州都在淮河南岸，包括光州（今河南潢川）、黄州（今湖北黄冈）、蕲州（今湖北蕲春）、舒州（今安徽潜山）、寿州（今安徽寿春）、庐州（今安徽合肥）、濠州（今安徽凤阳）、和州（今安徽和县）、滁州（今安徽滁州）、扬州（今江苏扬州）、泰州（今江苏泰州）、楚州（今江苏淮安）。

把这十四州的位置在地图上一一标注出来，可以划分为东西两大区域，姑且称之为淮南西部和淮南东部。

这两大区域各自有着一个中心城市，是其战略位置最重要的地方，在淮南东部是楚州，在淮南西部是寿州。

比较来看，寿州的战略位置比楚州更重要一些。寿州位于淮河中上游，楚州位于淮河下游，河流上游对下游有着天然的地理优势。一旦取得寿州，淮河下游的防守压力就会骤增，攻方可以顺流而下攻击淮南东部；下游想要逆流迎击则十分困难，只能陷入被动境地。

鉴于此,历史上的南北政权都把寿州作为争夺重点,南唐和后周之所以一度围绕寿州进行攻防大战,亦是基于这种考虑。只要寿州不失守,南唐就能保住淮南。但现在寿州易主,淮南僵局被彻底打破,战场形势发生了根本性变化。

攻下寿州后,柴荣再次返回汴京处理政务。但他似乎御驾亲征上了瘾,仅四个多月后就又决定第三次奔赴淮南前线。区区一个寿州,根本满足不了他的胃口——这位年轻的皇帝,这一次的目标是整个淮南。

957年十月,在柴荣的带领下,周军一路东下,攻城略地,扫荡唐军,气势如虹,接连攻克濠州、泗州、扬州、泰州等淮南重镇。南唐自恃优势的水军还未获得出战表现的机会,就被周军以摧枯拉朽之势摧毁,全歼于淮水之上。

在这一系列战斗中,赵匡胤势不可当,表现依然抢眼。对付南唐军队,他已经打出了心得,打出了自信,打出了经验,打出了技巧!淮南成了他尽情表演的舞台,他成了后周禁军中最闪亮的明星。

反观南唐,基本没有多少实质性抵抗,除了楚州守将张彦贞战至一兵一卒,仍拒不投降,壮烈殉国外,其他城池后周基本没费什么力气就一一拿下。据史书记载,后周军队"鼓行而东,以追奔寇,昼夜不息,沿江城栅,所至皆下",整个淮南东部不到四个月就全部落入了后周之手。

经过近三年的反复争夺,南唐赖为屏障的淮南十四州,只有庐州、舒州、蕲州、黄州四个州还属南唐,其他十个都改姓周了。

更可怕的是,柴荣似乎还不打算罢休,大批后周军队正陈兵长江北岸,耀武扬威。种种迹象表明,周军随时都有横渡长江、直捣金陵的可能。

李璟没了继续打下去的勇气，甚至没了谈判的本钱。经过反复的思想斗争，他决定不惜一切代价求和，保住半壁江山。

对于和平谈判，柴荣还是欢迎的。如果谈判能解决他所需要的地盘、人口问题，谁愿意牺牲大批将士来打仗呢？

经过双方的平等磋商，南唐和后周达成如下共识：

一、南唐皇帝废皇帝称号，改称江南国主。

二、南唐每年向后周进贡，正式确立宗藩关系。

三、双方划江为界，南唐淮南十四州全部纳入后周版图。

经过艰苦卓绝的淮南争夺战，后周获得南唐十四州，六十县，二十二万六千五百七十四户，人口百余万。

淮南争夺战的影响极为深远。

通过这场战争，后周逼迫南唐割地称臣、朝贡赔款，导致南唐从一个堪与后周匹敌的大国沦为一个二流小国。南唐再也不敢觊觎中原的领土，这为后周下一步的战略实施免除了南面之忧。南唐在这次战争中元气大伤，防线甚至被迫后撤到长江一带，从此只能靠在江南地区偏安一隅，保半壁江山。

此外，因为这场战争，两个人的命运也被彻底改变。

首先是南唐的李煜。

即位之初，李璟曾有过兄终弟及的约定。按照约定，李璟是现任皇帝，皇太弟李景遂是首席替补、第一顺位继承人，齐王李景达是次席替补、第二顺位继承人，最后才轮到李璟自己的儿子。

但淮南争夺战改变了这一切。南唐痛失淮南十四州后，皇太弟李景遂深感责任重大，先后交了十封信引咎"辞职"，说自己无力匡扶国难，请求出宫镇守藩镇。李璟留不住他，只好含泪答应。

李景遂一走，皇位的第一顺位继承人变成了齐王李景达。没想到的是,这位逃跑战线上的"常胜将军"居然会觉得没脸面,也跟着推辞。

就这样,皇位转了一圈后,又回到了李璟的儿子手里。

李璟的嫡长子李弘冀颇有文才武略,又有军功,是继承皇位的不二人选。李景遂辞职时就建议册立大侄子为皇储,现在条件成熟,且众望所归,李弘冀顺理成章地被立为太子。

但李弘冀有一个性格缺陷——疑心极重,整天害怕别人抢了自己的位子。因此,他对两位叔叔和几个弟弟都不放心,甚至派人毒死了主动让贤的李景遂。

谁知李弘冀天命不佑,就在他谋害叔父几个月后,居然暴病而亡,死因不明。于是,皇储的位置就又空了出来。

按照继承规则,李璟的第六子李从嘉就成了皇位继承人。这位"幸运儿"还有一个更出名的名字:李煜。

李煜就是被淮南之战改变命运的第一个人。第二个被淮南之战改变命运的人是赵匡胤。

在历时两年半的淮南争夺战中,后周涌现出一大批优秀的军事将领。跟之前担纲主力的元老宿将不同,这批将领都是年纪较轻、资历较浅的少壮派,如韩令坤、赵匡胤、高怀德、王审琦、马仁瑀等人。

在这些新生代的优秀将领中,最耀眼的无疑是赵匡胤。

淮南之战中,当战局在寿州陷入僵持时,柴荣多次将阻击南唐援军、消灭敌人有生力量的重任交给赵匡胤。这既是对赵匡胤的信任和器重,也是对他的考验和磨炼。

只有亲身经历过最残酷的战场搏杀、体会过最惨烈的生死较量、见证过血肉横飞的杀戮和死亡,依然能幸存下来且愈战愈勇、愈加镇定的人,才能成为真正的一代名将,就像顽石必经磨砺方成宝玉,铁矿必经淬炼方能成钢。

赵匡胤没有辜负柴荣对他的信任，每次在最为危急的时刻，他总是担当攻坚克难的主力先锋，利用手中有限的数千人马，屡次以小搏大，以少胜多，创造了一个又一个战场神话。

从涡口到清流关，从滁州到六合，从楚州到瓜步，赵匡胤连战连捷，无一败绩。从无名小卒到节钺将帅，赵匡胤只用了八九年时间，晋升速度即便在名将遍地、武人当道的五代十国亦极为罕见。

柴荣对赵匡胤的知遇之恩不可否认，毕竟如果没有他的慧眼识珠、知人善任，赵匡胤很可能还在禁军底层混迹。但很多人并不清楚的是，在柴荣不拘一格用人才的背后，还隐藏着一个秘密——柴荣本人的政治意图和帝王心术。

显德年间的后周军界高层中，明显存在"一龙二虎"的格局。

"一龙"当然是指皇帝兼军队的最高统帅柴荣，"二虎"则是指禁军两大统帅，一个是殿前都点检张永德，另一个是侍卫亲军都指挥使李重进。

这"一龙二虎"并非简单的上下级和同僚关系：柴荣是郭威的侄子兼养子（他的姑姑是郭威的老婆），张永德是郭威的女婿（他的老婆是郭威的女儿），李重进是郭威的外甥（他的母亲是郭威的姐姐）。

因为郭威，原本没有任何血缘关系的"一龙二虎"成了关系密切的一家人。乍一看，这三人跟郭威的关系都不算远，都有资格继承皇位。但最后郭威还是选了柴荣作为接班人，只因为他具备两个突出优势。

第一个优势是身份和感情。

从亲缘来看，柴荣是郭威的内侄，但柴荣是改姓归宗，正式从柴

第九章 一龙二虎

家过继给郭家当儿子的。从礼法和名分上说,他的父亲是郭威而不是柴守礼,他将来是要入郭家宗庙的。而且柴荣打小就跟郭威一起生活,很受郭威喜欢,光凭姓郭和感情这两点,什么李外甥、张女婿,就都成了外人。

第二个优势是能力和素质。

论行军打仗,三人都是好手;论英勇智谋,三人也不分轩轾。但柴荣的治国理政能力胜出另外两人太多,与李重进和张永德相比,柴荣更像一个优秀的政治家,也更适合做皇帝。

在郭威心中,柴荣是最佳继承人,所以他甫建后周,就开始栽培柴荣做皇储,并且接连拔掉王峻、王殷两个权臣,为柴荣的顺利接班扫除了一切障碍。

临终前,郭威亲自召见了柴荣和李重进,明确表示柴荣是铁板钉钉的皇位继承人,让李重进当着自己的面向柴荣行君臣之礼,这相当于逼着李重进宣誓臣服于新皇帝。

柴荣即位后对李重进、张永德安抚笼络,加以重用,两人很快被提拔为禁军两大主力侍卫亲军司和殿前司的最高长官,也算是对他们另一种形式的补偿。

但在重用这二人的同时,柴荣还有一丝隐忧。

李重进和张永德虽然当不上真龙,却是两条真正的猛虎。两人执掌禁军,手握重权,亲信故旧众多,又屡立战功,威望颇高,加之都是太祖近亲,万一有人图谋不轨,再模仿昔日郭威的部下,搞一出拥戴上位的把戏,后果不堪设想。若是两人联合,后果更不堪设想。

这也不能怪柴荣疑心重,五代十国时期通过不正当手段谋取皇位者十有八九,皇帝猜防部将、猜防大臣、猜防亲人完全是正常现象,不猜防才是罕见,才是奇怪,而且这最后一定会死得很惨。

柴荣之所以热衷于御驾亲征，除了因为自己喜欢指挥打仗外，也是为了通过亲征保持自己的权威，加强对武将的控制。要是整天大门不出、二门不迈，放心大胆地让张永德、李重进在外带兵作战，长此以往，战功归于主帅，声望聚于将领，又有多少人肯效忠自己呢？

在后周禁军系统中，无论地位还是军力，殿前司原本都远逊侍卫亲军司。但自从柴荣整顿禁军后，精锐尽入殿前司，殿前司的军力比侍卫司有过之而无不及，实际上压过了侍卫司。

张永德担任殿前司一把手后，不可避免地与侍卫司一把手李重进产生了矛盾。他在征战淮南期间，每次设宴请客都要当众揭李重进的短，甚至拿一些莫须有的罪名向皇帝告密。

柴荣的反应很有意思，他虽然不相信张永德，但也没有责备对方，因为"二虎相争"这种局面正是柴荣最希望看到的。

除了御驾亲征，提拔心腹将领也是柴荣极为重要的一招。

身为九五之尊的皇帝把一些低级将校提拔起来担任中高级将领，给他们升官发财的机会，受到恩惠的将领必定对皇帝感恩戴德，继而成为皇帝的亲信。

在被柴荣刻意提拔的一批年轻将领中，赵匡胤是他的重点培养对象。

首先，跟张永德、李重进比，赵匡胤资历较浅，而且一向工作踏实，忠于皇帝，既没有复杂的裙带关系，也没有显赫的家世背景，所以柴荣不用担心他在军队中拉帮结派，发展个人势力。

其次，赵匡胤的个人能力和表现十分突出。从高平之战的临危受命、力挽狂澜，到整顿禁军时的雷厉风行、从严治军，再到征伐淮南时的屡战屡胜、势不可当，赵匡胤将自己的军事指挥才能发挥得淋漓尽致。

最后，赵匡胤跟柴荣的关系让柴荣十分放心。柴荣任开封府尹时，赵匡胤就是他的潜邸旧臣，忠诚度经受了时间和实践考验。

在柴荣的有意安排下，赵匡胤进入了禁军高层，后周军界开始呈现"一龙三虎"的趋势。三虎相争，既能分散权力，彼此制衡，又不会因为一方有伤，而致另一家独大，这就是一代英主柴荣的帝王心术。

对于柴荣的心事，赵匡胤不可能没有察觉，所以他依然一如既往地谦虚低调，小心翼翼地处理着与上级、与同僚的关系。

相比李重进，赵匡胤与张永德的关系更密切。

张永德是赵匡胤的上级，一直很欣赏赵匡胤，不仅多次在柴荣面前褒奖赵匡胤，还资助过赵匡胤财物，帮他续弦迎娶王氏。但在张永德与李重进的矛盾中，赵匡胤从没有公开支持或反对过任何一方，而是两头都不得罪。

在与李重进、韩通等侍卫亲军司"对手"的交往中，赵匡胤始终待之以礼、恭敬有加，以致李重进、韩通都对他毫无警惕之心。

至于原本就关系亲密的义社兄弟和慕容延钊、韩令坤等人，赵匡胤更是倾心结交，以"兄礼事之"。

总的来说，赵匡胤性格沉稳，处世圆通，很会做人，又韬光养晦、深藏不露，这种作风让他的人脉越来越宽广，也让柴荣对他很是放心。

由此可见，赵匡胤的成功绝不是偶然的。在后周众多新老将领中，他能异军突起、后来居上，是时机成就了他，是柴荣重用了他，更是他自己的天赋和努力帮助了他。

第十章　限佛运动

柴荣确实是五代十国时期最杰出的帝王，他上马能平天下，下马能治国家，文治武功，彪炳史册。但真正让他与其他优秀皇帝区别开来的，是两件事情——一件大事和一件小事。

一件大事，是限佛。

佛教是地道的外来宗教，它起源于古印度，东汉明帝时期正式传入中国。由于当时中国缺乏有体系的宗教，佛教这个"舶来品"便趁机抢占市场，到南北朝时，已发展为第一大宗教，寺院遍布全国，僧侣人丁兴旺，善男信女数之不尽，就连很多皇帝都是释迦牟尼的忠实信徒。

在中国风光无限的佛教，在其发源地印度却门庭冷落，据说市场占有率还不到百分之一，真可谓"东边不亮西边亮，墙里开花墙外香"。

佛教能在中国大行其道，还要感谢历代统治者的大力扶持和推广。

佛教提倡世人要弃恶从善，不要反抗，不要争斗，要忍受现世的痛苦，换取来世轮回。这种教义教化容易使百姓安于现状，有利于麻痹人民的反抗意识，让民众忍受统治阶级的剥削和压迫，无疑是一种强有力的思想武器。

正因为如此，才有不少统治者不遗余力地对佛教予以扶持，甚至以身作则，带头崇信佛祖、诵经吃斋。梁武帝萧衍、隋文帝杨坚、一代女皇武则天就是其中的代表。

有推崇佛教的，自然就有反对佛教的，这两种行为分别被叫作崇佛与辟佛。

韩愈、范缜等人都是历史上著名的辟佛斗士。但真正因为辟佛而名垂青史的，是"三武一宗"。

"三武一宗"即北魏太武帝拓跋焘、北周武帝宇文邕、唐武宗李炎和后周世宗柴荣。作为一国之主，他们无一例外都是具有雄才大略的有为之君。他们不但自己不信仰佛教，还在全国范围内掀起了轰轰烈烈的限佛或废佛运动，这些运动在佛教史上被称为"三武一宗法难"。

柴荣之所以对佛教动手，是因为佛教已经发展到了不得不限的地步。

五代十国的连年混战让中原经济遭到了极大破坏，佛教却逆势上涨，再次迎来繁荣。

据《资治通鉴》记载，显德元年（954年），后周共有寺庙三万三千零三十座，僧尼约三十万。而这一年，后周只有九十个州，约七百万人口，平均每州拥有寺庙三百六十七座，僧尼约三千四百人，僧尼人数是禁军总数的两倍，占全国总人口的百分之四，这个比例极其惊人。

这种情况到底对国家和社会有什么影响？

首先，若是全国人民都跑去当和尚、尼姑，从事生产的劳动力就会大幅减少，这将导致耕地荒废、生产衰退、粮食减产，进而赋税缩水，国家财政入不敷出。

其次，大量寺院建设不仅占用了耕地良田，还以慈善事业为名享受税收减免，进一步导致耕地减少，影响农业生产，进而影响国家赋税收入。

再次，寺院大规模熔钱铸造佛像，导致大量铜钱变身铜像，铜资源消耗过多，政府无法及时铸币，不能满足市场上的货币需求，造成流通货币减少、物价上涨，国计民生和社会稳定受到影响。史书记载后周"久不铸钱"，倒不是朝廷不想铸钱，而是很多铜料被拿去铸佛像了，朝廷根本没铜铸钱。

最后，佛教寺庙的兴盛造就了大批只知索取、不知奉献的社会蛀虫。寺院僧尼都是全职信徒，每天的工作是诵经念佛，只消费不生产。有些寺院拥有大量田产，把土地租出去给佃农耕种，和尚们自己坐享其成而不用交税，成了十足的剥削阶级。

正因为佛教享有如此多的实惠，所以当和尚在当时成了时髦的职业，众多有志青年纷纷放弃家庭和工作，毅然投身于这份很有前途的事业。

当时的寺院没有严格的职业准入制度，只要剃度就能当和尚，于是很多动机不纯之人便趁机混入僧尼行列，什么江洋大盗、奸人细作、潜逃罪犯、亡命之徒，在走投无路时，往往把落发为僧当作避难手段。

这些人可不是真正的善男信女，不过是披着袈裟的俗人。胆小的混吃混喝，求个衣食无忧，饱食终日；胆大的投机取巧，蝇营狗苟，图个发财致富；个别无耻之徒，则干起了坑蒙拐骗、打家劫舍、奸淫妇女、杀人越货的罪恶勾当。《水浒传》中写的虽然是北宋晚年之事，但放在五代末也完全适用。

可以说佛教发展到五代后期，已从麻痹百姓的精神鸦片变成了阻碍经济社会发展的毒瘤。佛教从统治者的同盟者转向对立面，已经堕落到了非整治不可的地步。

面对佛教的恶性膨胀和日益堕落，柴荣决定对其动一次大手术。

柴荣之所以整治佛教，不是为了推崇其他宗教，也不是单凭个人好恶封杀佛教，而是因为佛教的过度发展导致了侵占土地、耗费资源、阻碍生产、聚敛财富、逃避税收等一系列问题，严重威胁了国家发展和社会稳定。若不严加整治，自己富国强兵、统一天下的大业就无从谈起。

正因为如此，柴荣限佛不像"三武"那样焚毁佛经、屠杀僧尼，而是选择了比较温和的手段。

显德二年（955年）五月，一纸诏书拉开了大规模整治佛教的序幕。这次整治主要有以下四项举措：

第一，削减寺院数量。

除官方承认的寺院得以保留之外，其他未经批准、无照经营的非法寺院全部被取缔，所占用土地收归国有，原有和尚、尼姑统一安排到合法寺院，今后禁止新建寺院。

第二，严格剃度管理。

禁止寺院私自剃度僧尼，自愿出家者必须经过父母、祖父母、叔伯等直系血亲或关系密切的旁系血亲同意，才能向寺院申请。征得父母同意后，在正式剃度前，还要参加入门考试。

考试内容是佛经，想当和尚的至少要能背诵经文一百纸或阅读经文五百纸，想当尼姑的至少能背诵经文七十纸或阅读经文三百纸，不合格者不准剃度。

这个设计十分巧妙，广大有志出家青年在入门前，必须先要刻苦读书、努力认字，这就大大提高了出家的门槛，从源头上限制了僧尼队伍的扩大。

除入门考试外，官府还加强了对僧尼的户籍管理，规定对所有州县的合法僧尼都要造册登记并报朝廷备案。朝廷每年进行人口稽查，一旦发现"黑户"（不在册的非法僧尼），一律勒令蓄发还俗。若发现有收容强盗、间谍等违法犯罪分子者，整个寺院全部连坐受罚。

第三，禁止熔铜藏铜。

官府规定，寺院和民间所有非法铸造的铜像都要上缴充公，熔化后供铸钱使用，到期不交者按量论罪，私藏铜五斤以上的杀头，五斤以下的可免一死，但活罪难逃，必须予以严惩。

在熊熊烈焰中，全国大量铜铸的佛像、法器、用具被熔化成滚烫的铜液，再恢复成它们原本的模样——铜钱。困扰后周一时的钱荒，终于得到了缓解。

第四，禁止僧尼扰乱社会秩序。

当时的佛教徒中有一些"苦行僧"，他们为了追求所谓"极致真理"，往往会做出"舍身、烧臂、炼指、钉截手足、带铃挂灯"等自残性的极端之举。更有甚者，有些"假和尚"搞"戏弄道具、符禁左道，妄称变现、还魂坐化、圣水圣灯妖幻"等街头骗术表演。愚昧无知的百姓对此往往"震骇非常"，深信不疑，很多百姓都愿意自掏腰包，破财消灾。

对于这些严重扰乱社会秩序和习俗风气的行为，柴荣进行了坚决取缔，规定一经发现，表演者发配边疆，勒令归俗；情节严重涉及犯罪的，移交司法机关处理。这些措施有力地整顿了社会风气。

经过全面而有力的整治，限佛运动取得了令人瞩目的成果。仅

第十章 限佛运动

在显德二年（955年），全国就废除寺庙三万零三百三十六座，仅保留两千六百九十四座，废除率达90%；全国保留合法在籍僧人四万两千四百四十四人，尼姑一万八千七百五十六人，其余全部还俗，还俗率达80%。

限佛运动带来的经济效益和社会效益十分显著，大量耕地资源被释放，社会劳动力得到补充，铸造钱币的铜料获得保障，社会秩序进一步稳定，有力地促进了后周的经济社会发展，可谓有百利而无一害。

从本质上说，"三武一宗法难"有一个共同的出发点——解决经济问题。从采取的手段和实施的严酷程度来讲，柴荣的限佛与"三武"的辟佛、毁佛、灭佛又有极大差别。事实上，柴荣对佛教的这次整治拯救了迷失方向、走向堕落的佛教，将佛教从朝廷和民众的对立面拉了回来，更加顺应社会和谐发展的需要，有功而无过。

干完"限佛"这件大事后，柴荣又干了一件小事——征税。

无论在什么朝代，官府征税、百姓纳税都是天经地义的事，拥有大量田产的地主更是纳税大户，义不容辞。但历史上有一个地主家族是享受法定免税权的，这个家族便是曲阜孔氏。

自汉武帝"罢黜百家，独尊儒术"以来，孔老夫子便被戴上了圣贤的桂冠，历代帝王不管喜不喜欢这位圣人，都要对他尊敬有加，就连行伍出身的郭威都多次亲自祭拜孔子，表达自己对孔圣人的敬仰之情。

靠着孔圣人的荫庇，孔氏后人享受了很多优惠政策，比如可以不经考试就直接为官，可以不参加科举就直接获得进士出身，以及免服兵役等等。但最实惠的政策，莫过于免除赋税。

朝廷一般不会直接给孔氏家族发钱，但会划拨给他们一种更有价值的东西——土地。这些土地归曲阜孔氏私人所有，且免征赋税。

曲阜孔氏免征赋税是历朝惯例，但孔氏后人显然没有先贤高尚的道德水平。他们坦然享受着优待政策，逐渐成了一个拥有大量土地又免纳赋税的特权地主集团。

但到了柴荣这里，他们的好日子就到头了。锐意改革的柴荣决定改变数百年来的惯例，废除孔氏家族的免税特权——他要让孔氏家族像其他百姓一样向朝廷纳税。

这堪称一项前无古人、后无来者的惊世之举，立即遭到饱读圣人之书的大臣们的极力反对。

但柴荣的态度很坚决：孔氏后人的税必须收。

柴荣之所以向孔氏后人征税，并不是因为真的计较"小钱"，他的深层用意是"杀鸡儆猴"，向其他享受税收减免、偷税漏税的人表明自己的决心——下一步，就该向他们开刀了。

果不其然，柴荣很快又接连下诏，废除了退休官员和贵族的税收减免权，同时严禁地方官吏和豪强地主相互勾结，把本应他们承担的赋税转嫁到普通百姓身上。

柴荣还派出使者到各地核定民田、均定赋税，查处了许多地主豪绅隐瞒土地财产、偷税漏税的违法行为，使得朝廷的财政收入得到了大幅度增加，普通百姓的负担也有所减轻。

向佛教和曲阜孔氏开刀充分证明了柴荣的勇气和魄力，许多大权独揽的帝王，也不敢招惹这两位全民偶像，敢于限佛禁佛的皇帝有"三武一宗"，而敢动孔圣人奶酪的，只有柴荣一人。而他所做的一切，都是为了自己深爱的大周和百姓。

在柴荣看来，不论信佛祖也好，信孔圣人也罢，都是大周的子民。既是大周子民，就应一视同仁，只享受权利不承担义务的特权阶层在大周是不允许存在的。为了大周的强盛和百姓的安乐,佛祖和圣人难道不应该做出表率吗?

在限佛运动中,柴荣曾亲自动手砸毁了一座巨大的铜佛像,这让很多佛教信徒恨他恨得牙痒痒。他们抗议说,毁损佛像就是破坏佛祖真身,佛祖知道了,后果会很严重。

柴荣肃然回答:"天下之事最大,我为了天下大治而有此举动,有何不可?我听说佛祖为了帮助他人,可以舍出自己的手眼而毫不吝惜,更何况区区一尊佛像呢?"

这个回答可谓无懈可击。

酒肉穿肠过,佛祖心中留。比起虔诚的佛教信徒,致力于限佛的柴荣反而真正领悟了佛教教义的真谛,这不能不说是一种绝妙的讽刺。

第十一章 壮志未酬

柴荣不但领悟了佛学的真谛,更领悟了这个世界的生存法则。

乱世当前,想要生存下去,靠佛教的阿弥陀佛、诵经修行,靠孔圣人的仁义道德、之乎者也,都是万万不能的。想要结束乱世,将太平盛世带回人间,必须依靠战争和武力。

这是一个残酷的法则,却是唯一的道路。

于是,在经过一年左右的休整后,柴荣准备再度出征。这一次,他将矛头指向了北方的契丹。

按王朴《平边策》中"先南后北,先易后难"的策略,平定天下的流程应该是先攻南唐、后蜀,在平定南方后,再攻取幽燕,取得河东。但柴荣是个懂得因时权变、相机而行的实干家,他认为当前各方面条件已经具备,北伐时机已经成熟,无须死守先南后北之策。

柴荣的决定是有道理的。

后周经过持续多年的改革,经济得到了发展,军力也变得强盛,士气更是持续高涨,已经具备了统一天下的实力;先后攻取后蜀四州和淮南十四州,逼迫两个强敌屈服称臣,南方局势现已稳定,暂无南顾之忧,因此可以集中兵力进行北伐。

第十一章 壮志未酬

反观对手契丹，在辽穆宗耶律璟的昏聩统治下，正处于帝国的衰落阶段。耶律璟堪称契丹史上极品的皇帝，他作息极不规律，喜欢昼伏夜出，白天埋头睡大觉，晚上载歌载舞，宴饮无度，以至通宵达旦，不休不眠，人送绰号"睡王"。

这位"睡王"不但睡功了得，杀人也不眨眼。可能是因为经常颠倒昼夜，导致"睡王"内分泌失调，这位仁兄性格暴躁、喜怒无常，动辄滥杀无辜，身边的近臣整天提心吊胆，人人自危，生怕"睡王"一不高兴就砍了自己的脑袋。

在这个昏庸残暴之主的统治下，契丹皇室内部矛盾重重，各地少数民族叛乱不断，一片乌烟瘴气，国势大不如前。

除了契丹实力下降外，另一个因素也促使柴荣做出了北伐的决定。

《平边策》的作者王朴是位奇才，不但文韬武略了得，还精通阴阳律历、算术及占卜，据传他甚至具备预测未来的能力。柴荣曾向他提过一个问题："朕究竟能在位多长时间？"

王朴含糊其词地回了一句："三十年后的事，非臣所能知也。"

这个回答很不明确，甚至可以说答非所问，但满心期待的皇帝却认为王朴的意思是说自己能在位三十年，当即放豪言道："朕当以十年开拓天下，十年养百姓，十年致太平，三十年足矣！"

好一个三十年足矣！

显德六年（959年）三月，是柴荣即位的第五年。想要实现第一个十年规划确定的阶段性目标，柴荣还有不到五年的时间。

柴荣认为，要想平定天下，光挑后蜀、南唐这种软柿子捏是没有用的，大周与契丹必有一战。迟战不如早战，缓战不如速战，现在就是决战的最佳时机！

柴荣不再犹豫，毅然决然地做出了北伐的决断。

显德六年（959年）三月二十九日，十万大军取道沧州（今河北沧州），兵分水陆两路。柴荣乘坐龙舟由水路北上，一路畅行无阻，战船舳舻相接，船帆遮云蔽日，连绵数十里，气势恢宏，直指幽州。

千军万马绝尘去，不取幽云誓不还！

踌躇满志的柴荣想到过胜利，想到过失败，却绝对没有料到这次北伐的结局。

他没想到的是，这次御驾亲征不是他辉煌的起点，而是他生命的终点。与此同时，赵匡胤也是心潮起伏，开始不停地思考。

此次北伐，赵匡胤是绝对支持的。

柴荣这位英明神武的皇帝具备常人难以企及的领袖天赋，从治理国事、处理朝政，到行军作战、锐意改革，从来没有失策过，而赵匡胤要做的就是坚定服从和坚决执行皇帝的决策。

而对赵匡胤这位总能完美执行自己决策的优秀下属，柴荣给予了充分的信任。北伐幽燕，柴荣任命赵匡胤为水路都部署，跟随自己由水路北上。

赵匡胤十分兴奋，他认为这次北伐又是一个建功立业的大好时机，一旦攻取幽燕，他近水楼台先得月，必能在仕途上更进一步。只是张永德、李重进地位相当稳固，牢牢占据着禁军的头两把交椅，除非发生奇迹，否则赵匡胤想要超越这两位大佬，几乎是不可能的。

算了，算了，尽人事，听天命吧！赵匡胤默默告诉自己。

战事的进程进一步坚定了柴荣的信心。仅仅半个月，周军就取得一系列堪称辉煌的战绩。

四月十七日，周军抵达宁州（今河北青县），契丹宁州刺史王洪举城投降。

第十一章 壮志未酬

四月二十六日，周军抵达益津关（今河北霸州），契丹守将经延辉举城投降。四月二十六日，赵匡胤率先锋抵达瓦桥关（今河北雄县），契丹守将姚内斌举城投降。

四月二十九日，契丹莫州（今河北任丘北）刺史刘楚信举城投降。五月一日，契丹瀛洲（今河北河间）刺史高彦晖举城投降。

短短十数天内，后周以数万步骑，几乎不发一箭一矢、不费一兵一卒，便收复益津关、瓦桥关、淤口关、瀛洲、莫州、宁州等三关三州十七县，一万八千三百六十户人口。

关南沦陷让契丹高层患上了后周恐惧症，主和派开始占据上风，有些胆小怕事的大臣甚至主张直接把幽州送给后周，让他们得了好处，自动退兵。

危急时刻，那位醉生梦死的"睡王"耶律璟居然如梦初醒，迸发出了令人称奇的战斗激情，表示自己绝不能放弃幽州，并开始紧急军事动员。

耶律璟一方面任命南京留守（幽州乃契丹之南京析津府）萧思温为兵马都总管，率城内守军坚决抵御周军的进攻；另一方面动员亲密盟友北汉出兵侵扰周军侧后方；最后，耶律璟决定亲自前往南京督战。

别看耶律璟平时浑浑噩噩，关键时刻头脑却很清醒。他知道幽州的重要性，一旦丢了幽州乃至幽云十六州，契丹就得一夜回到"解放前"，自己连吃饭睡觉都不得安宁。

在耶律璟的调度下，契丹各部军马迅速集结，从各地赶赴一个共同的目标——南京（今北京）。

与此同时，后周的攻势依然不可阻挡。

五月二日，周军进据固安（今河北固安）。五月五日，周军攻占易州（今河北易县）。

固安、易州两地距幽州仅数十里，占据这两处就好比在幽州城南架设了两门远程大炮，只等柴荣一声令下，随时就可以发动对幽州城的攻击，一场改变历史的大战即将爆发。

然而，这场大战终究没有被引爆，只因为一个人的重病。

上次征讨淮南，生病的是皇后符氏；这次北伐幽州，生病的换成了皇帝柴荣，而两者患病的结局竟也一致。

五月二日，就在后周攻下固安的同一天，一向体魄健壮的柴荣突然发病。

柴荣这次发病毫无征兆，所患何病及病症表现史籍也没有明确记载。有资料说柴荣背部长了"疽囊"（毒疮），不治而亡，并认为这是他废佛导致的因果报应；还有史料记载说柴荣在北伐途中淋过一场大雨，进而有人推断柴荣很可能因此感染风寒，导致不治。总之众说纷纭，莫衷一是。

柴荣患病当日情况并不严重，所以他坚持在瓦桥关休息，准备病情好转后再进攻幽州。哪知天不遂人愿，尽管柴荣耐下性子又是吃药又是休息，病情却仍不见好，甚至日趋严重，就连给他看病的御医都无计可施。

柴荣的确是五代十国最伟大的君主，但他也有缺点，那就是在工作上事必躬亲，长期下来，积劳成疾。

早在显德元年初，柴荣亲征取得高平大捷后，就开始了忙碌而充实的帝王生涯，经常加班加点处理政务，呕心沥血推进各项改革，频繁御驾亲征领兵作战。如此高强度的工作，就算铁人也承受不了，更何况是血肉之躯的皇帝。

事实上，有不少大臣对柴荣这种事必躬亲的作风提出了批评，有的批评还很直接:"皇帝您英明神武,事无巨细,一概包揽,表面上对国家是好事,实际上却未必。就算尧舜这样的先贤圣君,也要找人分担工作,何况是您呢?皇帝是决定国家大事的人,哪能凡事都亲力亲为呢?作为皇帝,正确的做法应该是选择合适的人做合适的事,放权给大臣,您只管根据他们的表现进行奖惩,就可以垂手而大治了,这才是治国的最高境界。"

当然,这种理想化的治国模式是很不现实的,恐怕没几个人能办得到,所以柴荣一向把这类建议当作耳旁风。

对个人能力的自信、对权力的追逐,以及急躁的性格是柴荣事必躬亲的原因,毕竟自己谋划的战略构想、自己制定的方针政策,由自己执行是最有效率也最能保证效果的。

或许正因此,一直积累在柴荣体内的病患才终于集中爆发,击倒了这个志得意满的年轻皇帝,再也没让他站起来。

五月七日,柴荣的病情已经不允许他继续留在前线了,所有将领都劝他班师回京。

五月八日,在对新占领的关南进行防御部署后,柴荣无奈地长叹数声,下诏班师回京,轰轰烈烈的北伐在一片大好形势中落下了帷幕。

柴荣没有完成收复幽燕的既定目标,但也并非一无所获。

数天后,辽穆宗赶到南京,见后周已经撤军,关南地区又防御严密,就放弃了重夺关南的企图。从此之后,关南地区回到中央政权手中,成为防御契丹的前沿阵地。

五月三十日,柴荣回到京城。此时他的病情愈加严重,身体也更加虚弱,只有头脑还算清醒。他意识到自己大限将至,是时候安排后事了。

柴荣一共有七个儿子，前三个儿子均死在刘承祐操纵的灭门惨案中，后面四个儿子分别是宗训、熙让、熙谨、熙诲。

有这么多儿子，柴荣倒不用担心没人继承皇位，但问题是这四个儿子都出生在郭家灭门惨案之后，所以即便是长子柴宗训，也才七岁。纵观五代前朝，年纪轻轻就即位的皇帝几乎没有一个善终的，这让柴荣倍感忧虑。

柴荣回想起了先皇郭威。

当初正是郭威在病重之际，拖着羸弱不堪的病体为柴荣扫除了王峻、王殷两大障碍，将他推上皇位，实现了皇权的顺利交接。现在，同样的命运降临到自己头上，他决定像郭威一样为自己的继承人排除一切威胁。

柴荣首先对最高军政机构进行了调整，任命枢密使魏仁浦为中书侍郎、集贤殿大学士（末相），和另两名宰相范质（首相）、王溥（次相）共同组成后周的行政领导班子，分掌大权。

与此同时，柴荣还命宰相为"参知枢密院事"，这意味着宰相获得了军事决策的参与权。表面上看，这是对宰相权力的强化，实际上是通过让更多人参与军事决策来分散权力，避免权力过度集中，这历来是分权制衡的不二法门。

对于这套文人构成的班子，柴荣还是比较放心的，真正让他担心的是那些手握重兵的武将，特别是执掌禁军的将帅——李重进和张永德。

柴荣对这两位亲戚的猜防不是一天两天了。李重进比柴荣年长，性格沉稳，又曾当着先帝郭威的面宣誓向柴荣效忠，柴荣相信他不会违背誓约，但张永德就难说了。

张永德是郭威的女婿、柴荣的妹夫，年纪比柴荣小，但见识、声望和能力都胜过李重进。特别是在高平之战、征伐淮南、北伐幽燕等一系列重大决策中，张永德的很多见解都与柴荣不谋而合，深受柴荣器重。

柴荣性格强硬，一旦认定某件事情，无论谁劝谏都难奏效，但张永德是个例外。

高平之战后，柴荣曾向众将征求对樊爱能、何徽的处理意见，很多人都主张从宽处理，只有张永德一人坚持要严惩不贷。柴荣最终听取了张永德的意见，痛斩数百名逃跑将士，严肃了军纪。

北伐幽燕患病时，众臣极力劝说柴荣班师，但柴荣仍然不想撤军，甚至闭门谢客，拒绝接见任何人，还是张永德凭借自己的特殊身份得以晋见，且成功说服柴荣班师回朝。

可以说，张永德是柴荣最亲近、最器重的股肱之臣。但也正因为如此，当柴荣生命临终之时，他反而成了柴荣最不放心的人，不仅因为他的资历和能力，更因为他的名望与地位。

张永德这个人性格宽厚，待人和气，且长期在军政一线混迹，人脉资源很广。自从显德三年（956年）担任殿前都点检以来，张永德始终掌握着这支最精锐、战斗力最强的部队，亲信故旧遍布禁军，就连赵匡胤都受过他的恩惠。

这样一个人，如果在柴荣死后有所图谋的话，几乎没人可以控制。

退一步讲，就算张永德自己没有谋反之心，也难保他的属下贪图富贵，欲立拥戴之功。柴荣命不久矣，必须对张永德有所防范。而一桩神秘事件的发生，更坚定了柴荣的决心。

在从关南撤军途中，周军中有人报告发现一截木头，木头长约三尺，上刻了五个字——"点检做天子"。

点检，即殿前都点检；天子，当然就是皇帝。顾名思义，这句话的意思就是"殿前都点检当皇帝",而当时的殿前都点检恰恰就是张永德。

历史上木头说话、石头显灵的异象并不罕见:"大楚兴,陈胜王";"苍天已死,黄天当立,岁在甲子,天下大吉";"石人一只眼,挑动黄河天下反"……不用想就知道,是有人在偷偷搞政治把戏。

这套把戏放在平时绝对忽悠不了柴荣,但在眼下的非常时刻,为了继承人的安全,为了大周的江山永固,柴荣只能选择宁可信其有,不可信其无。

柴荣不会对张永德痛下杀手,也没必要这么做。他担心的其实不是张永德这个人,而是他手中的权力,只要解除他的兵权,一切问题就迎刃而解了。

五月十五日,卧床不起的柴荣做出决定:免去张永德的殿前都点检一职,由殿前都指挥使赵匡胤接替。

对柴荣来讲,这次人事任免是他死前最重要的一项决定,但他不会知道这也是一个最重大的错误,一个自相矛盾的选择。

柴荣是一个精于算计的人,他以赵匡胤取代张永德,是以小概率事件取代大概率事件,因为赵匡胤的资历和势力都比不过张永德,抢班夺权的可能性小得多,但这种"两害相权取其轻"的做法违反了分权制衡的一贯原则。

柴荣之所以提拔赵匡胤,很大程度是为了牵制李重进、张永德。李重进和张永德素来不和,和赵匡胤也没什么交情;赵匡胤和张永德虽然关系不错,但他是柴荣嫡系,是一名资质才干均不下于张永德的帅才,绝不会轻易受其拉拢。柴荣提拔赵匡胤做殿前司的二把手,也有牵制张永德的考虑。

这样一来,李重进、张永德、赵匡胤就形成了一个稳定的三角格局，三人分掌禁军，谁对禁军都没有绝对的控制权，又很难打破这种制衡，这无疑是最稳固、最安全的。

然而，谁也想不到的是，最先打破这个格局的正是亲自设计这个格局的柴荣。怀着对命运不公的愤懑，怀着对大周江山的美好期望，后周显德六年（959年）六月十九日，油尽灯枯的柴荣驾崩，享年三十九岁。

柴荣在位五年有余，时间虽短，却功勋卓越、政绩辉煌，以致很多人为他大呼不公，认为他是被历史忽视的杰出帝王。

这是一种对历史的误读。柴荣的名字或许不如秦皇汉武、唐宗宋祖那样为人熟知，但知名度从来不是评价历史人物的准则，柴荣的伟大也不需要以此来衡量。事实上，几乎所有学者都给了柴荣非常高的评价，就连新旧《五代史》《资治通鉴》这些写就于北宋的史书亦对他不吝赞美。《资治通鉴》高度评价了柴荣短暂却辉煌的一生：

> 上在藩，多务韬晦。及即位，破高平之寇，人始服其英武。其御军，号令严明，人莫敢犯，攻城对敌，矢石落其左右，人皆失色，而上略不动容；应机决策，出人意表。又勤于为治，百司簿籍，过目无所忘。发奸擿伏，聪察如神。闲暇则召儒者读前史，商榷大义。性不好丝竹珍玩之物，常言太祖养成王峻、王殷之恶，致君臣之分不终，故群臣有过则面质责之，服则赦之，有功则厚赏之。文武参用，各尽其能，人无不畏其明而怀其惠，故能破敌广地，所向无前……

司马光评价说："《书》曰：'无偏无党，王道荡荡。'又曰：'大邦畏其力，小邦怀其德。'世宗近之矣。"

第十二章　山雨欲来

柴荣死了，后周上下陷入了一片悲痛，赵匡胤也不例外。

十一年前，赵匡胤只身投入军伍，结识了大自己六岁的兄长一般的柴荣。

六年前，他调入开封府任御马直军使，成为开封府尹柴荣的亲近扈从。

五年前，他因高平之战被柴荣提为殿前都虞候，委以整顿禁军重任。

三年前，他跟随柴荣远征淮南，屡立奇功，被提升为殿前都指挥使，授以节钺。

几天前，柴荣临终之际，将他推上殿前司最高长官都点检之位，执掌大周精锐禁军。

十一年间，赵匡胤从一个无名小卒成长为当世名将，见证了中原王朝走向强大的过程，更亲历了柴荣这位英武之主短暂却辉煌的帝王生涯。

对赵匡胤来讲，柴荣不仅是皇帝，是明君，也是兄长，是伯乐。如果没有这位伯乐，赵匡胤这匹千里马或许无人赏识，最终老骥伏

第十二章 山雨欲来

枥,空怀壮志。

这一点,赵匡胤十分清楚,也从未否认,所以他对柴荣驾崩的悲痛是真诚的,发自内心的。但在悲痛之余,赵匡胤敏锐地察觉到,大周出现了权力真空,这对自己而言是一个巨大的机会。

柴荣驾崩后,他七岁的儿子柴宗训按遗诏继位。这个未成年皇帝是有法定监护人的,这个人就是符太后。

这个符太后是大符后的亲妹妹,史称"小符后"。小符后不是柴宗训的生母,柴荣临死前把她立为皇后,主要是为了让她照顾年幼的皇子。

小符后没有吕雉、武曌这些女强人的野心和才能,她和柴宗训这对孤儿寡母能依靠的,只有以范质为首的执政班子。但拜柴荣的权力制衡法则所赐,后周的军政大权是分散的,朝廷大事不是哪一个人说了算。此时皇帝年少,太后无力,大周的最高权力实际上处于一种真空状态。

这种状态让赵匡胤内心爆发出一种强烈的欲望——他想压抑这种欲望,却发现它完全不受抑制,反而越来越强烈,一直煎熬着他的内心,直至他走出那决定性的一步。

在很多史料的记载中,赵匡胤当皇帝是早有上天启示的。

比如《宋史》说赵匡胤出生时"赤光绕室,异香经宿不散。体有金色,三日不变";再比如有的史料记载,五代宋初著名道仙陈抟有一次遇见赵匡胤的母亲用一副担子挑着赵匡胤、赵光义哥俩,便唱诵说"莫道当今无真主,两个天子一担挑"。

毫无疑问,这些都是附会之说。赵匡胤从来不认为自己有皇帝命,只是到了当下,权力的诱惑才开始让他蠢蠢欲动,唯一能制约这种冲动变成行动的只有忠诚。

不管是对郭威，还是对柴荣，赵匡胤都有发自内心的至忠至诚。如果不是柴荣英年早逝，他会一如既往地做皇帝的重臣、大周的良将，配享太庙将是他最终的归宿。

然而命运的转变和机会来临得太过突然，突然得令人难以置信。面对最高权力的诱惑，所有的压抑和掩盖都显得那么苍白无力，忠诚和道义的约束也显得那么脆弱。

当然，搞阴谋政变不是单打独斗，而是一盘危险的赌局、一场斗智斗勇的游戏。要想参加这场赌局，只靠一个人逞勇斗狠是不够的，要想成为最终赢家，必须要有一个优秀的团队。

从若干年前开始，赵匡胤就在发展自己的朋友圈。时至今日，他的两个朋友圈内已经人才济济，足以为他的事业提供充足的人才保障和智力支持。

第一个朋友圈，是以"义社十兄弟"为核心的武将群。

结社，俗称拜把子，在五代时的军队中十分常见。结社最初不一定有什么政治目的，但往往会形成一股颇具影响力的势力，比如后周太祖郭威就曾在后汉军中秘密结社，聚拢了一大帮对自己忠心耿耿、唯命是从的亲信将领，对他"黄袍加身"起到了推波助澜的重要作用。

关于"义社十兄弟"的具体名单，一般认为是赵匡胤、杨光义、石守信、李继勋、王审琦、刘庆义、刘守忠、刘廷让、韩重赟、王政忠。

这十人何时结成义社兄弟、最初以何人为首，史料没有确切记载，但从石守信、李继勋、王审琦、刘廷让、韩重赟等人的传记来看，这些人都是在后汉末年投入郭威部下，当时均任禁军低级军官。因此，他们很可能就是在彼时结成义社的。

赵匡胤搞秘密小团体时，朋友圈里的兄弟还只是一些普通将校，大家因为年龄相仿、志趣相投走到一起。然而随着时间的推移，这些普通将校的地位发生了翻天覆地的变化，他们中的大多数已经麻雀变凤凰，占据了禁军的重要职位，而那些非义社成员的将领，也跟赵匡胤有着密切关系，参见表12-1。

表12-1　后周末年禁军两司将帅表

禁军两司	职务名称	姓名	备注
殿前司	都点检	赵匡胤	★
	副都点检	慕容延钊	☆
	都指挥使	石守信	★
	都虞候	王审琦	★
	马军都指挥使	韩重赟	★
	步军都指挥使		
	诸班直	罗彦环、王彦升	☆
侍卫亲军司	都指挥使	李重进	△
	副都指挥使	韩通	△
	都虞候	韩令坤	☆
	马军都指挥使	高怀德	☆
	龙捷右厢都指挥使	赵彦徽	☆
	步军都指挥使	张令铎	☆
	虎捷右厢都虞候	张光翰	☆

注：表中标★的将领为"义社十兄弟"成员；标☆的将领虽非义社兄弟但与赵匡胤关系密切；标△的将领则是与赵匡胤有矛盾。空白部分史料暂缺。

首先看殿前司，中高级将领清一色是赵匡胤的亲信，副都点检慕容延钊虽不是义社成员，但赵匡胤对他一向"以兄礼事之"，两人关系十分亲密。

侍卫亲军司的情况略微复杂。正副指挥使李重进、韩通的资格都比赵匡胤老，职务也比赵匡胤高，跟赵匡胤是敌非友。加上侍卫亲军司兵多将广，倘若赵匡胤有所图谋，这两位将是他最大的敌人。

侍卫亲军都虞候韩令坤虽不是义社成员，但他是赵匡胤的少时玩伴，两人从小玩到大，完全是自家兄弟。至于马军都指挥使高怀德、步军都指挥使张令铎、龙捷右厢都指挥使赵彦徽、虎捷右厢都虞候张光翰，虽然人在侍卫亲军司，却身在曹营心在汉，早已暗中投靠赵匡胤，李重进、韩通对此并不知情。

这样看来，整个禁军大部分的中高级将领都已被赵匡胤直接或间接控制，这既为他成功实施兵变奠定了基础，也为他和平夺权提供了可能。

武力固然重要，智囊也不可或缺。

他的第二个朋友圈是以赵普、沈伦等为核心的幕僚群。

唐代中期以来，中央衰弱，藩镇强大，"大凡才能之士，名位未达，多在方镇"。优秀人才蛰伏基层，为赵匡胤罗致人才提供了便利。

956年，赵匡胤因征战淮南之功被授予定国军节度使，这意味着他拥有了一项特殊的权力——招聘幕僚，组建参谋班子（又称幕府）。赵匡胤以求贤若渴的态度网罗人才，短短几年内就积累了一批智谋出众、才干卓越的优秀幕僚，形成了一个颇具规模的智囊团。

赵普，字则平，922年出生，幽州蓟县（今天津蓟州区）人。赵普原为永兴军节度使刘词幕僚；956年十月，赵普投入赵匡胤幕府，任节度推官；959年七月，赵匡胤改任归德军节度使，赵普任节度使掌书记，成为赵匡胤的首席智囊。

沈伦，字顺宜，909年出生，开封太康（今河南太康）人。初以教书为业，后为后汉藩镇白文珂幕僚；956年十月，与赵普同时投入赵匡胤幕府，任节度从事，掌管财政；赵匡胤改任归德军节度使，沈伦为观察推官。

吕胤（后因避赵匡胤讳，改名为余庆），字余庆，927年出生，幽州安次（今河北安次）人。历仕晋、汉、周三朝，显德初年进入赵匡胤幕府，956年十月任定国军掌书记；赵匡胤改任归德军节度使，他任宋、亳观察判官，仍为赵匡胤属官。

刘熙古，字义淳，903年出生，宋州宁陵（今河南宁陵）人。后唐进士，善骑射，文武双全。历仕唐、晋、汉、周四朝，均为低级幕职。赵匡胤改任归德军节度使时，刘熙古投入其幕府，担任节度判官。

李处耘，字正元，920年出生，潞州上党（今山西长治）人。以军事才干见长，原为永安军节度使折从阮幕僚；956年进入赵匡胤幕府，担任都押衙。

王仁赡，字子丰，917年出生，唐州方城（今河南方城）人。原为永兴军节度使刘词牙校，追随刘词多年，956年进入赵匡胤幕府。

楚昭辅，字拱辰，914年出生，宋州宋城（今河南商丘）人。原为永兴军节度使刘词幕僚，956年投入赵匡胤幕府。

以上就是赵匡胤幕府的主要成员，在加入幕府之前全是无名之辈。但不知名不代表没水平，这些人中既有运筹帷幄的智囊谋士，也有长于理财的经济好手，一旦拥有合适的舞台，他们将展现不亚于当朝宰执的水平。

这就是赵匡胤精心维护的两个朋友圈——一个武将圈，一个幕僚圈。当然，拥有这两个圈子只能证明赵匡胤拥有了相当强的实力和人脉,并不足以保证他的篡位之谋万无一失。毕竟在他的面前,还有两股强大的敌人。

一是以范质、王溥、魏仁浦为首的宰执班子。

柴荣死前让三相参与军政决策,由于皇帝年幼,符太后又什么都不懂,军国大事的决策权、调兵权实际上掌握在这三人手中。按照规定,禁军将领只能领兵打仗,无权调遣军队,没有皇帝的命令和枢密院的兵符,连一兵一卒都使唤不动。没有兵马在手,兵变也就无从谈起。

二是不受赵匡胤掌控的禁军高层,主要有三人：张永德、李重进、韩通。

张永德是郭威的女婿,早在952年赵匡胤还只是东西班行首时,他就已出任殿前都虞候,是赵匡胤的直接领导;后来又出任殿前都指挥使、殿前都点检,直到柴荣驾崩前,他始终是赵匡胤的顶头上司。

李重进是郭威的外甥,952年任殿前都指挥使,柴荣即位后出任侍卫亲军马步军都虞候,后来又出任侍卫亲军都指挥使。从军职升迁的节奏看,李重进一直高过张永德,且郭威临终前曾要求他效忠周室,辅佐柴荣,足见此人的地位威望丝毫不亚于张永德,是赵匡胤最大的劲敌。

韩通,955年任侍卫亲军马步军都虞候;北伐幽州时,赵匡胤为水路都部署,韩通为陆军都部署,两人地位不相上下,而且韩通一贯对周王室忠心耿耿,深受柴荣器重。

综合来看,这几人不仅官衔高于赵匡胤,权势、声望也是赵匡胤一时难以超越的。如果打明牌,赵匡胤几乎毫无胜算;若想暗中有所企图,这三人也会是最大的拦路虎,谋划稍有不慎,便有可能满盘皆输。

第十二章 山雨欲来

幸好赵匡胤不是头脑简单的一介武夫,而是一个深悉政情、精于谋略的政治高手。正式行动前,他已经做好充分准备,以对付这两股敌人。

对以范质为首的宰执班子,赵匡胤倒没有太多担忧。

末相魏仁浦,性情宽厚,为人谦谨,而且与赵家颇有交情,赵匡胤的母亲杜氏更是魏家的常客,不会造成太大障碍;次相王溥,擅长察言观色,早已向赵匡胤"阴效诚款",暗送秋波;只有首相范质,一向清傲耿介,与赵匡胤并无深交。但范质毕竟是文官,在军队中的号召力有限,只要小心应付,不足为虑。

但要对付张、李、韩三人,赵匡胤必须打起十二分精神。

张永德是殿前都点检,长期执掌殿前司,而赵匡胤上位的主要倚仗就是殿前司的力量。只要张永德这个一把手在,他这个二把手就没有出头之日;只有把张永德挤出殿前司,自己取而代之才有可能。

这件事原本难度很大,但柴荣北征幽州返途中出现的那块神秘木牌却让问题迎刃而解。毫无疑问,那块写着"点检做天子"的木牌是一道谶符,而且是人为的阴谋,目标直指张永德。至于是谁动的手脚,则有两种可能。

一是李重进,他和张永德分掌禁军两大派系,且两人不合。众所周知,张永德被罢军职,李重进自然难逃嫌疑。

二是赵匡胤,他在殿前司屈居张永德之下,早欲取而代之。

从谁受益谁策划的角度分析,李重进和赵匡胤都是受益人,但赵匡胤受益显然更大。借助这块神秘的木牌,赵匡胤不但挤掉了张永德,独掌殿前司,而且借助所谓"点检做天子"的"天意",为自己的下一步行动制造有利态势。

对付剩下的劲敌李重进,赵匡胤更是没费多大劲儿。

恭帝柴宗训刚即位，李重进就被调任淮南节度使，移镇扬州，虽然还兼任着侍卫亲军都指挥使，却因远离京城，失去了对禁军的控制权，自然无法对赵匡胤构成直接威胁。其中，很可能就有赵匡胤的谋划。

李重进远离京城后，执掌侍卫亲军司的是副都指挥使韩通。柴荣死前特意提拔韩通任侍卫亲军副都指挥使，加检校太尉、同平章事，还让他兼任京都巡检（相当于卫戍司令），负责京城安全防卫，可谓委以重任。一旦京城有变，他将是赵匡胤最直接的威胁。

不过韩通的缺点也很明显——勇猛有余，谋略不足，偏偏又刚愎自用，时常仗势欺人，跟同事关系很差，人送外号"韩瞠眼"。

韩通有一个儿子，因幼年患病成了驼背，人送外号"橐驼儿"。此子身残志坚，颇有智谋远见，对赵匡胤的实力和野心早有预知，极力向父亲进言防范，认为必要时可先下手为强。可惜韩通一向刚愎自用，完全不以为然。

如此一来，赵匡胤对接下来的行动便已有八九分把握——万事俱备，只欠东风。

其实，后周本来还有一个真正让赵匡胤忌惮的人——名臣王朴。

王朴自幼聪明机敏，好学擅文，长大后更是智谋绝伦，多才多艺，一篇《平边策》让他名留千古，也因此受到柴荣器重，辅佐皇帝治国理政。

显德三年（956年），王朴官拜枢密使。他性情刚烈，勇毅果决，能谋善断，后周大臣都对其十分忌惮。有他坐镇京城，赵匡胤即便想有所企图，也难于登天。

可惜的是，与五代第一明君柴荣一样，五代第一名臣王朴也不长命。显德六年（959年）三月，王朴在拜访前任宰相李谷时毫无征兆地突然昏倒，不治而逝。

冥冥之中，赵匡胤如有神助，天数、时机、人脉、舆论，所有因素都在朝对他有利的方向发展，真是时也命也，天也数也！

显德七年（960年）正月初一，一封来自镇、定二州的紧急军情奏报传到汴京。

首相范质、次相王溥闻讯大惊，因为奏报说北汉联合契丹军队自土门东下，大举入侵边境，情况危急，请求朝廷支援。

这封奏报十分蹊跷，契丹和北汉大年初一不老老实实在家过年，专挑这个时候犯边，实在让人丈二和尚摸不着头脑；加上此事在契丹、北汉方面没有记载，后来又不了了之，很多人据此认为这是一次谎报军情，幕后主使自然就是正在酝酿兵变的赵匡胤。

这种推断十分值得商榷。

当时，镇、定二州的守将分别是镇州节度使郭崇、定州节度使孙行友，这两位守将的资历很深，且跟赵匡胤没有私交，不太可能受他的教唆或胁迫谎报军情，而且军情奏报有一套严格的传递程序和保密手法，赵匡胤似乎没有能力在这方面造假。或许，这只是契丹和北汉的一次试探性骚扰。

无论谎报与否，紧急军情已经摆在面前，范质等人有些慌了手脚，未及细察便做出派军出征的决定，被委以统军重任的将帅正是赵匡胤。

这一刻的决定让赵匡胤一下想起了九年前的郭威——一样是寒冬季节，一样是外敌入侵，一样是主上年幼，一样是统军出征，结果会是一样的吗？

军情是否谎报并不重要，重要的是赵匡胤获得了调动禁军的机会。

作为禁军统帅，赵匡胤只有带兵打仗的义务，没有决定是否开战、派谁统兵出征的权力，所以他需要等待一个机会。现在，这个梦寐以求的机会终于到来，他绝对不会放过。

赵匡胤立刻着手部署出征事宜。他先派殿前副都点检慕容延钊任先锋，率军北上巡边，自己随后率主力于正月初三出师；又安排殿前都指挥使石守信、都虞候王审琦留守汴京，名义上是拱卫京师安全，实际上是安排他们做内应，意图里应外合，控制京城局势。

一切行动都很正常，没有引起朝廷首脑们的警觉，有名将率军出征，一切都可以放心，经历短暂惊慌的京城很快就恢复了平静。

正月初二夜，一则神秘的消息开始在汴京城内传播："将以出军之日，策点检为天子。"

消息的传播速度十分惊人，当夜就传得沸沸扬扬，尽人皆知。一般来说，阴谋兵变这种事，保密是第一位的，知道的人越少越好；可现在这消息传得满天飞，难不成是赵匡胤集团内部出了叛徒，把消息泄露出去了？

这确实是赵匡胤方面泄露的消息，不过不是意外，而是故意为之。赵匡胤之所以故意安排人散播谣言，是在刻意制造社会舆论。一方面用来鼓吹自己做皇帝是天命注定，众望所归；另一方面是借此试探朝廷的反应。

敢在兵变前把阴谋公之于众，赵匡胤的智谋和胆略真非一般人所能比。

老百姓的态度很清楚：谁做皇帝跟他们都没什么关系，他们懒得去管，也管不了。但皇宫和朝廷的反应却让人惊诧，他们对这个爆炸性消息竟然一无所知："惟内廷晏然不知。"

这种情况实在很不正常。

赵匡胤既然派人散播谣言，唯恐天下不知，就不会刻意对皇宫内廷封锁消息。退一步讲，就算孤儿寡母宅在深宫不闻宫外之事，那范质、王溥、魏仁浦、韩通等一干文武大臣，又怎会对这等消息毫无反应？唯一合理的解释是，他们有的早已投靠了赵匡胤，有的则对舆论民情一无所知，即便听说，也不以为意。高层的政治嗅觉麻痹到这种程度，被人取而代之也是意料中事了。

做足舆论功夫后，正月初三清晨，赵匡胤亲率殿前司主力出征，大军纪律严明，军容齐整，浩浩荡荡向北进发。

第十三章　黄袍加身

随同赵匡胤出征的除殿前司的亲信将领外,还有他的全部幕僚。首先登场的是一个小人物——苗训。

苗训,禁军普通军校,河中府人,生平不详。通晓天文星象,谙熟术数占卜,观天测地、预知未来是他的特长。

在古代,懂天文星象的人被称为术士,他们往往是流言的制造者,历来都是官方的重点监管对象,苗训就是该行业一名优秀的从业人员。

大军正在不急不慢地赶路,这位天文学家突然高声喊道:"大家快看,天上有两个太阳!"

一群吃瓜群众立即强势围观,可瞅来瞅去,天上也只有一个太阳。

苗训十分坚持,煞有介事地指着天上说:"看,一个大日头下面有一个小日头。两个日头还在激烈争斗呢!哇!看那黑光摇晃得那么厉害……不好!小日头被斗败了!"

这番天花乱坠的描述引起一阵骚动,大家又惊又骇:"这究竟是咋回事?"

第十三章 黄袍加身

以科学常识判断,天有二日当然是不可能发生的天文现象,但在当时,没人会去追究怪象的真假,大家关心的是现象背后所隐含的意义。

苗训摆出一副专家姿态,清了清嗓子,故作神秘地说:"大日象征大皇帝,小日象征小皇帝。天无二日,国无二君,大日克小日,表示一个皇帝斗倒了另一个皇帝,这是改朝换代的征兆,是天命!"

那么,谁是小皇帝,谁又是大皇帝呢?联想到刻有"点检做天子"的木头、"将以出军之日,策点检为天子"的消息,吃瓜群众突然开了窍:看来点检大人做皇帝,真是天命啊!

苗训成功完成了"点火"的任务,赵匡胤的亲信幕僚楚昭辅等人紧接着登场,继续"煽风"。他们在军中大肆散播"一日克一日,大变在即"的说法,很快全军上下都在热烈讨论这个怪象。士兵们非但不惊慌恐惧,反而有些兴奋,一股蠢蠢欲动的情绪慢慢高涨起来。

尽管有紧急军情,但这支队伍的行进速度并不快,直到当天日暮,才走到离汴京四十里处的一个驿站。这个驿站的名字,叫陈桥驿。

陈桥驿坐落在汴京东北方,在陈桥与封丘之间,陈桥驿北面紧傍黄河,是北上渡河的最后一个歇脚点。赵匡胤命各部停止前进,就地安营扎寨,驻足暂歇。这个寂寂无名的驿站,注定要成为被载入史册的地方,一场惊天之变将在这里上演。一切安排妥当后,赵匡胤做出一个令人奇怪的举动——喝酒,一直不停地喝,直到不省人事。

醉酒不算稀奇事,但此时此刻却显得有些奇怪。赵匡胤一向以治军严谨著称,在统领禁军主力出征,随时可能遭遇敌军的情况下,以他的自制力,不可能无缘无故地把自己灌醉,其中必有隐情。

主帅又喝又睡,将士们却全无睡意,他们聚在一起,兴奋地讨论着近些日子发生的各种奇闻异象,酝酿着一个大胆的计划。

"正值寒冬,又逢春节,王公大臣在京城吃香喝辣,我们却要冒着严寒出来喝风打仗,这份艰苦向谁说去?这份功劳又有谁记着?"

大家越说越激动,突然有人爆出一句:"主上幼弱,未能亲政。今我辈出死力,为国家破贼,谁则知之?不如先立点检为天子,然后北征,未晚也。"

虽说"点检为天子"的预言早已满天飞,可那毕竟是谣传,还没一个人敢公开说这种掉脑袋的话。现在第一个吃螃蟹的人站出来了,回应他的不是斥责,不是沉默,而是热烈的拥护。第二个、第三个……更多的人加入了拥护的行列,被挑起的骚乱情绪很快就转化成实际行动。

赵匡胤的幕僚都押衙李处耘见有人公开表示拥立点检做天子,立刻报告了时任内殿祗候供奉官都知的赵光义。

赵光义一合计,跑去找节度掌书记赵普商量对策。两人正在说话,一帮情绪激动、手持兵器的将领突然闯进来,大声嚷嚷道:"我们都商量好了,一定要拥立太尉做天子,现在向两位通报一声,你们看怎么样?"

这些人嘴中的太尉自然是指主帅赵匡胤。

群情激动,形势紧张,赵普却出奇地镇静。在他看来,造反的火焰还不够旺,还得让这群大老粗再激动些、再兴奋些,才能顺利实施下一步计划。

"太尉对周室忠心耿耿,一片赤诚。你们这伙人竟试图拥立他为天子,这不是陷他于不忠不义吗?太尉要是知道,绝对不会放过你们!"赵普摆出一副义正词严的姿态,厉声训斥道。

众将士被兜头泼了一盆冷水:掌书记表现得这么大义凛然,难不

第十三章 黄袍加身

成太尉根本就没当皇帝的意思？这事是剃头挑子一头热？既然如此，大家都散了吧。

如果事情就此打住，陈桥兵变就不会发生。但赵普何等狡猾，他用的是欲擒故纵的激将法，他知道这帮粗人一定还会回来。

果然，刚散开没一会儿，有人就回过味儿来了："不管太尉同不同意，拥立的事情已经公开了。一旦有人告发，朝廷追查起来，我们这帮人岂不是要被诛九族？！事情都到了这个地步，已经没有回头路，只能一条道走到黑了！"

这帮将士很快就又回到了赵普帐中，个别人甚至亮出了明晃晃的兵器，大喊："军中偶语则族。今已定议，太尉若不从，则我辈亦安肯退而受祸！"

按军法，敢在军中造谣者要杀头，谋逆造反更是重罪。你赵匡胤若是不从，我们这些人就要遭殃，今天这个皇帝你不当也得当！

赵普见状大喝："拥立天子是何等大事？必须周密谋划，哪能像你们这样随便乱来？！"

大家一听事情有戏，便坐下来细听谋划。

赵普话锋一转，口风忽然又变："如今契丹压境，大敌当前，形势危急，我们应该先北上御敌。拥立之事，还是等班师后再说吧！"

众将士不乐意了，又是一顿吵嚷："你可别忽悠咱们，这事要干就现在干，不然我们绝不答应！"

赵普察言观色，认为火候已到，是时候打开天窗说亮话了："兴王易姓，虽为天命，实系人心。现在大周外有契丹侵扰，内有四方藩镇，若谋划不周便可能造成祸乱。请诸位务必严格约束部属，禁止剽窃劫掠，保证京城不乱，四方稳定，才能保各自将来富贵。"

诸将见赵普表明了态度，终于放下心来，表示一切听从赵大人安排。

赵普先让大家各回营帐整顿部队，稳定军心，又派亲信郭延斌疾驰回京，向留守的石守信、王审琦报信，让他们做好里应外合的准备，然后安排拥立态度最坚决的一干将士列队围在主帅帐外，静候命令。

一切安排部署完毕，天已经快亮了，星星月亮开始暗淡褪色，渐渐隐去光芒，东方天际露出浅浅的鱼肚白，正是黎明前最寒冷的时分。

等在帐外的将士手执兵器、身穿铠甲，在瑟瑟寒风中伫立不动，大家内心充满了兴奋和忐忑，似乎没有感觉到寒冷。他们要干的是一件惊天动地的大事，如果成功，前途将无限光明。而他们现在要做的，就是静静等待，等待那激动人心的时刻到来。

帐内的赵匡胤十分安静，从昨夜醉酒开始，他就一直在卧床大睡，外面的喧闹、骚动、谋划、准备，都以他为中心展开，而他对此似乎一无所知，好像这场阴谋跟他并无瓜葛。

无论赵匡胤睡得如何深沉，他终究还是被吵醒了。

黎明时分，赵匡胤被一阵急促的叩门声惊醒，他听到了外面的欢呼呐喊，其响如雷，声震原野。

赵匡胤内心涌起一股难以压抑的兴奋——他知道，只有千军万马才有如此声势，那个令他期待已久的时刻终于到来了。

但在登上最高舞台之前，自己还要再演一出戏。

赵普和赵光义进入帐中，高声传达了将士们的意愿："诸将无主，愿拥太尉为天子。"

赵匡胤还没来得及回答，就被两人一左一右挟持着走出帐门，几个将领疾步上前，不容分说地把一件黄袍披到他的身上，紧接着三军将士齐齐跪倒在地,高呼:"万岁,万岁,万万岁!"

山呼之声直冲云霄,声震数里,历史上最精彩的"黄袍加身"大戏就这样上演了。

此时,一轮红日正从东方天际缓缓升起,万道金光喷薄四射,照亮了万里长空,照亮了山川大地,也照亮了茫茫未知的未来。

对赵匡胤而言,这一切虽在预料之中,却来得太过突然。刹那间,一首诗涌入赵匡胤的脑海:

欲出未出光辣挞,千山万山如火发。须臾走上天上来,逐却流星赶却月。

这首多年前所作的小诗,不正是眼前这一切的生动写照吗?

只是此时的赵匡胤还不能流露出丝毫兴奋之色,相反,他必须表现得不情不愿,表示自己何德何能,哪敢称帝。然后部将表示您是天命所系,众望所归,再度"劝进",他再度"固拒"。如此反复若干次,实在盛情难却,才能勉强为之。五代十国的很多帝王就是这样上位的。

欲当皇帝,先做影帝。这种套路既虚伪又无聊,却是政治上所需要的,也是对新皇帝演技的一次考验。

当将领们把赵匡胤拥上战马,簇拥南行时,赵匡胤继续着自己的表演。他揽辔驻马,大喝道:"尔等贪图富贵,拥立我为天子,陷我于不仁不义。你们如能遵从号令,我也就勉为其难,否则我绝不当这个皇帝。"

诸将哪有不从之理?全部下马俯首,表示唯命是从。

赵匡胤深知,"黄袍加身"只是第一步,自己的皇帝身份还未经官方认可，当务之急是严明军纪、统一号令，顺利进入京城，想办法让朝廷承认自己的合法地位，否则不但难成大事，还可能一着不慎，满盘皆输。

赵匡胤清了清嗓子，发表了自己的临时就职演讲。

"少帝及太后，我皆北面事之，公卿大臣，皆我比肩之人也。汝等毋得辄加凌暴。近世帝王初入京城，皆纵兵大掠，擅劫府库，汝等毋得复然。事定，当厚赏汝。不然，当族诛汝。"

众将哄然应命，表示一切行动听指挥，唯太尉马首是瞻。

只有严禁劫掠百姓，秋毫无犯，才能安抚民心，确保局面稳定；只有不侵犯皇室朝臣，才能收买人心，赢得他们的支持，实现自己荣登大宝的目标。

看着三军服膺，众心归一，赵匡胤放心地下达了返京命令。

第十四章　兵不血刃

禁军很快就回到了京城，控制城门的殿前都虞候王审琦立刻放大军进城。由于之前统一了思想、申明了纪律，三军将士阵容齐整、秩序井然，对百姓更是秋毫无犯，市井店铺和百姓之家都安然无事，甚至很多百姓都不知发生了什么，兵变就完成了。

赵匡胤进城时，大周的早朝还没退。正在开晨会的大臣们得知这个消息，如同五雷轰顶，个个惊愕不已，尤其是范质，既惊又悔——惊的是兵变如此突然，朝廷上下一无所知；悔的是自己不该轻信军情急报，仓促之下就派赵匡胤统兵出征，以致酿此剧变，难逃罪责。

惊慌之下，堂堂大周首相失了分寸。他用力抓住次相王溥的手臂，差点把王溥抓出血来，悔声道："仓促遣将，酿此剧变，这都是我们的罪过啊！"

两人虽身居宰相兼知枢密院事，但在这种非常情况下，却连一兵一卒都指挥不了。他们能做的，也就是自责后悔，大眼瞪小眼，真正有能力解决麻烦的只有韩通。

赵匡胤带兵进城后，正在上早朝的韩通大为震惊。

由于事发突然，韩通没有准备兵马，他一路狂奔回府，准备组织兵力抵抗。只是他的反应还是慢了半拍，赵匡胤的部署一向密不透风，他早已安排兵力，随时准备镇压反抗势力。韩通还没到家，就在半道遇见了殿前散员都指挥使王彦升。

王彦升二话不说，立即率军追杀。韩通身手也算利落，居然能一个人跑回帅府。不过他还没来得及关门放狗，就被追兵闯进大门堵个正着，被一顿乱刀砍成肉酱。

消灭了唯一敢于反抗的韩通，王彦升立下头等大功，完全可以去新皇帝那里邀功请赏了。但这位嗜杀成性的悍将被韩通的惨死刺激出暴戾本性，早把赵匡胤的"约法三章"抛诸脑后。在他的指挥下，韩家百余口无辜生命悉数被杀，无一幸存。

王彦升究竟是擅作主张，嗜杀成性，还是受人指使，杀鸡儆猴？其中原因不好说，但他并不完全明白赵匡胤"约法三章"的良苦用心也是事实。也正是他的所作所为，给这场近乎完美的兵变笼罩了一层血腥的阴影。

兵变中唯一的反抗被平息了，赵匡胤完全控制了局势。有韩通血淋淋的例子在前，没人敢轻举妄动。眼下对赵匡胤来说，最重要的是取得朝廷宰执的支持，成为官方承认的合法皇帝。

赵匡胤被众将领簇拥着登上了明德门。他清楚记得，十年前的郭威带兵杀回汴京，自信满满地认为众人会拥戴自己为帝时，却发现以冯道为首的朝廷元老一点表示都没有，让郭威很是尴尬。

聪明的郭威意识到取代后汉的时机尚未成熟，于是暂时引而不发，后来通过迎立新君、澶渊兵变、黄袍加身、监国听政、禅位让贤等一套复杂的政治把戏，才如愿登上皇帝宝座。

现在的形势与十年前何其相似，如果不想背上弑君篡位的千古骂名，争取朝廷宰执的认可至关重要。至于皇太后和皇帝，那不过是一对傀儡而已。

赵匡胤传令甲士归营，自己则回到了殿前司公署。

很快，范质、王溥两位宰相被一帮军士推搡着走进来。范质一眼就望见了自己的昔日同僚、现在的大周逆臣。他对赵匡胤怒目而视，厉声质问："先帝待太尉亲近如子，今日先帝尸骨未寒，你为何做出如此举动？！"

赵匡胤早有准备，摆出一副委屈无奈的样子，突然间呜咽流涕，痛哭失声，声泪俱下道："我被将士胁迫走到如今这步，实在是愧对天地、愧对先帝啊！"

言辞之间，感情真挚，神态纠结，充分刻画了一个清白无辜的受害者形象。

范质自然不会被赵匡胤的鳄鱼眼泪所迷惑。他正准备予以反击，却见一个叫罗彦环的军校呼地抽出宝剑，挺身向前，厉声喝道："我辈无主，今日必得天子！"

赵匡胤见状厉声呵斥："休得无礼！退下！"

没想到罗彦环完全无视领导的阻止，一边吆喝，一边拿着宝剑在范质面前比画，看样子随时准备给这位老前辈放点血。

赵匡胤唱红脸，罗彦环唱黑脸，两人配合得十分默契。

范质看出赵匡胤对帝位志在必得，自己已回天乏术，于是决定退而求其次，跟对方谈谈条件，尽量保住周室一脉。

范质建议赵匡胤效仿太祖郭威的做法，让恭帝主动禅位让贤，以此可堵住小人悠悠之口，防止藩镇趁机作乱，而且要求太尉"事太后如母，养少主如子，无负先帝旧恩"。

这个建议正中赵匡胤下怀，他"挥涕许诺"，一把鼻涕一把泪地答应了。

另一位宰相王溥早与赵匡胤暗通款曲，他瞅准时机，以迅雷不及掩耳之势跪伏在地，向赵匡胤行起了君臣之礼，带头表示对新君的拥戴。无奈之下，范质也只好屈身下拜，口呼万岁，承认了赵匡胤的皇帝身份。

有心救主，无力回天，臣范质愧对世宗！这恐怕是范质此刻内心最真实的呼声。

敢于反抗的韩通死了，朝廷宰执顺服了，其他人自然俯首听命，范质等人立刻入宫面圣，成功说服后周孤儿寡母禅位。

正月初四晡时，文武百官齐集崇元殿，禅位大典隆重举行。

一切就绪，大典即将开始，突然有人发现了一个十分严重的问题——禅位诏书在哪里？

禅位诏书是禅位典礼最重要的道具，也是赵匡胤合法取得皇位的证明。没有这个道具，禅位就无法照常举行，赵匡胤岂不成了一个天大的笑话？

最麻烦的是，禅位诏书充斥着虚伪与不实之词，写作难度很大，又不能随便糊弄，谁也没能力在如此短的时间内完成禅位诏书的撰写。

眼看典礼要被迫中断，赵匡胤心急如焚，却又束手无策。此时，翰林学士承旨陶谷就出来救火了。

陶谷，字秀实，邠州新平（今陕西彬县）人，后晋时曾担任石敬瑭的知制诰，专门负责起草中外诏令，擅长各类公文写作，屡次获得皇帝表扬。此人博通经史，见多识广，好学强记，对各种冷门专业也有研究。如果说朝廷百官中有谁能在短时间内创作出高水平诏书的话，一定非陶谷莫属。

除了才华出众，陶谷还有一个特长——善于观察形势，揣摩人心，见风使舵。

早在赵匡胤率军入城时，他就已料定必有禅位之礼，便悄悄草拟了一份禅位诏书。当一切妥当，独缺诏书时，陶谷心中暗喜：立功的机会到了。

陶谷从容地取出早已备好的诏书，不无得意地说了一句："制书成矣。"

陶谷这么一手雪中送炭，本意是想换取新皇帝的感激，却不料弄巧成拙，反而在赵匡胤心中留下了投机钻营的负面印象。

有诏书在手，禅位仪式得以顺利进行。赵匡胤长舒一口气，换上一身崭新的龙袍，在文武百官注视下，如愿以偿地坐在了君临天下的至尊宝座上。

"万岁，万岁，万万岁！"

震耳欲聋的万岁声萦绕在威武的大殿内，宣告了一个崭新王朝的诞生，也预示着一个辉煌时代的到来。

后周显德七年（960年）正月初五，赵匡胤登基，诏令改元建隆，定国号为宋，是为宋太祖。

国号之所以叫宋，是因为赵匡胤任职的归德军节度使治所就在宋州（今河南商丘市南），宋州堪称其龙兴之地。

这一年，赵匡胤三十四岁。

第十五章　权力交接

俗话说"新官上任三把火",皇帝登基也不例外。

对于正常即位的皇帝,这三把火一般是大赦天下、大赏百官、大办丧事,面面俱到,皆大欢喜;而对于非正常即位的皇帝,这三把火可就复杂多了。

比如弑君篡位的皇帝,首要的便是铲除异己、特务政治、制造冤狱、肆意屠杀、六亲不认……手段无所不用其极。前有一代女皇武则天,后有永乐大帝朱棣,他们都深谙此道。

五代短短几十年,也涌现出一批不择手段的枭雄。

后梁太祖朱温滥杀之名尽人皆知,他在废唐自立前后杀人无数,被杀的有两位皇帝(唐昭宗、昭宣帝)、数十名文武官员、数百名近侍宦官,甚至还有他自己的儿子和部将。

后汉高祖刘知远捡漏当了皇帝,当时耶律德光把后唐明宗李嗣源的幼子李从益及其母亲王淑妃拉出来当傀儡,两人原本就是不得已被推上台的,王淑妃还一再表示愿意主动交出权力,提出"宜早迎新主"。在此情况下,刘知远仍然毫无怜悯之心,将这对孤儿寡母秘密杀害。

第十五章 权力交接

后周太祖郭威算是五代少见的明君，也没摆脱斩草除根的惯性思维。被他操纵杀害的湘阴公刘赟自不必说，隐帝刘承祐之死他也脱不了干系。

除了中原王朝，南方那些大小政权也不甘寂寞，时常上演篡权夺位、清除异己的戏码。

在这种时代背景下，后周皇室宗亲和朝廷权贵人人自危，生怕哪天新皇帝烧起三把火，自己就死无葬身之地了。

赵匡胤的头两把火确实是直扑皇室和朝臣，不过这火更像冬天里的一把火：正月初四，赵匡胤刚刚受禅就当众宣布，改封后周恭帝为郑王，尊符太后为周太后，迁居西宫奉养；世宗其他三个幼子均得封王厚待，并承诺确保周室后人生活优裕，长享荣华富贵，以兑现对范质"事太后如母，养少主如子"的承诺。

跟这个举动相比，更广为人知的是赵匡胤立下的一道祖宗家法："柴氏子孙有罪，不得加刑。纵犯谋逆，止于狱中赐尽，不得市曹刑戮，亦不得连坐支属。"

这一举措相当于给了柴氏子孙一道免死金牌，并且可以重复使用，不限次数，不设期限。只要大宋不亡，这道免死金牌就不会失效。

那么赵匡胤及其后人是不是严格遵守了这一承诺呢？

根据新旧《五代史》记载，柴荣前后共有七个儿子："长曰宜哥，次三皆未名，次曰恭皇帝（宗训），次曰熙让，次曰熙谨，次曰熙海。"

柴荣的前三子早亡，四子柴宗训（即恭皇帝）死于北宋开宝六年（973年）四月，六子柴熙谨死于北宋乾德二年（964年）十月，只有五子熙让、七子熙海"不知其所终"。

恭帝柴宗训退位后活了十三年，死时二十岁。柴熙谨的生年不详,但比柴宗训早九年亡,享年不会超过十岁。正因为两人死时都比较年轻,因此很多人据此推断,赵匡胤对柴荣后人是"伪善",其实暗中下了黑手。

这种推论不但没有任何证据,在逻辑上也完全讲不通。

就拿柴宗训来说,如果要斩草除根,肯定是下手越快越好,以免夜长梦多。即便为避嫌不能马上动手,也没必要拖延到柴宗训长大后才行动。彼时赵氏江山已稳,柴氏不可能有翻身的机会,斩草除根实属多此一举。

事实上,皇帝孩子早夭的情况比比皆是,仅仅因为早夭就得出被谋杀的结论,是一种典型的逻辑倒推错误——因为斩草除根是惯例,所以前朝皇室成员之死必是被斩草除根。

更重要的是,柴氏一脉根本就没有被除根。宋仁宗、宋徽宗在位期间,曾分别从柴氏后人中择人封为崇义公、宣义郎,而且世袭不废。

从史实来看,赵宋历代皇帝都严格遵守了厚待柴氏子孙的家法。此外,在妥善安置后周皇室后,赵匡胤又烧起了第二把火。

"一朝天子一朝臣"是亘古不变的政治法则。赵匡胤登基后,那些熟知官场规则的后周旧臣纷纷做好了被罢黜的心理准备,但赵匡胤发布的诏书让他们彻底把心放回到肚子里:赵匡胤宣布后周官员一概留用,文武百官和三军将士加官晋爵,贬官降职的恢复原职,甚至大臣的父母也按恩例封赠。

赵匡胤不是滥施恩赏的慈善家,他的这些行为有着很深的政治目的,说白了就是收买人心。

因为郭威和柴荣的个人威望很高,因此大多数朝廷官员对周室仍有依恋心理。现在,留用他们可以充分体现赵匡胤的宽厚大度,有利于切断他们和周室的这种感情依恋,让这些大臣心悦诚服地给大宋干活。

另外,赵匡胤起于行伍,根基在禁军,在政坛既无人望,亦无亲信,人才储备不足,唯有留用后周原有官员,才能确保整个国家机器正常运转,不致引起大的变乱。

相对于暴力,温柔的手段有时更加有效,赵匡胤很早就明白了这个道理。安抚完朝廷文武百官后,赵匡胤把第三把火烧向了地方。

古代通信手段落后,后周很多地方州县并不知道皇帝已经改姓赵,所以即位次日,赵匡胤就派出大批使臣向各地通告这个重大消息。大家都是明白人,他们只问了使者一个问题:"朝廷何人乎?宰相何人乎?"

使者回答:"朝廷还是原来的朝廷,宰相还是原来的宰相,只是皇帝变了。"

得知宰相仍是原班人马,皇室朝臣还受到了优待,大家纷纷放下心来,并对新皇帝表示了效忠,可见赵匡胤的前两把火烧得恰到好处。

对一般的地方官员,下道圣旨就足够了,但对那些实力藩镇,则必须小心对待。

后周藩镇虽不如唐末强大,但他们仍拥有兵权、财权、事权。尤其是那些资历深厚、威望崇高的老资格,他们的实力不容小觑。还有一些节度使,虽名义上臣属朝廷,不称国号,但实为割据政权,如何争取他们臣服是一个重大的政治问题。

赵匡胤对这些藩镇的策略是一律加官晋爵。

例如,原后周天雄军节度使、检校太师、守太傅、兼中书令、魏王符彦卿被任命为守太师;雄武军节度使王景被任命为守太保;太原郡王、定难军节度使、守太傅、西平王李彝殷被任命为守太尉;荆南节度使高保融被任命为守太傅；吴越国王、天下兵马都元帅钱俶被任命为天下兵马大元帅。

赵匡胤使用高官厚禄笼络人心，换来后周旧臣的顺服。但他一向不做亏本买卖，除了让他们臣服，他还打算从这些人手中收回另一样东西——权力。

柴荣临终前把军政大权交给了以范质为首的宰执班子，让他们辅佐年幼的恭帝。但赵匡胤不是学龄儿童，不需要别人替他决断大事，自然要把权力收归自己手中。

二月初五，赵匡胤宣布再次给领导班子成员加官。

首相范质兼侍中，次相王溥加守司空、兼门下侍郎、同中书门下平章事，末相魏仁浦加尚书右仆射、兼中书侍郎、同中书门下平章事，枢密使吴廷祚加同中书门下二品。

表面上看，范质等人又加官晋爵了，但实际上，他们参知枢密院事的职权被同时罢免了。

枢密院执掌军务，与中书门下共同分掌军政大权，枢密使的权力丝毫不亚于宰相，而现在范质等人被剥夺参与军事决策的实权，赵匡胤的意图昭然若揭。

除了明升暗降，封赏开国功臣也是赵匡胤实现权力交替的重要手段。

对一个开国皇帝来讲，封赏功臣是头等大事。大家冒着诛九族的巨大风险跟你搞兵变，绝不是为了所谓的理想信念和兄弟义气，而是出于"苟富贵，勿相忘"的约定。现在造反成功，你可不能忘了俺们这些患难兄弟。

赵匡胤慷慨表示："大宋江山有我一份，也有你们一份，我赵匡胤绝不亏待兄弟。"

第十五章 权力交接

首先是拥戴有功的武将，按照功劳大小排序，太祖皇帝钦定：

第一功臣，义成军节度使、殿前都指挥使石守信，升任归德军节度使、侍卫亲军马步军副都指挥使。

石守信作为义社兄弟，长期与赵匡胤共事，情谊匪浅。在陈桥兵变中，他留守汴京充当内应，策应赵匡胤入城，确保造反一举成功，名列功臣之首。而他提任的归德军节度使正是赵匡胤此前担任的节度使职务，这对石守信来说无疑算得上无上的荣耀了。

第二功臣，江宁军节度使、侍卫亲军马军都指挥使高怀德，升任义成军节度使、殿前副都点检。

高怀德是将门之后，武艺超群，身手绝伦，与赵匡胤渊源匪浅。陈桥兵变中，他作为侍卫亲军马军都指挥使，为稳定侍卫亲军司主力做出了重大贡献，名列功臣榜次席，因功升任殿前司第二把手。

第三功臣，武信军节度使、侍卫亲军步军都指挥使张令铎，升任镇安军节度使、侍卫亲军马步军都虞候。

张令铎担任侍卫亲军步军都指挥使，职务地位和作用发挥均与高怀德相近，位列功臣榜第三，升任侍卫亲军司第三把手。

第四功臣，殿前都虞候、睦州防御使王审琦，升任殿前都指挥使、泰宁军节度使。

据赵匡胤亲述，王审琦乃其布衣之交、义社兄弟，感情一向深厚。陈桥兵变中，他与石守信共同留守京城控制局面，还亲自打开城门迎接大军进城，名列功臣榜第四，因功升任殿前司第三把手。

第五功臣，侍卫亲军虎捷右厢都虞候、嘉州防御使张光翰，升任江宁军节度使、侍卫亲军马军都指挥使，执掌侍卫亲军司骑兵部队。

第六功臣，侍卫亲军龙捷右厢都指挥使、岳州防御使赵彦徽，升任武信军节度使、侍卫亲军步军都指挥使，执掌侍卫亲军司步兵部队。

第七功臣，殿前控鹤都指挥使韩重赟，升任侍卫亲军龙捷左厢都指挥使。

第八功臣，殿前散员指挥都虞候罗彦环，升任殿前控鹤左厢都指挥使。

罗彦环在陈桥兵变中表现突出，使用恐吓手段迫使范质俯首称臣，赵匡胤对他十分欣赏，只是由于他之前的职务太低，不方便一步提拔到位，但后续对他一再提拔，使其短短六个月内便升任侍卫亲军步军都指挥使、领武信军节度使。

第九功臣，殿前散员都指挥使王彦升，升任殿前铁骑左厢都指挥使。

王彦升剿灭韩通，居功至伟，不亚于罗彦环威逼范质；但他的激进灭门之举给新皇帝抹了黑，让赵匡胤十分恼火。赵匡胤原本想给他扣个"弃命专杀"的帽子斩首，但考虑到建国伊始便斩杀功臣，不利于笼络人心，才将他无罪开释，照样升官。但与同时期地位相当的罗彦环比，王彦升的后续发展逊色了许多，后来被赵匡胤打发到西北守边，终身未获节钺。

除上述名列开国功臣的九名武将外，另外两位禁军将帅也获得了提升。

原镇宁军节度使、殿前副都点检慕容延钊官升一级，升任殿前都点检、同中书门下二品；原镇安军节度使、侍卫亲军马步军都虞候韩令坤官升两级，升任侍卫亲军马步军都指挥使。

这两位军职次于赵匡胤、高于石守信的将帅虽然也升了官，却不在开国功臣之列，主要原因是他们没有参加陈桥兵变，韩令坤当时在镇守北部边境，慕容延钊则作为先锋奉命屯守真定，未立拥戴之功。

不过在陈桥兵变后，两人服从的姿态让赵匡胤很满意，让两人分别升任殿前司、侍卫亲军司的最高长官，继续握重兵守边，还赋予其"便宜行事"之权——这既是一种信任，也是一种笼络。

赵匡胤对功臣武将的赏赐不仅是一种酬谢，更是一次对禁军中高层将领的大调整。他借机清除异己，让亲信将领占据禁军的全部中高级职务，牢牢控制了禁军这个最危险的武器。

只要看看表15-1这份名单，赵匡胤的意图就一目了然。

表15-1 赵宋代周后禁军两司将帅表

禁军两司	职务名称	姓名	
		兵变前	兵变后
殿前司	都点检	赵匡胤	慕容延钊
	副都点检	慕容延钊	高怀德
	都指挥使	石守信	王审琦
	都虞候	王审琦	赵光义
	控鹤都指挥使	韩重赟	
	控鹤左厢都指挥使		罗彦环
	铁骑左厢都指挥使		王彦升
	散员指挥都虞候	罗彦环	
	散员都指挥使	王彦升	
侍卫亲军司	都指挥使	李重进★	韩令坤
	副都指挥使	韩通★	石守信
	都虞候	韩令坤	张令铎
	马军都指挥使	高怀德	张光翰
	步军都指挥使	张令铎	赵彦徽
	龙捷右厢都指挥使	赵彦徽	
	龙捷左厢都指挥使		韩重赟
	虎捷右厢都指挥使	张光翰	

注：标注★的为非赵匡胤嫡系或亲近势力。空白部分史料暂缺。

介绍完武将功臣,接下来是文职功臣,封赏名单如下:

第一功臣,归德军节度判官刘熙古,升任左谏议大夫、知青州。

第二功臣,归德军节度掌书记赵普,升任右谏议大夫、枢密直学士。

第三功臣,宋、亳观察判官吕余庆,升任给事中、端明殿学士,后知开封府。

第四功臣,宋州观察推官沈伦,升任户部郎中。

第五功臣,归德军节度都押衙李处耘,升任客省使、枢密承旨、右卫将军。

第六功臣,楚昭辅升任军器库使,后权知扬州。

第七功臣,王仁赡升任武德使、知寿州。

与文臣武将相比,这些幕僚所获官职的品级很低,即便首席高参赵普,也不过区区谏议大夫、枢密直学士。这倒不是赵匡胤薄情寡义,舍不得赏赐高官,而是他们的起点实在太低,一下子提拔他们担任两府大臣实在很难服众。

事实证明,赵匡胤绝不会亏待有功之臣,他需要利用这些心腹幕僚夺取后周旧臣手中的权力。因此,在官衔与实权之间,他选择了后者。

上述人员中,赵普是枢密直学士,李处耘是枢密承旨,可以参与决策枢密院军务,实权在握;刘熙古、楚昭辅、王仁赡担任知州,分别执掌青州、扬州、寿州三个重镇,坐镇地方;沈伦为户部郎中,掌管财政收支;吕余庆任端明殿学士,很快又改知开封府,可谓位高权重。

通过这种所任官职与实际差遣的分离,赵匡胤将自己的亲信幕僚安插到了朝廷最重要的行政、财政、军事、人事部门里,削弱乃至架空了以范质为首的后周宰执之权,将大权全部掌握在自己手中。随后数年内,赵匡胤很快将上述亲信提拔为高级官员,这些幕僚无一例外担任过宰相、参知政事、枢密使、枢密副使、三司使等高官。

经过两个多月的忙碌,新旧政权的权力交接顺利完成,大宋开国皇帝初步站稳脚跟,后周大多数旧臣也很快转变角色,投入赵匡胤的阵营。但不可忽视的是,仍有一部分顽固分子只是表面臣服,内心还在打着各种算盘。他们与赵匡胤貌合神离,就像一颗颗定时炸弹,随时可能爆炸。

第十六章　枪打出头鸟

这些跟大宋貌合神离的人，又分为两种情况。

第一种是真正的恋旧，缅怀逝去的后周，翰林学士王著就是典型一例。

王著，后汉乾祐年间进士，性情豁达，胸无城府，柴荣一向对他眷宠有加，擢任他为翰林学士，经常找他入宫谈心，临终前还留遗嘱说要任用王著为相，辅佐年幼的恭帝。

可惜这份遗诏没有被执行，因为这位才子有一个特殊的嗜好——喝酒，而且嗜酒如命，常常喝得酩酊大醉，还到处耍酒疯，影响很坏。这样的人怎能当宰相呢？后周首相范质大胆拒绝了这项任命。

范质的判断是正确的，因为就在大宋建立不久，这位著名的酒徒又喝醉了。这次醉酒是在一次宫廷宴会上，王著酒劲儿一上来，就开始当场痛哭，一边哭一边表达对世宗皇帝的深切缅怀，而这个时候，大宋皇帝赵匡胤也在现场。

当着新老板的面怀念旧老板，这位酒疯子真是活得不耐烦了。此时，在场所有人都替他捏了一把汗。

出乎意料的是，赵匡胤只是微微一笑，大度地表示自己了解王著

第十六章 枪打出头鸟

的性情，不会跟他计较。

赵匡胤的大度并非完全因为他知道王著只是借酒发泄感情，更因为知道对方只是一个手无缚鸡之力的书生，对自己根本构不成任何威胁，反而白送了自己一次展现胸怀和气度的机会。

相比只是发泄感情的书生，第二种情况必须高度警惕。

藩镇是唐朝的遗留产物，宋初仍有不少手握重兵的实力藩镇，他们的问题不在于怀念后周，而是对新皇帝怀有诸多不服。有的人认为赵匡胤欺负孤儿寡母，阴谋篡夺皇位，为人不齿；有的人认为皇位人人皆可夺，赵匡胤不过是动手更快，近水楼台先得月。

当这种不满的情绪积压到一定程度时，就可能演变为一次新的皇权争夺战——藩镇造反。

面对这种潜在的威胁，赵匡胤早就开列了一张重点防范对象名单，准备随时应对可能发生的变故。在这份名单中，李筠和李重进被视为最危险的两个对象。

李筠，并州太原（今山西太原）人，原名李荣，避世宗名讳而改名筠。李筠早年投军入伍，历经后唐、后晋、后汉三朝。他善于骑射，作战勇敢，屡立战功，特别是在后周建立过程中立有大功，被郭威视为创业功臣之一。

柴荣即位后，李筠在高平之战中表现突出，被委以重任，长期领兵驻守河东，防御北汉。他经常主动找碴打仗，把北汉打得满地找牙，数年间俘虏敌军大小将领上百名，是后周数一数二的猛将。

但凡猛将多半脾气暴躁、为人蛮横，李筠也不例外。他依仗资历和战功，飞扬跋扈，颐指气使，谁都不放在眼里。镇守河东期间，李筠经常截留朝廷赋税，招募亡命之徒，一言不合就把朝廷派来的监军关禁闭，俨然以河东霸王自居，就连作风强硬的柴荣都得让他三分。

这样一个赳赳武夫，自然不会买赵匡胤的账。当使者带着赵匡胤封敕李筠为中书令的诏书来到他面前时，这位潞州节度使气得火冒三丈，准备直接扣押来使，起兵反宋，身边的谋士赶忙劝阻，李筠才没有当场发作。

接下来，潞州方面客客气气地把使者请上宴席，准备在酒桌上交流一下感情，缓和一下气氛。可酒还没过三巡，李筠突然起身离席，让人取出周太祖郭威的画像，悬在厅堂之上，然后以无比庄严肃穆的神情凝视良久，突然放声大哭，边哭边号道："先帝啊先帝，您在世之时，何等英勇神武，大周何等兴旺鼎盛！现在周室倾颓，国祚不永，李筠有罪啊！"

这一幕没有任何征兆，众人也毫无准备，大家都被李筠的表演吓了一跳，下属赶忙帮着说了几句好话，打了圆场后，双方就不欢而散了。

李筠的行为摆明了是挑衅赵匡胤，比王著恶劣得多，换作谁都忍受不了。可赵匡胤确实厉害，他能容他人难容之事。对于这件事，赵匡胤居然忍着没有发难，还亲写诏书抚慰李筠，让李筠的儿子李守节进京觐见，要赏他做皇城使。

按说以李筠的脾气，应该不会乖乖听话，但这次他决定用一用脑子，走一步险棋，趁自己还没和赵匡胤公然决裂之前，派儿子进京朝见皇帝，借机打探一下风声，也麻痹一下赵匡胤，以便将来造反。

有这样的想法，充分证明了李筠的天真幼稚。别人想造反都是偷偷摸摸，千方百计地封锁消息，表面上做个顺民，李筠却在皇帝派来的使者面前大肆表演，一副唯恐别人不知的高调姿态，还派儿子进京打探消息，和权谋之王赵匡胤耍心眼。不得不说，李筠确实勇气可嘉。

第十六章 枪打出头鸟

李守节忐忑不安地来到汴京，赵匡胤亲自在崇元殿接见了他。

跪拜行礼，三呼万岁后，李守节跪在地上等待皇帝的平身指示。可他等了好一会儿，才听到一句让他魂飞魄散的话："太子，汝何故来？"

这句话犹如晴天霹雳般在李守节耳边炸响，吓得他冒出一头冷汗。

还好李公子的脑筋比他爹好使，短暂的头脑空白后，他很快就反应过来，赶紧磕头辩白："臣不敢！定是有人进谗言，离间君臣关系，请皇帝明察！"

皇帝接见自己二话不说，劈头就是一句"太子"，说明他对父亲的反心了如指掌，可老爹还自作聪明，派他来自找苦吃，实在是愚蠢至极。

赵匡胤不置可否，徐徐说道："我听说你曾多次劝谏你父亲不要与朝廷为敌，可你父亲不听，所以才派你来觐见。他这是想让我把你给杀了，他才有起兵反叛的借口。"

李守节哪敢答话，只有唯唯诺诺，伏地顿首。

赵匡胤继续说："我不会杀你。你回去告诉你父亲，朕未做天子时，他的所作所为不关我的事，我也管不着。但现在我已是天子，他就不能对我尊重几分吗？"

听完这番话，李守节知道自己的这条小命暂时算是保住了。

大宋皇帝没有震怒，没有痛斥，只用几句话就让自己经历了从紧张到震惊、从震惊到恐惧、从恐惧再到侥幸的巨大心理变化。眼前这个人太可怕，父亲那点可怜的阴谋在他面前早就暴露无遗，自己无论如何都要劝告父亲放弃造反的打算，因为他根本就不是大宋皇帝的对手。

怀着恐惧、感激和侥幸的心理，李守节离开了京城，一路快马疾驰回到了潞州。他惊讶地发现，潞州已是一片摩拳擦掌、大战在即的气氛，他费尽九牛二虎之力，极力劝解父亲不要轻举妄动，但李筠仍然铁了心要造反，甚至已经命人准备了一篇战斗檄文，历数赵匡胤几大罪状，誓要与大恶人对抗到底。

李筠之所以如此顽固，是因为他获得了强大的外援。

上次酒宴风波发生后，北汉窥知了李筠的反意，北汉皇帝刘承钧随即派人秘密送来蜡书，鼓动李筠与自己联合干一件大事。

当时的李筠其实还没决定是否反叛，他将蜡书一事如实上报，借此麻痹朝廷。但北汉对此并不知情，所以李筠后来又派人向北汉请援，表示愿意摒弃前嫌，同仇敌忾。

对于这笔送上门的买卖，北汉没有拒绝的理由，刘承钧表示届时一定亲率援军南下，给李筠提供强大的后援部队。

有了北汉的承诺，李筠毅然向造反之路迈出了实质性的一步。建隆元年（960年）四月十四日，潞州节度使李筠高树反旗，公然举兵叛宋。

李筠的行动速度很快，第二天便率军袭占河东重镇泽州，杀大宋泽州刺史张福，气焰十分嚣张。

消息传到汴京后，赵匡胤并不惊慌，因为一切都在他的掌握之中，破敌之策已了然于胸。实际上，他等待这一天很久了——等李筠有所行动，自己再全力进击，出师兴讨。唯有这样，李筠的造反之举才能暴露于天下，自己才能站在王道正义的制高点，名正言顺地将其剿灭。

赵匡胤派侍卫亲军副都指挥使石守信、殿前副都点检高怀德率军北上，征讨李筠。临行前，他向石守信面授机宜："勿纵筠下太行，急引兵扼其隘，破之必矣。"

赵匡胤一句话就击中了李筠的要害，注定了他覆灭的结局。

实际上，造反之初的李筠面临三个军事策略上的选择：一是死守潞、泽两州，等着赵匡胤大军前来进攻；二是主动进攻，与大宋主力军队决战；三是进行战略转移，先求自保，再图争夺天下。

稍微懂些军事常识的人都知道，第三条，也就是战略转移才是上上之策。

李筠有勇无谋，可他的节度从事闾邱仲卿却颇有眼光，认为孤军奋战毫无胜算，力谏李筠"西下太行，直抵怀、孟，塞虎牢，据洛邑，东向而争天下，计之上也"。

闾邱仲卿的策略实际上就是战略转移，让李筠主动从潞州、泽州一带撤军，转而向西沿太行山脉南下，等抵达怀州（今河南焦作）、孟州（今河南孟州）一带后，随即占据洛阳，以虎牢关为防守要塞，与大宋形成东西对峙之势。

洛阳历来形势险峻，易守难攻，周边经济发达，是个称王称霸的理想基地，比起泽、潞一带的穷乡僻壤不知好了多少倍。李筠若能接纳这个建议，至少可以负隅顽抗一番。而这也正是赵匡胤最担心的一个选择，因此他的平叛策略完全是针对这一选择而定的，与闾邱仲卿可谓英雄所见略同。

可惜李筠不是英雄，面对三选一的题目，他再次暴露了自己狂妄自大的缺点，竟然十分冲动地选择了——主动进攻，直捣汴京。

对自己的决策，李筠极为自信："我乃大周宿将，与世宗亲如兄弟，禁军将领都是我的昔日同僚，他们若听闻我来进攻，必定阵前倒戈，何患大事不成？"

李筠之所以信心爆棚，是因为他还有两个撒手锏：詹圭枪、拨汗马。

所谓詹圭枪,乃是李筠部下的一名将领,名唤詹圭,力大无穷,擅长用枪,号称天下无敌;詹圭有一匹坐骑,名曰"拨汗马",号称日驰七百里。

这一人一马,合称"詹圭枪、拨汗马",一直为李筠所得意,视为天下最强,自称有此本钱,纵横天下无忧。

这位名叫詹圭的猛将到底有多猛不好说,但即便号称"人中吕布,马中赤兔"的吕奉先和赤兔马,最后亦难逃身死名灭的下场,更何况这寂寂无名的詹圭枪、拨汗马!

至于李筠自称"与世宗亲如兄弟,禁军将士必来归我"之类的话,更是吹牛。当初赵匡胤兵变时,禁军将领几乎没有一个反抗;如今他都做了皇帝,难不成这些人还愿意陪着他李筠造反送死?

大宋军队来势汹汹,李筠虽然狂妄,但也不敢托大,赶紧派使者向北汉求援。

北汉很多大臣都不同意帮助李筠,左仆射赵华认为李筠行事鲁莽,造反前景堪忧,说不定还会连累北汉,力劝皇帝不要掺和。但是刘承钧说话算数,既然大家已经冰释前嫌,就不能让李筠孤军奋战,加之他建功心切,完全不顾群臣劝阻,即日便大阅军队,亲率精锐赶到泽州城东北方的太平驿。

当李筠见到刘承钧本人时,不禁犯起了嘀咕:"这个北汉皇帝如此羸弱,要身材没身材,要威严没威严,和自己高大威猛的形象完全没法比,实在很担心他的战斗力,自己会不会抱错了大腿?"

就在双方互致外交礼仪时,李筠不知受了什么刺激,又一次情感大爆发,一把鼻涕一把泪地痛斥赵匡胤忘恩负义,窃取大周江山,动情地回顾自己与后周太祖、世宗的君臣之谊,表达了自己至今不忘后周大恩大德，发誓要为大周报仇雪恨的强烈愿望。

李筠表演得很卖力，可是他似乎搞错了观众，因为北汉真正的世仇不是赵匡胤刚建立的大宋，而是李筠所谓的大周。当年，周太祖郭威夺取后汉的江山，杀死北汉世祖刘崇的儿子，才导致双方结下仇怨。至于后来的世宗柴荣，更是在高平之战中大败刘崇，导致后者郁闷而死。

更可笑的是，这些事情李筠当年也有份，现在他却忘了，反而对着刘承钧大表对后周的忠心，纯属哪壶不开提哪壶，马屁拍到马腿上。

刘承钧可不会忘记这段血海深仇，李筠这一折腾，让他对李筠仅有的一点好感也一扫而空，反而平添了几分怀疑。反映到行动上，则是带了数万精兵前来，却只给了李筠三千老弱，还委派一名叫卢赞的亲信担任监军。

对刘承钧这种雷声大、雨点小的表现，李筠很不满，他搞不明白为啥之前很讲哥们义气的北汉皇帝突然变得如此小气，只给了自己三千老弱。

李筠不愧是极品，这边刚刚得罪了刘承钧，转过头来又跟卢特派员起了冲突。为顾全大局，刘承钧又派宰相卫融前去调和矛盾，忙得不亦乐乎。这对刚刚结成的亲密盟友，还没和敌人开战，就已起了内讧。

李筠已没有时间弥补自己的失误了，因为赵匡胤很快就命殿前都点检慕容延钊、归德军节度留后王全斌率军从东路进发，与石守信、高怀德的西路军会合，两路大军分道进击，扼断李筠退守太行山的所有关隘，对泽州城形成了包围。

面对宋军的咄咄进逼之势，李筠武断地选择了主动出击，与宋军大战于泽州西南的长平。结果毫无悬念，宋军大破李筠三万余众，斩首三千多级，杀其监军卢赞。李筠在乱军中捡了一条性命，仓皇逃入泽州城内。

首战失利的李筠不甘失败，退入泽州城后修缮城池，加固城墙，准备顽抗到底。

赵匡胤很重视这次的平叛，他认为必须速战速决，容不得拖延。只有一举荡平李筠，才能有效震慑其他藩镇。是年六月，赵匡胤御驾亲赴泽州城下，督促大军攻城。

李筠虽然谋略不行，守城却很强悍，宋军围着打了十多天，居然没能破城。

战事僵持之时，一个女人出现了，她就是李筠的爱妾刘氏。

刘氏认为泽州岌岌可危，与其被动防守，不如率数百亲信突围，转移到上党（即潞州，今山西长治）进行防守，然后利用潞州城池坚固且邻近河东的优势，向北汉求援，从而更有效地继续固守。

留得青山在，不怕没柴烧。李筠也被说动了，他没想到一介女流在生死关头竟有如此胆气，自己一个堂堂汉子岂能认怂示弱？顿时豪气干云，随即集合一千骑兵，准备依计行事。

这时，有一位部将提出了反对意见："万一部下有人贪图富贵，趁机劫持大王您，转而投敌邀功，岂不是后悔莫及？为安全起见，我看还是老老实实地待在城里。"

面对截然相左的两种意见，李筠暴露出了自己最大的一个缺点——优柔寡断。李筠突围的决心很快就被部下的私心动摇，最终选择放弃突围，继续固守。

城外的赵匡胤对李筠彻底失去了耐心，随即组织军队向泽州城发起强攻。

控鹤军左厢都指挥使马全义组织数十人的敢死队奋勇攻城。在战斗中,一支飞箭射中他的手臂,顿时血流如注,但这位勇猛的马将军拔掉箭镞后依然带头奋战,完全不顾"流血被体"的伤势。

赵匡胤被这种不怕死的精神感动了,他亲率近卫军加入攻城之列。宋军士气大振,人人发力,终于攻克泽州城。

城破之际,李筠自知在劫难逃,但他不后悔、不害怕,更不会屈膝投降。从举起反旗的那一天起,李筠就清楚地知道,自己要么登基为帝,要么杀身成仁。

李筠不是聪明人,但也不是胆小鬼,为表明至死不屈的态度,他选择赴火自焚。

李筠一死,他的儿子李守节便毫无斗志。待到宋军兵临潞州城下,李守节便献城投降。至此,历时两个月的李筠叛乱终于被彻底平定。

平定潞州的李筠后,赵匡胤把注意力转向了南方的扬州。在那里,有一个老对手正在等着他。

第十七章　御驾下扬州

后周的元老旧臣中不乏李筠这样战功累累的将领,他们都有可能对年轻的赵匡胤不服气,但最有资格向赵匡胤发起挑战的恐怕还是李重进。

李重进身份特殊,打仗也猛。远的不说,就说后周征讨淮南攻打寿州时,李重进率军主攻城北,因作战勇猛,被唐军称为"黑大王"。在当时的禁军将领中,论资历、战功、威望、实力,李重进都是一等一的,他有足够的理由不服赵匡胤。

李重进确实不服赵匡胤。怀着诸多不服,他向皇帝申请入朝。李重进的想法跟李筠类似,都是想借机打探京城形势。但是作为藩镇,没有皇帝批准是不能擅自离镇入京的,否则会被扣上谋反的帽子。

赵匡胤对李重进的想法洞若观火,但不想对方入朝,于是便让翰林学士李昉起草了一封诏书:"君为元首,臣作股肱,虽在远方,还同一体,保君臣之分。方契永图,修朝觐之仪,何须此日。"

这封诏书表面上是婉拒李重进入朝,实际上隐藏着一记"万能招数":如果李重进乖乖就范,自然天下太平;如果李重进违诏不遵,硬要进京,那就是意图谋反,正好师出有名,直接出兵剿灭。

第十七章 御驾下扬州

只用一纸诏书就牢牢占据主动地位，赵匡胤的权术水平让人不服不行。

李重进的水平比李筠高得多，李筠是火暴脾气，一点就着；李重进则性格沉稳，老成持重，颇有计谋。他明白这是赵匡胤的一次试探，也是一个陷阱，他的应对之策是明面上按兵不动，服从皇帝的安排；暗地里则加固城防，修缮甲兵，招募亡命之徒，窥伺机会突然发难。

建隆元年（960年）四月，李筠打响了反宋的第一枪。远在扬州的李重进喜出望外：既然有人当了挨枪子的出头鸟，自己也该搞出点动作来。

出于稳妥考虑，李重进没有直接发兵响应李筠，毕竟投资造反这种项目风险巨大，无论如何也要和对方见个面，考察论证一下投资的可行性。于是，他派了一名叫翟守珣的亲信北上联络李筠。

翟守珣此人生平不详，只知道李重进对他极为信任，但李重进忽略了这个世界没有绝对的忠诚，扬州距潞州千里之遥，如此机密之事，至少该派两个人前去办理，双方可以相互监督，以防对方搞小动作。

翟守珣身负重任，不敢怠慢。可他却奔向了西北，直接跑到汴京，把这个坏消息报告给了赵匡胤。

根据史料记载，翟守珣应该早就认识赵匡胤，他很可能是潜伏在李重进身边的卧底。现在这个卧底终于浮出水面，给新皇帝带来了一份特别的贺礼。

自李筠造反那天起，赵匡胤就很担心"二李"联手。分开单干，李筠和李重进都不足为虑；但若两人同时发难，南北夹击，自己就要两线作战，应对起来更加吃力。

最重要的是，新生的大宋政权立足未稳，各地藩镇各怀鬼胎，"二李"在当时颇有号召力，一旦他们联手打出"匡复大周"的旗帜号令群雄，那些对后周存有旧情的藩镇豪强就很有可能群起响应，后果将不堪设想。

只要能拖延李重进的造反行动，赢得宝贵的战略时间，赵匡胤愿意做出任何妥协与让步。他问翟守珣："倘若朕赐给李重进铁券，他能相信我吗？"

所谓铁券，就是皇帝颁赐给功臣，赋予其死罪豁免权的契券。铁券一般由皇帝用丹砂亲笔书写在铁板上，故名丹书铁券。

铁券分左右两块，左赐功臣，右藏内府，功臣本人或后代若犯了重罪，可以拿出铁券申请免罪减刑。朝廷将左右两块铁券相合，验证确为真品后，便可推念功劳，对当事人的罪责予以减免，相当于免死金牌。

这种免死金牌的有效期和适用范围不尽相同，有的一次失效，有的可以重复使用，有的只适用于功臣本人，有的则可以适用于家人及亲属，当传家宝世代传承。历史上虽有铁券的说法，但发行量极其稀少。在宋代，据说只有后周皇室的柴氏子孙有一枚，还是用自家的整座江山换来的。

赵匡胤想用铁券这种特殊礼物来安抚李重进，但翟守珣的回答让他十分失望。

"都没用，李重进终究没有归顺之心。"

丹书铁券都没用，那就只有兵戎相见了。

赵匡胤的底线是不能让南北二李沆瀣一气，同时发飙。他的目光紧紧地盯着翟守珣，交给对方一个新任务——想尽一切办法破坏二李结盟的图谋，延缓李重进的叛乱行动。

第十七章 御驾下扬州

这几乎是一项不可能完成的任务。翟守珣一没兵,二没权,三没李筠开的证明信,李重进也不是傻瓜,凭什么听他的话?但皇帝陛下交代的任务是不可商量的,所以翟守珣二话没说,毅然接受了这个新使命。

返回扬州后,翟守珣立刻面见李重进,汇报了此行的考察成果。当然,全部是他虚构的,因为他的汇报里全是李筠军纪如何松弛、军心如何涣散、本人如何缺乏谋略、实力差距如何悬殊等等,没有一点正能量。

最终,翟守珣给出了自己的判断:李筠此人不足以谋大事,咱们还是静观其变,别蹚这趟浑水。

李重进暗自佩服自己的先见之明:还好提前派员考察,没有被有勇无谋的李筠拖下水。沾沾自喜的李重进打消了马上起兵的想法。

李重进之所以轻信翟守珣,其原因可归结于他沉稳过人的性格——他太深沉、太求稳了,非要有七八成把握才肯行动,这样的人不敢冒大的风险,也很难把握稍纵即逝的黄金机会。

李重进完全没有意识到,南北夹攻的机会已从身边悄悄溜走,他甚至还幻想李筠跟赵匡胤拼个两败俱伤,然后由他坐收渔利,入主汴京,建立属于李氏的江山。

可惜李重进只想着鹬蚌相争渔翁得利,却忘了唇亡齿寒的道理。他就这样一直等啊等,足足等了两个月,终于等来了李筠兵败身亡的消息。即便如此,李重进也不觉得自己错失良机,他心中的庆幸远远多于后悔——庆幸自己没有贸然联合李筠起兵,否则就会受李筠拖累。

在李重进看来,一切谋划和行动都是机密的,赵匡胤并不知道自己的真实想法,自己还有回旋的余地,无论反叛还是臣服都可以选择,所以他依然在静观其变,依然没有轻举妄动。

但在赵匡胤眼中,李重进已是笼中之鸟、瓮中之鳖,自己随时可以决定他的命运。之前的虚与委蛇只是策略上的需要,现在狂妄自大的李筠已然伏诛,是时候收拾这位自作聪明的老对手了。

960年九月,赵匡胤命李重进为平卢节度使,移镇青州,接着又派六宅使陈思诲给李重进送去一份特殊礼物——丹书铁券,还恩准他入朝觐见,以叙君臣之谊。

看着传说中的丹书铁券,李重进再次陷入迷茫。

移镇青州是一个危险的信号,意味着赵匡胤要把自己调离老巢,准备向自己动手;但赐丹书铁券又是善意之举。这两个举动传递了完全相反的信号,李重进一时也是云里雾里,不明所以。

李重进思虑再三,决定冒险入朝,试探皇帝的态度后再做最终决策。但部下强烈反对,一致认为皇帝不可信,丹书铁券更不可信。

李重进又乱了方寸,不知到底是进是退,是从是反。

其实,李重进的犹豫完全是庸人自扰,李筠兵败身亡已经揭示了反叛的结局,而以赵匡胤的一贯政策,入朝觐见的最坏后果无非兵权被夺,尚不至于送命。但此时的李重进已经失去了判断力,在他看来,赵匡胤绝不会放过自己。既然如此,那就索性揭开伪装,战场上见真章吧!

960年九月二十日,淮南节度使李重进扣留陈思诲,宣布起兵。

李重进的造反计划酝酿了大半年,按说各项准备工作应该很充分,但实际情况并非如此。

一方面,李重进直接控制的兵力严重不足,加上半年来东拼西凑的新兵也不过万人,这点兵力别说主动出击,就是死守孤城也不够用。

第十七章 御驾下扬州

另一方面，造反的腹地太过狭小。李筠好歹占着河东的地理优势，进可攻，退可守，哪怕逃跑也有崇山峻岭掩护；而李重进只有一座扬州城，繁华有余、险峻不足，连跑路都没处去。

李重进自知实力不足，他决定向李筠学习，准备聘请高水平外援。李筠靠着河东吃北汉，他就靠着江南吃南唐，遂派人向南唐李璟求援。

李璟收到这位昔日敌人的求援信号后，十分坦诚地表示拒绝，还第一时间报告给赵匡胤，表明了自己与反贼李重进划清界限的坚定立场，坚决反对"两个王朝，一赵一李"。

李重进收到这个消息时，心情一落千丈：这李璟也太不仗义了！

其实这事怪不得李璟，只怪他李重进打错了算盘。当年的淮南之战，南唐被后周打破了胆，赵匡胤更是号称南唐第一杀星，对南唐的胜率百分之百，亲历这一切的李璟哪有胆量和他作对？

此时的李重进一筹莫展，进退两难；而身在汴京的赵匡胤却不慌不忙，成竹在胸。在对待李重进问题上，他从一开始就在玩猫捉老鼠的游戏。安抚、笼络、加官晋爵、麻痹、迷惑、丹书铁券等都是戏耍李重进的手段，捉了又放，放了再捉，一直把老鼠玩到筋疲力尽，才一口吞下。

九月二十二日，赵匡胤任命石守信为扬州行营都部署，兼知扬州行府事，王审琦为副都部署，李处耘为都监，率大军进讨李重进。随后，他又接受了赵普"急攻亦取，缓攻亦取。兵法尚速，不如速取之"的建议，决定御驾亲征，亲自去会一会这位老战友。

宋军昼夜兼行，直下淮南，很快就来到扬州城外安营扎寨。但石守信没有着急攻城，他向皇帝奏报说："扬州城破在即，陛下御驾亲征，必可一鼓荡平。"由此可见，石守信的政治站位还是很高的，破城这种高光时刻一定得留给皇帝本人。

赵匡胤率军行进在淮南的土地上,看着似曾相识的风景——掠过,思绪又回到了几年前征战淮南的时光。而今又复来战,赵匡胤的心境却大不相同了。当年的同僚战友,如今已有君臣之分;当年并肩作战的战友,如今却要兵戎相见;当年的皇帝已经逝去,当年的名将成了新主人……命运的转换,真是让人无限感叹。

十一月,赵匡胤抵达扬州城下,随即下令攻城。

城内守军毫无斗志,象征性地抵抗一番后就束手就擒。正式攻城的战斗从黄昏时分开始,到掌灯时分便已结束,耗时不足一个时辰,而整个造反历时也不到两个月。

李重进早就料到了这个结局,他不想向城外的赵匡胤屈膝投降,于是和李筠一样选择了自焚,全家老小数十口一同葬身火海。他不是一个识时务的俊杰,却是一个敢作敢当的硬汉。

赵匡胤和李重进的斗智斗勇,就像两人弈棋。李重进举棋不定,进退两难,屡出昏着却自认妙计;赵匡胤洞悉全盘,一切尽在掌控。这是一盘没有悬念的棋局,也是一场实力悬殊的较量,李重进的失败在开局时就已注定。

李筠和李重进是藩镇中实力较强的两个,也是敢于挑战大宋新皇的代表人物。他们两人的性格完全相反,一个暴躁如雷,迫不及待造反;一个优柔如绵,犹豫不定起兵,结局却如此雷同,真应了"急也亡,缓也亡"六字。

"二李"之败,并非仅仅因为战斗的不利,他们的失败实际上是历史车轮辗压下不可避免的结果。在历史的舞台上,只有真正的强者才有资格成为这片江山的主人,去完成历史赋予他的使命。而弱者,注定只能成为强者成功路上的踏脚石。

第十七章 御驾下扬州

赵匡胤用雷霆万钧之势扫荡了二李的叛乱，极大地震慑了地方藩镇，用实力告诉他们一个铁般的事实：顺我者昌，逆我者亡。

其实，像"二李"这样怀有异心的藩镇大有人在：成德军节度使郭崇、保义军节度使袁彦、义武军节度使孙行友、建雄军节度使杨廷璋……这些人都不是省油的灯，也各有各的小心思，但他们毕竟没有谋反举动，不能一刀切通通消灭，必须坚持具体对象具体解决的原则。

赵匡胤针对这些人不同的情况，对他们采取或怀柔，或批评，或安抚，或监视，或调离等手段，恩威并济、软硬兼施，让这些藩镇领教了自己的权谋手段。而他们也纷纷达成了一个共识：这是一个惹不起、打不过的主，咱们老哥几个还是老老实实地享受高官厚禄，颐养天年吧！

第十八章　谋定后动

自登基以来，赵匡胤每天都在忙碌中度过，没睡过一个安稳觉。现在"二李"伏诛，他本以为自己终于可以睡个好觉，体验那号令天下、无人敢违的尊严了。然而，他发现自己依然睡不好觉，依然做不到号令天下。因为天下之大，除了大宋之外，还有着大小十多个割据势力。按照独立程度，它们可以分为以下几类：

第一类，地方割据势力，包括武平（湖南）、清源军（漳、泉）等。

它们原则上只是藩镇，其首领称节度使而不称王，表面上是大宋的地盘，实质上是独立王国。

第二类，臣服的独立国家，亦称藩国，包括南平（亦称北楚、荆南）、南唐、吴越。

这些国家具备独立主权，但由于实力有限，又挨过中原王朝的痛打，选择对宋称臣，使用大宋年号，其首领不称皇帝而称王或国主，与大宋是宗藩关系（即宗主国与藩属国），但实际上比第一类还要独立。

第三类，敌对的独立国家，包括北汉、后蜀、南汉。人家有自己

第十八章 谋定后动

的地盘、国号、年号，最高领袖也称皇帝，跟宋朝平起平坐。

第四类，态度不明的少数民族势力，包括北方的契丹、西北的回鹘和吐蕃诸部等。这些势力中，契丹一向跟中原关系复杂，且模仿汉制建立了自己的政权。至于回鹘和吐蕃，以前辉煌过，现在仍独立于中原王朝之外。

也就是说，在宋朝建国之初，华夏大地还是四分五裂之态。完成这个四分五裂的拼图，让饱受分裂战乱之苦的中华大地恢复统一，既是赵匡胤的个人愿望，也是历史赋予他的光荣使命。

赵匡胤知道，自己很难一下子吃掉周围这些邻居。顽强的北汉自不必说；偏远的南汉、繁华的南唐、富庶的后蜀，个个都不是省油的灯；就算表面臣服的南平、武平、吴越等地，也绝不会主动对大宋投怀送抱，归降纳土。

周边皆是对手，究竟先向哪一个开刀？在开启统一大业前，战略方针和先后顺序成了最重要的问题。

961年的一个冬夜，汴京城风雪交加，街上看不到一个人影。此时的赵普已官居枢密副使，一向不习惯早睡的他也准备洗洗睡了。

"砰砰！"当外面响起叩门声时，赵普一个激灵跳了起来。

这个时候，这种鬼天气，敲门造访的一定是喜欢不打招呼就到大臣家中串门的皇帝！赵普赶紧打开大门，一看果然是赵匡胤。

见皇帝一身积雪，赵普赶忙把他请到屋里。

赵匡胤神态从容，一副和蔼的模样，他亲切地称呼赵普的夫人为"嫂夫人"，这一举动搞得赵夫人意外且惶恐，认为自己承受不起这样的尊称。

不一会儿，开封府尹赵光义也来到府上，三人搞起了自助烧烤，围着炉火，吃着烤肉，饮着热酒，暖意融融，不亦乐乎，还真像一门三兄弟。

赵普知道皇帝雪夜造访绝不只是为了喝酒聊天,酒过三巡,他提出了这个疑问。

"一榻之处,皆他人家,朕睡不着觉啊!朕想要平定诸国,统一天下,却不知从何下手,这才特来找你商议,听听你的高见。"赵匡胤开门见山。

"皇上您一定早有打算,臣愿闻其详。"

"朕准备先攻太原。"

赵普摇头道:"北汉地处河东,可为大宋藩篱,抵挡西北两面威胁。若拿下太原,我们就要直接面对西北两面边患。姑且留着它当挡箭牌,等削平南方诸国后再来对付这个弹丸之地,岂不是信手拈来吗?"

赵匡胤笑道:"我就是这么想的,只不过故意不说,试探你一下而已。"

这倒并非赵匡胤耍赖皮,明明没主意偏说早有定计。因为早在八年前,后周名臣王朴就在《平边策》中提出过"先南后北,先易后难"的战略设想。赵匡胤当然知晓这篇文章,所以说赵普的策略只能算改编。

这个"先南后北,先易后难"的战略设想在历史上虽然名气很大,但争议也很大。很多人认为这是一个错误的选择,正确的统一顺序应该是"先北后南,先难后易"。赵匡胤颠倒了战略方向,因此错失了收复幽云的大好时机。

这种论点完全是马后炮。事实上,"先南后北,先易后难"的战略设想是科学的,完全符合当时的实际情况。至于战略的执行结果,那就是另外一回事了,毕竟不能因为后来没能达成预定的战略目标,就倒过来否定战略的正确性。

"先南后北,先易后难"的战略方针就这样在一个茫茫雪夜,在美酒烤肉的香气中诞生了。一场气势恢宏的统一战争即将拉开序幕,四分五裂的中国再次看到了统一的曙光。

确定了统一战略后,赵匡胤就开始出兵南方。在此之前,他要想办法解决北方之忧,稳住契丹和北汉两位邻居,以免它们在背后捣乱。

北汉皇帝刘承钧力助李筠造反,结果偷鸡不成蚀把米,派去的监军卢赞战死,宰相卫融被俘。还好他本人没在前线,及时撤回了太原,才得以保住一点家当。

然而赵匡胤却不依不饶,给刘承钧送去了一封挑战书:"汉周世仇,你跟郭氏顽抗不屈,我可以理解。但我大宋与你素无冤仇,为何与我为敌,难为我一方百姓?如果你有志中原,就赶快率军南下,咱们一决胜负!"

既然赵匡胤不打算跟北汉开战,那为什么送去一封挑战书呢?

刘承钧很快回了信,跟赵匡胤的挑衅不同,他的回信十分谦恭:"我们北汉基础差、底子薄、土地少、兵力弱,哪敢跟中原大朝对抗呢?我死守河东,也是为祖宗守土,保我刘氏一脉啊!"

答案昭然若揭——赵匡胤正是看透了对方的色厉内荏,才以咄咄逼人之势震慑刘承钧。现在对方已经示弱,不敢再来骚扰,只要北汉不动,契丹也不会有所动作,赵匡胤的目的就达成了。

但纸上的和平是靠不住的,真要解决后顾之忧,还得靠硬实力。宋朝在西、北两个方向拥有绵延千里的边境线,以宋军现有兵力,全线防御难度很大,赵匡胤的策略是选择一些能将重点镇守一些战略要地,以点串线,以线带面,筑起一道坚固的藩篱,分别防御不同方面的势力。具体安排如下：

一、赵赞屯延州（今陕西延安），姚内斌守庆州（今甘肃庆阳），董遵诲守环州（今甘肃环县），王彦升守原州（今甘肃镇原），冯继业镇灵武（今宁夏灵武）。

这一路是为了防御党项（后来的西夏）和吐蕃诸部。

二、李汉超屯关南（瓦桥、益津、淤口三关以南地区），马仁瑀守瀛洲，韩令坤镇常山（今河北正定），贺惟忠守易州，何继筠领棣州（今山东惠民）。

这一路主要在河北境内，目的是防御契丹。

三、郭进控西山（今属山西），武守琪戍晋州，李谦溥守隰州（今山西隰县），李继勋守昭义（今山西长治）。

这一路兵力部署在山西境内，目的是防备北汉。

守原州的王彦升就是杀了韩通一家的"王剑儿"，他对赵匡胤登基后给自己的封赏很不满意，经常发牢骚，还酒后夜闯宰相王溥府邸，不仅让堂堂宰相准备酒肉招待自己，还向对方索取红包。

王溥对这个"王剑儿"很是害怕，只得好酒好肉招待他，但还是壮着胆子拒绝了对方的索贿要求。王彦升见他这么不上道，便借着酒劲出言不逊，讲了一些不着边际的话。

王溥心想好汉不吃眼前亏，他虽没和王彦升起正面冲突，后来却告到了赵匡胤那里。赵匡胤一怒之下，把这个总给自己惹是生非的王彦升赶出了京城，打发他去守边。

事实证明，边境才是坏小子发挥才能的最佳舞台，面对复杂的民族关系和野蛮的番族部落，王彦升的应对之策是比对方更加野蛮。

对敢于触犯汉法的番民，他虽不妄加杀戮，却硬生生地把对方的耳朵撕下当下酒菜，不蒸不煮，不放油盐酱醋，直接连皮带血大吃大

第十八章　谋定后动

嚼。这招"手撕人耳"虽然简单粗暴、残忍血腥,却十分有效,附近的番族部落向来以野蛮著称,对此也是闻所未闻,个个谈之色变。

守延州的赵赞是将门之后,他的父亲赵延寿,当年曾作为契丹主将参与南下灭晋的军事行动,儿子却选择了效忠赵匡胤。赵赞颇有军事才干,赶往边境赴任时,他故意把人马排成长长的纵队走在林莽之中,远远望去,绵延数里不绝。前来迎接的番族部民一看,赵将军带来这么多人马,一时也不敢轻举妄动。

赵赞略施小计,虚张声势一番,就起到了和王彦升同样的效果。跟简单粗暴的王彦升相比,赵赞可真是文明且高明不知多少倍。

守关南的李汉超同样也是一位优秀的将领。

关南地区是中原防御契丹的第一线,李汉超镇守关南前后十七年,与士卒同甘共苦,对当地百姓爱护有加,深得广大官兵爱戴,也得到了民众的信服,有力地维护了关南地区的和平稳定。

守瀛洲的马仁瑀更是一位猛将。

高平之战,他与赵匡胤并肩战斗,拼命挽回败局;平定李筠叛乱,他率敢死队带头猛攻泽州城,受伤也不下火线;面对强敌契丹,他毫不手软,守边期间经常主动侵入对方地盘,大肆掠夺一番后返回。

守庆州的姚内斌,本是契丹将领,周世宗北伐幽燕时,他审时度势,主动献瓦桥关投降。当时率军兵临城下,接受姚内斌投降的正是赵匡胤。赵匡胤对这位降将十分信任,就让他继续守边。

姚内斌威武勇猛、作风强悍,镇边十多年间,番族部民对他十分畏惧,谁都不敢过来找事,人送外号"姚大虫",意思是他就像老虎一样,谁也惹不起。

守西山的郭进,性格豪迈,曾为后汉高祖刘知远部属,后汉末年已是刺史级别的将领，不但治军严格，治理地方也多有善政，深受军民拥戴，对付北汉绰绰有余。

守环州的董遵诲是赵匡胤的老相识，他是当初那位喜欢嘲讽赵匡胤的随州刺史董宗本之子。要是换作别人，咸鱼翻身后一定会把当年羞辱自己的家伙狠狠修理一顿，方解心头之恨。可赵匡胤不但没有追究对方的大不敬之罪，还对他的儿子委以重任，命其为通远军使，领兵戍边。

董遵诲原本就精通兵法，颇有军事才能，他出任通远军使十四年，对番部诸民恩威并施，听话的给肉给酒，不听话的坚决打击，敢挑事的果断镇压，把西部边防事业搞得有声有色。

第十九章　假道伐虢

稳住北方的邻居后，赵匡胤将目光转向了南方。

当时的南方共有大小七个割据政权：南唐、吴越、南汉、后蜀、南平、武平、清源。

这么多对手，该先拿哪个开刀祭旗呢？赵匡胤把目标锁定在了荆湖。

荆湖指今天的湖北和湖南，宋初的荆湖北部已被纳入中央政权版图，但中南部仍有两个割据势力，其中占据荆南的是南平高氏，治所在荆州（今湖北江陵）；占据湖南的是武平节度使周氏，治所在朗州（今湖南常德）。

这两个割据势力虽然版图不大，实力也一般，战略位置却十分重要。

荆湖位于长江中游，西连巴蜀，东拒建康，北接中原，南衔岭南，自古便是兵家必争之地。

三国时期，魏、蜀、吴三方势力之所以在此互不相让、争来抢去，大仗小仗打个不停，折损将士无数，就是因为这个位置太过重要。处于长江下游的吴国需要它来保障上游安全，占据巴蜀的蜀国需要它来屏护东部防线，雄踞中原的魏国需要它来遏制吴、蜀两国势力，并将其作为战略进攻的前沿。

宋初的军事形势大体上也能和三国对上号，南唐相当于吴，后蜀相当于蜀，大宋相当于魏。这样一比，荆湖地区对于大宋的重要性不言而喻。

南平是由高季兴在后梁时建立的。高季兴原名高季昌，出身低微，幼年时曾给一位叫李七郎的商人当家奴。身处乱世，出人头地很不容易，称王称霸更无异于痴人说梦。但上天无比垂怜这位童工，他的主人李七郎后来认了一个叫朱温的干爹，从此改名朱友让。

这个朱温创立了后梁，高季兴的命运因为他而改变。

朱温第一次见到高季兴，就觉得这个年轻人长相不凡，十分喜欢，做主让养子朱友让认了高季兴做养子，高季兴就这样成了朱温的养孙。五代帝王为了笼络人心，喜欢认干儿子，当朱温的干孙子并不代表他就成了龙子龙孙，毕竟朱温还有亲儿子。但对高季兴而言，这样的际遇已经足够了。他从此跟随朱温东征西讨，立下了不少战功。朱温攻取荆南后，任命他为荆南节度使。

此后二十多年里，高季兴以荆州为基地，逐渐壮大势力，先后占据了归州、峡州，割据一方，直到后唐庄宗时被封为南平王，其所据之地故名南平。

高季兴很有自知之明，知道自己地狭兵弱，无力与大国抗衡，于是采取保境自立的务实政策，不仅主动向强大的中央政权称臣，还向称帝的后蜀、南唐、南汉等国一一臣附，甚至连远在福建的闽也不放过，一概称臣。

高季兴是个精明的生意人，通过四处称臣，他可以获取各个国家的大量赏赐，既得了经济上的实惠，又有了宽松的国际环境，可谓一举两得。

除了依靠赏赐，高季兴还充分利用荆南这一交通枢纽的位置优势，大力发展第三产业——抢劫。高季兴纵容军队充当车匪路霸，拦截过境商旅，敲诈钱财，甚至明目张胆地抢劫其他国家过境的贡赐物品。对方若派兵讨伐或上门索要，他绝不贪财，"大度"地将抢来的财货物归原主；别人若不来寻找，他就顺理成章地据为己有，一派流氓无赖作风，因此得名"高赖子"。

当然，高季兴能在诸国之间屹立不倒，也不完全靠无赖。他具备出色的政治智慧，懂得利用诸国的矛盾和利益纠葛，周旋于列国之间，而南方诸国也把荆南当成彼此的战略缓冲区，以及抵挡中央政权的重要防线。因此，南方诸国谁都不愿看到荆南被其他势力吞并，大多对高季兴不理不睬，维持现有格局。

这期间，中原皇帝走马灯似的变换，南方诸国也时常江山易主，南平却始终是老高家的天下，风景这边独好。

南平以南，占据湖南的是武平节度使。

对比南平五十多年的"悠久"历史，武平满打满算才有十一年。

武平的前身是十国之一的楚（又称南楚）。楚国由马殷开创，全盛时据有湖南全省、广西东北部、贵州东部以及广东北部，一度是南方最具实力的政权。但除了马殷在位期间比较安定外，其他大多数时间都在内斗，国内战乱不断，军政不修，人心离散，折腾来折腾去，终于引来了强敌觊觎。

951年十月，南唐趁楚国内乱，借救援之名将其一举消灭。但南唐也没能在湖南站稳脚跟，很快就被原楚国境内的刘言、王逵、周行逢等势力打得落荒而逃，退出湖南。

其后，刘言又和王逵、潘叔嗣等人接连混战。王逵干掉上级刘言之后，被下级潘叔嗣杀死，潘叔嗣干掉上级王逵后，又被周行逢杀死。经过几轮乱斗，最终周行逢笑到了最后，被任命为新的武平节度使，开始了短暂的割据生涯。

对这样两个轻量级选手，赵匡胤还是给予了足够的重视。他坚持在战略上藐视敌人，战术上重视敌人，派人借出使之名侦察敌情，了解南平的军队数量、兵力部署、人心向背、山川形势，考察结果是"荆南甲兵虽整而不过三万，谷物虽登而失于暴敛"，大宋出师必可一战告捷。

知己知彼，百战不殆。赵匡胤深知谍报工作的重要性，这一良好的军事习惯伴随着他的一生，帮助他东征西讨，屡战屡胜。

除此之外，赵匡胤还有一个好习惯——寻找开战借口。

纵观古今中外的历史，无论一个政权多么强大，当它向其他国家开战前，都需要寻找一个借口，以确保自己师出有名，不宣而战是有悖外交规则的。至于理由合不合理并不重要，重要的是一定要找到理由，若没有理由，那就制造理由。

赵匡胤以统一天下为己任，更需要一个冠冕堂皇的理由向南平开战，但是南平素来孝敬听话，这个理由还真是不好找。

所幸，一个偶然事件的发生为赵匡胤提供了一个期待已久的理由。巧合的是，给他提供这个机会的不是别人，正是赵匡胤进攻目标之一的武平。

962年九月，武平节度使周行逢病危，临终前留下遗命，让儿子周保权袭位。这位亲历数十年内乱的政治老手对年仅十一岁的儿子很不放心，召集亲信大臣付以托孤重任，并留下了这样的预言："吾起陇亩为团兵，同时十人，皆以诛死，惟衡州刺史张文表独存……吾死，文表必叛。"

第十九章 假道伐虢

大家心中一惊："要是您这预言成了真，我们该如何是好？"

好在周行逢还没死，接着给出了对策："当以杨师璠讨之，如不能，则婴城勿战，自归于朝廷。"

嘱咐完后事，他咽下了最后一口气。

周行逢真可谓料事如神，后来湖南的形势完全是照他预料的轨迹发展的。

张文表是周行逢起兵时的结义兄弟之一。周行逢占据湖南后任武平节度使，张文表以为按资格和功劳排序，湖南二把手、武平节度行军司马的位置非自己莫属，却没想到周行逢只给了他一个衡州刺史的职位，这使得他怏怏不乐，心存怨恨，只是因为顾忌周行逢的权威，才一直隐忍没有发作。

周保权袭位后，张文表更加愤怒，他认为本应属于自己的位置被夺走了。于是在962年十月，周行逢去世不到一个月，愤怒的张文表便决定发动叛乱。

张文表很愤怒，后果却很不严重，因为他手底下根本没多少像样的人马。为争取造反成功，张文表劫持了一队途经衡州（今湖南衡阳）的官兵，并逼着对方跟自己造反，他们假扮成奔丧的队伍，直接奔向战略重镇潭州（今湖南长沙）。

时任行军司马的廖简正好镇守潭州，他一向看不起张文表，在得知对方带兵冲过来的消息后毫不在意，居然不做任何防备，只顾饮酒作乐。

张文表早就对这个抢了自己位置的家伙心怀不满，便率军轻松入城，喝得烂醉如泥的廖简被张文表逮个正着，白刀子进红刀子出，一命呜呼。

消息传到朗州，周保权不禁感叹老爹的算无遗策，赶紧依计派杨师璠率军平叛。不过,周保权的脑袋瓜还是灵活的,他没有死板地遵循父亲的教诲,等杨师璠搞不定张文表时再归顺中原,而是同时派出使者赶赴汴京向大宋求援。正是这个举动,给赵匡胤提供了出兵机会。

赵匡胤马上宣谕张文表,强烈谴责他不忠不义的行为,同时责令距湖南最近的南平率先发兵救援。但这些只是表面功夫,他的真实计划是以协助平叛为名,大举发兵湖南,而大军南下必须途经荆南,到时候再来个顺手牵羊,灭了荆南轻而易举。

这招三十六计之一的假道伐虢不是赵匡胤的原创,春秋时期的晋献公最先使用此计谋。不过当时的晋国是借虞国的道先灭了远处的虢国,在回师途中顺便灭虞,赵匡胤则是逆向思维,先收了近处的南平,再去灭远处的武平。

乾德元年(963年)正月,赵匡胤任命慕容延钊为湖南道行营前军都部署,枢密副使李处耘为都监,发十州兵马会集襄州(今湖北襄阳),大张旗鼓地讨伐张文表。

赵匡胤发兵前所做的第一件事自然是向南平借道。

现任南平王是二十岁的高继冲,当大宋使者、阁门使丁德裕代表宋廷前来借道,并要求南平提供粮草犒军时,他做出了这样的答复:"粮草可以提供,路不能借。"理由是担心百姓见了大军入境会恐惧不安,影响社会稳定。

丁德裕向都监李处耘做了汇报,李处耘嗤之以鼻,再次派丁德裕给高继冲施加压力,不达目的誓不罢休。

高继冲知道事情的严重性,没敢再一口回绝,可时任兵马副使的李景威却强烈反对借道,认为这是宋军的阴谋,于是自告奋勇带兵袭击宋军,企图先把对方赶跑,然后再出兵帮助湖南平定张文表叛乱。

第十九章 假道伐虢

李景威的想法很好，却很不切合实际，因为把宋军打跑这个结果是不可能出现的。

节度判官孙光宪十分清楚大宋假道伐虢的意图，也知道双方的实力差距，力劝高继冲主动归降："大宋受命以来，有统一天下之志，非我等所能抗拒。与其与之为敌，致生灵涂炭，不如顺应天命，归顺朝廷，以保富贵。"

高继冲并不糊涂，他权衡再三，决心采纳孙光宪的意见。

李景威性格古怪偏激，见意见未获采纳，气急败坏之下，竟然对自己使出"鹰爪功"，反手猛掐咽喉，致喉骨碎裂而死，自杀之惨烈闻所未闻。

二月初九，高继冲派衙内指挥使梁延嗣、节度掌书记高保寅到荆门（今湖北荆门）犒劳宋军，顺便讨论借道事宜。

两位使者受到了热情接待，宋军主帅慕容延钊大摆晚宴，坚持带病出席，请两位客人吃饭，双方推杯换盏，觥筹交错，气氛十分融洽。

沉迷宴饮的梁、高二人没有注意到，宋军都监李处耘并不在场。隆冬时节，他不过来参加酒宴，能跑到哪里去呢？

原来，李处耘和慕容延钊演了一出"荆门宴"，慕容延钊负责陪酒，拖住南平的两位使者；李处耘则率领数千精骑，星夜疾驰，向江陵一路挺进。

宋军突然兵临城下，让高继冲十分惶恐，他亲自出城十五里迎接。李处耘见状客气地向他施礼，对借道之事表示感谢，并告诉高继冲我们的主帅随后便到，让他再等一会儿。

高继冲不敢违命，乖乖在城外等候，李处耘却毫不客气地率军冲进了江陵城。等高继冲接到慕容延钊，准备一起返回江陵时，却发现宋军已经占据了江陵城内各要地——江陵已经不是他高氏的地盘了。

高继冲想过失去江陵的结局,却没有料到竟然失去得如此之快。

事已至此,他没有别的选择,只好奉表归宋,献上南平所辖三州十七县一十四万两千三百户版籍,割据五十余载的荆南之地重回中央政权——这又是一次兵不血刃的成功夺城。

占领江陵后,李处耘立刻整顿部队,准备乘胜进攻湖南。正在此时,前方传来一个令人沮丧的消息:张文表叛乱被平定了。

张文表能轻松占领潭州,主要拜廖简太过自负所赐。当遇到真正的实力派将领时,这支临时拼凑的造反部队立刻暴露了真正的实力。杨师璠没费多大劲儿就活捉了张文表,找了个借口就把他就地处决。

造反未遂的张文表死状极惨,据说身上的肉都被手下士兵吞噬殆尽。

张文表一死,宋军一下子没了出师的理由,但箭在弦上不得不发,大军已经集结,断无半途而废之理。李处耘不再犹豫,迅速率大军向朗州进发。

周保权刚刚得到平定了张文表叛乱的好消息,还没来得及庆祝,就又收到了宋军大举南下的坏消息,这位幼主赶紧召来观察判官李观象谋划对策。

李观象担忧地说:"张文表已被解决,宋军仍不肯班师,坚持向我武平发兵,这明摆着是冲咱们这块地盘来的。如今荆南已降,唇亡齿寒,朗州恐怕难以保全啊!"

周保权听了很害怕,形势很危急,情况很糟糕,该如何应对是好?

李观象指出一条康庄大道:"放弃抵抗,主动归顺,方能保长久富贵。"

第十九章 假道伐虢

李观象的主张跟南平的孙光宪完全一致，如果周保权能像高继冲那样予以采纳，这将又是一个兵不血刃的统一案例，不失为双赢的选择。但经验告诉我们，在战争面前，有主降的，就一定有主战的，武平也是如此。

荆南有少主高继冲，湖南有幼主周保权；荆南有主降派代表孙光宪，湖南有主降派代表李观象；荆南有主战派将领李景威，湖南也有主战派将领——衙内指挥使张从富。

张从富是武将出身，他态度强硬，坚决反对李观象不战而降的悲观论调，表示一定要奋力死战，绝不投降。他不但严词拒绝了宋廷派来的说客丁德裕，还下令拆除所有桥梁，凿沉所有舟船，伐倒树木堵塞通向朗州的道路，摆出一副坚壁清野、顽抗到底的姿态。

赵匡胤听说武平不肯归降，十分恼火，立刻派使者前往朗州，当面向对方表示了最强烈的谴责："你等主动向我请兵协助平乱，现在首恶张文表伏诛，实乃我大宋功劳。你们这些人不但不知道感恩图报，反而拒我王师，这不是想开启战端、自取涂炭，连累湖南无辜百姓吗？"

这道谕旨完全是强词夺理，典型的强者逻辑。但周保权也很硬气，在张从富等人的怂恿下，他简直是吃了秤砣铁了心，坚决不买赵匡胤的账。赵匡胤找不到合适的借口，只好耍起流氓无赖的伎俩，下令直接动粗。

皇帝一声令下，宋军水陆齐发。慕容延钊派遣战棹都监武怀节率水军沿长江顺流而下，攻打岳州（今湖南岳阳）；自己则和李处耘由陆路南下，直捣朗州，水陆两军很快与武平的军队相遇。

实事求是地讲，真要认真打，双方实力的差距不是一星半点。

水军方面，武怀节在三江口经过一番激战，大破武平水师，斩四千多首级，缴获战船七百余艘，进而攻占岳州，一战灭掉武平的水师主力。

李处耘率前军疾进，与张从富部主力相遇，准备来个速战速决，但还没等开打，李处耘就惊奇地发现对方已经土崩瓦解，望风而逃。那位态度坚决的主战派首领张从富逃跑的态度最为坚决，探知宋军兵强马壮的他早就忘了当初血战到底的豪言壮语，一路抱头鼠窜，狼狈跑回朗州。

张从富在前面跑，李处耘在后面追，一直追到了一个叫敖山寨的地方，李处耘才停下脚步。此时天色已晚，宋军跑了半天又累又饿，准备开火做饭。

史料载，为了给众将士改善伙食，李处耘杀了几十个膘肥体壮的战俘，然后把鲜血淋漓的人肉分给左右，让他们当着其他俘虏的面吃下去。面对没做任何加工的生肉，将士们没有拒绝，而是有滋有味地完成了各自的定额，上演了一幕令人难以置信的惊悚场景。

李处耘不是传说中的食人魔，对人肉没有嗜好，他此举的目的，主要是为了震慑顽抗的敌军，试图从精神上摧垮对方，重演兵不血刃收复江陵的一幕。

这一心理战术确实成功了，那帮被放回的俘虏充当了流言传播者的角色，大肆渲染宋军生吃人肉的恐怖场面，讲得绘声绘色，让人犹如身临其境。"宋军恐惧症"很快就蔓延开来，朗州城内军心不稳，守城将士斗志全无，不知是谁带头放起火来，并趁乱打开城门，大家仓皇出城逃命。

城内守军一逃，手无寸铁的百姓更不敢待了，纷纷携家带口，逃到城外山谷中避难，等李处耘兵临城下时，朗州已成一座空城。

乾德元年（963年）三月十日，宋军不费吹灰之力占领朗州城池，张从富、周保权先后被擒，张从富被枭首示众，履行了自己死守不降的诺言。

至此，湖南全境被收复，十四州一监六十六县归入大宋版图，九万七千二百二十八户成为大宋子民。

荆湖之战大功告成，"先南后北，先易后难"的统一事业成功迈出了第一步。

宋军轻松出战，尽取荆湖之地，慕容延钊、李处耘自然当记首功。

主帅慕容延钊抱病征战，鞠躬尽瘁，加官检校太尉。赵匡胤亲赐药物，希望他能早日康复，但最终还是没能挽救这位宿将的生命。就在当年冬天，慕容延钊因病去世。

监军李处耘更年轻，功劳还高过慕容延钊，但他的命运却让人唏嘘不已。

李处耘一向富有谋略、处事果决，陈桥兵变前就是赵匡胤的重要亲信。平定李重进叛乱后，赵匡胤把镇抚扬州的重任交给他。这位文武全才不负众望，勤于绥抚，治理政事，成绩斐然，深受百姓爱戴。后来他奉召回京时，扬州百姓遮道挽留，数日不得成行。

荆湖之战开打前，李处耘已升任宣徽南院使兼枢密副使，官位仅次于枢密使赵普。大军出征，赵匡胤亲自向李处耘面授方略，足见对他的信任，而主帅慕容延钊患病，身体不便，李处耘名为监军，实则行使着主帅的权力。

按理说，收复荆湖的功劳一大半应该记在李处耘头上，但他没有像慕容延钊一样加官晋爵，反而被降职处理，贬为淄州刺史。

关于贬官的原因，多数人认为是他炮制的食人事件太过残忍，影响了大宋仁义之师的形象，赵匡胤因此怒加贬斥。但实际上，真正让赵匡胤在意的是他的独断专行。

李处耘武艺见识惊人、性格果决,加上受皇帝宠信之恩,一心想要报答,因此在荆湖战役中表现得十分专断,决断事务从不征求别人意见,甚至不把老将慕容延钊放在眼里。

慕容延钊驭下不严,部下将校多有违反军纪之事,恰巧被李处耘撞见,而李处耘的处理方式十分生硬,一点面子都不给慕容延钊,让对方很难堪,两人因此产生了不可调和的矛盾,一度闹到了赵匡胤那里。

对赵匡胤来说,慕容延钊是宿旧大将,资历深厚,自己一向"以兄礼事之";李处耘是心腹亲信,文武全才,既是开国功臣,又有发展前途,如果只处置其中一个,那另一个肯定不服。

最后,赵匡胤选择了赦免慕容延钊,不予追究,单贬李处耘为淄州刺史。

这个结果透露的信息十分值得玩味。

李处耘固然有过,但这并不是他遭贬官的主要原因。杀俘虏也好,侵夺主帅之权、与主帅闹矛盾也罢,这些都是可以容忍的。问题的关键在于:李处耘的这些行为并没有提前向赵匡胤请示,事后也没有及时向领导报告。这才是赵匡胤贬斥功臣李处耘的真正原因。

当然,按赵匡胤的为人处事风格,对李处耘的贬官只是权宜之计,先让他反省反省,等几年后风头一过,就会再加以重用。可惜的是,李处耘没有这个运气,他因有功被贬而抑郁,精神压力过大,于三年后的乾德四年(966年),在淄州刺史任上郁郁而终,时年四十七岁。

这位宋初杰出的文武全才,本可成就一番功业,却因过于独断专行,葬送了自己光明的前途,实在让人扼腕叹息。

李处耘英年早逝，但他对大宋的影响并没有因此而终结。

或许感觉对李处耘的惩罚过重，赵匡胤时常怀念这位功臣。于是，他做主替晋王赵光义娶了李处耘的二女儿为妻，算是对李处耘的一种补偿。

赵光义即位为帝后，李氏被立为皇后，也就是历史上北宋的明德皇后。这位明德皇后颇有胆识，跟太宗晚年的政治纠纷有着千丝万缕的联系，还差点成了改变北宋历史的人物。这是后话，暂且按下不表。

李处耘还有三个儿子，长子李继隆、次子李继和、三子李继恂。其中，李继隆继承了其父的才能韬略，在辽宋战争中建立了不世功勋，位居"北宋四大名将"之列，可以说代父亲完成了当年的夙愿。

第二十章　蜀道艰难

收复荆湖对宋朝来讲意义重大。

政治方面，统一战争初战告捷，全国上下欢欣鼓舞，军队打了胜仗，士气高涨，赵匡胤的统治自然进一步巩固；经济方面，荆湖作为中部粮仓，可为后续战争提供充足的后勤保障；战略方面，宋军尽取荆湖之地，进攻视野全面打开，三个最主要的对手同时展现在面前：东面是南唐，西面是后蜀，南面是南汉。

这三个对手的实力排序，大致是南唐高于后蜀，后蜀高于南汉。但赵匡胤在确定下一个进攻目标时，并没有遵循"先易后难"的顺序，而是首先排除了实力最弱的南汉。

南汉远在岭南，偏僻落后，环境恶劣，赵匡胤对它并不了解；南唐虽然实力大减，但瘦死的骆驼比马大，拿下南唐还须费一番功夫。这样一看，还是先解决实力居中、经济富庶的后蜀最为妥当。

后蜀是蜀王孟知祥在后唐时期创建的，之所以被称为后蜀，是因为此前这里还有一个割据政权，国号也是蜀，而且都在十国之列，后人为了区分两者才分别称其为前蜀、后蜀。

前蜀与后蜀没有实质上的传承关系，前蜀由王建创立，被后唐庄宗李存勖手下的头号名将郭崇韬所灭，此后孟知祥被李存勖委以镇守西川的重任。孟知祥是一个野心家，趁着后唐政局混乱无暇顾及自己之机，逐渐扩张势力，把整个巴蜀打造成了自己的地盘，直到后唐应顺元年（934年）建号称帝。

这个时候，孟知祥已经六十一岁。他只做了几个月的皇帝就一命呜呼了。

孟知祥死后，皇位由他的儿子孟昶继任，即著名的后蜀后主。

孟昶即位伊始，还是有些进取精神的，他趁中原动乱，攻取成、阶、秦、凤四州之地，使后蜀国境达到全盛，据有整个四川、重庆，以及陕西南部和贵州的一小部分。但后周世宗后来夺回了四州，后蜀又退回到原有疆域。

即便如此，后蜀的实力仍不可小觑。它偏居西南，形势险要，易守难攻，川中盆地土壤肥沃，水源充足，气候适宜，自然条件得天独厚，加之境内极少发生战争，农桑商贸业得到充分发展，是名副其实的天府之国。

与此同时，其他地区却乱成一团。一向富庶的长江中下游地区战事时有发生，吴、楚、南唐、吴越，或前后更替，或同时并立，彼此打得不可开交，只有后蜀是一块真正意义上的净土，任他风雨飘摇，我这儿风景独好。

古人常说"生于忧患，死于安乐"，一个国家若是长期和平安逸，没有生存压力，就容易失去危机意识和进取之心，沉溺和平，耽于享乐。

对孟昶来说，自己外有山川险峻，内有物产富饶，坐守天府之国，若不及时行乐，尽情潇洒，岂非浪费大好时光？

孟昶不是天生的昏君，他即位时只有十六岁，彼时军政大权还被元老将相把持。然而几年内,他就通过雷霆手段把老家伙铲除殆尽,开始亲理朝政。亲政之初,孟昶注重休养生息,广开言路,勤于政事,兴修水利,鼓励农桑,还亲自创作《官箴》颁行全国,诫勉官吏清正廉洁,克己奉公,爱民敬业:

> 朕念赤子,旰食宵衣。言之令长,抚养惠绥。政存三异,道在七丝。驱鸡为理,留犊为规。宽猛得所,风俗可移。无令侵削,无使疮痍。下民易虐,上天难欺。赋舆是切,军国是资。朕之赏罚,固不踰时。尔俸尔禄,民膏民脂。为民父母,莫不仁慈。勉尔为戒,体朕深思。

这篇九十六字箴言感情真挚,字里行间流露着对百姓的悲悯体恤和对官员的谆谆教诲,是不可多得的廉政教育素材,也充分展现了孟昶励精图治的决心。遗憾的是,这股劲头没能维持太长时间。承平日久,孟昶逐渐丧失了最初的锐气,追逐财富美色成为他的生活主流,享乐奢靡之风尤其严重。

为满足对美色的需求,孟昶大张旗鼓地搞起了全国选秀,从各地海选年轻的女子以充实后宫,小小一个蜀国后宫,常住人口(全部是女人)居然有数千名,名副其实的佳丽三千。都说"三个女人一台戏",三千个女人要是同台较劲,还不得把后宫唯一的男人折磨疯了?光是嫔妃们竞相邀宠,要求雨露均沾,就足以让孟昶力不从心了。

但孟昶对此应付自如,他给众多美女设置不同等级的封号,除了妃、嫔之外,还分别设置了十二个等级,比朝廷官员的品级都复杂,保证人人都有头衔,谁也别不满,从而有力地维持了后宫的稳定。

第二十章 蜀道艰难

为维持高品质生活，孟昶放弃休养生息政策，大开税收之门，各类苛捐杂税多如牛毛，百姓苦不堪言、怨声载道。当时，有一首《苦热》的诗在民间广为流传，其中有一句"烦暑郁蒸无处避，凉风清冷几时来？"这里的"烦暑郁蒸"就是暗喻后蜀暴政，老百姓不得安宁。

孟昶两耳不闻窗外事，毫不关心天下形势，他似乎并不知道中原已经变了天，赵匡胤已经拉开了统一天下的序幕，自己的幸福生活马上就要到头了。

收复荆湖后，赵匡胤一方面任命华州团练使张晖为凤州团练使兼西面行营巡检壕寨使，命其详细勘察川陕地形。张晖到任后迅速开展工作，短短一个月内尽得后蜀山川险峻之势、人心向背之情，向朝廷提供了大量有价值的情报。

另一方面，赵匡胤又加紧筹备水陆进攻事宜。他命人在汴京城南的朱明门外建造了一个巨大的人工湖，由武胜军节度使宋延渥率数千水军日夜操练水战，自己多次亲临现场观摩指导，呈现一派紧锣密鼓的临战氛围。

大宋图谋蜀中的消息传到了后蜀，面对随时可能到来的大宋军队，朝廷群臣毫无悬念地形成了两种截然相反的意见：一派主和，一派主战。

主和派以宰相李昊为首，他们的论调跟南平孙光宪、武平李观象如出一辙，认为大宋承天启运，必能统一海内，主张主动向大宋遣使纳贡，通好称臣，寻求偏安自保。

孟昶比较纠结，既担心打仗会破坏自己的幸福生活，又担心投降会沦为别人的阶下囚，因此他一听李昊说纳贡称臣可以苟安一方，心里就很高兴，准备花点血本，派使者赴汴京洽谈两国和平事宜。

关键时刻，跟南平李景威、武平张从富类似的抵抗派人士跳了出来。此人情绪激昂，慷慨陈词，坚决反对向宋廷称臣纳贡。

孟昶一看，发出反对声音的正是自己最信任的枢密使王昭远。

王昭远，四川成都人，幼年孤苦，曾在峨眉山上给一位老和尚当小厮。一个偶然的机会让王昭远遇到了当时还是皇太子的孟昶，孟昶见王昭远长相俊美、聪明伶俐，瞬间起了怜爱之心，便收他做了书童。

王昭远不懂什么文韬武略，唯一的特长就是能说会道、善于逢迎，加上长得好看，很对孟昶的胃口，因此获得孟昶的信任。后来孟昶转正当了皇帝，王昭远的官也就越做越大，被任命为知枢密院事，执掌全国兵权，参与军政大事，成为皇帝身边的第一红人。

受到孟昶如此眷顾恩宠，王昭远无时无刻不想着回报皇恩，于是在事关国家命运的危急时刻，他义无反顾地站出来痛斥宰相李昊的卖国行径，表示宁可拼死一战，也要维护国家主权和领土完整。

孟昶没想到这位既没上过学也没打过仗的小书童竟有如此胆识，也跟着热血沸腾了起来，当即决定整顿防御，严防死守，绝不屈服。

王昭远认为光是被动防守无异于坐以待毙，不如以攻为守，于是便鼓动北汉发兵南下，自己率军从黄花、子午谷一线出师，遥相呼应，双方来个南北合力，左右夹击，让大宋四面受敌，穷于应付。

孟昶这下子彻底激动了，他原本只想保住蜀中这一亩三分地，但王昭远的建议让他看到了更远大更宏伟的目标。

王昭远的话确实有一定道理。后蜀虽有天险可凭，但并非坐守之地，一味恃险防守，则险不足恃，久而必亡，历史上很多割据巴蜀的政权已经证明了这个结局。至于出子午谷、谋取关中的计策，更是三国时期诸葛亮六出祁山、北上伐魏的翻版，而诸葛亮之所以不惜劳民伤财也要不断出兵攻魏，也是出于蜀地险不足恃，必须主动出击、以攻为守，才能维持现状的考虑。

但是孟昶并不知道，这个出子午谷的进军路线和联合北汉的计策根本不是王昭远的原创，而是他手下一个叫张廷伟的幕僚提出来的，王昭远不过是负责巧舌如簧地鼓动孟昶而已。

孟昶十分配合地执行了这个谋划，派使者带上自己亲笔写给北汉的蜡丸帛书前往河东商量结盟事宜，然后坐等好消息。遗憾的是，孟昶等来的不是北汉国主的回信，而是宋军大举进攻的消息。

孟昶和王昭远天真，可他们的使者并不幼稚，至少有一个人的头脑是清醒的。

后蜀派出的使者共有三人，分别是赵彦韬、孙遇和杨蠲。三人为行路快捷，准备偷越宋境前往北汉，但在经过汴京时，赵彦韬来了个弃暗投明——趁两位同事不注意，他偷偷窃取机密蜡丸，直接进宫献给了赵匡胤。

这下后蜀彻底完了。孟昶派三个人一同出使，就是为了让他们彼此监督，防止泄密，结果还是防不胜防。

打开蜡丸一看，赵匡胤喜出望外，因为这个蜡丸带来了一样他最急需的东西——师出有名。

攻伐后蜀的各项准备已经妥当，缺的就是一个出师理由，现在孟昶居然主动挑衅，企图勾结北汉，犯我大宋，这不就是兴师问罪的最好理由吗？

乾德二年（964年）十一月初二，赵匡胤下达了全面征蜀的命令。命忠武军节度使王全斌为西川行营前军兵马都部署、侍卫步军都指挥使崔彦进副之，枢密副使王仁赡为都监，率领步骑三万作为主力，出凤州路南下；以宁江军节度使、侍卫马军都指挥使刘廷让为归州路副都部署,内客省使、枢密承旨曹彬为都监,率领三万兵马作为偏师,出归州,沿长江西进。

自古入蜀两条路,一条水路,一条陆路,赵匡胤大举出师,水陆并进,对后蜀志在必得。

王全斌等人出征前,皇帝亲自为其赐宴壮行。宴席上,赵匡胤问王全斌:"西川可取否?"

这虽是一个疑问句,但王全斌明白自己没有选择:"臣等仰仗上天之威,遵照陛下神算,必可一举荡平西川!"

龙捷右厢都指挥使史延德也趁机出镜,大声答道:"西川如果在天上,臣等够不着;只要它在地上,必定为皇上取来!"

听到将帅充满自信的回答,赵匡胤满意地笑了,这正是他想要的答案。临行前,赵匡胤特意叮嘱说:"凡攻克城寨,只将器甲军械、粮秣充公即可,其他钱财布帛可以分给将士,我所要的不过是西川的土地。""大军所到之处,不得焚烧房屋、发掘坟墓、剪伐桑柘、抢劫生民,违者一律军法处置。"

王全斌不敢怠慢,但后来的事实证明,他们只把"悉以钱帛分给将士"的许诺听进去了,却完全忽略了皇帝"不得抢劫生民"的诏谕。

宋军分两路大举进攻,后蜀上下一片震恐。

孟昶紧急召来枢密使王昭远,万分期待地说:"王卿,宋军可是你给我招来的,你可要负责到底,为朕却敌立功啊!"

王昭远之前就是吹吹牛皮,逞逞口舌之快,完全没料到宋军的行动会如此迅猛。但他一向好读兵书,自诩富于方略,心理素质十分强大,当即拍着胸脯保证:"陛下放心!此事包在我身上,必定让宋军有来无回!您就在芙蓉城(今四川成都)等我的好消息吧!"

第二十章　蜀道艰难

孟昶任命王昭远为北面行营都统，配以强大的将帅阵容，以左右卫圣马步军都指挥使赵崇韬为都监，山南节度使韩保正为招讨使，洋州节度使李进为副招讨使，三人全部听从王昭远统一指挥，率军北上抵御宋军主力。东路方面，则派蜀中名将高彦俦率兵把守。

出师之日，孟昶派宰相李昊到芙蓉城外为王昭远饯行。面对三军将士，王昭远空前自信，达到了人生巅峰，只见他手执铁如意，比比画画，意气风发，高谈阔论，自比诸葛武侯，颇有谈笑间樯橹灰飞烟灭的气概。

酒到酣处，王昭远得意忘形，他振臂高呼，发出一句气壮山河的豪言壮语："吾此行何止克敌，当领此二三万雕面恶小儿，取中原如反掌尔！"

当吹牛大王憧憬着直取中原时，王全斌的宋军主力已经展开了攻势。

从凤州出发后，宋军一路攻城拔寨，所向披靡，缴获大量军粮物资。沿途的后蜀驻军早就习惯了酒足饭饱混日子的安逸生活，哪里见过如此阵仗？他们几乎没有任何抵抗，不是一打就溃，就是主动投降。因此，宋军轻轻松松就攻陷了重镇兴州（今陕西略阳）。

镇守山南的后蜀招讨使韩保正得知兴州陷落，便直接放弃山南，退守西县（属兴元府，今陕西勉县西），组织数万大军倚山背城，结寨固守，等待王昭远大军前来救援。

但他实在高估了手下这帮蜀兵的战斗力。宋军前锋史延德率军发动猛攻，两军甫一接战，蜀军立刻就阵脚大乱，在宋军的冲击下慌作一团，四散逃命。

蜀军打仗不行，逃跑速度倒是一流。主帅韩保正、副帅李进都没能跑过自己的部下，只得乖乖地做了宋军的俘虏。王全斌率部乘胜追击,轻松攻取三泉(今陕西宁强)。

至此,宋军完全占领陕西,把蜀军赶出了汉中,攥回了西川境内。

汉中是西川的外围屏障,盘踞西川的政权一旦丢失汉中,亡国是迟早的事情,三国时蜀魏两国旷日持久地争夺汉中就是基于这个考虑。

面对大好形势,宋军继续追击,很快便抵达四川境内的嘉川(今四川广元)。在这里,王全斌收到两条消息——一条好消息,一条坏消息。

好消息是驻守此地的蜀军听闻友军惨败,早就提前撤退,嘉川根本无人把守。坏消息是逃跑的蜀军为延缓宋军攻势,一把火烧了四川境内最重要的交通设施——栈道。

所谓栈道,就是一种修建在崇山峻岭上的特殊道路,一般是在悬崖峭壁上开凿孔洞,在孔洞里插入粗大木梁,再在木梁上铺设木板做路面。为保证行人的安全,栈道外侧还使用木柱支撑在下方的峭壁上,或者直接在石壁上开凿出狭窄的路面。栈道多修于崇山峻岭之上,笼罩在云山雾海之中,远远望去,蜿蜒回转,若隐若现,恰如空中楼阁,令人望而生畏。

古代栈道不是特指某一条栈道,而是很多条栈道的统称。成语"明修栈道,暗度陈仓"指的就是"陈仓道";三国时期魏延提出的"子午谷奇谋"指的是"子午道"。而最著名的栈道,应该是金牛道上的"蜀栈"。

金牛道是古代沟通川陕两地的交通主干线,其中穿越大巴山的一段栈道就是"蜀栈",北起今天的陕西勉县,南至四川巴中剑门关,而中间自陕西宁强至四川广元境内的一段蜀栈尤其险峻,李白诗中的"蜀道难,难于上青天"指的就是这一段栈道。

第二十章 蜀道艰难

不幸的是，蜀军烧毁的就是这段最险峻的栈道。

看着面目全非的栈道，王全斌等人一筹莫展。经众将商议，他决定绕道入蜀，一面命副帅崔彦进、康延泽率领部分兵马修造栈道，另一面由自己率主力绕道罗川路入蜀，并约定在深渡镇会合。

宋军搞起工程来也十分在行，几天后就恢复了栈道交通，宋军顺利通过栈道，并趁势攻下多座营寨，在约定地点与主力部队实现会师。

两军合兵一处，继续向蜀军发动猛攻。

崔彦进、康延泽、张万友分三路直扑敌阵，蜀军未料宋军进兵速度如此之快，随即派出精锐迎战。

同样是精锐，但双方的差距不是一般的大。宋军"又大破之，乘胜拔其寨"，擒获大漫天寨寨主、义州刺史王审超，监军赵崇渥以及三泉监军刘延祚。

坐镇后方的总司令王昭远终于沉不住气了，开战以来大小数十仗，蜀军居然无一胜绩，连烧毁栈道都阻挡不了对方进攻，难道宋军真的天下无敌？

于是，后蜀都统王昭远、都监赵崇韬亲自领兵前去挑战。王全斌立刻指挥军队迎击，双方展开激战。

这次，宋军再次大败蜀军，与前面无数次战斗如出一辙。

初战失利，王昭远没有灰心。他毕竟是理论型人才，缺乏实战经验，现在正是难得的实训机会，损失个几千人马，就当交学费了。

怀着不怕失败、虚心学习、争取在实战中锻炼成长的心态，王昭远又组织发动了第二次进攻，结果再次失败。

王昭远仍不气馁，又发动起第三次进攻，结果又败。但这次他的心态崩了，竟然直接仓皇跑路，连利州也不要了。他从桔柏津渡过嘉陵江，把江上浮桥付之一炬，彻底甩掉了追在后面的王全斌。

由于逃跑行动太过迅速，王昭远留下了大批粮草和军用物资，有力地解决了宋军的后勤补给问题。

虽然没能逮住王昭远，但宋军还是很有收获的，特别是不费吹灰之力拿下了利州。

利州大体相当于今天的四川广元，它北邻大巴山脉，南接蜀中平原，群山环绕，地势险要，自古为兵家必争的战略要地。如果说汉中是巴蜀外围屏障，那么利州就可以称为巴蜀门户。

取得这一军事重地后，摆在宋军面前的便只有一个障碍。

第二十一章　剑门险阻

　　王全斌的北路军一路高歌猛进，势如破竹；刘廷让率领的东路军的进展也十分顺利。

　　十二月，宋军进入三峡水路，连破松木、三会、巫山等寨，以摧枯拉朽之势横扫后蜀水军，斩杀蜀将南光海及士卒五千余人，生擒战棹都指挥使袁德弘等一千二百人，缴获战舰三百多艘。

　　放眼前方，唯一能制造点麻烦的只有不远处的夔州。

　　夔州（今重庆奉节）是西川的东面门户，也是沿长江水路入蜀的必经之处，战略位置重要、地势险峻，而它的险峻主要来自瞿塘关。

　　众所周知，长江三峡共有三段峡谷，自西向东分别是瞿塘峡、巫峡、西陵峡，地势特点分别是瞿塘雄，巫峡秀，西陵险。

　　三峡中，瞿塘峡的长度只有八公里，虽是最短的一个，却是最险峻的一个。瞿塘峡谷两岸山势雄峻，上悬下陡，如鬼斧削成，夹江峭壁逼仄，江面宽度不过百米，最窄的地方只有几十米，著名的瞿塘关就矗立于此。

　　瞿塘关，又称夔门，号称天下雄关。清代诗人何明礼有一首形容瞿塘关之险的诗：

夔门穿一线，怪石插流横。峰自云中去，舟从地底行。

如此雄关险隘，只要稍加布防，通过的难度便会很大。后蜀知晓瞿塘峡的利害，早就在此部署重兵，严阵以待。他们在夔州城外以铁链横锁江面，铁链之上架设浮桥，浮桥之上又设三层顶棚，其上驻扎精兵强弩；长江两岸排列炮阵，炮口正对江心，虎视眈眈，把瞿塘峡打造成了"钢铁峡"。

面对如此严密的防御，除非奇迹发生——比如宋军长了翅膀，从瞿塘峡上空飞过去——否则要想逆流而上，攻克这一关隘，几乎是不可能的。

对这一点，蜀军十分自信。但是有时奇迹真的会发生，蜀军虽然没有看到宋军长翅膀从自己头上飞过去的一幕，却真的看到了奇迹。

刘廷让没有强攻浮桥，他在距桥三十里处停船，命三军将士舍舟登陆，改换陆路前进。蜀军的注意力都在江面上，因此并没有发现宋军改变了进军方向。

宋军悄然从陆路逼近浮桥，出其不意地发动进攻。蜀军甚至来不及组织抵抗，铁链、炮具、精兵、强弩等便通通成了摆设，没了用武之地。宋军一举夺取浮桥，"钢铁峡"就此陷落。

宋军这招"舍舟取陆"剑走偏锋、出奇制胜，设计出如此巧妙的战术，需要缜密的战术思维以及对敌人军事部署的准确把握。刘廷让虽然不失为一名勇将，但还不具备如此能力。他在前线指挥了这场战斗，真正的谋划者和指挥家却隐藏在幕后——而这个人，就是远在汴京的赵匡胤。

早在宋军出师辞行时，赵匡胤就拿出地图，指着后蜀在瞿塘峡锁江之处往东三十里的位置，对刘廷让说："水军溯江至此，千万不要以战船强攻，应先派步骑舍舟登陆，从陆地上偷袭敌军。等对方稍有退却，守势不稳，再以战船从水路进攻，两路夹击，必可取胜。"

刘廷让忠实地执行了皇帝的战前部署，完美地取得了胜利。刘廷让通过此事，对赵匡胤更是佩服得五体投地。所谓"运筹帷幄，决胜千里"，不过如此。

而这神机妙算的背后，隐藏的是赵匡胤平时的努力。赵匡胤没有诸葛亮的惊世之才，他之所以能够对后蜀在夔州的军事布防和瞿塘峡的地形，以及敌军防御薄弱之处了如指掌，源自他对情报信息的敏感和重视。

正式发兵攻蜀前，赵匡胤千方百计地搜集情报信息，做足了准备功课。比如南平有一个叫穆昭嗣的波斯人，入宋后当了翰林医官，对蜀中地势十分熟悉，赵匡胤就多次召他问询，因此得到了不少有价值的信息。

对投诚的三名后蜀密使，赵匡胤好酒好肉招待，让他们把后蜀的山川形势、兵力部署、戍守处所、道路交通等情况全部交代清楚。三人中的孙遇是王昭远的亲信，职务是枢密院大程官，对后蜀的军事部署一清二楚，于是从他这里赵匡胤足不出户就得到了后蜀的军事布防图，这成了赵匡胤制定攻蜀战略的重要依据。

正因为有如此充分的战前情报准备，赵匡胤才能做到知己知彼，在大军出发前便确定了攻取夔州浮桥的战术，即便当年诸葛孔明的锦囊妙计也不过如此。刘廷让的东路军顺利通过瞿塘关，暂时屯兵于著名的白帝庙。此时的刘廷让没有心思欣赏风景，摆在他面前的是一个真正艰巨的任务——攻占夔州城。镇守夔州的是后蜀宁江节度使高彦俦。

此人深富韬略，善于用兵，是后蜀数一数二的将才，只因性格耿直,不懂得讨皇帝欢心,才被王昭远之流压制而未获重用。孟昶的母亲李太后对高彦俦知之甚深,曾对儿子说:"你父亲在世时常说,蜀中真具将才有谋略者,唯有高彦俦。如今国势危急,若能委以重任,足可保全蜀中之地。"

孟昶不以为然,认为自己有了王昭远,就像刘备有了诸葛亮,足以保境安民。至于高彦俦,多一个不多,少一个不少。因此,孟昶把抗击宋军主力的重任交给了"后蜀孔明"王昭远,而把真正的名将高彦俦打发到了东面守夔州。

宋军出其不意夺取浮桥让高彦俦大吃一惊,但他很快就镇定了下来,夔州城还在自己手里,只要守住这座城池,阻止宋军西进,就算完成任务了。

高彦俦分析了敌我力量对比,召来副帅赵崇济、监军武守谦说:"敌军远道涉险而来,利在速战,不利久战。我等应坚壁守城,以逸待劳,切不可轻易出战。"

历史无数次证明,在这种关键时刻,总会有一两个情绪激动的傻瓜跳出来,做出愚蠢的决策或者莽撞的行动,这一次也不例外。

后蜀跳出来的傻瓜便是监军武守谦,他虽然姓武,名守谦,职务是监军,却一点不懂军事,还一点也不谦虚,偏又十分武断。他认为高彦俦是临阵怯敌,不敢出战,甘当缩头乌龟,随口嘟囔了一句:"敌人都到城下了,还不主动出击,等什么?"

高彦俦没把武守谦的话放在心上,也没理会他,自顾自地去布置城池防务。

十二月初六,斗志昂扬的武守谦不打招呼,便独自率麾下千余人马出城迎战。

刘廷让正在发愁如何攻破这座城池,却惊喜地发现乌龟居然主动伸出了脑袋。机不可失,时不再来!刘廷让立刻命令马军都指挥使张廷翰率军迎战,双方在一个叫猪头铺的地方展开了厮杀。

战斗结果毫无悬念,宋蜀自开战以来,蜀军还没取得过一场胜利,这一千多人根本不够宋军打的,很快便开始溃散。

刚才还热血沸腾的武守谦见形势不好,马上便调转马头往回跑,但他逃跑的速度明显不够快,就在他仓皇入城,城门将闭未闭的瞬间,尾随而来的宋军如闪电般冲进城内。

得知武守谦擅自出城且已败退,高彦俦十分恼火。他唯恐城池有失,急忙集合部队准备接应"友军"入城,但率先冲进城内的张廷翰已经控制了城门,宋军主力随即涌入城中。

高彦俦率军与宋军展开激战,他身先士卒,奋勇杀敌,身负十多处创伤,鲜血染红了盔甲,浸透了衣衫,却依然死战不退。

越来越多的宋军涌入城内,发起接连不断的进攻。高彦俦身边的部属越来越少,死的死,跑的跑,降的降,最后只剩他一人孤身奋战。

仗着一身高超的武艺,高彦俦终于拼尽全力杀出重围,逃回府邸。判官罗济见主帅伤成这样,心知大势已去,劝高彦俦单骑逃回蜀中,再图后事。

留得青山在,不怕没柴烧,保命才是最要紧的。高彦俦当然明白这个道理,却没有采纳罗济的意见,他摇头苦笑说:"我昔日已失天水,今日又痛失夔州。纵使主上不杀我,我又有何面目再见蜀中百姓?"

高彦俦所说的天水是指秦州。显德年间,周世宗派兵攻取秦、凤、成、阶四州之地,高彦俦正是主要守将之一,现在他负责把守的夔州又被敌人攻破,所以才有此说法。

罗济见主帅不肯逃命,又劝他弃暗投明,归降宋廷,但高彦俦依然拒绝了。他的一家老幼百余口均在成都,他若归降宋廷,全族将面临灭门之祸。

事已至此,只有一死。高彦俦解下符印交给罗济,留下了最后的遗言:"君好自为之吧!"

言罢,他反锁房门,整理衣冠,向成都方向拜别,然后从容登楼,坚定地走向熊熊烈火之中——至死,高彦俦也没有背叛自己的国家和君主。

东路的刘廷让打开了后蜀的东面门户,北路的王全斌却犯了愁。

自开战以来,王全斌一直顺风顺水,尽管后蜀在北路部署重兵,设置大大小小一百多处营寨作为障碍,但在他的英明指挥下都被一一摧毁。不过,现在他要面对的是一个真正的难关——剑门关。

中国古代有很多雄关险隘。论雄伟,有"两京锁钥无双地,万里长城第一关"的山海关;论苍凉,有"黄河远上白云间,一片孤城万仞山"的玉门关;论险要,有"天开函谷壮关中,万古惊尘向此空"的函谷关;但若要比地势险绝,则无出剑门关之右者。

剑门关的险主要源于剑门山脉。

剑门山脉横亘于剑阁县北境,西北高而东南低,山岭密布,沟壑交错,连山绝险,峻岭横空。主峰大剑山,峰如剑插,森若城郭,峭壁中断,两崖对峙,一线中通,形似大门,故称"剑门"。剑门关就雄踞在大剑山断崖间的峡谷山路上。

简单地说,剑门山脉横亘东西,刚巧挡住了由陕入蜀的道路。在大剑山中有一条崎岖难行的山路,这就是传说中的剑门蜀道。如果把剑门蜀道比喻成巴蜀咽喉,而紧守这处要害的剑门关就是难以逾越的锁喉雄关。

李白的《蜀道难》中对剑门关,既有"蜀道之难,难于上青天"

第二十一章 剑门险阻

的感慨，也有"剑阁峥嵘而崔嵬，一夫当关，万夫莫开"的赞誉，可谓恰如其分。

如此崎岖狭窄的山道上，若布以重兵把守，进攻一方纵有千军万马，也无可奈何。当年蜀国名将姜维就曾率三万精兵，在剑门关抵挡住了魏国镇西将军钟会的十万大军，让其无功而返。

王昭远很清楚，剑门关不但是蜀中最后的屏障，也是证明自己能力的最后机会。一旦丢了剑门，高彦俦的结局就是自己的明天。

对王昭远有利的消息是，援军正向剑门关赶来，只要自己坚持到援军到来，他就算守关有功。

然而，王昭远忽略了决定战争胜负最重要的因素——人。

对后蜀而言，决定剑门关之战结局的人有两个：一个是率军镇守剑门关的王昭远，另一个是正在带兵赶来救援的后蜀太子孟玄喆。

王昭远在前线三战三败，孟昶也跟着坐立不安。他知道剑门关是生死关，此关一破，自己的好日子就到头了，故而把救援重任交给了自己最亲近的人——太子孟玄喆。孟玄喆的副手是武信节度使兼侍中李廷珪和武定节度使、同平章事张惠安，他们率领万余兵马，慢腾腾地向剑门关出发。

这位太子生于深宫，长于富贵，对动刀动枪之类的事情不感兴趣，反倒在骄奢淫逸方面较其父可谓青出于蓝而胜于蓝。他专门定制了一批旗帜，彩色刺绣，手工缝制，远远望去一片锦绣；他还带着自己最宠爱的姬妾和伶人数十人，一路上声色犬马，俨然外出游玩的仪仗队，哪有半点火线救援的样子？

仪仗队走在半路，突然天降大雨，孟玄喆害怕大雨淋湿了锦旗，赶紧让人把旗卸下来，等雨过天晴，再把旗帜重新挂上，结果这些旗帜居然全都倒挂在旗杆上，像极了一支偃旗息鼓、惨败而归的溃军。

正当孟玄喆一路招摇折腾时，王全斌已率军直趋剑门，驻扎在剑门关不远处的益光。

面对剑门天险，王全斌也没有破关良策，于是他决定开会征求意见。

一个叫向韬的军卒指出一条捷径：从益光江向东越过数重大山，有山间小道名曰来苏，沿小道前行可出剑门关南二十里，若大军从此路绕行，则剑门之险不足为恃。

王全斌喜出望外，认为这条捷径值得一试，当即准备举兵前往。然而这时，大将康延泽却说："蜀军连战连败，已成惊弓之鸟，我军只要集中兵力从正面强攻，定可一举攻克剑门。来苏小道必定狭窄，主帅不宜率大军亲行，只需派偏将前去即可。若真能绕到剑门关后，到时再与主力前后夹击，岂不更有胜算？"

康延泽的分析直击蜀军要害——主帅无能和士气衰败。

宋军抵达益光的那一刻起，王昭远就当起了甩手掌柜。他把剑门关防务全部交给偏将，自己则继续撤退，驻扎在了距离剑门关数十里的汉源坡。

大战在即的危急时刻，堂堂三军主帅竟不与将士同甘共苦，不临战指挥，只顾自身安危，退到安全地带，让守关将士有何士气冒死抵抗？

王全斌采纳了康延泽的计策，派史延德率偏师前往来苏，自己则率主力集结在剑门关北。

史延德按后蜀降卒的指引，沿来苏小道前行，果然顺利抵达剑门关南的青疆店。几乎在同一时刻，王全斌率主力从正面向剑门关发起了强攻。

剑门关前是一条向上延伸的斜坡，宽度仅能容四五匹战马并排通过,两边全是悬崖峭壁,这对守军而言占尽优势,而进攻的一方则要冒着飞石箭矢、滚木礌石的危险向上仰攻,即便最终取得胜利,也必定付出惨重代价。

但形势正如康延泽所料,蜀军完全没有抵抗的决心,在宋军的强大攻势下,他们很快便招架不住,败下阵来,剑门天险迅速易主。

通往蜀中的最后防线被突破,宋军面前一片坦途。

王全斌取得剑门关后,分出部分兵力留守在此,其余大军则与史延德所部合兵一处,马不停蹄地向汉源坡挺进。

汉源坡是一片平坦开阔的场地,十分适合大兵团作战。

看到宋军来势汹汹,蜀军副帅赵崇韬赶忙指挥蜀军布阵,他身披甲胄,亲自策马冲锋,率军与宋军展开激战。

但此时的宋军士气高昂,根本用不着主帅动员,个个都生龙活虎的,把蜀军打得溃不成军,蜀军数万大军顷刻间便土崩瓦解,就算天兵下凡也挽救不了后蜀败亡的命运。兵败已成定局,但赵崇韬还是没有放弃,他身上多处负伤,却依然死战不退,斩杀宋军多名士卒,终因力竭而被俘。

与此同时,蜀军的真正统帅,那位"运筹帷幄,决胜千里"的王昭远却坐在胡床之上岿然不动。这倒不是因为他临危不惧,镇定指挥,而是被吓得腿都软了,根本站不起来。

在求生本能的驱使下,王昭远终于挣扎着站了起来。慌乱之中,他没有忘记脱掉甲胄,轻装上路,只身向东川逃去。

不过,这次他的好运彻底用尽了,宋军骑兵早就发现了他的踪迹,一路穷追不舍。当宋军把王昭远从藏身之地揪出来时,他们发现这位后蜀主帅一副失魂落魄之相,嘴里反复吟诵着一句诗:"运去英雄不自由……"

宋军大破蜀军攻占剑门关时，孟玄喆和李廷珪的援军刚走到绵州（今四川绵阳）附近。听到剑门关失守，他们毫不犹豫地做出决定：加快行军速度，掉头向芙蓉城逃跑。

匆忙之中，孟玄喆还秀了一把军事知识，来了一招"坚壁清野"，下令把沿途所有粮仓、民房统统放火烧掉，意图通过断绝宋军的补给，使其陷入饥寒交迫的境地，从而达到不战而胜的目的。

孟昶彻底失望了，王昭远打光数万军队后不知所踪，孟玄喆连宋军的影子都没见着就当了孟跑跑。落到如此境地，究竟还有谁能给自己出谋划策呢？他长叹一口气，感慨道："我父子以鲜衣美食养士四十年，一旦遇敌，不能为我东向放一箭。今日就是壁垒而守，又有谁肯效力死战呢？"

关键时刻，一直主张以和为贵的宰相李昊再次站了出来，劝告孟昶认清形势，封存府库，上表请降，以求自保。孟昶再无别的选择，只好点头同意，命李昊草拟降表送至宋军大营。

同样是亡国，在顽抗到底和投降请和之间，孟昶选择了后者。

巧合的是，几十年前前蜀被后唐所灭时，为前蜀起草降表的也是这位李昊。有些人便拿这件事做起了文章，趁天黑在李昊家的大门上写下六个大字——"世修降表李家"，一时在蜀中传为笑谈。

乾德三年（965年）正月十九日，王全斌率军抵达芙蓉城近郊的升仙桥，蜀主孟昶以牵羊系颈、衔璧出降的亡国之礼前往参见，后蜀就此灭亡。

从出师的乾德二年（964年）十一月算起，宋军只用了六十多天就收复了后蜀全境，得四十五州，一百九十四县，五十三万四千零三十九户人口。

第二十二章　英雄难过美人关

投降宋廷后，孟昶很担心赵匡胤对自己赶尽杀绝。他在投降书中请求对方保护自家祖坟，善待自己年迈的母亲，自称"自量过咎，尚切忧疑"，语气十分惶恐。

赵匡胤爽快地答应了孟昶的所有请求，对他既往不咎，甚至还赐他"诏书不名"，尊称孟昶的老母亲为"国母"。

赵匡胤的礼遇当然不是白送的，附加条件是孟昶的宗室后妃和后蜀高级官员将领必须全部归朝，并且离开芙蓉城，搬到汴京。

乾德三年（965年）三月初，孟昶及其官属上千人从芙蓉城出发，取道水路向汴京开拔。

五月十五日，孟昶一行抵达汴京，开封府尹赵光义在玉津园设宴为他们接风洗尘；第二天，赵匡胤又亲自出面，在大明殿设宴款待孟昶君臣。

宴席间，赵匡胤大方地承诺赦免后蜀君臣所有过犯，一律不予追究，还许以高官厚禄，封孟昶为开府仪同三司、检校太师兼中书令、秦国公。考虑对方家眷众多，赵匡胤又赐给了孟昶一座豪宅。

就在孟昶淡忘了亡国之恨，开始乐不思蜀地享受生活时，有一个女人保持了难得的清醒和淡定——她就是孟昶的母亲李氏。

李氏并不是个简单的女人。她早就看透王昭远的本质，奉劝儿子远离奸佞小人，重用德才兼备的大臣，可惜孟昶执迷不悟，才导致最后亡国。

来到汴京后，面对赵匡胤的厚赐恩赏、国母称呼，李氏始终冷眼旁观，担心对方另有所图。

李氏的担心绝不是多余的，因为没过几天，即六月十一日这天，孟昶突然身亡。

老来丧子是人生最痛苦的事之一，但孟昶死了，李氏却显得十分淡定，甚至连一滴眼泪都没有流。她对着儿子的尸身，举酒酹地，神情平静地说："你不能为江山社稷殉节，贪生至今，我之所以苟活，就因为你还活着。今天你既已离我而去，我活着还有什么意义呢？"

这天之后，这位刚烈的母亲便开始绝食，几天后就追随儿子而去了。

孟昶死了，他的母亲也死了，跟两人毫无感情可言的赵匡胤原本应该十分淡定，这时却显得十分悲痛，甚至悲痛得上不了早朝。

孟昶死后，赵匡胤宣布废朝五日，素服发丧于大明殿，赠孟昶尚书令，追封楚王，谥号恭孝，赐布帛上千匹，所有丧葬费用由朝廷承担。

为寄托自己的无限哀思，赵匡胤还专门发布了一篇悼文。

据统计，在被灭或主动归宋的诸降王中，就其所获政治待遇和丧葬规格而言，孟昶仅稍次于主动献地的吴越国王钱俶，远高于南唐后主李煜、南汉后主刘铱和北汉之主刘继元，更别提南平高继冲、武平周保权这类小人物了。

但是从另外一个角度比较，孟昶的寿命却跟上述几位有明显差距。别人归宋以后，命短的活了几年，命长的活了十几年，甚至活过了赵匡胤；只有孟昶，在降宋之后活了仅不到一个月就一命呜呼，享年四十七岁。

孟昶生于富贵，长于皇室，之前没有大病，后来也没有突发疾病的记载，但就这么突然死掉了，死因不明，成了一个千古谜团。

有专家学者认为，孟昶深受蜀国百姓爱戴，亡国之后失败却未失势，平蜀后的蜀中叛乱证明了他的人气，赵匡胤为绝后患才除掉他。

这种观点有一定道理，但也值得商榷。

孟昶在蜀中确实颇有政绩，但若他真的深得民心，杀掉他只会进一步激化蜀民对宋廷的仇视，以赵匡胤的政治智慧，怎会出此下策？留他性命以示容人之量，岂不更好？更何况蜀中大乱另有起因，跟孟昶并无直接瓜葛。

关于孟昶之死，正史中并无更多记载，反观野史记载却很丰富。在形形色色的故事中，有一个人始终是绕不过的焦点，她或许就是破解孟昶死亡之谜的关键。

能在五代十国历史上留下姓名的几乎都是男人，有一个女子却用自己的美貌和才华在历史的丰碑上牢牢铭刻下自己的名字。

这个人就是花蕊夫人。

花蕊夫人是个女人，而且是个知名的女人。一定范围内，她的知名度甚至远超其丈夫孟昶。与之相比，就连"绝代双娇"的南唐大小周后也黯然失色。

关于花蕊夫人的美貌，宋代的吴曾记载说："谓花不足征其色，但如花蕊之轻也。"亦有"花不足以拟其色，蕊差堪状其容"的说法，意思是就连鲜花也不足以比拟她的美色，花蕊也无法媲美她的姿容，花蕊夫人之名想必就由此而来。

由于"花蕊夫人"的绰号太过响亮,她的本名反倒很少有人知晓,有人说她姓费,也有人说她姓徐,但这并不重要,历史记住她的就是那个独一无二的名字——花蕊夫人。

除了天生丽质,花蕊夫人的才华也很了得。据考证,这位美女擅写宫词,存世者近百篇,其中佳作不少,后人编纂的《全唐诗》中还有她的一卷专辑。

花蕊夫人的才华在后蜀灭亡时她所赋的一首诗中体现得淋漓尽致:

君王城上竖降旗,妾在深宫那得知?十四万人齐解甲,更无一个是男儿。

花蕊夫人把贪生怕死的后蜀男人骂了个遍,但作为亡国之君的女人,她也无计可施,只能妇随夫降,跟随孟昶一起进京。

赵匡胤对这个声名远播的女人早有耳闻,但当他亲眼见到传说中的花蕊夫人时,仍然是眼前一亮,禁不住怦然心动。这种扑面而来的惊艳之感,是他在别的女人身上从来没有体会过的。

相信孟昶的命运也在这一刻就被注定了,唯有如此,才能解释孟昶在归宋后的种种遭遇——先是皇恩浩荡、礼遇有加,后是一夜暴亡、死因成谜,而这一切都在短短几天之内发生。

在动物世界中,雄性在追求雌性时会尽力展示自己最出色的一面,比如强壮的身躯、漂亮的羽毛、高亢的歌声;在人类社会中,男性用来吸引女性眼球的,则是英俊的外表、过人的才华、高贵的身份、巨大的财富、至高的权力。

但对真正的强者来说,这些都不是最重要的。志得而不意满,胜利而不骄纵，宽容而不严苛，强大而不严酷，这才是征服异性最有力的武器。

赵匡胤对孟昶的礼遇，不是因为他对孟昶有什么好感，或者欣赏他某方面的特质。他所做的这一切，都是给一个人看的，这个人就是花蕊夫人。

不过，赵匡胤的举动似乎没能打动花蕊夫人的芳心。作为一个有层次的男人，霸王硬上弓这种事赵匡胤是不屑干的，因为那样只能得到对方的身体，却无法得到她的心灵。在这种情况下，要实现美人在怀的梦想，就只有让花蕊夫人成为寡妇。

孟昶死后，花蕊夫人被赵匡胤接入宫中百般恩宠。得到皇帝的宠幸后，花蕊夫人的故事开始有了分支，也因此变得更加扑朔迷离。

有人说她对亡夫孟昶念念不忘，伺机给赵匡胤下毒，被赵匡胤发现后赐死；有人说她有意媚惑皇帝，被智勇双全的赵光义找了个借口一箭射死；有人说她卷入了赵光义的篡位阴谋，被赵光义蓄意谋害；还有人说花蕊夫人集万千恩宠于一身，引起宋皇后的嫉妒，因此被除掉；更有学者考证出，历史上真正的花蕊夫人根本不是孟昶的妃子，而是另有其人。

但不论哪一个版本，花蕊夫人似乎都没能逃脱不得善终的命运。

第二十三章　意想不到的事件

讲完花蕊夫人，我们将视线转向率兵平定后蜀的将领。

以王全斌为首的一干将领不负厚望，以极小的伤亡代价，只用六十六天的时间就平定了后蜀，立下了社稷首功，蜀中千里江山和第一美女尽入赵匡胤的怀抱，按理说等待他们的应该是大大的封赏。

但实际情况却让人大跌眼镜：这帮功臣将领不但没受什么封赏，反而受到了不同程度的处分，有的还差点丢了性命。

究其原因，倒不是赵匡胤搞"兔死狗烹"的把戏，而是这帮将领不省心，刚立奇功，还没来得及回京领赏，就给皇帝惹上了大事。

在进攻后蜀的军队中，王全斌统领的北路军无疑是主力。

王全斌是五代时期颇具传奇色彩的将领，早年效力于后唐庄宗李存勖。魏州兵变时，乱兵攻入洛阳，李存勖众叛亲离，亲信部将大多弃主而逃，只有王全斌与符彦卿等十几人在庄宗身边顽强抵抗，终因不敌而撤退。

王全斌历经后唐、后晋、后汉、后周四朝，屡立战功，经验丰富，实力不容小觑。但跟同时期的其他将领相比，他的晋升速度明显慢了好几拍，直到宋初平定李筠叛乱后，王全斌才升到节度使，此时他已五十二岁。

当赵匡胤把征蜀的重任交给他时,王全斌感到了前所未有的压力。他回想起后唐名将郭崇韬七十天攻灭前蜀的不世奇功,而郭崇韬当年入蜀的路线跟自己是一致的。这对于年过半百的王全斌而言,是一次无比宝贵的机会,复制乃至超越前世名将的光辉指日可待。

王全斌果然以战绩证明了自己的实力。他率军一路高歌猛进,所到之处,蜀军不堪一击,连战连败;宋军则始终未遭败绩,以极小代价、极快速度攻灭了后蜀,总共只用六十六天,刷新了郭崇韬的灭蜀纪录。

王全斌确实有骄傲的资本,他的功业也确实如其所愿被历史所铭记,但与功业一起流传下来的还有他的过错,这一切都源于他的一个缺陷。

王全斌很受广大将士爱戴,原因是他轻财重士、宽厚容人。但凡事都要讲究个度,容人也要看什么对象。伐蜀过程中,王全斌的宽容导致了军纪松弛,他的士兵一路上"杀俘甚众",杀俘虏、杀降卒,甚至杀无辜百姓。由于战功卓著,赵匡胤暂时可以容忍这些,但真正惹出大事的是他灭蜀后的所作所为。

攻下芙蓉城后,这位功成名就的主帅被胜利冲昏了头脑,将错误进一步扩大,不但和东路军主帅刘廷让争功闹矛盾,还放纵自己,和崔彦进、王仁赡等将领纵酒宴饮,不恤军务,甚至未经许可便擅自打开后蜀国库,把金银财宝赏给三军将士。至于后蜀方面的犒劳、贿赂,王全斌更是来者不拒。

领导一放纵,下面就乱了套。面对唾手可得的财富、手无寸铁的百姓,宋军上下红了眼,欲望被彻底激发。失去纪律约束的士兵开始以征服者的姿态,对这片被征服的土地和百姓进行公然劫掠,骚扰百姓、抢夺财物、奸淫妇女，无恶不作，搞得整个蜀中乌烟瘴气，百姓怨声载道、群情激愤。

实际上，当时劫掠百姓的人群中不乏趁火打劫的真正强盗土匪，但是由于宋军充当了抢劫的主力军，老百姓就把这笔账一股脑儿都记到了宋军头上。

王全斌等人却对此毫不介意，依然我行我素，置都监曹彬的劝谏于不顾，变本加厉地掠夺财货，甚至把欺凌之手伸向了投降的后蜀士兵。

后蜀投降后，为彻底瓦解蜀军战斗力，稳定蜀中局势，赵匡胤下令送蜀军降卒入京充实禁军，并按每人十千钱的标准发放补贴，不愿去的则遣散归农。

但王全斌只顾吃喝享乐，完全没有领会皇帝的意图，居然在这些降卒身上打起了歪主意，克扣他们的粮饷，搞得蜀军个个愤恨不已，人人都想起来反抗。此时的蜀军，变成了一个随时可能会爆炸的火药桶。

很快，始作俑者王全斌便给了愤懑不已的蜀军一个绝佳的爆发机会。

在遣送蜀军归京途中，王全斌有些大意，因为他认为这些败军降卒掀不起什么风浪，所以只派了几个低级军官和少数兵力负责押送。

乾德三年（965年）三月，饱受欺凌的蜀军士兵走到绵州的一个县城时，见押送的宋军兵力薄弱，压抑已久的不满情绪终于爆发，悍然发动叛乱。

这种不满的情绪迅速蔓延，动乱的蜀军迅速聚集起大量同病相怜的人群，人数迅速膨胀到了十万。他们高举"兴国军"的大旗，推举一位名叫全师雄的蜀人担当主帅。短短几天时间，这支部队就发展成

第二十三章　意想不到的事件

为一支有组织、有纪律、有口号、有战斗力的作战部队，声势十分浩大。

听闻蜀军叛乱，王全斌并不惊慌，他派遣马军都监朱光绪率七百骑兵前去解决这个麻烦。

从这点兵马来看，王全斌的意图应该是让朱光绪去安抚或招降这群兴国军。可朱光绪犯了和王全斌一样的错误，他也没有领会到上级的意图，赶到绵州后，这位头脑简单的将领对叛军采取了简单粗暴的措施——杀。

朱光绪没有勇气领着七百骑兵和对方十万大军对砍，于是他选择诛灭叛军领袖全师雄的九族，把全师雄的全部家产籍没充公，同时还顺手牵羊，霸占了全师雄年轻貌美的爱妾。

按照朱光绪的想法，全师雄带头造反谋逆，诛灭九族理所当然。然而，朱光绪的行为无疑是在激化矛盾，他没有采取适当的安抚措施，反而通过诛灭全师雄的九族、侵夺他的全部家产等手段，将全师雄推向了绝路，这也彻底断送了和平解决动乱的可能性。

全师雄原本是后蜀文州刺史，后蜀灭亡后丢了工作，但他对大宋没有什么仇恨，也没有反宋复蜀的政治觉悟，当时他正带领族人途经绵州去往汴京，恰好碰上动乱。本着多一事不如少一事的原则，全师雄一家躲进了一处民舍避祸，但这个消息不知怎么就被乱军知道了，于是强行推举全师雄为主帅。

全师雄混迹官场多年，知道自己若不乖乖听话，这帮乱军什么事都干得出来，只得不情不愿地当上了叛军主帅，还被封以"兴蜀大王"的称号。

朱光绪的行为彻底激怒了全师雄，他发誓与宋廷势不两立，立即率军进攻绵州城，攻城失败后转而进攻彭州（今四川彭州），杀死彭州都监,赶走彭州刺史。随后,全师雄又派军四处出击,旗帜鲜明、立场坚定地与驻蜀宋军展开了激烈的斗争。

王全斌终于害怕了。为了弥补罪过,他派出军队四处镇压,企图扑灭各地蜀军叛乱的火势,却惊奇地发现之前屡战屡败的蜀军居然爆发出空前的战斗力,而所向无敌的宋军却一再败北。

在"兴蜀大王"的号召下,巴蜀各地纷纷起兵,绵州的星星之火迅速蔓延到邛州、眉州、雅州、渝州、嘉州、陵州等十六个州,渐成燎原之势。刚刚平定的巴蜀大地再次燃起了熊熊战火,蜀中形势彻底失去控制。

蜀中大乱,赵匡胤万分震惊,他最担心的事还是发生了。

平蜀之初,赵匡胤努力善待后蜀皇室、留用百官、抚慰百姓、减免赋税、发粮赈灾,这一切的措施都是为了安抚蜀中军民。但王全斌非但没有体会到自己的良苦用心,竟然完全忘了自己出师前"不得焚烧房屋、抢劫吏民"的命令。

不过现在还不是追究责任的时候,当务之急是扑灭蜀中的熊熊烈火。赵匡胤下令让王全斌等人戴罪立功,率军就地平叛,另外加派部队前往增援。

这回王全斌不敢再妄自尊大,开始努力平叛,弥补过错。

在宋军的强大攻势下,叛军节节败退,连遭败绩,蜀中形势得到缓解。到乾德四年(966年)秋天,全师雄病死,叛军又拥戴谢行本、罗七君为首领,继续与宋军为敌,负隅顽抗。直到年末,声势浩大的蜀中叛乱才逐渐平息。

平定叛军后,王全斌等班师回朝,等待他们的自然不是封赏,而是追责。赵匡胤下令由中书门下审问当事人,并召开公审大会,让文武百官在朝堂之上共同议罪——这是北宋最高规格的司法审判,足见王全斌等人的罪行深重。

王全斌等人对所有罪行供认不讳，请求从轻发落，但文武百官毫不留情，一致认为王全斌等人按律当斩。面对功过参半，甚至过大于功的平蜀将帅，赵匡胤再次发了慈悲——他决定不对王全斌、崔彦进等人处以极刑，而是免去他们的节度使职务，剥夺他们的兵权，贬为节度观察留后，王仁赡也被贬为右卫大将军的虚职。

赵匡胤之所以如此宽大，是因为对王全斌的处置是个敏感问题。

一方面，王全斌必须要惩治，他们的恶行严重影响了大宋文明之师、正义之师的光辉形象。如果置之不理，不但会造成民怨沸腾、公愤难平，还可能让其他将帅纷纷效仿。这样的话，五代时期兵骄将悍、不服皇命的传统积习难改，皇帝的权威也无从树立。

另一方面，天下未平，正是用人之际，按律处斩恐怕会伤了功臣将帅之心，失去他们的忠实拥戴。对靠武将拥戴登基的赵匡胤而言，这将是一个极大的损失，甚至会动摇他的统治根基。

经过再三权衡，赵匡胤做出了折中处理：不杀功臣，只贬官降职，以示惩处。这个结果或许对蜀中百姓不公，但对赵匡胤而言，却是最好的选择。

第二十四章　邻里内斗

彻底平定后蜀用了两年之久，这是赵匡胤始料未及的。但有了这一蜀中粮仓做后盾，可以更加从容地实施统一大业，付出点代价也值得。

按照"先易后难，先南后北"的既定战略，下一个进攻目标应该是南汉。但是一件事情的发生打乱了赵匡胤的战略部署，让他把进攻方向来了个一百八十度大转弯，从南汉转向另一个老对手——北汉。

统一大业伊始，为防止两线作战、腹背受敌，赵匡胤对北汉采取了积极的防御策略。宋军频繁对北汉进行游击骚扰，掳掠对方的人口、牲畜和粮草；即便攻城也不占领，抢了物资就弃城而去，让对方疲于防守，不得安宁，无力南下攻宋，免除了宋军南下吞荆湖、灭后蜀的后顾之忧。

赵匡胤还使用间谍战术，派遣一个名叫惠璘的人潜入太原，取得北汉君臣的信任。另一位据说是叛逃到北汉的宋朝原内殿直侯霸荣，也很可能是赵匡胤派去的间谍。他们潜伏在北汉，等候赵匡胤的调遣和时机的出现。

开宝元年（968年）七月，北汉国主刘承钧病危。

第二十四章 邻里内斗

刘承钧没有亲生儿子，只有刘继恩、刘继元两个养子。刘继恩、刘继元哥俩儿的身份十分特殊，他们是同母异父的兄弟俩，母亲就是刘崇的亲生女儿、刘承钧的亲姐姐。

从血缘上看，刘继恩、刘继元是刘承钧的外甥，属于三代以内旁系血亲，而且他们已经认刘氏为宗，改姓刘，都具备皇位继承资格。不过，刘承钧对两个养子的能力并不放心，曾向宰相郭无为表示，长子刘继恩性格软弱，不是济世之才，恐怕难继帝业，光大刘氏基业。

郭无为暗表赞同，却没有说什么。他很清楚皇位继承问题是个烫手山芋，随便表态可能会两头都不讨好。所以直到驾崩归天，刘承钧也没有确定自己的继承人。

按立长立嫡的传统，长子刘继恩继承皇位，成为北汉的第三代皇帝。

按理说，刘继恩继位这件事跟郭无为没什么直接关系，因为郭无为在这个问题上啥意见都没提，但刘继恩认为当初郭无为没在刘承钧面前给自己说好话，害得他差点当不成皇帝，加之这个"牛鼻子老道"把持大权多年，对自己不怎么敬重，因此对郭无为心存不满，开始有意疏远。

刘继恩很想给郭无为一点颜色看看，甚至想把他逐出朝廷，可又担心自己初登帝位，羽翼未丰，害怕弄巧成拙，故而暂时隐忍不发，表面上待之以礼，但遇到军国大事却不跟郭无为商议，准备时机成熟后再做决断。

刘继恩颇有心机，但他对郭无为显然了解不深。郭无为虽然是个道士，却不是普通道士，而是一个老奸巨猾、颇有谋略的道士。

大凡奇人长相总是不凡，郭无为的相貌就十分奇特，史书记载他"方颡鸟喙"（方额尖嘴），和《西游记》里的昴日星君有几分相似，五官相当不端正。

郭无为是青州于乘（今山东广饶）人，出生年月不详，博学多闻，一张"鸟嘴"能言善辩、言辞锋利。

郭无为年轻时曾隐居武当山，但他并非一心向道，也不像名字一样清静无为。道士只是他的表面身份，他始终将济世救国、建功立业作为自己的终身抱负。隐居山林就像诸葛亮躬耕于南阳一样，不过是未逢明主。

后汉乾祐年间，郭道士终于耐不住寂寞，准备出山施展自己的雄才大略。为了找到一个识货又有前途的明主，郭无为拜谒了当时的一位名将——时任后汉枢密使的郭威。

郭威一向注重收拢人才，见郭无为相貌不凡、穿戴不凡，谈吐气质更是不凡，就准备录用这位奇才，却被手下幕僚劝住了。据说，这帮幕僚阻止郭威的时候，理由是找个形象不佳、只会空谈的邋遢道士当参谋，有损郭威英明神武的形象，而实际上他们是担心对方抢了自己的饭碗。

郭威毕竟没有火眼金睛，仅凭一面之缘，也看不出郭无为的真实本领，只好打发他走人。

这件事让郭无为很是愤懑，他再次踏上寻找明主的道路。

功夫不负有心人，到了后周末年，郭无为终于找到了他命中的明主。

当时的北汉国主刘承钧刚刚登基，求贤若渴、广纳贤士，经人介绍，郭无为获得了刘承钧的青睐和器重，很快就被提拔为北汉宰相。

对于刘承钧的赏识，郭无为投桃报李，全力施展才干，帮助这位慧眼识才的伯乐出谋划策，治国理政，成为北汉炙手可热的第二号人物。

第二十四章　邻里内斗

有智谋、有韬略，加上丰富的从政经验，郭无为自然不会把刚上台的刘继恩放在眼里，刘继恩打的是什么算盘，他用脚指头都猜得出来。

刘继恩天真地认为自己疏远郭无为是一招妙计，殊不知自己才是别人算计的对象。狡猾的郭无为不会坐以待毙，他想出了一个完美的计划，这个计划将决定刘继恩的生死，也会彻底改变郭无为的命运。

刘承钧驾崩后，刘继恩按制为其服丧守孝。他白天身着丧服处理政事，晚上也不回内宫休息，就睡在勤政阁。在此期间，一场阴谋上演了。

开宝元年（968年）九月，一个伸手不见五指的黑夜，一个身影悄然潜入勤政阁。进入房间后，他反锁房门，趁刘继恩熟睡之机，一刀刺入他的胸膛。

睡梦中的刘继恩完全没有反抗，甚至还没来得及睁开眼睛大喊救命，就一命呜呼，追随他驾崩不久的父皇去了。

按理说，凭借如此干净利落的身手和悄无声息的作案手法，刺客得手后应该可以轻松逃离作案现场。但出人意料的是，他竟然没有任何机会逃脱，因为他刀上的血迹还没擦干，一帮士兵就已经从屋外冲进来把他给围住了。

士兵们见了刺客二话不说，仗着人多势众，上去就是一阵乱砍乱刺，刺客一句话还没说就被当场杀死。

大家定睛一看，这刺客咋这么面熟？这不是来自宋廷的叛徒侯霸荣吗？

刚登基的皇帝在戒备森严的皇宫内被刺杀，这个消息让北汉朝臣大为震惊，也非常疑惑。检视事件发生的经过，就会发现存在几个明显的疑点。

首先，刘继恩是皇帝，虽独居守丧，但他睡觉的勤政阁绝不可能没有警卫保护。在这种情况下，刺客是如何躲过防御，秘密潜入房间而不被发现的？侯霸荣并非什么武林高手，若事先没人安排，则很难顺利潜入阁中。

其次是警卫的反应速度。他们没能发现刺客潜入，却很机灵地知道了阁内发生的事情，很适时地在刺客得手之后、逃脱之前冲进阁内，把刺客乱刀砍死。时机把握得如此精妙，让人怎么看都觉得像事先彩排过一样。

最后，就是对这件事的应急处理。

据史料记载，指挥救驾的是郭无为。按规定，宰相晚上不准留在皇宫内，郭大人却在皇帝被刺杀时及时出现在案发现场，指挥入阁救驾；结果救驾没成功，却成功地把刺客给就地解决了，算是给皇帝报了仇。但问题是，面对已成笼中之鸟的刺客，郭无为为何不将其活捉审讯，追究可能存在的同谋或幕后主使，而是急于将其处决呢？

针对上述疑点，很容易发现这起案件绝非偶然，而是一起精心策划的阴谋，而郭无为很可能就是阴谋的策划者。

郭无为先用"借刀杀人"的计策，利用刺客杀死刘继恩，然后又用"螳螂捕蝉，黄雀在后"的谋略，以救驾为掩护杀人灭口，完成了这个近乎完美的阴谋计划。

只是这个计划实在太过完美了，完美到让人一下子就能想到幕后主使的真正身份，所以当时北汉官员几乎一致认定郭无为跟这件事脱不了干系。但怀疑归怀疑，他们没有任何证据，而且关于本案最关键的一点——凶手的犯罪动机，郭无为也在未经审讯的情况下给出了一个合乎情理的解释。

刺客侯霸荣是一个不折不扣的双面叛徒，他原是北汉将领，后被宋军俘虏当了叛徒,又从宋廷叛逃回归北汉。侯霸荣之所以冒险刺杀皇帝,是为了给自己再次投靠宋廷换取荣华富贵积累资本,或者说他本来就是宋廷派来的间谍,企图刺杀北汉皇帝制造混乱,为宋军创造趁乱进攻的机会。总而言之,这件事是刺客本人或者宋廷的阴谋,跟他郭无为没有任何关系。

事实上,北汉官员们也没有闲工夫追究这件事的因果,国不可一日无君,眼下最重要的是确定新皇帝。经过讨论,文武百官一致决定立刘继恩同母异父的弟弟刘继元为皇帝。

刘继元继位是一个很正常的选择,刘继恩没有儿子,而且死得突然,没有指定继承人,兄终弟及合理又合法,但这背后隐藏着郭无为精明的打算。在郭无为看来,刘继元年纪轻轻,胸无城府,没有根基,又是自己带头拥立的,只要控制住这个年轻的皇帝,北汉就成了他的天下。

但这次郭无为失算了,他的一条老命就断送在了这位看似容易控制的年轻皇帝手中。

刘继元即位后,完全没有初来乍到的感觉,他吸取哥哥刘继恩优柔寡断以致被刺身亡的教训,秉持怀疑一切、警惕一切的态度,对任何人都不抱绝对信任,而且每每先下手为强,大肆清洗异己势力。

刘继元的大清洗首先从身边的亲人开始。他登基才几天,就派人在刘承钧灵前残忍地勒死了孝和郭皇后(刘承钧的皇后),而他这样做的理由仅仅是基于对郭皇后毫无根据的怀疑,认为她可能谋害了自己的妻子段氏。

没过多久,刘继元又把怀疑的目光投向了刘氏子孙。

刘崇有十个儿子,按辈分论,他们既是刘继元的叔伯,又是刘继元的舅舅,可谓亲上之亲。然而,在刘继元眼中,这些亲人却成了他皇位的重大威胁。他听信小人谗言,采取简单粗暴的方式把他们全部软禁起来,后来更是一不做二不休,直接置他们于死地。

刘继元大开杀戒,北汉上下人人自危。在惴惴不安的人群中,最不安的人绝对是郭无为。

刘继元的表现大大出乎郭无为的意料,这位皇帝的作风比刘继恩强悍得多,而且猜忌心极重,铲除异己不择手段。按他这种六亲不认的节奏,等刘氏子孙被连根拔起后,下一个遭受厄运的很可能便是他这个作为百官之长的宰相。

第二十五章　负隅顽抗

由于间谍工作做得好，赵匡胤对北汉的形势了如指掌。刘继恩、刘继元上台后的所作所为，以及郭无为的阴谋行动，都未能逃过他的眼睛。在赵匡胤看来，这正是发起进攻的好机会。

事实上，刘承钧刚驾崩时，赵匡胤就曾派李继勋率军进攻北汉，而且一度进军顺利，直逼太原城下。恰好此时，又赶上刘继恩被刺身亡，因此形势对宋军极为有利。

但就在宋军围攻太原时，刚即位的刘继元从契丹干爹那里搬来了救兵。李继勋见契丹大军来援，再加上北汉顽强抵抗，一时半会儿也打不下来，他担心腹背受敌，不敢恋战，只得匆匆退兵。在撤退过程中，遭到北汉军队的尾随骚扰，甚至他们还攻进晋、绛两州（今山西新绛），大肆劫掠了一番。

李继勋的无功而返让赵匡胤很不痛快，但这次进攻也不是一无所获，至少收获了一个超级卧底。

在发动军事进攻的同时，赵匡胤还派人出使太原，劝谕对方认清形势，主动归附。使者随身携带了四十多道封官许愿的诏书，赵匡胤郑重承诺，只要刘继元主动归顺，朝廷就绝不为难，还会授予他平卢节度使一职，继续镇守一方。其他高官，如宰相郭无为、枢密使马峰等，也都有高官赏赐。

实际上，赵匡胤对这些封官诏书并没抱多大期望，但说者无意，听者有心，负责接待宋廷使者的郭无为见了封官诏书眼前一亮，就打起了新算盘。眼前宋军围城，太原岌岌可危，刘继元负隅顽抗，最后很可能死无葬身之地，说不定还会连累他也丢了性命。如果自己劝刘继元归降，他将立下不世之功，到时候赵匡胤一高兴，说不定还会赏自己一个宰相或枢密使做做。

郭无为立刻就行动起来，为了不让其他人跟自己抢功，他把宋廷的诏书全都藏了起来，只把给刘继元的那一道交了上去，然后趁宋军攻势最猛时，抓住机会向刘继元建言归降。

郭无为充分发挥了自己能言善辩的口才，摆事实，讲道理，分析形势，对比实力，晓之以理，动之以情，使尽浑身解数，以求刘继元乖乖就范。但任凭他费尽唇舌，刘继元偏是吃了秤砣铁了心，发誓要跟大宋对抗到底。

刘继元坚信契丹一定会发兵救援，表态说自己绝不投降，朝廷大臣也大多主张坚守，郭无为无计可施，只好暂时耐着性子继续潜伏。为向宋廷示好，他主动为宋廷派来的间谍惠璘掩饰身份，准备让对方将来做个人证，向宋廷证明自己确有归顺之意，也有暗中相助之功。

当李继勋所部进攻太原受阻后，刘继元的态度变得更加强硬，顽抗决心更加坚定，而他的强硬态度也彻底激怒了赵匡胤。

开宝二年（969年）二月十一日，赵匡胤下诏亲征北汉。

他任命开封府尹赵光义为东京留守、枢密副使沈伦为大内都部署，负责管理京城事宜；同时任命昭义节度使李继勋为河东行营前军都部署、建雄节度使赵赞为马步军都虞候，率领先锋先赴太原。

在此之前，宣徽南院使曹彬、侍卫步军都指挥使党进已分率兵马前往太原，赵匡胤自己亲率大军主力从汴京出发，宰相赵普等人亦随军出征，辅助军务。这次北伐声势之大、规模之盛、投入兵力之多，是历次征战所没有过的，这充分证明了赵匡胤对北汉志在必得。

对于这次北伐行动，宋廷内部持有不同意见，连一向拥护皇帝的赵普也表示反对，但赵匡胤还是坚持了自己的决策。研究者一般也认为，这次决策违背了"先南后北，先易后难"的战略，因此注定不会成功。

亲征北汉固然有些许意气用事的成分，但绝不是赵匡胤头脑发热的冲动决定，因为上次进攻北汉失利已是数月之前，即便当时恼怒，现在也肯定冷静了下来。他之所以力排众议，主要还是基于对战略的理解和对形势的判断。

所谓"先南后北，先易后难"的统一战略不是一盘僵化不变的棋局，不应是一条循规蹈矩的路线，应该审时度势、灵活运用。在赵匡胤看来，北汉一年之内换了三个皇帝，政治上人心动乱、君臣貌合神离，经济上国力衰弱，生活上百姓贫困，军事上兵微将寡、无险可守，正是北伐的最佳时机。

赵匡胤虽然信心十足，却没有骄傲轻敌，他深知此次大举出师，契丹必定全力来援，自己一半的力气都要用在对付援军上。上次李继勋就是因为忌惮契丹援军才主动撤兵，当年柴荣兵临太原也是因为阻击契丹援军失利而功亏一篑。那场战争赵匡胤曾亲身经历，自然知晓其中利害。

根据经验判断，契丹来援一般有两个方向，一是河北方向的镇州、定州一带，一是山西方向的阳曲一带。

镇、定二州地处宋辽边境，位于开阔的平原。宋军虽无险可守，却利于骑兵奔袭，是契丹南下的必经之路，赵匡胤把阻击河北方向援军的重任交给了彰德军节度使韩重赟。

为防范契丹分兵从山西方向进攻，赵匡胤又任命棣州防御使何继筠为石岭关（位于今阳曲县大盂镇上原村北）部署，屯兵阳曲（今山西阳曲县，属太原市）。

完成阻击援军的部署后，赵匡胤得到了前军顺利进兵的好消息，李继勋所部几乎未遭任何抵抗就取得了战略要地团柏谷（今山西祁县东南），进而直抵太原城下，与曹彬、党进所部会合，将太原城团团围住，开始大举进攻。

北汉一如既往地进行了顽强抵抗。自从上次逼退宋军之后，刘继元的信心明显提升。在攻防大战进行得如火如荼之时，他竟在宫内大摆酒宴，招待来自契丹的使者韩知范。

按照双方协定，北汉是契丹藩属，皇帝即位要受契丹皇帝的册命，韩知范就是专程赶来宣告册命的，所以刘继元对他恭敬有加，亲自设宴招待。只是宋军压境，铁壁围城，列席的文武大臣根本就没有觥筹交错的心思。

郭无为看到刘继元一副顽抗到底的样子，情急之下也顾不得体面，在宴席上公开演了一出苦肉计——他突然放声大哭，一边哭一边从腰间解下佩剑，做出一副要抹脖子自杀的姿态，表情十分悲痛，艺术感染力极强。

刘继元一看这阵势，疾步跑下台阶，亲自制止了自杀惨剧的发生，然后让郭无为坐到自己身边，宽慰了一番。

郭无为强忍悲痛，抹了一把眼泪，装出一副忧国忧民的表情，沉痛地说："奈何以孤城抗百万之师乎？"

刘继元一听郭无为又是这套劝降的陈词滥调，顿时很不高兴，直

第二十五章 负隅顽抗

接选择了忽视他。苦肉计被识破,郭无为的如意算盘再次落空。

接下来,太原围城战进行了半个多月,攻守双方多有伤亡。宋军兵多将广,士气高涨,成功压制北汉守军,但太原城依然固若金汤。

此时的赵匡胤还在潞州稳坐,随着战事的推进,宋军攻城不力,他决定亲往前线指挥战斗,去会一会这个刘继元。

三月,赵匡胤的车驾抵达太原城南,李继勋、曹彬等将领悉数前来参拜。赵匡胤戎装驭马,亲自检阅部队,勉励三军将士奋力攻城,剿灭北汉,再立战功。宋军倍受鼓舞,高呼万岁,声传数里,气遏行云。

赵匡胤的到来标志着太原攻坚战全面升级,他绕城巡视一周,勘察完地势后,对包围太原的兵力重新进行了部署,命李继勋驻军城南、赵赞驻军城西、曹彬在城北安营、党进于城东扎寨,随后征调太原附近的数万丁夫,指挥他们在太原城下筑起长连城继续围困,又命人在汾河上建造了一座新桥,以便调遣军队,转输兵器粮草。

在皇帝的亲自指挥下,宋军进攻势头更加猛烈。赵匡胤车驾所到之处,必定掀起一股进攻高潮。宋军不顾城头上源源不断的滚木、礌石和漫天箭矢,拼命向城池发起攻击。

宋军攻势强大,北汉守军也杀红了眼,不仅坚守不降,还多次派猛将刘继业率兵出城,偷袭宋军营寨。西寨主帅赵赞在一次混战中被敌军箭矢所伤,险些丧命,幸亏宋军阵形严整、警惕性高,才没吃到大亏。

如果你没听过刘继业的大名也不奇怪,因为他的本名并不叫刘继业,而叫杨重贵,因受北汉皇帝刘承钧的器重而被赐刘姓,改名继业,跟刘继恩、刘继元是同一辈分,也就是刘承钧的儿子辈。

至于刘继业的本名杨重贵,同样不为人熟知。但若干年后,他将投靠原本的敌人，恢复自己的本姓"杨"，另起单名一个"业"字。他和他的后人将共同拥有一个响亮的名号——杨家将。

刘继业是当时北汉的一名悍将，偷袭宋军得手后没过几天，他又故技重施，率数百精骑再次突袭宋军东寨。但这回，他却没有上次重伤赵赞的运气了，因为他遇到一个更猛的将领——党进。

刘继业率兵来攻时，党进来不及整顿军队便亲自上阵，带领几名骑兵迎战，哪怕以寡敌众，也毫无惧色，勇猛依旧。

好汉不吃眼前亏，遇到比自己更猛的党进，刘继业也不敢贸然接战，他担心被对方缠住脱不了身，随即掉头就往回跑。

党进很执着，在身后穷追不舍，追得刘继业一直跑到护城河边，最终刘继业躲到了壕沟里才避免被捕。北汉军看到自己人被追着屁股跑，赶紧派兵出城接应，这才把党进逼退，然后从城头放下绳子，把狼狈不堪的刘继业拉了上去。

党进一个人的英勇并不能改变整个战事的走向。从二月中旬算起，太原围城战持续了整整两个月，宋军铆足了劲儿进攻，北汉拼了命地防守，双方伤亡甚多，战况惨烈，却始终处于僵持状态。

正当此时，另一个战场传来一个令人振奋的好消息。

北面都部署韩重赟率军列阵于太原北面的嘉山（今河北定县西），跟契丹东路援军打了一个正照面，双方甫一开战，契丹军就准备撤退，韩重赟挥师追袭，大破敌军，并擒其大小将领三十余人。

另一路打援部队也毫不示弱，石岭关部署何继筠在阳曲大败契丹西路援军，斩首千余级，擒获武州刺史王彦符。

两路打援均告胜利，赵匡胤十分兴奋，为彻底瓦解北汉士气，他命人及时向太原城内通报了这两个好消息，还把俘获的契丹将领拉到城下示众，现身说法。

第二十五章　负隅顽抗

这对北汉而言无疑是个彻头彻尾的坏消息。城内守军士气一落千丈，太原外围的宪州（今山西娄烦）等城也放弃抵抗，纷纷归降。除了刘继元像茅房里的石头又臭又硬，准备死扛到底外，北汉文武大臣都打起了退堂鼓。

生死攸关的时刻，宰相郭无为却一反常态，坚决向刘继元请战，表示愿率敢死队夜袭宋军营寨，舍身为太原城打开一个缺口。

刘继元对此感到万分震惊：郭宰相前几天还寻死觅活地劝自己投降，怎么今天就主动要求领兵出战了？这态度的转变也太快了吧？情势危急之下，刘继元也没有细想，毕竟郭无为这样的铁杆投降派都能主动请战，总归是件好事，于是亲自挑选了一千多名死士交给郭无为，还亲自登城为其壮行。

在刘继元看来，太原城的存亡就看郭无为此次行动的成败了。可惜的是，刘继元注定又要失望了，相对于郭无为的老谋深算，他还是有些天真的。

郭无为是一位现实主义者，他的心中只有自己的荣华富贵，没有北汉的生死存亡。他之所以主动请战，绝不是打算为国捐躯，而是不愿待在太原城里坐以待毙——他想借率兵劫营之名，行投降宋军之实。

可天不遂人愿，就在郭无为率军出城当晚，突然下起了大雨。

下雨天往往是奇兵袭营的好机会，因为对方会放松警惕，但对北汉军敢死队来说恰恰相反。漆黑的夜色中，大雨滂沱，道路泥泞，人马方向难辨，寸步难行。

在摸索前进的过程中，副将刘继业的战马跌伤了脚，无法继续前进，只得率部队撤退，率先返回城中；另一位副将郭守斌在夜雨茫茫中迷失了方向，跟郭无为失联，最后只剩下郭无为率领的人马在雨中艰难前行。

郭无为倒不着急，他本来就觉得刘继业和郭守斌是刘继元派来监视自己的耳目，现在两人都不在身边，自己就可以放心大胆地向宋廷投诚了。可他领兵转来转去，足足转了半个多时辰，却连宋军的影子都没找着，而手下的士兵已经筋疲力尽、怨声载道了。无奈之下，郭无为只得老老实实地返回太原城。

第二十六章　水淹太原

不停地大举进攻，不断地无功而返。面对坚固的太原城，赵匡胤似乎看到了刘继元挑衅的表情。赵匡胤被彻底激怒了，决定使出撒手锏——水攻。

水攻与火攻齐名，同为借助自然之力攻击敌人。历史上最著名的水攻战例莫过于三国时期关羽导演的水淹七军；但跟火攻相比，水攻在实战中的应用还是少得可怜的。

水攻对地势水文条件要求很高，目标附近一定要有大河，河流地势要高于目标地势，只有充分利用这种高度差，才能使水流的冲击力量达到攻击乃至摧毁敌人的目标。

这一点倒不是什么难题，太原城附近恰好就有一条大河——汾河。

赵匡胤一开始没有想过用水攻。当初他抵达太原时，曾开会研究攻城战术，大多数将领认为应该增加攻城兵力，只要兵足够多，就不怕攻不下来。

但一位叫陈承昭的将领提出了不同意见，他先卖了个关子："陛下，您有百万雄兵就在左右，为何不用呢？"

赵匡胤怔了怔，他还真不明白这百万雄兵到底在哪里。

看到皇帝不明就里，陈承昭伸出马鞭指向了一个方向。

赵匡胤顺着一看，会意地大笑起来——陈承昭指的正是汾河。

得到"百万雄兵"的赵匡胤命陈承昭在太原城北监工修筑河堤，蓄积河水，以备不时之需。不过他并不想使用这个秘密武器，因为一旦河水冲垮城墙，涌入城内，太原的无辜百姓也会跟着遭殃，因此不到万不得已绝对不能动用。

但现在的形势已经是万不得已，北汉的负隅顽抗让一向冷静沉稳的赵匡胤都有些失了理智。为了攻克这座顽固到极点的城池，他决定放手一搏。

五月初八，赵匡胤亲临太原城北，下令决水攻城。

随着一声惊天动地的号炮震响，汾河大堤突然崩裂，拦蓄已久的河水汹涌激荡、波浪翻卷，携着惊心动魄的呼啸向太原城奔泻而来。

城外的护城河迅速被大水灌满，水势沿着城墙迅速上涨，蕴藏着巨大能量的水流突然遇到城墙的阻挡，一下子掀起高高的浪头，以千钧之力狠狠地砸在城墙上。太原城很快就被洪水包围，成了被淹在大水中的一座孤岛，岌岌可危。

然而，几天过去了，城塌墙垮的场面并没有出现，太原城依然屹立不倒。

撒手锏宣告无效，赵匡胤只好下令诸军继续攻城。

大水围城之后，云梯之类的攻城器具就没法用了。看着一片汪洋，赵匡胤灵机一动，命水军上阵，向城头发动进攻。

军事史上罕见的一幕出现了：明明是陆战攻城，却见宋军将士驾着轻舟，在城外水面上纵横驰骋，有的不顾射来的乱箭，冲向城门放火；有的载着强弓劲弩，向对方展开齐射。

第二十六章 水淹太原

守城的北汉军队不甘示弱，各类远、中、近程武器纷纷上阵，向攻城的宋军进行还击，双方你来我往，战况空前激烈。

战斗中，内外马步军都军头王延义杀红了眼，他脱去甲胄，不顾危险冒死奋战登城，不幸被流矢射中脑部，两天后不治而亡。

五月十四日，殿前指挥使都虞候石汉卿在战斗中不幸被流矢射中，落水溺死。

五月十七日，东西班都指挥使李怀忠率军攻城，被流矢所伤，险些命丧黄泉。

战斗仍在进行，伤亡数字仍在增加。面对惨烈的战况，宋军将士杀红了眼，他们心中没有了对死亡的畏惧，有的只是对敌人的强烈憎恨、对胜利的极度渴望。他们不顾一切地奋力进攻，试图拼死攻下这座城池，既可为死去的将士报仇，也可以结束这场极度惨烈的战斗。

殿前指挥使都虞候赵廷翰按捺不住心中的愤怒，率殿前诸班卫士叩头请战，要求带头冲锋，先登疾击，以尽死力。

赵匡胤没有允许。眼下形势不利，硬攻必定死伤惨重，殿前诸班是赵匡胤亲自挑选训练的精锐之师，也是最重要的后备部队，他宁可不得太原城，也不会让这帮亲卫军冒险送死。

宋军由陆战转向水攻后伤亡依然惨重，但并非全无成效。在河水的浸泡下，闰五月二日，太原城南终于被冲出了一个缺口，大水从这个宝贵的缺口迅速涌入，向城中倾泻而去。

缺口的出现令宋军振奋，对北汉来说却不亚于一场灾难，城内守军立刻陷入恐慌。但经过短暂的恐慌后，他们就迅速冷静了下来，随即派出抢险队紧急施工，试图设置屏障，堵住致命的河水。

赵匡胤看到敌军的行动，立刻指挥弓弩手集中射击，干扰对方的围堵工程。在宋军的火力压制下，北汉的施工受到严重影响，施工效率明显赶不上进水的速度,眼看缺口越来越大,水势已经不可阻挡,太原城破在即。

千钧一发之际,一个重要道具突然出现,彻底改变了战争局面。这个道具不是某位力挽狂澜的将领,而是一个草垛。

激烈的交锋中,只见一个巨大的草垛及时从太原城内顺水漂出,刚好漂到城墙进水的缺口处,然后停在那里不动了。

区区一个草垛,当然挡不住汹涌的河水,却足以挡住宋军的箭矢。在它的保护下,北汉建筑队加紧施工,顺利完成抢险工程,缺口最终被彻底堵住。

眼看煮熟的鸭子飞了,赵匡胤暗自叹了一口气,一句话也说不出来。虽在亲征前就做好了攻坚的心理准备,但北汉的顽强依然超出意料,让他不禁想起若干年前的寿州。只是他搞不明白,刘继元究竟在靠什么力量抵抗?

当年的寿州好歹有资源富庶、援军不断的南唐做后盾,守城的是身经百战的名将刘仁赡。但现在的北汉远没有南唐国力强盛,没有刘仁赡这样的名将镇守,外援也被宋军击溃,城池又被大水冲淹,对方却仍能坚挺不降,他们的力量究竟从何而来?莫非是北汉气数未尽,有神人相助?

赵匡胤的判断没有错,北汉这次真的有神人相助,真正在背后指挥这场守城战役的人不是刘继元,也不是刘继业,当然更不是郭无为,而是那个代表契丹皇帝前来册立刘继业的使者——韩知范。

韩知范(《续资治通鉴长编》记载名为"韩知璠",《辽史》记载名为"韩知范")原本是契丹皇帝的内侍,奉诏前来太原册立北汉皇帝。但任务完成后,他却回不去了,因为宋军已经把太原城围了个水泄不通,想出去只能投降。

第二十六章 水淹太原

既然回不去，那就老老实实地待在城里吧，就算城破人亡也能换个以公殉职的名声。不过这名契丹特派员留在太原城内却没有白吃刘继元的饭，而是主动帮助北汉守起了城池。

一般来说，内侍普遍缺乏军事指挥能力，又特别喜欢胡乱指挥军队，干涉将领作战，以至于结果大多很悲惨，但韩知范是个例外。

据史料记载，韩知范素来"习知戒备"，对行军打仗、攻守战备一向很有心得，而且绝不是那种纸上谈兵的理论家，擅长理论联系实际。

在长达几个月的围城战中，韩知范凭借契丹使者的身份，充分发挥自己的军事特长，不分昼夜地巡查城防，调整部署兵力，把全部的精力都扑在了守城上，俨然把北汉当成了自己的国家。

正是在他的不懈努力下，北汉才得以勉力支撑，苟延残喘这么长时间。不夸张地说，韩知范堪称再造北汉社稷的第一功臣。

局外之人韩知范如此尽心竭力，北汉宰相郭无为却心怀鬼胎。他亲眼见证了城墙被大水冲破的惊魂一刻，抑制不住内心的恐惧，打着为百姓着想的幌子重弹投降老调。

这时，郭无为的图谋已昭然若揭，一个叫卫德贵的宦官平素就跟他不和，此时趁机发难，揭发郭无为投敌卖国的无耻行径。盛怒之下的刘继元没有手软，下令将郭无为当场斩首示众，以儆效尤。

机关算尽太聪明，反误了卿卿性命。聪明一世的郭无为就这样结束了自己的一生，他的首级就这样被高高悬挂在太原城头，向宋军宣示着北汉誓死抵抗的立场，也警示着城内的所有人：谁敢卖国投降，谁就是第二个郭无为！

郭无为死了，战事僵局依然没有打破。

北汉军民在大水淹城的灭顶之灾面前，同仇敌忾，生死与共，爆发出了空前的团结,而久攻不下的宋军士气却明显下降,此消彼长,对比强烈。

事实上,从太原城墙缺口被堵塞那一刻起,赵匡胤就意识到胜利的天平已经倾向了对方,但他实在不甘心就此撤军,自认失败。

就在赵匡胤骑虎难下之时,两件事的发生坚定了他撤军的决心。

第一件事源自水攻的附加效应。

水攻固然蕴含着千军万马的力量,但这种力量很难被人为控制。水淹溺亡只是第一次杀伤,大水带来的瘟疫才更加可怕。

瘟疫的杀伤力在于大范围传播病毒。在水攻中,溺亡的尸首会迅速腐烂,各种细菌、病毒借水势四处蔓延。当人们饮用了被污染过的水后,瘟疫就会爆发。历史上每次黄河决口、洪水泛滥都会造成重大伤亡,其原因就在于此。

水攻太原发生在六月前后,此时正值北方盛夏炎热,连降大雨也使得宋军驻扎在城外的甘草地环境湿热,简直就是病毒的最佳温床;士兵因持久作战,疲惫不堪,很多人因此而染病,随着病毒的不断扩散,军队士气也低落到了极点。

第二件事关于契丹。

契丹的两路援军虽然都被击溃,但依然对北汉不离不弃,宋军水攻太原时,契丹再次派出了救援部队。

这支援军由契丹西南面招讨使耶律斜轸率领,清一色的精锐骑兵。他们未经战斗,精力充沛,斗志昂扬,一路疾驰,直抵太原城西安营扎寨。

耶律斜轸乃契丹当世名将,他没有贸然进攻围城的宋军,而是选择在外围声援,又是击鼓,又是举火把,跟城内的北汉守军遥相呼应。

第二十六章 水淹太原

耶律斜轸用的是心理战术。他知道宋军持久作战,身心俱疲,只要坚持敲锣打鼓,不停骚扰,疲惫的宋军迟早会精神崩溃,届时自己就可以不战而胜。

随着这支生力军的加入,力量对比发生了重大变化,形势对宋军更加不利。但皇帝终归是皇帝,要撤军也不能自己提出来,否则就是承认自己的决策有误。就在赵匡胤需要台阶下的时候,一名叫李光赞的官员出现了。

李光赞先是把赵匡胤大肆吹捧一番,又说太原这个地方"得之未足为多,失之未足为辱",哪里用得着皇帝您亲自讨伐?最后,李光赞委婉地提出此战经年累月,劳民伤财,不宜继续坚持,不如"回銮复都,屯兵上党,使夏取其麦,秋取其禾,既宽力役之征,便是荡平之策"。

李光赞的意思是对付北汉用不着强攻其城,不如撤军还师,屯兵于上党地区,不断派兵骚扰,趁夏秋粮食收获季节,破坏对方的农业生产,让北汉连粮食都不够吃,这样就用不着征发大量的民夫转运军粮,既可以宽减民力,又可以削弱对方国力,然后再伺机消灭之。

这封奏疏的每一句话都说到了赵匡胤的心坎儿里,他立刻找来宰相赵普,商议班师事宜。

另一个叫薛化光的官员此时也站了出来附和李光赞的意见。他建议在太原、河北与契丹接壤处建营寨屯兵,防御契丹援军,然后吸引北汉百姓到黄河以南地区生产居住。如此一来,北汉人口流失、粮食减产、财赋缩水,不出几年,必定国力衰竭,届时可一鼓荡平。

有了随军官员的支持,赵匡胤终于找到台阶下,随即就发布了撤军的命令。

开宝二年(969年)闰五月十六日,宋军正式班师,历时四个多月的太原攻防战结束，太原之围宣告解除。

在赵匡胤看来，他还有大把的时间与北汉周旋对抗。等逐一削平南方诸国后，再攻太原就如同探囊取物，又何必急于这一时呢？

但他绝对想不到，这是他自己最后一次踏上河东的土地，他终其一生也没能实现这个并不十分困难的愿望。

太原之围解除后，刘继元组织泄洪，大量河水被引流注入附近的台骀泽。随着水位的不断下降，这些浸泡多日、坚挺数月而屹立不倒的城墙竟然开始成片塌陷，原本固若金汤的太原城一时间成了千疮百孔的"城脆脆"。

那位再造北汉的韩知范此时仍在城中，得知这一情形，亦不免感到庆幸，感慨地说："宋军引水攻城，知其一而不知其二。倘若先用大水浸泡城墙，然后再放水，城池坍塌的一幕恐怕会提前上演，那后果将不堪设想！"

可惜历史永远没有假设，在刘继元的领导下，在太原全体军民的空前团结下，在高水平契丹外援的大力配合下，北汉历经九死一生，终于迎来了战争的胜利。

但北汉还不能太过高兴，因为宋军虽然撤退了，形势却依然严峻。

这场旷日持久的围城战彻底掏空了北汉的国库，宋廷后来采取移民迁居、釜底抽薪的策略，不断地蚕食着北汉的经济基础，这让北汉的经济几乎到了崩溃边缘，靠着宋军撤退时丢下的大量粮草、茶绢等军储物资接济，才勉强支撑下去。

对北汉来讲，这是一场付出惨重代价的胜利，他们赢得了现在，却输掉了未来。

对宋朝来讲，讨伐战争的失利固然让赵匡胤脸上无光，损失也可谓不小，但这些损失相对于大宋的国力军力只是九牛一毛，他们输掉了眼前的一战，却赢定了将来的对决，只是收获胜利果实的人变成了宋太宗赵光义。

亲征北汉失利只是统一事业中的一段小插曲，并不能阻止统一大业的整个进程，反而从侧面验证了"先南后北，先易后难"战略的合理性。

进攻太原无果后，经过近两年的休整，赵匡胤将下一个进攻目标锁定为南汉。

第二十七章　兵发岭南

相对于南唐、后蜀、北汉、吴越等国,南汉在历史上的知名度要逊色不少,但它是十国中最具特色的政权,堪称文武百官的炼狱、宦官女人的天堂。

南汉高祖为刘陟,又名刘岩、刘龚、刘䶮。

他之所以有如此多的曾用名,主要是出于个人兴趣,特别是刘龚的"龚"字,完全是他独创的,取"飞龙在天"之意,跟武则天自造的"曌"字有异曲同工之妙。

刘陟继承父兄打下的基业,利用中原混乱无暇南顾之际,在两广岭南地区不断扩大势力,于后梁贞明三年(917年)八月在番禺(今广东广州)称帝,国号大越,后改国号为汉。

刘陟虽然姓刘,并以大汉刘氏后人自居,但他实际上是一个不折不扣的外国人,他的祖上是大食(阿拉伯人)后裔。其实这种情况在唐末五代并不鲜见,建立后唐的李存勖、建立后汉的刘知远、建立北汉的刘崇等都是打着汉唐的幌子,以正统自居的沙陀族后裔。

刘陟在位二十五年后,传位于长子刘玢。

刘玢在位一年后,其弟(即刘陟次子)刘晟弑兄自代,是为中宗。南汉疆域在此期间达到全盛,包括今天的广东、广西两省全境,湖南南部和四川的一部分地区。

南汉之所以能在五代时期割据一方,享国五十四年,主要得益于它特殊的地理位置。

南汉的主要统治区域在两广岭南一带,位置偏僻,远离中原,交通不便,自然条件恶劣,因此人烟稀少、经济落后、民风野蛮。尤其是广西部分地区,直到明清时期仍是著名的流放之地。

这种蛮荒地带自然不受重视。当时全国乱成一团,大家都忙着争抢地盘,实力强的可以问鼎中原,稍微弱一点的也可以割据一方,没人在意这片偏远之地,南汉就在这样的背景之下发展壮大起来,直至皇位传到刘晟的长子刘𬬮。

刘𬬮此人没什么文治武功,也没有多少知名度,但若列出古代昏君的榜单,刘𬬮必定名列前茅。他的种种恶行在各类史料中均有记载,堪称古代皇帝荒淫无道之集大成者、五代十国版"七宗罪"。

第一宗罪行是荒淫纵欲。

南汉疆域不大,人口不多,但刘𬬮的后宫佳丽却不少,没有三千也有好几百,其中九名宠妃和一名波斯女子最受他的宠爱,被称为"十媚女"。刘𬬮每天和"十媚女"厮混在一起,不理朝政。

第二宗罪行是残酷嗜杀。

刘氏一脉似乎有残暴基因,南汉高祖刘䶮为人苛虐,喜欢滥用酷刑,百姓受尽虐待之苦。他的子孙也遗传了他的这种特质,次子刘晟就是天生的暴君,弑兄篡位后,几年内就把自己的其余兄弟杀了个一干二净,对朝廷官员也一律从严要求,稍有小过就酷刑伺候。

到刘𬬮这一代,更将祖辈开创的酷刑事业发扬光大,火烧水煮、剥皮剔骨、刀山剑树等残忍手段层出不穷,听着就让人不寒而栗。此外,他还喜欢饲养豺狼虎豹等猛兽,让犯罪之人与猛兽徒手搏斗,自己则看得不亦乐乎。

第三宗罪行是生活奢靡。

刘𬬮在皇宫周边规划建设了大大小小数十座离宫,宫内饰以奇珍异宝,极尽奢华,恍若天上人间。刘𬬮还建了一座"芳园林",园内遍植各色名花名树,最多的是荔枝。春天百花盛开,刘𬬮命众嫔妃宫女入园摘花,以花枝比艳,决斗胜负,美其名曰"斗花会"。待荔枝成熟,果实鲜红,灿若云霞,便在花枝下大张筵席,后宫佳丽饮乐其间,美其名曰"红云宴"。

第四宗罪行是苛敛百姓。

除了常见的苛捐杂税,刘𬬮还巧立各种名目征税,比如住在广州城外的老百姓必须每人交一钱买门票才能进城;有些地方要征"斗米税",只要家中有存粮,哪怕只有一斗口粮,也要按一斗米四五钱的标准交税。

刘𬬮在生产天然珍珠的合浦(今广西合浦)设置了"媚川都",配备八千名士兵,这些士兵平时不用打仗训练,只有一个任务——给皇宫采集珍珠。由于没有潜水设备,这些人在采珠时要把石头绑在脚上,沉入海中七百多尺的深处作业,水性不够精熟或稍有不慎就会命丧海底,因此溺死者无数。

第五宗罪行是残害忠良。

刘𬬮即位后听信宦官陈延寿谗言,把可能威胁自己皇位的兄弟一一除去。短短几年内,刘氏宗族就被屠戮殆尽,仅剩刘𬬮一个孤家寡人。

宗室如此,朝廷的旧臣宿将亦难逃厄运。刘𬬮只信宦官,不信文武百官,文武大臣稍微受到怀疑就会被诛杀。名将邵廷涓率军守边,

第二十七章 兵发岭南

颇有成就，因小人谗言就被刘鋹赐死；硕果仅存的潘崇彻，被废置不用，还险些送了命；其他稍有能力见识的忠臣良将也是非诛即废，只剩一帮宦官和刘鋹的亲信胡作非为。

第六宗罪行是宠幸奸佞。

刘鋹只顾酒色欢娱，无心打理朝政，把大小事务全都交给身边的宦官和妃嫔处理，任命宦官龚澄枢为太师，后妃卢琼仙、黄琼芝为侍中，参决政事。最受器重的宦官陈延寿还向刘鋹推荐了一个叫樊胡子的人。

物以类聚，人以群分，陈延寿推荐的自然不是什么好人。"樊胡子"听起来很像一个海盗的名字，实际上这个人却是一名年长的女巫，自称玉皇大帝附身，说刘鋹是玉皇大帝的太子下凡，也就是她的儿子。至于龚澄枢、卢琼仙等，都是天帝派下凡来辅佐太子的，即便有罪也不能惩处。

第七宗罪行是滥用宦官。

刘鋹不信任兄弟大臣，却对宦官情有独钟。在他看来，大臣有家有业，有妻儿子女，必定不会百分之百的忠心，只有那些狠心割断"是非根"的人才值得信赖。为此，他制定了一条变态的官场规则：欲要成功，必先自宫。

谁要想有前途，必须先阉割，读书人想考中进士需要阉割，官员想获提拔重用需要阉割，就连有些进宫给刘鋹讲经的僧人道士都要阉割。

事实证明，在巨大的利益诱惑面前，并没有什么是不能舍弃的，很多人为了前途前赴后继，导致宦官数量激增。据不完全统计，南汉宦官数量最多时高达七千多人。要知道，北宋仁宗庆历年间的宦官只有两千多人，南汉疆域不到北宋十分之一，宦官人数却是人家的三倍。

南汉宦官不光数量多，地位也很高。拜刘𬬮所赐，宦官们几乎占据了这个国家所有的重要位置，连兵权都可以染指。正是因为宦官拥有这种前无古人、后无来者的地位，南汉成为史上最臭名昭著的宦官王国。

听闻刘𬬮的种种暴行和南汉的腐败黑暗后，赵匡胤表现出强烈的正义感，激动地表示一定要拯救一方百姓于水火。

不过按照老习惯，正式开战前，赵匡胤还需要一个出师的理由。这一次，赵匡胤授意南唐后主李煜劝说刘𬬮，想让刘𬬮把抢走的湖南旧地主动还给大宋，顺便也考验一下李煜的忠诚度。

李煜和赵匡胤是敌非友，跟刘𬬮倒是私交不错。但在朋友和敌人之间，李煜毫不犹豫地选择了出卖朋友。他当即修书一封，深刻论证了南汉跟大宋对抗失败的必然性，劝说刘𬬮主动与大宋结好。

李煜的一片好心没有换来对方的感激，刘𬬮回了一封措辞激烈的信，把李煜连讽带刺地骂了一顿，连李煜派去送信的使者也被刘𬬮囚禁起来。

赵匡胤生气了，后果很严重。

开宝三年（970年）九月初一，赵匡胤任命潭州防御使潘美为贺州道行营兵马都部署，朗州团练使尹崇珂为副，道州刺史王继勋为兵马都监，下诏征发会合十州之兵，浩浩荡荡地向南汉进军，征讨南汉之战由此正式拉开了序幕。

宋朝以前，中原王朝对岭南政权发动过多次战争，规模比较大的有两场，第一场是统一六国的秦军进兵岭南，第二场是汉武帝灭南越国。这两场战争的进攻部署十分相似，都是大军压境，兵分五路，军队数十万。

赵匡胤没有照搬前人的成功经验，他的策略更为大胆：集中兵力，重拳出击。

这是一个冒险的选择，但绝不是孤注一掷的赌博，赵匡胤的决策自有他的道理。

分兵多路进攻，固然可以迫使敌人分散应战，但对进攻方而言，需要大规模调动军队，对后勤保障构成了巨大考验。而当时，宋朝的兵力主要部署在西北两个方向，用以防御契丹和北汉的侵扰，因此能动用的军队数量还不如南汉多。在这种情况下，只有把有限的军队汇于一处，集中优势兵力突破对方防线，才能取得战争的主动权。

此次征讨南汉的总指挥是一个不得不说的人物——潘美。

在中国，忠义杨家将的故事家喻户晓，第一代杨家将杨业（即刘继业）已经在前面出场，这是一位历史上真实存在的人物。而民间故事中那位一直跟杨家将作对的大奸臣潘仁美却是虚构角色，他的原型就是潘美。

潘美，字仲询，河北大名府（今河北大名）人，北宋杰出将领，宋初四大名将之一。

潘美年轻时风流倜傥，颇有远见卓识。柴荣任开封府尹时，潘美就追随左右，他大概就在此时结识了同在柴荣麾下的赵匡胤。

柴荣即位后大力提拔年轻将领，潘美和赵匡胤均在高平之战中立下战功，后来潘美外出经营，在陕州、永兴等地屯兵，积累了不少治军经验，为他成为一代名将奠定了基础。而潘美很可能在后周末年就已成为赵匡胤的亲信，因为在赵匡胤受禅登基后，受命去见执政大臣并宣谕圣旨的就是潘美。

赵匡胤刚即位时，对手握重兵的藩镇守将很不放心，保义军节度使袁彦就是他的重点怀疑对象，此人性格凶悍、贪财嗜杀，而且听闻暗中修缮甲兵，有谋反迹象。

为防患未然，赵匡胤派潘美担任保义军监军，准备先下手为强，伺机解决这个隐患。

潘美艺高人胆大，单枪匹马前往监军。但他没按赵匡胤的意图悄悄监视袁彦，而是充当了一回说客，对袁彦晓之以理、动之以情，力劝对方服膺天命，恪守臣职，效忠新君。袁彦权衡利弊，最终选择乖乖入朝。

不动刀兵就让藩镇守将臣服，正中赵匡胤下怀，由此他更加赏识潘美。

在赵匡胤的重用下，潘美先以行营都监身份平定李重进叛乱，又以巡检身份镇抚扬州。宋军收复荆湖后，湖南局势不稳，潘美又出任潭州防御使，镇守一方。其间，他恩威并用，对常来侵扰的蛮族部落坚决打击，对老实听话的部落加以慰抚，思路清晰，工作得力，很快就稳定了当地局势。

湖南与岭南接壤，因此少不了跟南汉打交道，双方你来我往，争端不断。在屡次交战中，潘美逐渐摸清了对手的实力，增强了打败敌人的信心。

当赵匡胤决定讨伐南汉时，潘美无疑是最合适的主帅人选，他和尹崇珂被皇帝委以重任，统率十万宋军，雄赳赳、气昂昂地向南汉进发。

对宋军的大举进讨，刘鋹有恃无恐，觉得自己一定能顶住进攻，让对方知难而退。他明显是当土皇帝的时间太久，脑子已经不大清醒了。刘鋹低估了宋军必灭南汉的决心，因为赵匡胤绝不允许有人在他眼皮子底下自称皇帝。

不过，宋军想灭南汉确需克服不少障碍，第一道障碍就是南岭。

第二十七章 兵发岭南

南岭山脉是横亘于两广与湖南间的天然屏障，它山势险峻，道路崎岖，森林茂密，瘴气遍布，毒蛇横行，是一道极难翻越的天然防线。如果南汉在此打伏击、搞突袭，则宋军很容易中招。

可宋军一路上翻山越岭，行军却顺利得出奇，因为南汉根本就没有安排任何伏击或骚扰，十万宋军如履平地般穿越南岭，把战火烧到了南汉境内。

在刘䥽"无为而治"的方针下，南汉不修兵甲、不做战备，城池堡垒被改成馆阁亭台，兵器甲胄束之高阁，楼船战舰年久失修，三军将士游手好闲，既不演习，也不练兵。这样的军队哪有力量抵抗宋军的虎狼之师！

果不其然，在开战后十几天的时间里，宋军势如破竹，先后攻克复州、白霞、马乘、芳林等南汉城寨，完成对贺州（今广西贺州）的合围。

贺州地处湘、粤、桂三省接合部，是岭南地区的水陆要冲，其境内河网发达，大小河流纵横交错。其中，贺江向南注入珠江，而珠江下游最大的城市就是广州，战略位置极其重要。宋军取得贺州后，走水路沿江顺流而下即可直攻广州，南汉部署在其他地区的军队则将成为摆设。

想到这里，刘䥽不禁打了个寒战：万一宋军打到广州，自己逍遥快活的日子就到头了！他急忙召集大臣商议对策。

大臣们的意见出奇一致——请名将潘崇彻出马。

潘崇彻是南汉硕果仅存的将领，也是一条很有个性的汉子，不久前被刘䥽无缘无故罢了兵权，赋闲在家，心里正窝着一股怨气，皇帝下旨来召也不出山，找了个眼睛有病需要休养的借口就请了病假。

刘䥽见潘崇彻这种态度，恨得牙痒痒，跳起脚来大骂一顿，改派伍彦柔领军。

伍彦柔生平履历不详,史料也没有多少关于他的记载,从后面的表现看,他的能力跟后蜀那位纸上谈兵的王昭远应该不相上下。

被刘𬬮委以重任的伍彦柔行动还算迅速,他率数万大军沿江北上,火速驰援贺州,当晚停泊在贺州附近一个叫南乡的地方。

黎明时分,援军开始登陆,伍彦柔和王昭远一样"据胡床"指挥,英姿飒爽。

就在援军离舟登陆的关键时刻,原本寂静无声的岸上突然响起一片喊杀声,埋伏在四周的大批宋军迅速杀出,向立足未稳的汉军发动猛攻。

汉军刚刚登陆,还没来得及整顿阵容,就被打了个猝不及防。他们中的大多数人甚至还没来得及做任何抵抗,就成了刀下之鬼。

一片混战后,这支寄托了刘𬬮厚望的援军被消灭殆尽,损失十之七八,剩下的都当了逃兵或俘虏,主帅伍彦柔被宋军生擒。

潘美一声令下,就砍掉了这位败军之将的脑袋,并将他的首级展示给贺州城内的守军,试图以此震慑对方,迫使他们纳城投降。

然而,对方的反应跟潘美的期望截然相反,守军非但没有乖乖投降,反而顽强防御、据城坚守,贺州原本就城坚河深,宋军几次三番攻打,竟无法攻克。

到底是继续强攻,还是改攻为围,打消耗战?潘美一时间没了主意。

在这个当口上,一个叫王明的官员提议说:"汉军已是强弩之末,我军应该抓紧时间,强攻城池,一鼓作气把贺州城打下来,不然师老疲惫,敌军来援,对我们大大不利。"

王明的职务是荆湖转运使,相当于随军的后勤部长,根本没有指

第二十七章 兵发岭南

挥作战的经验。但这位王部长性格果敢,根本不管主帅同意与否,就率领护粮的数百士卒和运粮的几千民夫,操起家伙冲上了战场。

贺州城头的汉军严阵以待,等候宋军下一轮进攻,却发现突然冲来一支奇怪的部队,这些人拿的不是刀枪剑戟,而是锹、铲之类的工具。

就在他们愣神的工夫,几千民工部队已经冲到了城墙下,开始紧急作业,他们一边挖沟,一边把挖出的土方就地利用,全部填入护城河。深深的护城河很快就被填成平地,民工们一拥而上,准备挥起铁锹继续挖城门。

或许是被宋军冒死挖坑填坑的精神震撼了,城内汉军做出了一个出人意料的决定:主动开门投降。就这样,贺州城以戏剧化的方式落入了宋军手中。

贺州失守让刘𬬮直接抓了瞎,据可靠情报显示,宋军正在贺州赶造舰船,主帅潘美更是放出话来,要亲率大军顺江南下,直捣刘𬬮的老巢广州。

这正是刘𬬮最担心的进攻路线,他必须想办法阻止宋军打到家门口来。可问题是,谁能带兵完成这个任务呢?那些宦官是不行的,刘𬬮信任的只是他们对自己的忠心,对他们的能力,刘𬬮还是清楚的。

无奈之下,刘𬬮只好再次打了自己的脸,重新启用让他难堪的潘崇彻,加封他为内太师、马步军都统,率三万之师屯驻贺江,以防宋军南下。

国家有难,皇命难违,潘崇彻重新挂帅,出师抵抗。

当潘崇彻不情不愿地赶到驻地时,却发现一个残酷的事实:宋军根本没有顺江南下的企图,他们的主力已经转向了昭州(今广西平乐)方向,继续发动进攻。

经验丰富的潘崇彻一下子就明白了宋军的战略意图，对方使了一招"声东击西"，表面上宣称要顺江南下，实际上却另有所图。

不过，潘崇彻没有去追击宋军主力部队，也没有去救援昭州，而是按兵不动。他本来就不愿意给刘铱卖命，宋军恰好帮他避免了两军交锋的尴尬。

潘崇彻不是一个愚忠的人，他想起了几年前的邵廷涓。这位将领一心报国，苍天可鉴，却被刘铱无端猜忌，以毒酒赐死。潘崇彻不想重蹈覆辙，决定静观其变，再做决断。

当潘崇彻不动声色地屯兵贺江时，宋军攻势丝毫不减，兵锋所指，望者披靡，昭州、桂州守将不战而逃，宋军不费吹灰之力就取得昭、桂两地，十一月又攻克了连州（今广东连州）。

至此，原属湖南旧地的贺、昭、桂、连四州都被宋军收复。

消息传到广州时，南汉朝廷一片惊恐，刘铱却貌似恢复了镇定，甚至安慰左右说："贺、连、昭、桂四州原本就属于湖南，宋军既已拿回，一定不会再南下进攻，大家尽管放心吧！"

第二十八章　秘密武器

战事的发展与刘铱的美好愿望背道而驰。宋军取得四州后，并没有停下前进的脚步，而是继续向另一个战略要冲——韶州（今广东韶关）进军。

韶州位于广州北部约二百公里处，此城倘若失陷，宋军便可长驱直入，广州绝无苟存可能。

刘铱深知韶州的重要性，命都统李承渥屯重兵十万于此。他相信这将是决定命运的一战，胜利必将属于自己，理由就是那件一直被雪藏的终极秘密武器。

开宝三年（970年）十二月，宋军抵达韶州，双方在城外的莲花峰一带摆开阵势，准备决战。

战斗开始，汉军没有发动骑兵冲锋，也没有以步兵方阵推进，而是派出了一支特殊的部队打头阵，这就是刘铱引以为傲的撒手锏。

这回轮到宋军震惊了，士兵们面露惊怖之色，高呼："象兵！"

伴随着宋军的惊呼声，军事史上最著名的动物部队——象兵登场。

大象是地球上体型最大的陆地动物，它身躯庞大厚重，四肢粗壮有力，吼叫声震耳欲聋，浑似一堵不可摧毁的城墙，令人望而生畏，就连狮群面对这种皮糙肉厚的超级巨兽也是敬而远之，不敢惹象群生气。

除了天生神力，大象头脑聪明、性格温顺，比较容易驯服，不但可以在马戏团演出或者动物园展览，还是人类生产生活的好帮手。

象兵是以大象为主战武器的作战部队，组建象兵部队要挑选体魄健壮的大象，并在象背上安装特殊的装置。士兵们置身其中，利用高度优势发射箭矢或者挥动长矛攻击敌人。经过训练的战象还可以自己攻击敌人，或用脚踩，或用鼻子抽，被击中者必成一堆肉泥。

象兵是一种历史悠久的兵种，在古印度、波斯等地，它们曾作为主力参加过多次大型会战，有过相当辉煌的战绩。南汉坐拥象群资源，很早便开始训练大象作战，并组建了一支规模可观的象兵部队。

南汉对象兵部队进行了技术升级，给战象头部和躯体装备了防护软甲，可以有效地减轻伤害。每逢作战，这些经过武装的怪兽便冲在队伍最前列，步兵则躲在身后，利用战象为其掩护，逐步向前推进，近代的坦克掩护步兵推进战术很可能就是受象兵战术的启发而来。

有这样的秘密武器压阵，难怪刘铢对这场决战颇有信心。

现在，南汉的战象部队就以这种战术向宋军发动了进攻，象群沉重的脚步夯击地面，发出巨大沉闷的声音，整个大地似乎都在震颤。

可以想象，一旦这些战象冲破了宋军阵形，象兵部队将会占尽优势。纵使宋军个个都有空手搏虎的能耐，也无法抵抗象群的近身攻击，届时人心恐惧，军队溃散，失败不可避免。

关键时刻，潘美没有被对方强大的阵势吓倒，他下令将全军所有精弓强弩集中在一起组成弩阵，准备用弓弩跟对方的战象来一场硬碰硬的较量。

第二十八章 秘密武器

潘美没有专门组织过针对战象的战术训练，但他使用弓弩迎击的战术正中对方要害，因为大象的胆子其实不大，尤其怕疼，只要抓住这一弱点就能击溃对方。尽管象兵在军事史上有过辉煌的战绩，但由于其易受攻击且难以控制，因此它们极少能决定一场战役的胜负，这也是潘美能够成功应对象兵攻击的重要原因。

当潘美发现并抓住战象的这一缺陷时，刘鋹的超级武器也就难逃覆亡的命运了。

待象群进入最佳射击范围后，潘美一声令下，无数尖锐迅疾的箭矢向目标射去。

由于掌握了最先进的冶炼和锻造技术，所以弓弩一直是中原军队的重要武器。这些并不粗大的飞矢攒足了力量，连覆盖软甲、皮糙肉厚的战象都难以抵挡。庞大的躯体让象群成了巨大醒目的标靶，完全暴露在火力之下。宋军万箭齐发，不一会儿就把南汉的战象射成了巨大的刺猬。

这些箭没有喂毒，并不足以让战象当场倒毙，却足以让它们疼痛发狂，瞬间成为汉军的噩梦。疼痛难忍的大象根本不听驭象人的指挥，来了个一百八十度大转弯，转向自己来时的方向奔逃。

这下可苦了南汉的步兵，他们原本跟在战象后面躲箭矢，现在战象不仅不给他们做肉盾，还反过来冲击自己的阵线。这些战象不分敌我，对凡是挡道的全部撞倒、踩死，势头之猛，甚至远超它们冲锋陷阵时的表现。

潘美没有可怜敌军的慈悲心肠，他见汉军不战自乱，抓住机会指挥宋军发动猛攻。在宋军的追杀下，汉军一败涂地，伤亡惨重，宋军趁势向前攻克韶州，刺史辛延渥成了俘虏。

趁着形势一片大好，潘美乘胜进军，于次年（开宝四年，971

年)正月又先后攻克了英州(今广东英德)、雄州(今广东南雄)。

未经一战的名将潘崇彻见南汉大势已去,主动率军投降宋廷。

面对如此形势,刘铢反而清醒了些,他给自己准备了三条退路。

第一条退路是请和,派使者向宋军主帅潘美求和,请求对方暂缓进攻。

当时宋军正好抵达一个叫泷头的地方,此处山水险恶,林高木茂,是个打埋伏的好战场。潘美担心对方请和可能是个陷阱,于是灵机一动,押着南汉的使者当人质,迅速通过这一危险区域。刘铢请和缓师的企图就此落空。

刘铢的第二条退路是抵抗。

在请和的同时,刘铢好不容易凑足了六万兵马,准备做最后一搏,可环顾四周竟找不到合适的统兵将领。能打的潘崇彻降了,不能打的伍彦柔、李承渥之流死的死、逃的逃,平日里作威作福的玉皇大帝、内外太师、女侍中等人也都没招了,整个国家居然没有一个可用之人!

就在刘铢近乎绝望时,一位老妇人自告奋勇,向他推荐了一位深具才华,可逆转败局的将领——郭崇岳。

听说手下还有如此能人,刘铢喜出望外,未经考察就直接下诏任命郭崇岳为招讨使,统帅六万大军。

可怜的刘铢并不知晓,这个被他当作最后一根救命稻草的郭崇岳,除了名字光鲜照人外,根本就是一个彻头彻尾的草包。

郭崇岳率军在广州城北郊百余里的马迳驻扎后,既不积极练兵,也不主动出战,只让人设了一排又一排的木栅作防御,其余时间就是烧香祷祝,搞些求神拜佛的玩意儿,弄得南汉军营整天烟雾缭绕,就这样等着宋军的到来。

第二十八章 秘密武器

正月二十三日,潘美率军抵达马迳,屯兵在双女山,与南汉守军隔河对峙。

郭崇岳搞的防御工事还是起了一点作用的,这些遍布营寨四周的木栅形成了大片屏障,汉军在里面龟缩不出,强行进攻可能会遭受不小损失。

仗打到这个份儿上,潘美不想平白牺牲太多将士。他想诱使对方出战,可郭崇岳是吃了秤砣铁了心,死也不肯出战。

就在宋军寻找破阵良策时,刘𬬮却在准备他的最后一条退路——逃跑。他打包了平日珍藏的金银财宝,加上数百名后宫嫔妃,连人带货装了十几条大船,停靠在港口蓄势待发,一旦大事不妙,就可以携美带宝,纵入大海,寻找一处人迹罕至的小岛,做个逍遥自在的岛主。

悲摧的是,如此完美的逃跑计划还没付诸行动就被人破坏了。给刘𬬮搞破坏的不是他的敌人,而是他最信任的宦官。

就在刘𬬮积极为逃跑做准备时,他身边一个叫乐范的宦官也在打着小算盘。

作为刘𬬮的亲信,乐范对主子的逃跑计划一清二楚,他居然先下手为强,偷了刘𬬮的宝船,然后直挂云帆济沧海,代替刘𬬮实现岛主梦去了。

刘𬬮这下彻底完了。此时此刻,他上天无路、入地无门,下海无船、打仗无人,除了投降和自杀,已经别无选择。无奈之下,他只好派右仆射萧漼向宋军主帅潘美奉表请降,这次他拿出了十足的诚意。

潘美想起赵匡胤的战前指示:"能战则与之战,不能战则劝之守,不能守则谕之降,不能降则死,不能死则亡,非此五者他不得受。"

潘美没敢擅自受降，当即将南汉使者送回汴京，请赵匡胤亲自定夺。

刘𫚭见使者一去不返，心想宋军这是坚决不给他活路了，心一横，又打起了抵抗的主意。

二月初，刘𫚭派弟弟刘保兴率领剩余全部兵力增援前线的郭崇岳。这是南汉最后的兵力，刘𫚭决定孤注一掷，在城郊跟宋军来一次生死决战。

南汉大将植廷晓认为自己这边多是残兵败将，老弱伤羸，士气低落，而宋军攻势锐不可当，坚壁不出和出阵应战都是一死。与其坐以待毙，不如先发制人，拼死一搏，或许还有一线生机，便向郭崇岳建议主动出击。

郭崇岳仍然犹豫，不敢出战，因为他怕死。

植廷晓慷慨陈词，表示愿当先锋，以身冒死，让郭崇岳率主力殿后。

郭崇岳一想，有植廷晓这个出头鸟在前面挡着，若是战败也方便自己逃跑，便勉强同意了。

植廷晓的战斗精神着实可嘉，他率部沿河布阵，与宋军拼力死战，最终不敌而死。殿后的郭崇岳见势不妙，迅速率主力撤回自己精心打造的木桶阵里，继续做缩头乌龟，并且变本加厉地求神祷祀。

郭崇岳的木桶阵虽然坚固，能够抵御骑兵和常规武器的攻击，却有一个致命的弱点，那就是怕火。可他天天求神，完全没有意识到这个重大消防隐患，自然也就没有采取任何防火措施，这就给了对手可乘之机。

这天夜里，潘美派出了一支部队，每人手持两只火把，借夜色掩护抄小道接近南汉营寨，然后一起动手，把点燃的火把用力地投向了郭崇岳的木桶阵。火把所及之处，木栅被迅速点燃，大火熊熊燃烧，刹那间连成一片火海。

在一场大火烧光了南汉军队的同时，另一场大火也在广州城内燃起，带头纵火的不是宋军，而是南汉内太师龚澄枢、李托和内侍中薛崇誉，他们烧的是刘𨰾富丽堂皇的宫殿，以及储藏着无数奇珍异宝的府库。

这几位仁兄竟然认为宋军此番是为财宝而来，以为把这些惹祸的珍宝全烧光，宋军就会因为无利可图而撤退，真是愚蠢至极。

一内一外的两场大火彻底烧光了刘𨰾的所有希望，除了投降，他已经别无选择。

开宝四年（971年）二月二十三日，南汉国主刘𨰾素服出降，延续五十五年的南汉宣告灭亡，六十州、二百一十四县、十七万二百六十三户百姓归入大宋。

第二十九章　杯酒释兵权

历朝历代开国帝王不少均以武功著称,但真正是军人出身的并不多,赵匡胤即其中之一。这位后周的高级将帅以军功起家,靠兵变夺权,自然格外重视军事。加之为统一全国,赵匡胤登基之后几乎一直都在打仗。

然而,赵匡胤并非一介武夫,除了打仗,他还做过许多其他重要的事,对后世产生了深远的影响。这些事涉及政治、经济、军事、社会等各个领域,林林总总,面面俱到,可以用"典章立制"一词来概括。

赵匡胤并非"先打天下、后治天下",他"典章立制"的过程与统一事业几乎是同步开展、齐头并进的。在运筹帷幄、决胜千里的同时,赵匡胤也拉开了另一幅宏图伟业的序幕,这番伟业是从"杯酒释兵权"开始的。

建隆二年(961年)七月初九晚,皇宫内觥筹交错,酒宴正酣。

主持宴会的是皇帝,参加酒宴的也不是一般人,全是禁军高级将领和开国功臣,包括石守信、王审琦、高怀德、张令铎、罗彦环等人。这些开国功臣跟赵匡胤感情匪浅,性格又粗莽耿直,不那么讲究

第二十九章　杯酒释兵权

君臣礼数，大家推杯换盏，畅谈往事，展望未来，很快便有了醉意。

沉醉于美酒佳酿的将帅们没有意识到，这将是一场被载入史册的酒宴。

酒兴正浓之际，赵匡胤挥手屏去左右，开始了自己的表演。

"没有众兄弟的鼎力相助，我赵匡胤哪有今天？所以我时刻感念你们的功劳，永生不敢忘记！"赵匡胤说了一句感谢的话。

众将自然不敢邀功，谦虚一番。

谁承想赵匡胤接着叹了一口气，换上了一副忧心忡忡的表情，感慨道："殊不知皇帝也有难处。今日我当了天子，才知道天子的苦衷，甚至觉得还不如节度使逍遥自在。自登基以来，我连一个安稳觉都没睡过啊！"

石守信等人面面相觑，心中疑惑："苦衷？难处？皇帝君临天下，富有四海，号令天下，莫敢不从。区区一个节度使算什么？你坐上皇位，却给我们倒当皇帝的苦水，这葫芦里卖的什么药？发哪门子愁？"

赵匡胤本以为搞一出酒后吐真言，诉诉苦衷，昔日的兄弟就能领会他的意图，但这帮粗人的政治敏锐性实在有限，竟没听出自己的弦外之音。没办法，对粗人，只能直来直去了。

"你们还不明白吗？朕这个皇帝的位子，谁不想来坐一坐呢？"

说这话时，赵匡胤的语气十分平和，但对石守信等人来说，这番话不啻晴天霹雳。刹那间，他们酒意全无，寒意油然而生。这下子，这帮武将的反应也不迟钝了，不约而同地做出了同一个动作——伏地顿首，仓皇地说："陛下何出此言？如今天命已定，谁敢再有异心？"

"此言差矣！即便你们绝无二心，但如果你们的部下贪图富贵，有朝一日把黄袍硬加到你们身上，你们又当如何？恐怕要不得已而为之吧！"赵匡胤冷冷道。

黄袍加身！这四个字犹如千钧之锤，直击石守信等人心头。"兔死狗烹，鸟尽弓藏"八个大字瞬间涌入众人脑海，一幕幕开国帝王诛杀功臣的惨剧在眼前一闪而过。他们不是没有想象过这种情形，但眼前的这个人，这个当年与自己生死相依、患难与共的兄弟，这个英明睿智、宽厚仁明的开国皇帝，难道也会像那些过河拆桥的帝王一样，重演屠杀功臣的惨剧吗？

生死攸关的紧要关头，石守信等人爆发出一股求生的本能，跪在地上不约而同地频频叩头，痛哭流涕道："臣等愚钝无知，没有考虑到这一点，唯愿陛下哀怜，给我们指点一条活路吧！"

看到这些手握重兵的将帅个个战战兢兢，赵匡胤满意了。他摆出一副怜悯的姿态说道："人生在世如白驹过隙，何其匆匆？所谓富贵，不过是多积金银，享受娱乐，荫庇子女。你们何不释去兵权，多蓄歌妓舞女，愉悦耳目身心，把酒言欢，颐养天年？"

听到这番话，石守信等人终于明白皇帝并无戕害功臣之意，只是要罢去他们的兵权，以求得皇位稳固，这才稍稍心安。

赵匡胤趁热打铁，接着说："朕与你们约为婚姻，结成秦晋之好，从此再无嫌隙，上下相安，共享富贵，岂不是万全之策？"

这番话打消了石守信等人的最后顾虑，皇帝都答应联姻了，还有什么好担心的？大家感激涕零，齐声高呼："谢陛下如此关心臣等！"

赵匡胤心中涌起一股难言的情绪，轻轻挥一挥手，石守信等人就此退去，只剩下一桌杯盘狼藉和静静发呆的赵匡胤。

没有刀光剑影，没有血雨腥风，有的只是怀柔的帝王心术。这些

第二十九章 杯酒释兵权

身经百战、刀架到脖子上也不皱一下眉头的将帅，在面对当今的皇帝时，只是听了几句看似波澜不惊的话语便如此惊惧，这种心理冲击只有亲历之人方能体会。

第二天，石守信等人主动上表，称有病在身，不宜执掌禁军，请求赴地方任职。赵匡胤也不废话，除了留石守信继续担任侍卫亲军都指挥使，王审琦、高怀德、张令铎、罗彦环等高级将帅均被免除一切军职，出任"大藩"（即重要地区）节度使，级别待遇不变。

硕果仅存的石守信心里也不踏实，他知道若想平安度过下半辈子，必须主动远离兵权。次年，石守信再次上表请求解除军职，终获批准。

赵匡胤没有忘记自己与诸将联姻的许诺，他把妹妹燕国长公主嫁给了高怀德，把大女儿昭庆公主嫁给了王审琦的儿子王承衍，二女儿延庆公主嫁给了石守信的儿子石保吉，又做主让弟弟赵廷美娶了张令铎的女儿。

这下子，开国功臣全成了皇亲国戚，皆大欢喜。伴随着公主下嫁，皇弟娶妻，"杯酒释兵权"在一片喜气洋洋中圆满落幕。

"杯酒释兵权"的故事十分精彩，且已被写入历史教科书。但近年来，竟有人质疑其真实性。部分学者经过多角度考证，得出"杯酒释兵权"一事"疑点甚多，不足征信"的论断，有的甚至认为"全系传闻，不可置信"。

要想弄清楚故事的真伪，先要看此事最早记载于何处。

从南宋到今天，所有"杯酒释兵权"的故事都以李焘《续资治通鉴长编》为蓝本，李焘的记载又是依据北宋王曾的《王文正公笔录》、司马光的《涑水记闻》和王辟之的《渑水燕谈录》等史料，经考证事件发生的背景、时间、过程和结果后综合而成。

从时间顺序看，后三者的记载可算原始记录，其他官方史料中都只记载了"释兵权"的结果，而没有记载"释兵权"的过程。

由于《续资治通鉴长编》在史学界地位极高，"杯酒释兵权"事件自此开始成为信史，为后人广泛征引。

但质疑者的论据也很有力，他们最根本、最有力的依据主要有两条。第一条依据是记载史料的作者。

质疑者认为，不论是王曾、司马光，还是李焘、王辟之，其生活的年代距宋初都很遥远，最早的王曾出生于978年，他写笔记时距"杯酒释兵权"事件已过四十多年，此前并无相关的史料记载，王曾却能详细叙述"杯酒释兵权"的具体过程，他的记载从何而来？

司马光修《涑水记闻》的时间更晚，距宋初至少九十年，却也如同亲历般描述"杯酒释兵权"的全部过程，连对白都言之凿凿。

不可否认的是，对"杯酒释兵权"事件的记载确实经历了"从简到详、愈发生动"的过程，不排除其中有细节渲染的成分，但这并不足以否定这一事件的真实性。详细与简略的关系，并不等同于有与无、真与伪的关系。

比如《史记》所载传记故事性极强，对人物言谈举止和表情神态的刻画活灵活现，但总不能以此为依据，就否定其真实性吧？司马迁记载的历史事件距他本人生活的年代已有数百上千年，在那个造纸术印刷术还没有发明，记载靠竹简木简，甚至口头相传的年代，司马迁的记载岂非更不足信？

质疑者的第二条依据来自事件的发生时间。

按照李焘的记载，"杯酒释兵权"发生在建隆二年（961年）七月初，这时赵匡胤的母亲杜太后刚去世不久。质疑者据此认为"建隆二年六月初二，太祖母昭宪杜太后病逝，六月初到七月初，乃国丧期间，朝廷上不作乐，不宴饮"。既然有这样的规定，赵匡胤就不可能在国丧期间举行宴饮，更不可能在席间罢去功臣宿将的兵权。

这个理由十分有力。在古代礼制教条中，关于丧葬的规定最为严格。一户人家有人去世，什么亲属服多长时间孝，穿什么丧服，服丧期间禁止什么、允许什么都有明确规定。

比如丧期长短，依据死者身份和生者与死者的关系亲疏，分为三年丧、期年丧、九月丧和三月丧。生者与死者的关系越亲密，服丧时间越长。母亲去世，儿子应服最长的三年丧。

对这些丧葬规定，凡大户人家必须严格遵循，不敢有丝毫逾越，否则轻则受人嘲笑，认为你不懂礼数，重则涉嫌违法犯罪，追究法律责任。

百姓之家尚且如此，皇太后病逝更要举国服丧，赵匡胤作为一国之君和逝者的亲子，绝不可能超越礼制规定私设酒宴，搞"杯酒释兵权"。

这一论证看似无法辩驳，但论者忽视了另外一个情况——理论规定与实际执行间的差别。

比如"三年丧"，从字面上看很容易被理解为三个整年（三十六个月），但实际上是指三个年头（二十四个月），类似民间计算虚岁的办法。在此期间，服丧之人要身着丧服，以表哀悼，不能作乐，不能宴饮，不能纵欲，停止一切娱乐活动。

很明显，即便二十四个月也是很难严格执行的，就皇帝而言，总不能天天穿着丧服上朝视事或者接待外国使节吧？

为了解决理论与现实的矛盾，古人发明了"以日易月"的成俗。

所谓"以日易月"，就是把一天当一个月算，过一天就相当于过一个月，原来要服二十四个月的丧期现在只要服二十四天就可以。

二十四天一过,就不再禁止作乐、宴饮。

"以日易月"不但是约定俗成的做法,也是杜太后本人的要求。《宋史·礼志》记载:"建隆二年六月二日,皇太后杜氏崩……合随皇帝以日易月之制,二十五日释服。"这段史料十分清晰地证明皇帝可"以日易月",执行二十四天的丧期,服丧者到第二十五天即可除去丧服。

其他史料,比如《宋会要辑稿》中,建隆二年七月亦有"宴群臣于光政殿"之类的大型宴饮活动的记录,那七月初"杯酒释兵权"这种皇帝与个别功臣之间的小型私宴又有何不可呢?

因此,按照梁启超先生学术研究中"其无反证者姑存之,得有续证则渐信之,遇有力之反证则弃之"的原则,至少在目前仍可相信"杯酒释兵权"这一事件的真实性。

关于"杯酒释兵权真伪"这一问题,著名史学家王育济先生曾在《论杯酒释兵权》一文中进行了详细叙述,本人所持观点及论证过程即来自王先生的成果,在此特别致敬。

就史学研究而言,"释兵权"一事确定无疑。至于如何"释",是设宴借酒温柔劝解,还是不管三七二十一强行撸去,对学术研究的意义并不大。重要的是,赵匡胤通过一种"不流血"的和平手段达到了"释兵权"的目的,这才是值得注意和研究的。

对赵匡胤来讲,这种"戏剧化"的运作方式有着非凡的政治意义,他试图通过和平方式解决一个十分悠久且十分棘手的矛盾——开国帝王与手握兵权的功臣之间的矛盾。

每个王朝的建立都不是只靠一个人的努力,而是一群人拼搏的结果。艰苦创业时,大家可以同甘共苦,同舟共济,并肩战斗;大业已成,享受成果时,反而容易同床异梦,同室操戈。

第二十九章　杯酒释兵权

历史上越是著名的帝王，杀功臣越是厉害，最著名的莫过于汉高祖刘邦和明太祖朱元璋。

刘邦是一个接一个地杀，朱元璋则是一批接一批地杀，换来的结果却是一个吕氏专权，残害刘氏子孙，险些毁掉大汉江山；一个是靖难之役，儿子夺了孙子的皇位。由此可见，屠杀功臣之举虽可换来一时的皇权稳固，却往往达不到江山永固的效果，有时甚至还会起反作用。

对这一点，赵匡胤有着清醒且深刻的认识，所以他选择使用"杯酒释兵权"这一人性化手段来化解开国功臣的棘手难题，化腥风血雨为和风细雨，少了血腥暴戾，多了君臣情义，充分彰显了赵匡胤卓越的政治智慧和高超的政治手腕，正所谓"杯酒论心，大将解印，此何术哉"！

第三十章　腹心之患

"杯酒释兵权"是赵匡胤加强皇权的重要举措，但它不是一个孤立的历史事件，而是一系列历史事件的开端，赵匡胤将从这里开始，陆续采取一系列加强中央集权、巩固皇帝统治的措施，这些措施可以笼统概括为"除腹心之患，罢肢体之疾"。

腹心者，在于内，患在中央禁军。除腹心之患，即加强对禁军的控制。禁军作为国家的主体武装力量，主要驻扎在京师，原本是拱卫皇室的可靠支柱。然而到了唐末，皇权衰微，禁军控制大权旁落，统军将帅拥有了非同一般的影响力。到五代十国，禁军的人心向背更可直接决定皇位的归属，以禁军统帅身份谋取皇位或被拥戴为帝者大有人在，使得中央禁军逐渐成为皇帝的腹心之患。

赵匡胤出身行伍，以殿前都点检一职代周建宋。正因为如此，他深谙禁军控制权的重要性，故而对禁军将帅有着极强的防备心理。用他的话说，即便功臣统帅并无二心，也不能排除他们的部下重演"黄袍加身"的可能，后周太祖郭威，还有他赵匡胤自己，就是这样半推半就地登基上位的。

北宋的开国功臣是幸运的，赵匡胤对自己掌控大局的能力十分自

第三十章 腹心之患

信,只以一出"杯酒释兵权"便解除了功臣宿将的兵权,没有把他们赶尽杀绝。但这不是赵匡胤掌控禁军的唯一手段,后面还有一系列操作。

"杯酒释兵权"发生于建隆二年(961年)七月,此后两个月左右的时间里,石守信、王审琦、高怀德、张令铎、罗彦环、赵光义六人先后被解除军职,侍卫亲军都指挥使、侍卫亲军都虞候、侍卫亲军步军都指挥使、殿前副都点检、殿前都指挥使、殿前都虞候六个职务被空出。

此前的建隆二年(961年)三月,赵匡胤已经撤去殿前司最高统帅慕容延钊的军职,永久性地裁掉了殿前都点检这一职务。作为过来人,赵匡胤深知殿前都点检执掌禁军精锐,位高权重,是兵变造反的最佳岗位,且成功概率较大,撤去这一职务可以一劳永逸地解决问题。

与此同时,赵匡胤的发小、侍卫亲军司最高长官韩令坤也被更加忠诚可靠的好兄弟石守信取代,石守信高升后留下的侍卫亲军副都指挥使则一直空缺未补。

侍卫亲军司和殿前司共有九个高级军职,赵匡胤这一番操作下来,九个高级军职只剩下一根独苗——侍卫亲军马军都指挥使韩重赟。

现在问题来了,为了应付战争需要,禁军的高级将领还是要配备的,那么该如何配备呢?

文臣倒是没什么威胁,但他们不会打仗,也不能亲自带兵拼杀。赵匡胤自己虽是一流名将,但他现在身份变了,不会再干冲锋陷阵的事,偶尔御驾亲征也是做做样子,激励士气而已。

这就是"杯酒释兵权"的遗留问题,解除功臣宿将的兵权,禁军指挥权交给谁？

赵匡胤的解决方案分三步走。

第一步，把殿前司一、二把手（正副都点检），侍卫亲军司一、二把手（正副都指挥使）共四个职务彻底撤除，今后永不授人。

四个最高军职撤除后，原来地位稍低的殿前都指挥使、侍卫亲军都虞候成了两司事实上的最高统帅，但赵匡胤对他们也不敢掉以轻心，接着走出了第二步棋。

第二步，选拔一批新人进入禁军领导层，担任高级军职。侍卫亲军马军都指挥使韩重赟出任殿前都指挥使；殿前都虞候、侍卫亲军马军都指挥使、步军都指挥使分别由张琼、刘廷让和崔彦进这些新人充任。

只要稍看一下几位新人的履历，就会发现一些有趣的现象。

殿前司都虞候张琼脾气刚烈、作战勇猛，当年征战淮南时曾救过赵匡胤的命。赵匡胤之所以越级提拔他，除了报恩，最重要的还是看中了他胸无城府的性格和值得信赖的忠诚。

侍卫马军都指挥使刘廷让、步军都指挥使崔彦进有一定的军事指挥能力，但也算不上什么名将，赵匡胤提拔二人是因为他们有一个与张琼一样的共同点——资历浅。刘廷让、崔彦进不是赵匡胤的义社兄弟，在开国过程中未立什么功劳，他们不像石守信等人长期统帅禁军，人脉广泛，根基深厚。

唯一的"老面孔"韩重赟既是"义社十兄弟"之一，又是开国功臣，也有过抗击契丹、大破敌军的战绩，但此人"为人老实，无甚将才"，史书对其评价是两个字——才庸。

由此可见，赵匡胤选人择将的基本原则是重点提拔使用资浅、才庸、忠心的将领，这样的人显然更容易驾驭和操控。

两步棋走完，原本九个禁军高级军职只剩四个在任将领。禁军最高统帅的职务级别、将领资历被不同程度降低，表30-1一目了然。

表30-1 宋初禁军两司将帅变动表

机构	高级将领职衔	陈桥兵变前	开国之初	建隆元年冬	建隆二年三月	建隆二年九月
殿前司	都点检	赵匡胤	慕容延钊	慕容延钊		
	副都点检	慕容延钊	高怀德	高怀德	高怀德	
	都指挥使	石守信	王审琦	王审琦	王审琦	韩重赟
	都虞候	王审琦	赵光义	赵光义	赵光义	张琼
侍卫亲军司	都指挥使	李重进	韩令坤	韩令坤	石守信	
	副都指挥使	韩通	石守信	石守信		
	都虞候	韩令坤	张令铎	张令铎	张令铎	
	马军都指挥使	高怀德	张光翰	韩重赟	韩重赟	刘廷让
	步军都指挥使	张令铎	赵彦徽	罗彦环	罗彦环	崔彦进

注：建隆二年（961年）九月时，石守信之侍卫亲军都指挥使一职尚未解除，但当年七月"释兵权"后，仅以天平军节度使遥领侍卫亲军都指挥使，有名无权，不掌禁军兵权，故该表列为空缺。

此表还反映了另外一个重要信息：侍卫亲军司原来的一、二、三把手全部空缺。

这样一来，侍卫亲军司下的马军、步军两大主力就没了共同领导，改由各自的都指挥使分别管理，变成了两个互不统领、相互独立的统军机构，侍卫马军司、侍卫步军司逐渐取得与殿前司并列的地位，最终演变成"三衙"。

"三衙之制"在赵匡胤统治期间尚未完全成型，太宗、真宗时均有人出任过侍卫亲军都虞候一职，并且都拥有实际的统军权，算是侍卫亲军司之首。直至宋真宗初年，时任侍卫亲军都虞候的王超被罢职后，侍卫亲军都虞候再未授人，三衙遂成宋朝永制。

通过解除功臣宿将的兵权、任用资浅才庸的将领、分散统兵机构的权力这三步棋，赵匡胤终于把禁军这支最有威胁的枪杆子、最致命的武器牢牢掌握在了自己手中，有力地稳定了宋初政局，避免了重蹈五代短命王朝的覆辙。

最难能可贵的是，赵匡胤自始至终都没有动用暴力，他在谈笑之间，举重若轻，以杯酒释兵权，分三衙绝隐患，就连崇尚暴力的朱元璋都对此举赞赏有加。这位明代开国皇帝如此评价四百年前的宋代开国皇帝："使诸将不早解兵权，则宋之天下，未必不五代若也。"

但在赵匡胤看来，只做这些还远远不够。自己或许可以凭借高超的权谋掌控强大的禁军和桀骜不驯的将领，自己的子孙后代却未必能做到。五代的开国帝王哪个不是驾驭将领的高手？但他们一旦离世，都逃不过三代而亡的命运，其中原因，发人深省。

如何才能将禁军这支最重要的武装力量始终掌握在皇帝手中，确保天下安定、赵宋江山永固呢？赵匡胤的答案是——依靠体制的力量。

在漫长的古代史中，每个朝代都有自己独属的一套政治军事体制，比如唐朝的中书门下，明朝的内阁、东西厂、锦衣卫，清朝的军机处、总理衙门，等等。

10世纪前后，也曾有一个特殊的机构贯穿唐末、五代和北宋三个时期——枢密院。赵匡胤正是以枢密院为基础，构建起"枢密院—三衙—帅臣"三位一体的军事体制。这"三位"中，枢密院无疑处于最核心的位置。

一般说来，一个机构总是先于机构负责人存在，但枢密院是个例外。

枢密院的最高长官叫枢密使，这个枢密使的历史要比他供职的机构枢密院更久远，历史上是先有枢密使，后有枢密院的。

枢密使初设于唐宪宗元和年间（806—820年），主要任务是承接中央各部门和地方政府上报的奏章文书，分门别类整理后交由皇帝批阅，然后根据皇帝批示转递给有关部门办理，相当于皇帝的机要秘书。

枢密使既然是皇帝的贴身机要秘书，决定了其要靠近皇帝，住在皇宫内，那随侍皇帝身旁的宦官自然是最合适的人选，所以早期的枢密使一般都由宦官充任，没有职务级别，没有正式职权，更没有专门的办事机构，甚至连正式的办公场所都没有，初始地位不高。

但到唐朝晚期，随着宦官势力的扩张，主要由宦官担任的枢密使的职权范围也不断扩大，逐渐取得了处理机要、参与决策的权力。

唐昭宗后，宦官专权到了专擅朝政，甚至废立皇帝的地步，枢密使的职权也急剧膨胀，将军政决策权、禁军指挥权都揽入手中，完成了从秘书到助理，从助理再到总理的华丽转变。

这个时候的枢密使俨然可以与宰相分庭抗礼，已经不可能靠自己一个人就处理完所有事务，因此迫切需要建立一个专门机构，组建一套班子，强化自身权力，于是，枢密院应运而生。

宦官在枢密院的风光没能持续太久。朱温篡唐自立后，宦官势力被屠戮殆尽，但枢密院和枢密使得以保留，为五代各个王朝沿袭，因为皇帝们发现枢密使是分割宰相权力、巩固皇权的重要角色。于是，枢密使得以继续在历史中扮演重要角色，枢密院也成为一个独立机构，被赋予了更广泛的职权。

五代担任枢密使的人大多是士人或武将。

当士人担任枢密使时，枢密使更接近宰相，几乎无事不统；当武将担任枢密使时,枢密院更倾向负责国防军事,而那些既统帅禁军又是皇帝心腹的将帅,一旦兼任枢密使,便权倾朝野,堪称一人之下,万人之上。

后周太祖郭威正是以后汉的枢密使兼军队统帅的身份夺取了后汉江山,他的开国功臣王峻也以统兵大将的身份兼任枢密使,但最终因被郭威视为最大威胁而遭铲除,反倒是宰相对皇权没有太大威胁。

有鉴于此,柴荣在位期间始终不以统军将领兼任枢密使,临终前更是刻意调整执政班子,让文人出身的宰相兼知枢密院事,以防武将权力过大,威胁皇权。只是文臣虽掌枢密却不带兵,跟禁军将帅缺乏感情,最终还是被武将出身的禁军统帅赵匡胤钻了空子。

宋朝开国之初,赵匡胤沿袭了五代枢密院的设置,但这只是权宜之计,他绝不允许一个凌驾于百司之上甚至威胁皇权的机构存在。很快,赵匡胤就对枢密院进行了一番改造,改造方式依旧是三步走。

首先,限制枢密院的职权范围。

按史书记载,北宋枢密院的职责是:"掌军国机务,兵防、边备、戎马之政令,出纳密命,以佐邦治。凡侍卫诸班直、内外禁兵招募、阅试、迁补、屯戍、赏罚之事,皆掌之。"

简单地说,枢密院是国家最高军事机构和决策机关,核心权力是调动军队及任免将领。地位虽然依旧重要,但赵匡胤已经把它的权力严格限制在了国防军事范围内,使之成为专理军政的机构。

其次,降低枢密使的地位。

五代枢密使多是皇帝亲信、佐命功臣,其权倾朝野,职权一度重于宰相,有时文人出身的宰相都对他们言听计从,只是奉行文书,所谓"宰相之外复有宰相,三省之外复有一省"。

这种权力的不对等状态显然有悖分权制衡的初衷,因为不管是枢

第三十章 腹心之患

密院还是中书门下，只要一方压倒另一方，对居于中央的皇权造成威胁都是不被允许的。赵匡胤正式赋予枢密院与中书门下"对掌文武大政"的权力，同时也明确枢密使的地位逊于宰相，朝会排名序位也在宰相之后。

终宋一朝，宰相的地位和受尊崇程度始终在枢密使之上。若一人从枢密使改任宰相，那毫无疑问属于提拔重用；若未能从枢密使更进一步拜为宰相，则往往会被引为终生憾事。

第三步是在领导职数和人选配备上做文章。

五代枢密院虽然配有枢密副使，但实际上完全是枢密使说了算的"一言堂"。对此，赵匡胤的做法是设副手以分枢密使之权，避免一把手专权擅势。

赵宋代周后，赵匡胤罢去后周三相（范质、王溥、魏仁浦）兼任的知枢密院事一职，剥夺了他们的军政大权，只有原枢密使吴廷祚被继续留任，但赵匡胤没让吴廷祚专掌枢密要地，而是任命自己的首席亲信幕僚、佐命功臣赵普为枢密直学士，不久又提拔他为枢密副使。

如果这一举动还可以理解为新旧交替的必要策略，那赵匡胤后来的做法就是有意为之的人事安排了。

建隆三年（962年）十月，枢密副使赵普转正担任枢密使。几乎在同时，赵匡胤的另一位昔日心腹李处耘从扬州任上被召入京，担任宣徽南院使兼枢密副使。

乾德元年（963年）九月，李处耘因征战荆湖不利获罪罢任，由赵匡胤昔日幕僚沈伦任枢密副使。

乾德二年（964年）正月，枢密使赵普拜相，武臣出身的李崇矩出任枢密使，不出意外，在外任职的昔日幕僚王仁赡奉命进京，被同时任命为枢密副使。

通过表30-2，能更清晰地看出宋初枢密院长官的配备情况。

表30-2　宋初枢密院长官变动表

时间	枢密使	枢密副使
建隆元年（960年）	吴廷祚	赵普
建隆三年（962年）	赵普	李处耘
乾德二年（964年）	李崇矩	王仁赡
乾德五年（967年）	李崇矩	沈伦

赵匡胤对枢密院所施举措与他对禁军两司的改革如出一辙，中心思想都是分权，不让一人在枢密院专权。

通过限职权、降地位、设副职三大招数，赵匡胤把五代总揽军国内外大政的枢密院变成了专理军政的机构，把权势膨胀、一度力压宰相的枢密使重新压制在宰相之下，成为听命于最高皇权、制衡宰相之权、维持中央权力平衡的工具。

事实上，即使在国防军事这一专门领域内，枢密院权力的发挥也被牢牢限制。它虽然掌握兵符，可以调动军队与任免中高级将领，但有一项权力却无法染指——掌管禁军（俗称"管军"），这项权力归"三衙"所有。

按《宋史·职官志》记载，三衙是最高统军机构，掌管全国禁军，负责军队训练和日常管理，所谓"天下兵柄尽归三衙"，看起来很是风光。

但这只是表面风光，赵匡胤出于防范心理，不但以"杯酒释兵权"解除了功臣宿将典掌禁军的权力，还对三衙将帅的统兵作战权进行了剥离。

宋初史料中有一个出现率极高的词汇——都部署。都部署等同于总指挥，主要任务是统领军队指挥作战，被称为"帅臣"（部分史料中也称"率臣"），历次大型军事行动中都少不了它的身影，司马光就说过："国朝（宋朝）以来，置总管、钤辖、都监、监押为将帅之官。"总管就是都部署。

平定李重进叛乱，石守信为扬州行营都部署，王审琦为副都部署，两人分别是平叛行动的正、副总指挥。

征讨荆湖，慕容延钊为湖南道行营前军都部署，也就是讨伐湖南行动的总指挥。

讨伐南汉，潘美为贺州道兵马行营都部署，尹崇珂副之，两人分别是征讨南汉行动的正、副总指挥。

进攻后蜀时出现兵分两路的情形，王全斌为西川行营凤州路都部署，崔彦进为副都部署；刘廷让为西川行营归州路副都部署。王全斌是北路军总指挥，崔彦进是副总指挥；刘廷让是东路军副总指挥，两路军各自独立作战。

都部署制度最早可以追溯到隋唐，唐朝史料中经常出现的"某某道行军大总管"就是某某道军队总指挥的意思。但这种职务的人选并不固定，每次出征前临时指定，事成即罢。

宋初沿袭隋唐五代之制，大体情况也差不多。宋人亦说"驻泊、行营都部署，即古之将军、大总管之任也"，凡出师作战，往往临时委派都部署，作为大帅。

五代宋初，都部署多以禁军将帅充任。

石守信、王审琦率军平定二李叛乱，分别以殿前副都点检、侍卫亲军马步军副都指挥使充任正副都部署；统军平定后蜀的刘廷让、崔彦进也是三衙高级将领，就连赵匡胤本人随柴荣北伐契丹时，亦以殿前副都点检充任水路都部署，与他同时代的李重进、张永德、韩通等禁军将帅莫不如此。表30-3为部分后周及宋初军事行动正副都部署名单。

表30-3　后周及宋初军事行动正副都部署名单（部分）

朝代	军事行动	都部署	副都部署
后周	攻北汉	符彦卿☆	郭崇☆
	讨淮南	李谷	王彦超☆
	伐后蜀	王景☆	
宋初	平李筠	石守信★	高怀德★
	平李重进	石守信★	王审琦★
	讨荆湖	慕容延钊☆	
	伐南汉	潘美	尹崇珂☆
	攻后蜀	王全斌	崔彦进★、刘廷让★
	攻北汉	李继勋☆	党进☆

注：★表示时任禁军将领；☆表示曾任禁军将领或武职（团练使、刺史、防御使等）。

严格说来，这种做法是存在隐患的。

三衙将帅充任都部署实质是管军权与统兵权的合一。在这种体制下，三衙将帅和所辖禁军一起生活，并肩战斗，同生共死，情感深厚，非他人所能比。如果将帅肯在治军上下一番功夫，做到训练有素、赏罚分明，有福同享、有难同当，就能成为一时名将，树立起较高威望。如果再有一些野心，还可以在军队中收买人心，秘密结社，建立政治同盟，把军队打造成生死相依、荣辱与共的利益共同体。一旦时机成熟，统帅振臂一呼，将士群起响应，黄袍加身、改天换地只在旦夕之间。五代十国时期的很多禁军将帅就是这么干的，赵匡胤即是其中之一。

针对这一隐患，赵匡胤的解决措施干脆利落——不用三衙将帅担任帅臣。

第三十章 腹心之患

平定二李叛乱时的统帅尚是三衙将帅的石守信、高怀德等人，但与此同时，赵匡胤也以皇帝身份御驾亲征，他本人才是实际上的最高统帅。

待平定荆湖时，主帅慕容延钊已被罢去军职，以节度使之职充任都部署统领军队，都监李处耘则是宣徽南院使兼枢密副使。

征讨后蜀的副都部署崔彦进、刘廷让虽是三衙将帅（分别是侍卫亲军马军、步军都指挥使），都部署王全斌却不是三衙将帅，没有担任高级军职。至于后来统军讨伐南汉的潘美、尹崇珂，攻灭南唐的曹彬等人更是清一色的后起之秀，完全没有担任禁军高级军职的经历。

最重要的是，这些帅臣不是固定不变的，而是必经皇帝任命方能统军出征，战事结束便要离开军队重新安排职务，所谓"边境有事，命将讨捕，则旋立总管（部署）、钤辖、都监之名，使各将其所部以出，事已则复初"。

到后来，三衙将帅很少再统帅军队出征，逐渐脱离统兵作战一线，蜗居在汴京，专门负责在京禁军的日常管理。

继军政权与管军权分离，由枢密院和三衙分领后，管军权与统兵权进一步分离，由三衙将帅和帅臣分别承担，"枢密院—三衙—帅臣"三位一体的军事体制就此定型。

下面引入几个角色，对这一军事体制的运作流程进行模拟。

张三，枢密使，枢密院最高长官，作为皇帝的左膀右臂、股肱之臣，负责处理全国军政要务，参与最高军事决策，掌握兵符和禁军兵籍，他手中的权力是军政权（调兵权）。

李四，殿前都指挥使，三衙将帅之一，负责所辖禁军的训练、考校、后勤等日常事务，他手中的权力是管军权（握兵权）。

王五，义成军节度使，地方最高长官，全面负责所辖地区军政事务,但他既无军政权(权在枢密院),亦无管军权(权在三衙),不能参与国家最高军事决策,更无法指挥禁军。

以上三人不存在直接上下级关系,均由皇帝负责,各自独立工作。

某一日,国际关系紧张,战争爆发在即,皇帝需要做出是否开战、何时开战、派谁统军出征等重大决策,于是他决定征求枢密使的意见。此时,枢密使张三便可参与决策,就上述内容发表意见,但最终决策权仍在皇帝手中。

一旦做出开战决策,选择统军主帅(都部署)就成了首要任务。张三作为枢密使,主管国防军事,可以向皇帝推荐将帅人选,他推荐了两个人选——李四、王五。

李四是行伍出身,又作为三衙将帅长期管军,在军中号召力很强,正因为这一点,皇帝对李四不太放心,他没有选择李四,而是选择了节度使王五,让其担任都部署(帅臣)。

王五受命进京,准备率军出征,他跑到三衙找到李四,请李四给他发兵,但被李四拒绝,因为仅凭王五的帅臣身份,根本调动不了禁军一兵一卒,他还缺少一样东西——兵符。

兵符是枢密院用来调动军队的凭证,枢密院把宣制兵符下达给三衙,李四核对兵符无误,才敢按照枢密院的宣文,把相应数量的兵力拨给王五。

大军一旦开赴战场,军队指挥权(统兵权)就转移到帅臣手中,战术布置、兵力分配、阵形排列等由王五全权决定。

等战争打完,王五率军返回京城,卸任军队主帅,重新回到节度使任上,所统禁军归还三衙,仍交由李四管理,三人的关系恢复如初。

关于这一军事体制及其运作流程,古人有十分精辟的概括:"枢密掌兵籍、虎符,三衙管诸军,率臣主兵柄,各有分守";"国家以三衙管军,而一兵之出,必待枢密院之符";"兵典以枢密,宰相可知之而不可总之,三帅可总之而不可发之,发兵之权归枢密"。

《范太史集》是这样评价北宋军事体制的运作效果的:

> 祖宗制兵之法,天下之兵本于枢密,有发兵之权,而无握兵之重;京师之兵总于三帅,有握兵之重,而无发兵之权,上下相维,不得专制,此所以百三十余年无兵变也。

纵观宋朝历史,这个评价大体上是公允的。

第三十一章　肢体之疾

成功解决腹心之患后,赵匡胤将眼光转向了肢体之疾——藩镇。

说起藩镇,很多人会联想到军阀。确实,藩镇就是古代的军阀。

藩镇之祸起于唐朝天宝末年,与宦官专权、农民起义、朋党之争并称为唐朝灭亡的四大祸根,并且堪称最大的祸根。

那么,藩镇是如何搞死唐朝的呢?故事源于一个极富时代特色的词汇——节度使。

节度使与枢密使都是唐朝的独特发明,一个是地方大员,一个是中央要职,都经历了大体相似的发迹过程。在特殊的历史变革中,它们的职权越来越广,权力越来越大,地位越来越高,只是节度使的起点比枢密使高得多。

节度使一职始设于唐睿宗时,唐王朝幅员广阔,边境线漫长,周边遍布少数民族势力,边防压力很大。为加强边境防御,朝廷开始在一些战略意义比较重要的地区设置最高军事长官,节度使一职应运而生。

在唐代,身为节度使是件十分光荣的事。

据《新唐书》记载,节度使"掌总军旅,专诛杀……辞日,赐双旌双节，行则建节、树六纛，中官祖送……入境，州县筑节楼，迎以鼓角，衙仗居前，旌幢居中，大将鸣珂，金钲鼓角居后，州县赍印迎于道左"，场面相当拉风。

节度使设立之初，仅仅作为地方最高军事长官，专司国防军事，不管地方民政。后来，随着形势发展的需要，节度使的权力不断膨胀，逐渐扩大到总揽所辖地方的军、民、财、政大权，连各州的最高行政长官刺史都受其节制。节度使本人往往还直接兼任帅府所在州的刺史，成为名副其实的封疆大吏。

节度使势力的扩张不仅没有引起朝廷和皇帝的重视，反而赋予一些重要节度使更多的权力，甚至以一人兼统两至三镇，多者达四镇，这导致了节度使势力的迅速膨胀，给正处于开元盛世的帝国埋下了祸根，终在天宝末年酿成著名的安史之乱这一恶果。

后来的故事大家都知道，经过近十年艰苦卓绝的战争，朝廷终于平定了这起规模巨大的叛乱，延续了王朝国祚。但唐帝国不仅没能因此挽救颓势，再现昔日辉煌，反而陷入了更大的危机，因为平定安史之乱的主力不是政府的中央军，而是手握兵权的地方节度使。

安史之乱前，唐帝国的中央军长期生活在太平盛世，习惯了歌舞升平，战斗力大幅减弱，真正能打的反而是镇守边陲、时常训练打仗的藩镇军队。

中央政府的军队不中用、不经打，为平定节度使叛乱，恢复河山，朝廷只好以毒攻毒，转而依靠其他手握重兵、实力强大的节度使。

但要想调动这些人的积极性，仅靠朝廷发布一道诏令，号召大家积极勤王、为国平叛之类的精神激励是不管用的，必须得拿出足够的诚意。

加官晋爵自然少不了，但最实惠的还是放权，在财权、军事权、人事权甚至司法权等方面进一步扩大节度使们的权力。

在一系列放权措施中，最具决定性意义的是允许节度使自行招兵买马。

在此之前，大部分节度使所辖兵马名义上还是朝廷的军队，只是由节度使代为管辖和指挥。但从现在开始，朝廷公开允许节度使招募士兵，这些招募来的士兵就成了节度使的私人武装，一种全新的兵制——募兵制正式登上历史舞台，成为中国古代兵制史上最重要的转折点。

安史之乱实质上是节度使势力过盛惹出来的祸患，在平叛之后，削弱地方藩镇力量理应成为必要之策。然而，实际情况与之相反。安史之乱后，地方藩镇势力反而更加强大，节度使的辖区从边疆延伸到内地，遍布全国，中央政府对此束手无策。

屋漏偏逢连夜雨，船破又遭打头风。除了藩镇割据，唐王朝又陷入了地方兵变、农民起义等多重危机之中，朝廷掌握的中央军既无力镇压大大小小的农民起义，打击蜂拥四起的盗贼土匪，也无法清剿安史之乱的叛军余孽，只能饮鸩止渴，继续依赖地方藩镇出兵出力。

在遍布全国的节度使中，实力最强的有八个，他们分别是魏博、成德、卢龙、淄青、横海、宣武、彰义、泽潞，合称"八镇"。

这八镇不但占据着重要的战略位置，拥有雄厚的财力和强大的军力，甚至罔顾中央，搞起父死子承、兄终弟及的世袭制。现任节度使死了，他的儿子或兄弟根本不等朝廷重新任命，便主动接替父兄之位，还很自觉地自封"节度留后"，然后向朝廷报告请求认可。

这种先斩后奏的行为不啻公开谋反，换作以往朝廷不会听之任之。不过现在是靠拳头说话的年代，朝廷这个没牙的老虎不敢招惹这

第三十一章　肢体之疾

些兵强马壮的军阀，只好接受既成事实，装模作样地下诏书承认他们的节度使官职。

就这样，八镇节度使代代相传，藩镇俨然成为一个个独立王国。好比一个人的四肢，虽长在自己身上，却完全不听大脑的控制。所谓"肢体之疾"便是这个意思。

唐德宗、宪宗时，中央政府对地方还没有完全丧失控制力，有所作为的皇帝偶尔能略振国威，对不服从命令的藩镇予以武力打击，甚至一度出现短暂的中兴局面，全国表面维持统一，是为"元和中兴"。

唐穆宗、文宗以后，宦官专权、党争之乱、农民起义三大祸患都来凑热闹，中央局势更加混乱。特别是在黄巢大起义的沉重打击下，羸弱不堪的唐王朝彻底走向了崩溃，而老牌藩镇在镇压农民起义的过程中进一步扩大了势力，新生土豪亦如雨后春笋般冒出，趁机割据一方。

到唐昭宗时，抛却那些浑水摸鱼、寂寂无名的小军阀不算，光是有一定实力，能互争长短、一较高下的藩镇全国就有三十余处。其时南迄岭表，北抵塞外，东及于海，西至陇坂，疆域广阔的盛唐帝国已被藩镇瓜分殆尽。都说天子"政令不出关中"，实际上连皇宫都出不去了。

可以说，在唐王朝苟延残喘的最后几十年，历史舞台上的主角已不是李氏皇帝和朝廷高官，而是风光无限的地方藩镇。由于舞台过于拥挤，领衔主演只能有一个，三十多个藩镇为此展开了你死我活的残酷竞争。

在激烈的竞争中，一个叫朱温的人从河南中部崛起，经过二十多年大鱼吃小鱼、小鱼吃虾米的战争游戏，朱温兼并吞噬十多股势力，其他尚存的藩镇也大多向他表示臣服。

朱温不但成了地盘最大和实力最强的藩镇,还终结了中华历史上最为强盛的唐王朝,开启了一个全新的混乱时代——五代十国。

进入五代十国,混乱激战程度进一步升级。以前藩镇们虽然不听朝廷的话,但表面上还以皇帝为尊,不敢公开称帝;自从大唐没了,大小军阀纷纷独立,建国的建国,称帝的称帝,很多藩镇升级为独立、半独立的国家。

在这波建国称帝的浪潮中,除了中原地区相继兴起的梁、唐、晋、汉、周这五个朝代外,中华大地前前后后一共冒出过十个政权。此外,那些虽对中原王朝称臣,但并未称帝号的藩镇,实际上也在维持着自己独立王国的地位。这种状态一直延续到宋初,成为摆在赵匡胤面前亟待解决的"肢体之疾"。

第三十二章　三大纲领

面对这个根深蒂固的百年顽疾，赵匡胤没有退缩，他相信世上没有解决不了的难题，方法总比问题多。

建隆元年（960年），平定二李叛乱后不久，赵匡胤召赵普入朝。

君臣见面，赵匡胤劈头就问："天下自李唐灭亡数十年间，帝王换了八个姓氏，战争纷乱不息，生灵涂炭，究竟是何原因？朕想要终结兵连祸结之势，求得长治久安，又该如何着手？"

说完，他充满期待地注视着赵普，希望能从自己的这位第一幕僚身上找到答案。

赵普略一沉吟，不慌不忙地做出了回答："陛下之言及此，天地人神之福也。此非他故，方镇太重，君弱臣强而已。今所以治之，亦无他奇巧，惟稍夺其权，制其钱谷，收其精兵，则天下自安矣！"

从赵普的回答看，对于藩镇割据这个问题，他显然早已有过系统的思考，答案成竹在胸，否则面对皇帝的突然发问，一时间恐怕也难以对答如流。

赵匡胤眼前一亮，豁然开朗。他打断了赵普的话："你不用再说了,我已经明白了。"

赵匡胤到底明白了什么呢?就是这十二个字——稍夺其权,制其钱谷,收其精兵。

权,即行政司法权;钱谷,即经济财赋权;精兵,即武装力量权。这三项权力是藩镇赖以生存的三大支柱,也是他们敢于对抗中央朝廷的最大资本。因涉及三个方面共十二个字,又可称为"三大纲领",亦称"十二字方针"。

赵普对天下局势混乱根本原因的分析可谓一针见血("方镇太重,君弱臣强"),提出的解决之道更是一语中的。

藩镇赖以生存的三大支柱中,最直接的便是兵权。

后晋大将安重荣曾有一句发自肺腑的名言:"天子宁有种耶?兵强马壮者为之尔!"这句话的霸气堪与秦末陈胜、吴广起义时那句豪情万丈的"王侯将相,宁有种乎"相媲美,生动地反映了兵权对藩镇的作用。

削弱藩镇,必须从夺其兵权开始。

开宝二年(969年)十月,一场酒宴正在皇宫后苑举行,与会嘉宾都是镇守一方的节镇大藩,他们是应皇帝之邀前来出席的。

宴会上,赵匡胤谈笑风生,向与会嘉宾表示亲切慰问,充分肯定了他们对国家做出的重大贡献,勉励他们再接再厉,继续为朝廷效忠出力。

面对皇帝的关怀,各位节度使受宠若惊。大家纷纷表示,一定忠于朝廷、忠于皇帝。

宴会氛围渐入佳境时,赵匡胤漫不经心地说道:"诸位都是宿旧元老,长期镇守重镇大藩,为国家大事操劳,可这绝非朕优恤功臣的本意啊!"

第三十二章 三大纲领

乍一听这只是皇帝的客套话，没觉得有什么不妥，但有一个人从中听出了弦外之音，这个人就是凤翔节度使兼中书令王彦超。

王彦超算是赵匡胤的老熟人。赵匡胤早年游历江湖，曾上门投靠，结果被对方十分客气地扫地出门，这段经历在赵匡胤心中留下了不愉快的记忆。然而时来运转，赵匡胤参军后一路高升，一直做到了皇帝，有次他在酒宴上发现了这位老熟人，一下子就想起了当年那段往事。

乘着酒兴，赵匡胤一脸严肃地问王彦超："朕当年前往复州投靠，你为何不肯接纳？"

这话惊得王彦超浑身一颤，差点把酒杯摔在地上。

王彦超不具备占卜相面、看人富贵的能力，更没有时光机器可以预测未来，他绝对想不到当初落魄的赵匡胤将来会成为九五之尊的皇帝，更想不到当了皇帝的赵匡胤居然拿这段令人难堪的往事当面质问自己，否则就算借给他十个胆，他也不敢做出当年的举动。

这事往大了说是大不敬之罪，皇帝要想报当年的一箭之仇，随便找一个由头就可以把他解决。

关键时刻，一道灵光突然划过王彦超脑海，他"扑通"一声跪倒在地，说："勺水岂能止神龙耶？当日陛下不留滞于小郡者，盖天使然尔！"

这是一个极高明的回答，既讨好了皇帝，把当年的赵匡胤比喻成神龙，又委婉地表示自己是顺应天意。

王彦超是幸运的，因为赵匡胤不是一个睚眦必报之人，不过借酒兴开个玩笑，找回当年的面子而已。何况王彦超在五代声名赫赫，战功颇多，又为人温谨，待人宽厚，严于律己，有礼贤下士之名。对这样一个人，赵匡胤绝不会公报私仇。此后，他再没提起过这件事，也没找王彦超什么麻烦。

无论对待什么人，赵匡胤一向以笼络为主，他相信温柔有时比暴力更加有效。

自那以后，王彦超整日担惊受怕，说话做事小心翼翼，时刻保持着高度的警觉，生怕被别人抓住什么把柄。

现在，考验智商和情商的时候又到了。同样是在酒宴上，同样是一句似有深意的话，又老了好几岁的王彦超会有什么反应呢？

听到皇帝的话，王彦超再次灵光乍现，主动上前奏请道："臣本来就没有什么功劳，却久受皇帝荣宠，实在惭愧。现在我已经年老体衰，请求皇帝允许老臣退休回家养老！"

对王彦超的表现，赵匡胤十分满意，他相信其他人也会照着葫芦画瓢。

但事实并非如此。论资历，这些人一个赛一个深厚，他们摸爬滚打数十年，好不容易熬成大权在握的节度使，这个年龄只能当自己儿子的皇帝却想只用一顿饭、一杯酒、一句话，就夺去自己手中的权力，谁肯甘心？

于是，安远军节度使武行德、护国军节度使郭从义、定国军节度使白重赞、保大军节度使杨廷璋等人竞相发言，纷纷陈述各自征战之功，历数艰苦奋斗之不易，说到动情处，不胜感慨。

这些人如此卖力表功，无非是想给赵匡胤施加点压力，让他念及昔日功勋，保住他们的地位权势，与其说是请求，不如说是威胁。

这些老牌藩镇着实低估了赵匡胤的决心，这位新科皇帝平素重情讲义，但绝不是一个容易被忽悠的人。但凡他认准了的事，就一定要干，干了就一定会干到底。特别是在对权力的争夺上，赵匡胤绝对不会心慈手软，他只用一句话就结束了这次酒宴："这些都是前朝后代之事，今天不足为论！"

第二天，武行德、郭从义、白重赞、杨廷璋等人全部被罢去节度使之职，只是授予他们太子太傅、诸卫将军等虚衔。

至此，"杯酒释兵权"第二幕圆满结束。

赵匡胤导演的两幕"杯酒释兵权"影响深远，尽显其政治智慧，故而在历史上评价极高，溢美之词不绝于耳。然而，若从历史发展规律的角度全面综合分析，赵匡胤夺藩镇兵权，也并非想象之中那么难。

藩镇的辉煌时期主要在唐朝末年，进入五代后全国虽然仍是四分五裂的状态，但在中原地区，至少存在一个被普遍认可的正统政权，呈现一种局部统一的态势。

以朱温为代表的藩镇用武力手段对宦官专权和农民起义进行了清理，消除了诸多不利于统一的因素，建立了后梁。后梁又通过征战，吞并十多股割据势力，实现了局部的统一。

朱温以强藩身份废唐自立，是藩镇势力发展到巅峰的表现。但他建立后梁之后，他所代表的已不再是地方藩镇，而是中央政府。

由于他本人起于藩镇，朱温自然要重点防范藩镇，以防他人效仿自己取而代之。朱温防范藩镇的举措很有针对性，他以精兵强将为主建立禁军，由自己亲自指挥，把兵权牢牢抓在手中，其他藩镇自然无力与之对抗，这正是五代中央正规军——禁军的起源。

及至后来，唐朝河东节度使李克用及其子李存勖经过不懈奋战，也以最强藩镇的身份灭梁兴唐。

再往后，后晋石敬瑭、后汉刘知远无不依葫芦画瓢，一一效仿，以前朝藩镇旧臣的身份建立了新王朝。

从五代初到末期，随着以朱温、李存勖为代表的强大藩镇不断带兵入主中原，又搜括藩镇精兵扩充禁军，中央军队的兵力渐趋强大，地方藩镇则日益削弱。此消彼长下，原来那种内轻外重、尾大不掉的局面大大改善。

后梁、后唐、后晋、后汉这四个王朝虽然短命，控制的地盘也比较有限，却比唐末中央政府具备更强的控制力。比如，后汉在五代政权中实力是最弱的，但在乾祐年间，面对李守贞等地方三镇的联合叛乱时，仍能依靠枢密使郭威统率的禁军迅速平定叛乱。

与此形成鲜明对比的是，禁军将帅的影响力与日俱增，逐渐成为皇权的新威胁。各朝兴亡，帝位改易，很大程度上取决于禁军的忠诚程度。

后唐庄宗李存勖，麾下禁军原本被派去镇压魏州兵变，却反过来与叛兵合为一处，拥戴资深禁军将领李嗣源反击洛阳，结果李存勖在混战中被弑杀，李嗣源取而代之，成为新皇帝。

李嗣源的儿子、后唐闵帝李从厚派禁军平定潞王李从珂之乱，原本占据优势，但禁军羽林指挥使杨思权突然叛降，侍卫亲军马军都指挥使安从进跟敌人暗通款曲，侍卫亲军步军都指挥使康义诚更率全部禁军投降，这些变故直接导致了李从厚的败亡。

后汉太祖郭威、宋太祖赵匡胤更以中央禁军统帅身份夺取他人江山，建立自己的王朝，而拥戴他们发动兵变的几乎清一色都是禁军高级将领。

正因为如此，赵匡胤在加强对兵权的控制时，采取了先收中央禁军统帅之兵权、再削地方藩镇之兵权的先后顺序，因为相比肢体之疾，腹心之患显然威胁更大，更亟待解决。对于赵匡胤而言，收藩镇兵权是历史发展的必然结果，并不如收禁军兵权那么困难。

"杯酒释兵权"知名度极高，但对这段故事的认知存在很多误区，有些误区甚至深入人心。

误区之一是"杯酒释兵权"一招制敌，彻底解除腹心之患；误区之二是"杯酒释兵权"是加强中央集权的举措，"释"的是藩镇兵权；误区之三是"罢藩镇兵权"表示藩镇已被全部解决。

第一个误区已在前面澄清，"杯酒释兵权"是赵匡胤控制禁军的第一招，但绝不是一招制敌。除此之外，赵匡胤还精心设计了一套独特的军事体制来维护对禁军的绝对控制，这才解除了腹心之患。

第二个误区最为根深蒂固，甚至一度被写入历史教科书，公认"杯酒释兵权"是赵匡胤削弱藩镇兵权、加强中央集权的重要举措。

之前已经澄清宋初的"释兵权"实有两次，两次释兵权，形式相近，手段类似，发生时间和所罢对象却不尽相同。

确切地说，第一次应该叫"杯酒释兵权"，发生在建隆二年（961年）七月，罢去的是以石守信等人为代表的功臣宿将典掌中央禁军的兵权；第二次应该叫"设宴罢藩镇"，发生在开宝二年（969年）十月，罢去的是以王彦超等为代表的部分藩镇兵权。

形成此种错误认识是因为关于"释兵权"的史料记载很凌乱，司马光在《涑水记闻》中如此记载：

> 太祖既得天下，诛李筠、李重进，召普问曰："天下自唐季以来，数十年间，帝王凡易十姓，兵革不息，苍生涂地，其故何也？吾欲息天下之兵，为国家建长久之计，其道何如？"普曰："陛下之言及此，天地神人之福也。唐季以来，战斗不息，国家不安者，其故非他，节镇太重，君弱臣强而已矣。今所以治之，无他奇巧也，惟稍夺其权，制其钱谷，收其精兵，天下自安矣。"语未毕，上曰："卿勿复言，吾已喻矣。"

这段君臣对话是关于探讨削弱藩镇的策略的，既然赵匡胤自称"吾已谕矣"，那接下来的内容自然应该是赵匡胤采取的削弱藩镇之权的具体举措，但《涑水记闻》紧接下来的是如下记载：

> 顷之，上因晚朝，与故人石守信、王审琦等饮酒，酒酣，上屏左右谓曰："我非尔曹之力不得至此，念尔之德无有穷已。然为天子亦大艰难，殊不若为郡节度使之乐，吾今终夕未尝敢安寝而卧也。"守信等皆曰："何故？"上曰："是不难知，居此位者，谁不欲为之？"守信等皆顿首曰："陛下何为出此言？今天命已定，谁敢复有异心？"上曰："然汝曹无心，其如汝麾下之人欲富贵者何！一旦以黄袍加汝之身，汝虽欲不为，不可得也。"皆顿首涕泣曰："臣等愚不及此，惟陛下哀怜，指示以可生之途。"上曰："人生如白驹之过隙，所以好富贵者，不过多积金银，厚自娱乐，使子孙无贫乏耳。汝曹何不释去兵权，择便好田宅市之，为子孙立永久之业；多置歌儿舞女，日饮酒相欢，以终其天年。君臣之间，两无猜嫌，上下相安，不亦善乎！"皆再拜谢曰："陛下念臣及此，所谓生死而肉骨也。"明日，皆称疾，请解军权。上许之，皆以散官就第，所以慰抚赐赉之者甚厚，与结婚姻，更度易制，使主亲军。

很明显，这一大段内容是第一次"杯酒释兵权"的情节，也就是解除石守信等功臣宿将典掌禁军的兵权，跟解除藩镇兵权、削弱藩镇权力没有关系，时间上也完全对不上号。

接着，司马光笔锋一转，又回到削弱藩镇之事上：

其后,又置转运使、通判,主诸道钱谷,收选天下精兵以备宿卫。

由此可见,司马光在记载这段史实时是比较混乱的,他无意中搞了一次"插叙",把释禁军功臣宿将的兵权一事穿插到了削弱藩镇之权的叙述中,导致两次"释兵权"的情节被混杂到了一起,从而产生了第二个误区。

至于第三个误区,就更容易解释了。与"杯酒释兵权"只是罢去一部分功臣宿将典掌禁军的权力一样,"设宴罢藩镇"也只是罢去了前朝一部分资深藩镇的兵权,取得的成效只是初步的、小范围的,并未一举解决藩镇顽疾。

在赵匡胤看来,"杯酒释兵权"虽然足够艺术,却不能一劳永逸,不能彻底铲除藩镇的威胁,必须给这些藩镇套上"紧箍咒"。而这"紧箍咒",就是三大纲领。

注:上述三个误区的解析,参考已故著名历史学家聂崇岐《论宋太祖收兵权》一文。

第三十三章　全面削藩

乾德三年（965年）八月一日，大宋各地方长官收到朝廷诏令，要求拣选本辖区内身强体壮、剽悍骁勇的士兵，全部登记造册，加以训练后统一送到京城。

这是一道看似普通的诏令，由于宋初禁军数量有限，加上统一战争的减员消耗，以及统治区域扩大对戍守力量的需要，从地方军队抽调兵员补充禁军缺额是件很正常的事。

然而事实并非如此，补充禁军缺额只是此次拣选的目的之一，赵匡胤真正的目标是想借此举把不归中央直接指挥的藩镇军队全部置于朝廷控制之下。

招收藩镇精兵并非赵匡胤原创，却与他有着莫大的关系。后周世宗柴荣整顿禁军、淘汰老弱时，就曾下令从地方挑选高素质士兵充实禁军，受命担当此任的正是赵匡胤。

这次重操旧业，赵匡胤不但全盘吸收了以往的成功经验，制定了以藩镇之兵补充三衙之兵的政策，还考虑了一个重要的细节——挑选士兵的标准。

如果只笼统要求挑选骁勇士兵，不规定骁勇的具体标准，让各地长官以个人眼光甄选，最终选出的士兵素质肯定参差不齐。于是，赵匡胤想出了一个简单实用的方法：他亲自从禁军中挑选出一些符合"强壮骁勇"标准的士兵，把他们定为兵样，分别送到地方诸道，让地方官员对照这些"人体模特"按图索骥，甄选身材相当的士兵，直观生动，简便易行。

不久后，赵匡胤又对士兵选送标准做了进一步优化，发明了一种独特的工具——木梃。

木梃，学名"等长杖"，其实就是一根标有刻度线的木棍，刻度从5.2尺到5.8尺不等，几个主要的尺寸线分别是5.2尺、5.5尺、5.7尺、5.8尺。

这里的尺是宋尺，换算成米大概分别对应1.61米、1.71米、1.77米、1.80米。

可见，木梃实际就是一个测量身高的标尺，用以代替兵样作为挑选士兵的量化标准。负责甄选的官员只要让士兵排好队，逐个往木梃边上一站，测量记录每人的身高。然后根据皇帝配发的"身高对应标准表"，就可以判定士兵的身体素质并做出选择。

身高是拣选士兵的重要标准，却非唯一标准，空有身高、弱不禁风的"竹竿型"身材肯定不符合标准，赵匡胤还对应募人选的体格提出了要求，简单说就是"琵琶腿、车轴身、臂多力"，一句话就是身强体壮。

除身高和体格标准外，招募程序也显示了甄选士兵标准的优先级。北宋禁军拣选士兵的第一个环节是"度人才"，相当于海选。

这一环节的主要内容是测量身高，拿等长杖一量，是多少就是多少，属于量化指标，谁也不能作弊，不合格的直接淘汰。

第二轮是"阅走跃"，即体能测试，相当于初试。

应募者按要求完成跑步、跳跃等规定动作，观察检验其体力和身体协调能力。那些跑几步就喘，跳两下就头晕，要爆发力没爆发力，要耐力没耐力，或者平衡感差、基本动作不到位的，只能打道回府。

第三轮是"试瞻视"，即检查视力，相当于复试。

这一点相当重要，虽然宋朝时还没发明眼镜，但不表示就没有视力差的人，设检查视力这一关恰恰表明视力差的大有人在。

那会儿检查视力用不着看满是大小字母的视力表，只用一只手就可以搞定，考官随机伸出手指，让应募者站在二十步开外用肉眼识别，简单却很实用。

如果能顺利通过这三轮测试，则可顺利加入禁军，接下来就是分配到哪支部队的问题了。

禁军系统既有油水十足、前途光明的部门，也有不受重视的清水衙门，不同单位间收入差别较大，其中番号为"捧日、天武、神卫、龙卫"的"上四军"是禁军最精锐的部队，军俸收入最高，因此对应募者的素质要求也最高。

进入哪一支部队不是根据个人意愿，而是根据海选环节的甄选标准——身高。所有新兵都要根据身高，按从高到低的不同档次，分配到从上到下不同档次的部队中，分配时也有一套严格的标准，大致如下：

1.75米以上属第一档，可入选上四军。

1.70米~1.75米属第二档，选入其他主力部队。

1.65米~1.70米属第三档，选入非主力部队。

1.60米~1.65米属第四档，在最低规格的禁军中服役。

1.60米以下的只能留在地方服役，充任身份低下、俸禄微薄的厢军，承担各种繁重劳役。

对宋朝有志参军的男儿来讲，身高这一先天性指标决定了一个人在军队中的起点，这是影响一个人发展前景的重要因素。

削藩并非从赵匡胤这一代才开始，五代凡欲有所作为的皇帝，或多或少都有这方面的尝试，但结局无一例外，都是失败。主要原因是对藩镇的认识不全面。

政治经济学有一个重要原理：经济基础决定上层建筑，上层建筑对经济基础起反作用，这个原理同样可以用来解释藩镇的兴衰。

藩镇的兵力强盛并非一蹴而就，而是日复一日、年复一年地积累，甚至历经数代奋斗的结果。而其之所以能够不断积蓄兵力，源自另一权力——财权。没有钱财、粮谷，就没有办法招兵买马，就没有能力打仗抢地盘，而大家之所以投靠你，主要目的是养家糊口，没人会不计报酬，饿着肚子拼命。

兵强马壮的重镇强藩同时也是财大气粗的大地主，他们用聚敛的财富豢养强大的职业军队，又用这支军队打仗抢地盘，保护自己的财产，进而维持和扩大割据范围，充分体现了经济基础和上层建筑的关系。

因此，若要彻底铲除藩镇这一毒瘤，就必须掐断他们的财富来源，从根本上动摇其经济基础。纵观唐末五代有过削藩举动的帝王，大多从直接争夺兵权入手，显然是舍本逐末。

那藩镇的巨额财富又是如何获取的呢？

答案很简单，不是靠双手劳动得来，而是从中央政府抢来的。

在唐朝，地方州县的财富收入分为两部分，一部分用来孝敬朝廷，称为"上供"；一部分留在地方自用，叫"留使"或"留州"。这两部分的比例不同时期多有不同，但总体上是中央和地方共享成果。

形势到唐朝后期开始发生变化，藩镇可以自己招募军队，通过不断扩编海选,军队规模渐趋庞大。为养活越来越多的私人武装,各地节度使便把所辖地区征收的赋税大多截留下来自用,在赋税总量一定的情况下,地方截留得多了,那上供给朝廷的自然就越来越少。

面对这种情况,皇帝虽不满意却无可奈何。因为节度使们个个财大气粗,手握重兵,要是兵戎相见,朝廷还真拿这些武装地主集团没什么办法。

到了唐末五代,地方藩镇与中央争夺财赋的行为愈演愈烈。除了截留赋税,藩镇们还通过安排亲信部属担任高官,逐渐取得了各类采矿场、冶炼厂、伐木场、榷场等原本归朝廷所有的国有大中型企业(术语"场院")的实际控制权和经营权。这些企业的收入,除向朝廷上缴一部分定额利润外,其余盈利全部都被藩镇截获,成为藩镇积累财富的重要来源。

与此同时,藩镇还与民争利,插手民间商贸活动,利用手中的闲置资金和廉价劳动力从事"回图贸易",派亲信部将带领士兵到外地低价收购物资,然后以高价转卖,获取差额利润。

这种贱买贵卖的长途贩运贸易业务,看起来跟普通小商小贩的商业活动没什么两样,但实际情况并非如此。

五代时期,商税苛重,主要征税对象便是商人。特别是长途贩运的商人,每过一处关卡就被课以重税,还经常被不同地方重复征税,这令他们苦不堪言。但藩镇开办的贸易公司就不一样了,官府设置的关卡不敢对他们征税,所有物资一律免税。

这种偷税漏税行为将原本应由朝廷征收、中央与地方分成共享的商税全部落入藩镇囊中,导致朝廷收入大幅缩减,有时甚至一分钱都拿不到,藩镇却从中大肆牟利。

通过上述种种手段,藩镇事实上把持了地方的赋税收入,财税如

第三十三章　全面削藩

何分配完全由藩镇决定,而非中央决定。

藩镇把持地方财权的行为在宋初仍然普遍存在,老资格的节度使大都认为这是前朝惯例,习以为常,"留州""回图贸易""主场院"之类的事谁都没少干,就连赵匡胤本人出于安抚人心的需要,对此也持默许态度。

但这只是权宜之计,收财权是早晚的事,而且与收兵权同时并举。

从乾德年间开始,在宰相赵普的建议下,赵匡胤开始削夺藩镇财权,下诏要求各州除计划内经费开支外,所有金银布帛全部上缴朝廷,任何人不得侵占留用。

当然,仅凭一纸诏书就想破除百年陈俗陋规,绝无可能。一旦涉及真金白银的经济利益,藩镇们一定会"上有政策下有对策",对中央的方针千番阻挠、万般抵制,不肯乖乖割肉。

不过,赵匡胤对此早有预料,提前制定了一系列配套措施来确保政令的执行,其中最重要的一项便是设置转运使。

转运使一职源于唐朝,最初是朝廷根据需要任命的临时性职务,负责办理一道或数道粮草运输事务,事罢则免,并不常设,跟都部署的性质差不多。

宋初沿袭了这一做法,在历次大型战事中设随军转运使、随驾转运使、某某道转运使等,这些转运使的任务多是筹集军饷、运输物资,相当于后勤保障兼物资运输部长。虽然仍是临时差遣,却拥有征调地方州县财赋的权力,成为后来常设转运使的雏形。

为配合收回藩镇财权,赵匡胤开始设置固定的路转运使,这些转运使的职责主要有以下三项:

一、核算本路本年的财赋收入,筹办调拨向朝廷上供的钱粮财物,保证及时足额上交,相当于"征收"。

二、核定下辖州县每年所需的经费支出，按预算额予以调拨，相当于"预算"。

三、对下辖州县进行经常性监督，稽核财物账册，检查物资储备，确保账实相符、账物相符、账证相符，杜绝州县截留钱粮、偷设小金库等行为，相当于"审计"。

概括起来，路转运使主管一路财赋事务，负责筹办上供钱物、控制州郡经费支出、审计地方财务状况，职权范围相当于"税务、财政、审计"三部门的结合。

转运使属于朝廷委派的一级长官，不归节度使管辖，履行职责不受节度使的干涉，直接对总管全国财政的三司负责，三司又向皇帝负责。

这样一来，地方州郡的财赋收入、支出和财务运行情况尽在中央掌握，除了必要的经费可以"留使""留州"，大多数经费都被收归朝廷，藩镇的财权被大大削弱。

不久后，赵匡胤再接再厉，逐步把转运使制度推行到全国各路，他的后继者们又对这一制度进行不断完善，设立了转运使的专门办事机构——转运司，并不断赋予转运司新的职权。

到宋真宗年间，转运司已由最初的专理财赋、职能单一的专门机构，逐渐发展为集财赋、监察、民政乃至刑狱诉讼等大权于一身的综合性机构，俨然介于中央和州郡间的一级政府。

转运使制度的实施大大削弱了地方财权，从根本上动摇了藩镇势力的经济基础。自此以后，藩镇势力一蹶不振，经济实力仅能自保，再也没有能力与中央对抗。

以经济手段解决棘手的政治问题，这是赵匡胤的高明之处。

藩镇赖以生存的基础一是武装，二是财赋。赵匡胤通过"收精兵"，斩断其爪牙；通过"制钱谷"，掏空其家底，让他们再也没有犯上之力、作乱之资。失去兵权、财权的藩镇成了没有尖牙利齿的老虎。

即便藩镇们已被收拾得服服帖帖，一向坚持非暴力的赵匡胤仍不打算就此罢手。他要一鼓作气，大获全胜，彻底解除藩镇这个"肢体之疾"。

藩镇势力最强大时，权力无孔不入，朝廷拥有的权力，他们几乎都能从中分一杯羹。兵权、财权最为重要，却并非全部。藩镇拥有的重要权力，至少还有三项：人事权、司法权和治安权。

节度使之所以被称为藩镇，是因为他们的两项重要特征：一是辟署，二是支郡。

辟署，就是自主招聘幕僚。

不管文臣还是武将，一旦升任节度使，就拥有了开府辟署的权力，可以自行设定条件，招聘参谋助手，组建属于自己的幕僚团队，朝廷一般不会干涉。

藩镇不但可以自辟僚属，还可以借助幕僚之力染指州郡的人事权，以此进一步控制支郡。节度使往往下辖数个州郡，其中节度使所驻的州郡行政长官刺史一般由节度使本人兼任，其他州郡则另设行政长官治理，故名支郡。

按唐制规定，州县的官员虽受节度使节制，却不同于节度使的幕职，不能由节度使自行招聘，他们是朝廷的官员，应该由吏部"依阙除授"，节度使下辖支郡也是如此。

这个制度一开始执行得还不错，但到了唐朝后期，藩镇掌控了地方的军权、财权等大权，自然不会放过人事权这一重要权力，州县领导班子就成了他们重点染指的对象。一旦下辖州县出现职务空缺，节度使不等中央任命就直接委派自己的僚属"权摄"（临时代理）其职，先占住位置，然后向中央打报告，请求给代理官员发正式委任状。

这种先上车后补票的做法，朝廷自然很不高兴。但节度使权大势大，朝廷只能接受既成事实，"所奏悉行"。后来有些皇帝为了拉拢藩镇，甚至正式赋予藩镇对支郡官员的任免权，中央的人事权被严重削弱。

朝廷亦曾试图限制藩镇的人事权，核心措施不外是夺回州县官员的任免权，让这些官员直接向中央汇报工作，而不许诸道节度使自行"摄署"。然而，这些措施始终难以奏效，其根本原因还是中央势弱，说了不算。

这种上下争夺人事权的斗争一直延续到了宋初，赵匡胤决定亲自给这场旷日持久的争夺战画上一个句号。

面对藩镇这个强劲对手，赵匡胤表现出了足够的耐心。他没有急于求成，而是步步为营，层层渗透，循序渐进，这一点在削夺藩镇人事权的过程中体现得尤为明显。

赵匡胤收回藩镇人事权的行为与削兵权、夺财权几乎是同时进行的。

历史证明，每一个成功的节度使背后都拥有一个优秀的幕僚团队，如果说军队是藩镇的爪牙，那幕僚就是他们的羽翼。出于安全考虑，爪牙要拔除，羽翼也要清理。

乾德二年（964年）三月，朝廷发布诏令，明文规定"使府不许召署，幕职悉由铨授"。

"使府"是节度使衙门，"幕职"是节度使属官，"召署"是节度使自主招聘，"铨授"则是朝廷统一选拔任用。综合起来，这道诏令就是说禁止节度使自聘幕僚，所有属官须经中央人事部门统一选拔任用。

这样一来，藩镇的辟署权就被彻底废除，新任命的幕职官虽然仍是节度使的下级，却已不再是节度使的私属，而是吃皇粮的朝廷命官，自然更倾向于与中央保持良好关系。

后来，节度使的人事权被不断削弱，节度使逐渐成为虚衔，那些原是节度使属官的推官、判官、书记等幕职官也逐渐有了新的服务对象——知州（知府），藩镇的羽翼终被清理一空。

第三十四章　小小知县不好惹

经常看古装剧，一定对知府、知州、知县这几个官职不会陌生，但很少有人知道这些官职其实都是简称，全称是"知某某军州事""知某某县事"，这代表的是一项极具特色的政治制度，它的确立有一个相对漫长的历史过程。

如前所述，藩镇强盛时期，侵夺朝廷人事的任免权，常以僚佐属将"权摄"地方州县官缺，美其名曰"权知某州事"。

唐朝末年，地方藩镇"权知某州事"的现象在全国十分普遍，吃了亏的朝廷甚至学会了以彼之道还施彼身，从中央派遣京朝官去地方"权知某州事"，把州郡的控制权重新夺了回来。

对那些悖逆朝廷、敢于公开造反的藩镇，朝廷一般直接以武力平定，然后委派官员以"权知某州事"的名义对藩镇下辖州郡进行直接治理，不再任命新的节度使，这招就叫"移花接木"。

对于那些听话的藩镇，先采取各种限制措施，不允许他们权摄州县缺员，然后等这些藩镇光荣退休或找机会调离其老巢，再故技重施，从朝廷派京朝官"权知某州事"，这招叫"占位补缺"。

事实证明，这两招都是削弱藩镇人事权的有效手段。赵匡胤奉行拿来主义,照着葫芦画瓢,决定将"京朝官知军州事"的制度在全国全面推广。

对平定的藩镇或新夺取的地盘,赵匡胤使用"移花接木"之计,直接以他官"权知军州事",不再任命新的节度使。

建隆元年(960年)冬,平定淮南节度使李重进,以宣徽北院使李处耘权知扬州。

乾德元年(963年)春,灭南平、武平,收荆湖,以户部侍郎吕余庆权知潭州,给事中李昉权知衡州,枢密直学士、户部侍郎薛居正权知朗州,边光范权知襄州,王仁赡权知荆南军府事。之所以一下派出五个知州,是因为荆湖地区面积大。

乾德三年(965年)春,平后蜀,以参知政事吕余庆权知成都府,枢密直学士冯瓒权知梓州。

"占位补缺"则适用于根基深厚,不宜强行解决的资深藩镇,待节度使一旦离任去职,所辖支郡出现长吏缺员时,朝廷就直接派员"权知军州事",直接归属朝廷管辖。

建隆元年(960年)七月,成德军节度使郭崇入朝,所镇州府长官空缺,赵匡胤随即派宣徽南院使昝居润权知镇州。

乾德元年(963年)夏,凤翔节度使王景卒,赵匡胤两天后派尚书左丞高防权知凤翔府。

"权知军州事"就这样逐步在全国范围内全面展开,并成为一项固定制度。既然成了固定,就不再"权宜"了。后来"权知军州事"便去掉了带有临时性质的"权"字,成了"知军州事",也就是众所周知的知州。

与知军州事相类似的是知县事。

乾德元年(963年)六月,朝廷新任命一批县级干部,分别是大理正奚屿,知馆陶县;监察御史王祜,知魏县;屯田员外郎于继徽,知临清县(今山东临清)。

从前缀职务看,这几个人都是京官,现在他们被委派到地方上任职,有些深入基层锻炼的意思,但赵匡胤深层次的含义并非如此,这是他削弱藩镇势力的一个重要举措。

在此期间,一个叫周渭的官员引起了赵匡胤的注意。

周渭,字得臣,恭城(今广西恭城)人,曾以布衣身份直接上书皇帝,赵匡胤看后大为称奇,亲自面试,结果这位布衣表现十分出色。赵匡胤一高兴,直接就赐他同进士出身,担任白马县(今属河南滑县)主簿。

主簿虽然是个无足轻重的小官,但周渭这个小官有着与其职务不相称的胆魄。

白马县有一名高级官员犯法被周渭发现,周主簿迅速将其逮捕并查实罪行后翻了翻大宋律例,找到法律依据,直接就把人给斩了。赵匡胤得知此事后大加赞赏,认为周渭是个果敢决断的人才,随即把他提拔为右赞善大夫,派往永济(今属山东冠县)担任知县。

一般来说,提拔总是好事,但到永济干知县可不算美差,原因在于永济县的特殊性。

永济县隶属大名府,而大名府内有一位重量级人物——符彦卿。

符彦卿是五代名将,混迹政坛军界几十年,历经五代十帝而不倒,官职越混越高,资历越混越深,名声越混越大。就算跟那位号称五代"长乐老"、官场"不倒翁"的冯道比起来,对方也要甘拜下风,因为符彦卿有着冯道不能比拟的崇高地位——皇亲国戚。

符彦卿有三个幸运的女儿,分别嫁给了两个争气的女婿。

大女儿嫁给了柴荣,成了柴荣的首任皇后,史称"大符后";数

第三十四章 小小知县不好惹

年后,大符后去世,柴荣续弦,娶的又是符彦卿的二女儿,史称"小符后";三女儿倒是没有嫁给当朝皇帝,而是嫁给了赵光义,只可惜她在丈夫当皇帝前就去世了,赵光义即位后追册她为皇后,即懿德皇后。

有了这几层特殊关系,只要不干出谋反篡位之类的惊天大事,符彦卿完全不用担心自己的政治前途。

赵匡胤对符彦卿也十分信任,甚至在"杯酒释兵权"后一度动过让他执掌禁军的念头,只是在赵普的强烈抗议下才作罢,但仍允许符彦卿手握兵权,长期镇守地方,就连削藩也对他开了绿灯。

符彦卿虽然打仗是把好手,却没什么政治才干,把政务全都放手给了牙校刘思遇。刘思遇贪婪狡诈,仗势敛财,包庇不法,导致所辖州县事务一团混乱,而符彦卿的自我约束能力也比较差,常以个人权势凌驾于朝廷法度之上,成了地方黑恶势力的"保护伞",在当时造成了很不好的社会影响,但一直没人敢管。

对符彦卿的所作所为,赵匡胤是很想管一下的,他可以适度姑息功臣宿将的不法之事,但如果这种姑息导致个人势力膨胀的话,那就必须管一管了。而周渭这个芝麻绿豆大的小官,正是赵匡胤精心挑选的一枚棋子。

现在回过头来看,赵匡胤之前委任那四位县官也是有深意的。

馆陶、魏县、永济、临清都是大名府的直辖县,也就是天雄军节度使符彦卿的治下,赵匡胤直接下诏任命这几个知县,用意不言自明。而他钦点胆识过人的周渭到永济任知县,就是打算让这个天不怕地不怕的小小知县,压制一下符彦卿这只"大老虎"的嚣张气焰,削弱符彦卿的权力。

皇帝看人的眼光果然不同凡响,周渭到任后的表现也没有让赵匡胤失望。

符彦卿对这位新任知县此前的英勇事迹亦有所耳闻,对赵匡胤的用意似乎也有所察觉,所以亲率部众到城郊迎接。

周渭见符彦卿在路旁迎接,连马都没下,直接在马背上拱手作揖,算是打了个招呼。

这让阅人无数的符彦卿吃了一惊。他好歹在五代十国时期混了几十年,什么大人物没见过,今天也算是开了眼。一个小小的知县见了他居然连马都不下,也太不把自己放在眼里了!

周渭对此不管不顾,把迎接自己的众多高级干部扔在一旁,径直跑到县招待所。待一切安顿停当后才施施然出来,正式与符彦卿见面。

在两人谈话的过程中,周渭表现得从容镇定、不卑不亢,言谈举止淡定自如,丝毫没有见到高级领导干部的紧张和拘谨,饶是符彦卿见多识广,也对这位后生晚辈的表现敬佩有加,而周渭后来的行动更令他刮目相看。

不久后,永济县城发生一起抢劫伤人案,符彦卿收了嫌犯贿赂,竟放任对方逃窜,周渭却发扬执法必严的一贯作风,放出"私藏强盗者杀无赦"的狠话,迅速将嫌犯逮捕归案,准备依法处置。

有人友情提醒周渭,这些人都有后台背景,最好先把名单通报大名府,以免惹祸上身。

符彦卿是天雄军节度使,大名府的最高军政长官,永济受其管辖,他完全有权过问。作为初来乍到的县官,生杀予夺的大事向领导请示汇报合情合理,这也是对上级的尊重。但周渭不以为然,依然依法办事。他认为既不徇私枉法,也不制造冤假错案,何必怕符彦卿?于是直接斩立决。

符彦卿听了很恼怒,但因为早就摸透了这位芝麻官的底细,知道

第三十四章 小小知县不好惹

拿他没什么办法，就没有责难这位既先斩也不后奏的下属，事情就此翻篇。

此后，周渭很好地贯彻了司法独立原则。凡县境内的重大案件，总是独立审理，从来不跟符彦卿商量，他放开手脚，整顿吏治，惩处恶霸，干得热火朝天。

周渭之所以敢与节度使分庭抗礼，除了自身性格外，更重要的是他拥有一把无形的尚方宝剑——皇帝的授意。如果没有皇帝的撑腰就去挑战藩镇权威，周渭这么做的后果一定会很惨。

在"京官知县事"制度的全面推广下，原本被知州分割权力的藩镇，进一步被知县削弱了治事权。至此，藩镇的用人权被彻底剥夺。

除军权、财权、人事权外，司法权也是藩镇侵夺中央权力的重要领域。

唐末藩镇鼎盛时，守藩将领个个手握地方军政大权，反叛中央政府、火并其他藩镇，鱼肉百姓、强抢民女，以至草菅人命，也是常有的事。

有人可能会问：普天之下，莫非王土，难道就没有王法吗？

王法是有的，却不适用于藩镇；非但不适用，他们甚至还可以干涉司法，徇私枉法，知法犯法。

按照历朝律例规定，司法权由各级政府行使，对中央来讲是隶属朝廷的刑部、大理寺、御史台等专门司法机构，对地方来讲就是府、州、县等各级政府。但唐末五代时，藩镇权势太过膨胀，他们控制了各级地方政府，司法权自然难逃他们的魔掌。

那些实力强大的藩镇不仅犯法不受罚，杀人不负责，逍遥于法律之外，更有甚者，还可以私设监狱，审讯犯人，操纵司法，制造黑幕，凌驾于法律之上，各级政府敢怒不敢言。

建隆二年（961年）三月的一次宴会上，赵匡胤说了这样一番话："五代以来，诸侯跋扈，有枉法杀人，朝廷置而不问，刑部之职几废，且人命至重，姑息藩镇，当若是耶？"

毫无疑问，这正是赵匡胤收夺藩镇司法权的宣言。

国人喜欢在酒桌上谈事，这一传统在赵匡胤身上体现得淋漓尽致。他先后借着酒宴罢免了一批功臣宿将和地方藩镇的兵权，在这次宴会上，他又宣告要收回被藩镇侵夺的司法权。

赵匡胤发布诏令做出如下规定：

一、全国地方诸州府今后只能自行决断"大辟"（死刑）以下案件，"大辟"以上案件经州府审理后，将案卷资料上报朝廷，由最高司法机构刑部进行详细复核。复核通过后，可以圆满结案，裁决量刑；复核不通过，由刑部予以纠正或者发回重审。

二、若州府审理判决失误，量刑过轻或过重，造成冤假错案，甚至杀了无罪之人，放过真正的案犯，即便没有徇私舞弊、受贿枉法行为，也要追究相关人员的责任。

通过严格的司法程序，实行大辟以上案件由刑部复核，赵匡胤把司法权适当上收并牢牢掌握，藩镇仗势枉法、草菅人命的日子终于一去不复返。

除司法大权外，治安权也是藩镇侵夺地方州县权力的重要领域。

五代时，县级治安诉讼事务一般由一县之长县令全面负责，平时又有其他官员协管，工作无非是抓个流氓小偷，惩治打架斗殴，捕捉强盗劫匪，处理诉讼官司。

按说这种吃力不讨好的麻烦事，坐镇一方的节度使是瞧不上眼的。但自古做官之人，有谁会嫌权力过多过大？所以他们对这一丁点儿权力也不放过。

藩镇侵夺地方治安权的做法是委派亲随将校担任镇将，负责县里的治安捕盗工作。这些节度使的亲随大都是武夫出身，受教育程度很低，又为人跋扈，常常知法犯法，带头发挥反作用。

有的镇将抓不到足够的盗贼，就把普通百姓抓起来充数，明明主管治安，却成了扰乱治安的罪魁祸首；有的镇将倚仗后台权势，不把上级放在眼里，任意侵夺县令职权，干涉行政事务，甚至连有些县令都成了他们的下属。

对这些藩镇的狗腿子，赵匡胤自然不会手软。

建隆三年（962年）十二月，赵匡胤下令在全国每个县设县尉一名，将原本由镇将负责的治安捕盗工作移交给县尉，规定县尉严禁以藩镇亲信充任，改由朝廷直接派官担任。

至此，是时候对"三大纲领"进行一下总结了。

针对唐末五代以来藩镇权重、君弱臣强的弊端，赵匡胤接受了赵普的意见，以"三大纲领"为指导，采取了一系列削弱藩镇权力、加强中央集权的措施。

一是罢藩镇之兵权，遴选地方士兵补入禁军，断其爪牙；二是设转运使，加强地方财赋管理，釜底抽薪，弱其财力；三是置县尉，分割镇将的地方治安权，翦其羽翼；四是以京朝官出知州县，直接对朝廷负责，分其事权；五是禁止藩镇擅自辟署和权摄州县官，夺其人事权；六是严格司法程序，大辟以上案件由刑部复核，收其司法权。

从赵匡胤即位的建隆元年（960年）到驾崩的开宝九年（976年），削弱藩镇、加强中央集权的进程几乎从未间断。在这个过程中，赵匡胤毫无疑问是最主要的策划者、实施者和推动者，但这些功劳不能仅归于其一人。在宋初的政治舞台上，除了赵匡胤，还有一个极为重要的角色——赵普。

第三十五章 半部《论语》治天下

赵普,字则平,宋初杰出的政治家、谋略家,宋朝最成功的宰相之一。

奇怪的是,人们对这位宋初名相的评价并不太高,甚至把他视为没有文化、只会弄权的范例。比如那句著名的"半部论语治天下",本来是赵普引以为豪的自我评价,却被人拿来嘲笑他没有学问,只读过半部《论语》。

其实这一切都是对赵普的误解,而误会的起点源自赵普的出身和经历。

赵普生于后梁龙德二年(922年),他出生时,幽州正处于赵德钧治下,混战不已,民不聊生。赵普的父亲从生存方面考虑,决定带领全族人迁居至河南洛阳。

在军阀割据时代成长起来的赵普形成了忠厚沉稳、寡言少语的性格,他对所处的这个世界有了深刻认识,立下了建功立业、匡扶社稷的志向。

赵普本不懂排兵布阵之法,对战场厮杀搏命也不感兴趣,但放眼天下,处处皆是武夫当道,不投身军旅,毕生志向从何实现?最终,

第三十五章 半部《论语》治天下

赵普还是选择了投靠军阀，成为时任永兴军节度使刘词的幕僚。

在刘词帐下，赵普的职务是藩镇从事。这是一个不入流的吏职，一向被科举出身的读书人看不起。在读书人眼中，只有没学问、没出身的人才会去干这等差事。

是吏而不是官，出身非正途，正因为如此，史书给赵普留下了"少习吏事，寡学术"的评价，这直接影响了后人对赵普的印象。

赵普的起点确实不高，读书也不多，但他头脑灵活，眼光独到，很快就掌握了幕府的吏治之道，并且在这个不入流的职位上干得如鱼得水，成为刘词帐下数一数二的人才。

机会只垂青有准备的人。后周显德年间，柴荣率军征战淮南，派兵攻下滁州，准备派人进行管理，时任后周宰相的范质向皇帝推荐了赵普。

这是一次影响历史进程的推荐，正是在滁州，赵普遇见了自己的真命天子，当时还是禁军将领新秀的赵匡胤。

短暂的共事时光里，赵普敏锐地感受到了赵匡胤的与众不同——赵匡胤不但在战场上身先士卒、英勇果断，而且治军严格、赏罚分明；最难得的是，赵匡胤能在繁忙的军务中自觉地加强对理论的学习，努力提高文化修养，人走到哪里，书就带到哪里，稍有闲暇便细加研读，可谓手不释卷。

赵普本人虽不喜读书，但他知道文武殊途。文臣谈兵，武将读书，文武兼备之人往往是可以成就大业的真正英才。

赵匡胤同样也被赵普的才干所吸引，这个吏职出身的人虽然没中过进士，不像那些饱读诗书之士才高八斗、学富五车，却对时局有着深刻的认识，且思维缜密、遇事冷静、业务熟练，绝对是一名被低估了的杰出人才。

虽然两人彼此惺惺相惜，但真正拉近他们感情的是赵匡胤的父亲赵弘殷。

赵匡胤打下滁州后，他的父亲赵弘殷也带兵到来，不幸在滁州染病。赵匡胤因戎装在身，不能侍奉床前，赵普便把赵弘殷当父亲一样朝夕侍奉、喂汤喂药，因此赢得了赵弘殷的好感。加之两人都姓赵，感动之余，赵弘殷便把赵普当成了自己的宗族家人。

经此一事，赵普跟赵匡胤的情谊进一步加深，关系超越了普通同僚，成为朋友和兄弟。当赵匡胤荣升节度使，准备组建幕僚团队时，首先想到的人就是赵普。别人没看出赵普的厉害，赵匡胤却知道他最擅长的不是一般的文书工作，而是另外一项技能——谋略，而自己需要的也正是这一点。

正是从此时起，赵普开始追随赵匡胤左右，担任其节度推官，成为赵匡胤最得力的助手和最信任的参谋。

在宋初一些重大事件中，时常可以看到"必咨而后行""皆普之策也""从普之计"的记载，这些足以说明赵普在赵匡胤治国理政过程中发挥的重要作用，他几乎参与了北宋初年所有重大事件的谋划。

陈桥兵变中，赵普谋划若定，推波助澜，帮助赵匡胤实现"黄袍加身"的梦想。

北宋建国后，赵普力主解除功臣宿将典掌禁军之权，促成"杯酒释兵权"的历史佳话。

统一战争中，赵普审时度势，提出"先易后难，先南后北"的战略方针，促使统一大业顺利推进。

削弱藩镇时，赵普一针见血，提出"稍夺其权，制其钱谷，收其精兵"的三大纲领，开启中央集权的新时代。

这一系列重大举措的实施，奠定了大宋三百余年的基业，对中国

第三十五章 半部《论语》治天下

历史发展产生了深远影响。

赵普对赵匡胤的影响不限于制定治国方略，在关键时刻，赵普更为赵匡胤提供了决策支持。在赵匡胤出现犹豫、徘徊、摇摆不定时，赵普总能及时给予建议，促使他做出正确的决定。

北宋开国后，拥有翊戴之功的功臣宿将全面掌管禁军，这种做法是五代十国的老传统，起初赵匡胤未觉有甚不妥，赵普却认为功臣宿将久掌禁军非太平之策，三番五次鼓动皇帝解除宿将兵权。每次提及此事，赵普都是忧心忡忡，比赵匡胤还着急。

但赵匡胤不以为然，拍着胸脯说："卿衷心可嘉，但这些功臣宿将都是我多年的兄弟，对我绝无二心，朕信得过他们，你放心就好！"

"臣并非担心他们有异心，问题是他们都不擅驾驭部下，万一哪天他们的部将贪图富贵，硬是把黄袍加到他们身上，到时恐怕就身不由己了！"

赵匡胤闻言一震：怕就怕身不由己啊！在赵普的劝说下，他终于下定了决心，最后自编自导自演了一出"杯酒释兵权"的好戏。

"杯酒释兵权"后不久，赵匡胤感觉没人总领禁军很不方便，于是又动了以可靠之人掌管禁军的念头，并提出自认为最合适的人选——符彦卿。

赵普得知此事后，立马表明态度——强烈反对，理由是符彦卿名位已盛，位极人臣，不可再授以兵权，否则难免不虞之忧。

在赵匡胤看来，符彦卿名位极高不假，但他对历任君主都忠心侍奉，忠诚方面素无恶迹；而且还是弟弟赵光义的岳丈，和自己的关系非同一般。无论资历、能力，还是威望、忠诚，从哪个角度衡量，符彦卿都是执掌禁军的最佳人选。他认为就算全禁军的将领都起来造反,符彦卿也绝对不会辜负自己,于是不顾赵普的再三劝谏,执意征召符彦卿入掌禁军。

皇帝下了旨意,事情自然要办,但赵普不甘放弃,等任命符彦卿的宣敕准备好后,便怀揣这份即将公布于众的任命状觐见皇帝。

赵匡胤清楚对方的来意,他还没等赵普发话,劈头就问:"你是不是因为符彦卿的事来的?"

赵普一听皇帝话中带刺,赶忙答个"不是",然后随便找了其他几件事向赵匡胤汇报。

工作汇报完,赵匡胤的心气儿顺了。赵普察言观色,趁机拿出怀里的宣敕,再次向皇帝兜售那套"预防为主"的理论。

赵匡胤叹了口气说:"果然不出朕所料,说来说去还是为了这件事。可这宣敕不是已经发下去了吗,为何还在你手里?"

赵普认真回答:"臣担心这宣敕中有不当之处,因为发出之后就不能挽回,所以才私自留下。希望陛下深思熟虑,想清其中利害,免得日后后悔。"

这下赵匡胤真不耐烦了,质问道:"你如此猜疑,一再提防符彦卿,究竟所为何故?朕一向厚待符彦卿,他又怎么可能辜负朕,做出不忠不义之事呢?"

话说到这个份儿上,一般人肯定会打退堂鼓,但赵普不会,他大胆答道:"陛下当年何以负周世宗呢?"

赵匡胤沉默了,这话不只是打脸,简直就是诛心了,但事实确实如此。当年的周世宗待他不也是恩遇有加,委以重任吗?他却趁孤儿寡母之危,窃取后周江山。自己尚且如此,又怎能担保别人不会效仿呢?

事实上,赵匡胤应该比谁都明白,在至高无上的权力诱惑面前,

第三十五章　半部《论语》治天下

任何忠诚、正直、义气都可能不堪一击，随时可能被抛弃。

就这样，那道原本要发出的宣敕被收了回去，符彦卿掌管禁军一事也就不了了之。此后，赵匡胤再也没有动过找人总领禁军的心思，赵普的坚持终于得到了回报。

赵普的坚持绝不是一时一事，他凭借自己的宰相身份和皇帝对他的信任，经常在大小事务上进言劝谏，即便遇到挫折亦绝不气馁，反而愈挫愈勇，反复进谏，直到皇帝接受为止。

有一次，赵普向朝廷荐举某人任官，赵匡胤没有同意。赵普没有放弃，第二天又上奏荐举此人。

赵匡胤一看还是这个人，还是赵普举荐，又给否了。第三天，赵普的奏折又来了，还是荐举同一个人。

赵匡胤发火了，当着赵普的面撕碎了奏折，狠狠地扔在地上。

赵匡胤不是听不进去不同意见，他发怒也绝不是简单地宣泄情绪，而是有所考虑。赵普一而再再而三地举荐，这不是硬逼着他同意吗？莫非赵普坚持举荐的这个人是他的心腹亲信不成？

赵普没有惶恐认罪，也没有再坚持，他跪在地上，默默地把撕碎的奏折一一捡起带走了。

经过这次风波，赵匡胤以为事情就这么过去了，但他实在是低估了赵普的战斗力。不久后，赵匡胤竟然又收到了赵普的奏折，打开一看，还是荐举那个人。

更令他惊讶的是，这封奏折竟然是由上次被自己撕碎的那份粘起来的，那些清晰可辨的缝隙似乎是对赵匡胤的挑衅。

看着这封特殊的奏折，赵匡胤陷入了沉默。

其实上次赵匡胤发怒撕毁奏折后，就有些后悔：赵普毕竟是为国选才，如此打击他的积极性，今后谁还会尽心地举荐人才？想通之后的赵匡胤最终同意了这次任用。在这场反复的拉锯战中,作为臣下的赵普取得了最终胜利。

如果说手撕诏书是赵普以执着的行动对皇帝施加影响的话,那下面这个故事更能体现赵普直言敢谏的特点。

一次,赵普推荐了一名准备提拔的官员,按程序报给皇帝签批。

不巧的是,赵匡胤对这个人一向没有好感,他大笔一挥,直接否决了这次任用。

或许受了上次拉锯战获胜的鼓舞,赵普再接再厉,坚持向赵匡胤请求,要求给自己举荐的这个人升官。

赵普的言辞很激烈,于是皇帝又生气了。

这次赵匡胤保持了风度,没有动手撕掉奏折,而是质问赵普:"我已经下定决心,就是不给他升官,你能拿我怎么样?"

言辞之间,很有几分耍赖到底的意思。

赵普从容答道:"刑罚用来惩处坏人,赏赐用来酬谢功臣,赏功罚过是古今不变的道理。况且赏罚是国家的赏罚,不是陛下一个人的赏罚,您怎么能因为个人好恶就独断专行呢?"

赵普的反击很犀利,也成功地把皇帝再次惹怒。但赵匡胤依旧没有公然发飙,他硬是压住心中怒火,站起身来就走:惹不起我还躲不起吗?

赵普也不说话,站起来就跟着皇帝走。赵匡胤见甩不掉这个尾巴,干脆转身进了内宫。

内宫是皇帝生活起居的地方,未经特许,任何人都不得擅闯,赵匡胤进了内宫,赵普就没办法再"黏人"了。但赵匡胤实在是低估了赵普的执着,为了让皇帝回心转意,赵普决定坚持到底,既然内宫进不去,那就在门口等。

第三十五章 半部《论语》治天下

双方就这样僵持着,最后还是赵匡胤做出了让步。

赵匡胤之所以在一次次争执中最终听从了赵普的意见,除了他本人是一个从谏如流的明君外,赵普的忠诚和才干也是重要因素。

赵匡胤是一个忠厚仁慈的英明之君,却不是软弱可欺的无能之主。不管是文臣还是武将,都对他心存敬畏,功臣宿将、义社兄弟也不敢有丝毫跨越雷池的言辞举动。放眼朝廷上下,真正能与赵匡胤坦诚相见、直言不讳,甚至说话都可以口无遮拦的,只有赵普。

别的不说,就说赵普阻止赵匡胤任用符彦卿时那句"陛下何以负世宗",这种忤逆之语是任何人都不敢说的。

赵匡胤自认一生光明磊落,唯有陈桥兵变这件事办得很不光彩,无论如何都不能抹杀有负周世宗的事实。任何"有负周世宗"之类的话都是万万不能说的,不但大臣们不能说,赵匡胤自己也不能说,一说就相当于承认了自己非法篡夺别人江山的事实,所以纵然赵匡胤宅心仁厚,大臣们也都十分自觉,可以在其他方面畅所欲言,却不敢在此处跨越雷池。

现在赵普碰触了这个禁区,也只有他敢触碰,因为他全程参与了当年的谋划,只有他最清楚赵匡胤心底的所有秘密,洞悉赵匡胤的内心想法。只要自己表明忠心,让皇帝知道自己所思所虑都是为了赵氏江山,哪怕直言不讳,赵匡胤也是不会过于计较的。

赵匡胤之所以器重信任赵普,原因也很简单——他需要赵普。

作为一个高度成熟的政治家,赵匡胤明白要完成"加强中央集权、结束割据局面、缔造太平盛世、传承千秋江山"这四大任务,单靠自己一个人的力量远远不够,后周那些旧臣遗老、自己那些义社兄弟亦不足为恃,唯有赵普才是自己最需要的帮手。

赵普没有让赵匡胤失望,他以洞察的眼光、缜密的谋划、无比的忠诚证明了自己不愧是最值得皇帝重用的栋梁之材，他也因此不断被提拔重用。

建隆元年（960年）初，赵匡胤继续留用后周三相，原本是宰相不二人选的赵普被提拔为正四品的谏议大夫、枢密直学士，参与枢密院事务。

同年三月，赵普跟随皇帝出征上党，平定二李叛乱后，升兵部侍郎、枢密副使，位列枢机。

鉴于赵普在"杯酒释兵权"系列事件中的突出贡献，建隆三年（962年）赵匡胤任命赵普为枢密使、检校太保，正式全面执掌枢府事务，成为与宰相分庭抗礼的朝廷重臣。

在赵普心中，宰相才是他的终极目标，只有在那个平台上，他才能尽情地施展全部的才能，建立名垂青史的卓越功勋。

幸运的是，赵匡胤没有让赵普等太久。

乾德二年（964年）正月，三位宰相范质、王溥、魏仁浦在同一天向皇帝提出辞呈，准备退休回家养老。

三人步调如此一致，很明显是提前商量好了。

收到辞呈后，赵匡胤照例加以挽留，表示希望各位宰相继续留任，为大宋发光发热。范质等人也照例坚决辞谢，表示我们年龄已大，退意已决，恳请皇帝批准云云。最后，经多次挽留无效，皇帝艰难地批准了三人的辞呈，允许他们以太子太保等高位光荣退休。

赵普毫无悬念地成为大宋的新一任宰相。

第三十六章　小心眼的大宰相

历史告诉我们，一个人自信是好的，但自信过度就容易自满，自满过度就容易自我膨胀，自我膨胀过度就容易迷失自我，迷失自我过度就容易铸成大错，铸成大错就容易身败名裂，一命呜呼。

赵普虽然没有沦落到这么凄惨的地步，但依然没有逃过这一魔咒。

赵普并非传统意义上的名臣贤相，随着地位的提升和权力的增加，他心胸狭窄的缺陷和修养不足的短板就开始暴露出来。特别是成为宰相后，皇帝"事无大小，悉以咨之"，这让赵普产生了飘飘然的感觉，在此情况下，他的自身缺陷也被无限放大，在当时造成了相当广泛的恶劣影响。

史料中关于赵普打击同僚、报复政敌、排斥异己的记载着实不少。

赵普出身吏职，一生未取科名，而且不爱读书，学术水平有限，这在当时颇为人诟病。但赵普对那些满腹经纶、开口经典闭口典故、口口声声圣人之言的儒生同样很是不屑，更不喜欢别人居于他之上。因此，那些才名籍籍并受皇帝欣赏的文学之士便成了他重点压制的对象，窦仪就是其中之一。

窦仪是幽州渔阳（今天津蓟州区）人，出身文学世家，十五岁便能写文章，并于后晋天福年间考中进士，他的四个弟弟也都相继科场登第。著名的冯道冯太师为此赋诗一首，其中一句"灵椿一株老，丹桂五枝芳"被士人争相传诵，窦氏五兄弟因此号称"窦氏五龙"。

《三字经》有一句"窦燕山，有义方。教五子，名俱扬"，这里的窦燕山指的就是窦仪的父亲窦禹钧，五子指的便是以窦仪为首的窦氏五兄弟，"名俱扬"指的是五人都高中进士，成语"五子登科"同样也是讲的这个故事，可见窦仪不管在当时还是后世，都声名颇著。

窦仪学识渊博、治学严谨，后周时任翰林学士，这一职位通常只有学富五车的真正儒士才能担当。

窦仪进入赵匡胤的视野是在后周显德年间。赵匡胤率军攻克滁州后，派人到府库中取出部分绢帛，准备分给众将士以示奖赏。这是一个很正常的举动，就算柴荣知道也不会说什么。但朝廷派去滁州封存登记府库财产的窦仪却表示拒绝，他向赵匡胤解释了"财产所有权"的概念，认为府库财产既已登记，就是国家财产，没有朝廷批准，谁也不能动用，否则就是违法。

面对这位高度负责的资产保管员，赵匡胤妥协了，也因此牢牢记住了这个性格耿直的窦仪，以至于后来当了皇帝还没有忘记这段经历，时常向身边大臣称赞窦仪清持操守的品格，丝毫不掩饰对窦仪的欣赏。

这样服从皇命、忠于职守的臣子，不正是赵匡胤需要的吗？他决定让窦仪再任翰林学士。这在当时实属罕见，因为很少有人在两朝而且是两个不同朝代入翰林。这也充分体现了窦仪的非凡才华和皇帝对他的特别器重，一时被传为政坛佳话。

只是赵匡胤并不知道，自己对窦仪的公开表扬竟让另外一个人很不爽，这个人就是赵普。

赵普是出了名的小心眼，他很想给窦仪点颜色瞧瞧，但窦仪平时洁身自好，个人修养比他强得多，赵普一时间也抓不到他的把柄。看在窦仪个人没什么权谋野心的分上，赵普就暂时放过了他。

可不久后的一件事让赵普感受到了窦仪对自己的威胁。

乾德三年（965年）的一天，宫内的一面铜镜引起了赵匡胤的兴趣。这面铜镜铸造精美，款式新颖，美中不足的是款识出了差错，因为其背后刻着"乾德四年铸"的字样。

这让赵匡胤很纳闷，现在不才乾德三年吗，怎么会出现乾德四年铸造的镜子？莫非是工匠一时马虎，搞错了年份？但转念一想，这显然是不可能的。

古代数字不是现在用的"一二三四"，多一笔少一画都容易写错。那时的数字从一到十，字形差别很大，再糊涂的工匠也不可能犯这种低级错误。

翻来覆去想不出其中原委，赵匡胤干脆召集赵普等人前来询问，结果大家见了镜子都面面相觑，说不出个子丑寅卯。

赵匡胤又找来了学识渊博的陶谷和窦仪。

窦仪不愧是博学之士，他瞄了一眼镜子，不假思索地说："这面镜子不是中原之物，想必是从蜀中传来的。"

赵匡胤一听，顿时来了兴趣："何以见得？"

窦仪接着说："蜀主（前蜀）王衍曾用过'乾德'这个年号，这面镜子应该是当时的蜀中工匠所铸。"

此言一出，赵匡胤恍然大悟，因为这面铜镜的确是从蜀国宫女的梳妆盒里发现的。

皇帝日理万机，为何对一面镜子这么感兴趣，非要打破砂锅问到底呢？这要从"乾德"这个年号说起。

建隆末年，大宋准备改换年号，赵匡胤让宰执大臣参酌拟定新年号，要求一定要好听有内涵又没人用过。经过慎重考虑和多次讨论，最终选定"乾德"作为新的年号。

"乾德"这个年号用了两三年都没出现什么问题，也没有任何人提出异议。如果不是凑巧发生的铜镜之事，这个无心的错误可能永远不会被人察觉。

凑巧的是，最早发现这个问题的偏偏就是大宋皇帝——自己精挑细选之下，竟取了一个亡国之主用过的年号，这实在是不祥。

想到这里，赵匡胤随口说了一句："看来宰相还是须用读书人啊！"

说者无意听者有心，赵匡胤随意抒发的一句感慨，让旁边的赵普心里很不是滋味。因为在场的人，除了自己之外都是读书人出身，皇帝这番话完全就是说给他听的。

羞愤难当的赵普不敢拿皇帝怎么样，但他可以把账记到窦仪的头上。

自此之后，赵普对本就无好感的窦仪产生了更深的怨恨，开始想方设法排挤这位翰林学士。每当皇帝表示想要重用窦仪，都被他以各种理由劝阻。后来，赵匡胤准备给赵普设个参知政事的副手，实在顶不住压力的赵普唯恐皇帝会任用窦仪，便装作引用贤臣的样子，推荐了老实人薛居正担任首届参知政事。

除了在政坛上把持大权、排斥异己，赵普在经济战线上也取得了相当丰硕的成果。

作为开国功臣兼大宋宰相，赵普的收入令人艳羡，除了每月按时足额发放工资、各种津贴补贴、福利奖金之外，还常有各种赏赐送到家中。

此外，赵匡胤还在汴京的繁华地带赐了赵普一套豪宅，给他配备了许多仆从、保镖、门卫等。其待遇之高，让他人眼红不已。

对这些位极人臣的官员而言，财富多少不仅是数字大小那么简单，财富也是地位的象征，与权力大小成正比。赵普把手中的权力发挥到了极致，因此聚敛财富的手段也十分丰富。

贪污、受贿自然是常规手段。此外，赵普还坚持多种经营，利用职务之便从事长途物资贸易，公然与民争利。

古代时的秦岭、陇山一带是天然林区，木材资源丰富，当时国家没有森林保护法，很多有权有势的高官便瞄准了这条发财之道，派人到秦陇林区砍伐木材，然后长途运输贩卖到中原，以此牟取暴利，这在五代时期是公开的秘密。

到宋初，赵匡胤下诏禁止了这项活动，一下就断绝了很多人的财源。但在高额利润的诱惑下，总有人大胆突破禁令，赵普就是其中之一。

赵普是大宋宰相，大权在握，因此做买卖时可以享受很多便利。比如，使用廉价劳动力砍伐木材，可以直接降低人工成本；砍下来的木材扎成木筏顺河漂流，沿途各类征税稽查关卡不敢拦截，这又可以节省一大笔税赋；运到京师后以高价卖出，就可以大大地赚一笔。

对赵普的种种劣迹，朝廷官员多有奏章弹劾，赵匡胤不可能没有察觉。但对这些声音，他长期以来采取同一种态度——不闻不问。

赵匡胤痛恨贪官，对贪腐官员的处罚一向严厉，但优点缺点同样突出的赵普是赵匡胤目前最需要的人才。只要他对自己忠心耿耿，即便经济上存在问题，甚至政治上专断一些，自己都可以容忍。

皇帝有意袒护宰相，大臣们却对赵普不依不饶，不断以各种方式检举弹劾。在众多弹劾赵普的人中，雷德骧是最坚决、最激烈的一个。

雷德骧，字善行，郃阳（今陕西渭南）人，进士出身，时任屯田员外郎，大理寺丞。

作为大理寺长官，雷德骧是位眼睛里揉不得沙子的主儿。他早就看不惯赵普的所作所为，而赵普的某些行为也确实招惹到了他，比如赵普结党营私，把大理寺的一些官吏拉到自己门下，甚至擅自增加刑罚名目。

这种严重干涉司法公正的行为让雷德骧十分恼怒，愤然请求觐见皇帝，准备当面向赵匡胤汇报此事，却一直没有得到机会。

雷德骧是个急脾气，竟然逮住机会直闯讲武殿，一股脑儿地把赵普强买强卖、占人宅第、贪污受贿、聚敛钱财等事情全部抖了出来。最要命的是，雷德骧似乎对皇帝偏袒赵普也很不满意，说起话来高声大喝，声色俱厉，情绪十分激动，完全不顾这是公共场合。

赵匡胤强忍怒火听完控诉，问道："你言辞如此严厉，究竟是何原因？"

雷德骧正在兴头上，头脑一热，开口就回了句："臣值陛下日旰未食，方震威严尔。"意思是："您天晚了还没吃饭，我担心您没精神，这才大声吆喝，好唤起您的威严。"

这句带着讽刺意味的话彻底激怒了赵匡胤，他随手操起一柄柱斧，用力地向雷德骧掷去。

雷德骧没有任何防备，竟被皇帝的这招突然袭击打个正着，刹那间便满口流血，用手一摸，竟被硬生生地打碎了两颗牙齿。还没等他反应过来，就听到皇帝破口大骂："鼎铛犹有耳，汝不闻赵普吾之社稷臣乎！"

第三十六章　小心眼的大宰相

　　鼎、铛都是古代的金属容器，共同特点是边沿上有像耳朵一样的把手。赵匡胤的意思是说连鼎、铛这样的东西都有耳朵，难道你雷德骧就没有耳朵，没听说赵宰相是国家栋梁吗？潜台词就是：你一个小小的大理寺丞，竟敢诬告社稷功臣，藐视朕的权威，该当何罪？！

　　赵匡胤骂完之后还不解气，又命左右侍从把雷德骧硬拖出去，处以死刑，立刻执行。

　　雷德骧这次直言进谏，不但连赵普的一根毫毛都没碰着，还把自己的命给搭了进去。

　　但幸运的是，他遇见的是赵匡胤，这位曾承诺"不杀上书言事人"的皇帝气来得快去得也快，在雷德骧人头落地前，赵匡胤的怒气已消解大半，他很快就改变主意，赦免了雷德骧的大不敬之罪，只以"擅闯宫禁"之罪从轻处罚，把他贬到商州做司户参军。

　　对雷德骧冒死揭发的赵普，赵匡胤还是置之不问，好像这件事完全没发生过。

　　雷德骧消停了，赵普纹丝不动，该治的没治，不该贬的贬了。在这次最激烈的弹劾中，赵普依靠皇帝的信任甚至袒护取得了胜利。

　　雷德骧到商州（今陕西商洛）任司户参军，商州刺史深知官场规则，知道他是朝廷派下来的官员，虽说是被贬下来的，可说不定哪天又回去了，自己若是怠慢了今后可能会惹上麻烦，所以他从来没把雷德骧当下属看，反而对他十分客气，所以雷德骧在商州的日子过得还不错。

　　可好景不长，一名叫奚屿的官员来到商州担任知州后，雷大人就遇到了新麻烦。

　　奚屿到任后，照例在公堂上接受属官"庭参"，司户参军是知州的正牌下属，所以雷德骧也在"庭参"之列。

一般来说，这种程序摆摆样子过得去就行，不管是"庭参"的还是"被庭参"的，都不会太过计较。谁知这位新来的知州却与众不同，态度十分傲慢，他居然要求雷德骧在大庭广众之下，按正式礼节向自己参拜，想趁此机会羞辱对方一番，杀杀雷德骧的威风。

雷德骧敢对皇帝发飙，敢向宰相开炮，怎会把区区一个知州放在眼里？史籍没有明确记载他到底有没有行参拜之礼，但应该发了几句牢骚。

奚屿虽没有当庭发作，却把这件事牢牢地记在了心里，准备寻机报复。

机会很快就来了，一天，有人向奚屿告发雷德骧，说他暗自撰写文章，发泄不满，甚至还诽谤皇帝。

这个消息正中奚屿下怀，他把雷德骧召到他的府邸，暗中则派人到雷德骧家中，骗取其家属的信任，轻而易举就拿到了那篇所谓的诽谤文章。

证据到手后，知州大人立马翻了脸，下令把正在和他谈话的雷德骧抓了起来，然后开列嫌疑人的不法罪状，连同所获证据一起上报朝廷。

摊上诽谤皇帝的罪名，那谁也救不了雷德骧，而且大家都知道案子背后的隐情，也没人敢替他说话，最后还是大度为怀的赵匡胤对雷德骧宽大处理，免了他的死罪。

死罪可免，活罪难逃，雷德骧被开除公职，削籍为民，流放灵武。

表面上看，这是一起因上下级关系不和引起的打击报复案件，但从种种迹象分析，奚屿很可能只是打击报复行为的执行者，幕后主谋另有其人。

从史料记载看，奚屿和雷德骧在来商州前没有交集，除了发几句

第三十六章 小心眼的大宰相

牢骚，雷德骧也没有冲撞上级的举动，奚屿何必与一个下属斤斤计较、睚眦必报呢？

答案很简单，奚屿受了别人的指使。那又有谁能指使得动堂堂知州呢？

答案很简单，那就是安排他到商州任职的人。

再往下推，谁有能力安排知州级别的官员呢？答案很简单，皇帝和宰相。

以赵匡胤的身份，自然用不着如此整治一个犯错的官员，那幕后嫌疑人就只有宰相赵普，他才是这起诬陷案的幕后主谋。

赵普心胸狭隘，绝不会轻易放过激烈弹劾过自己的雷德骧，但又不便直接出面打击报复，于是便用这种背后阴人的手段。这是一个既符合赵普本人性格特点又符合逻辑情理的推断。

关于这一点，史官也看得清楚，《宋史》中就记载"及奚屿知州，希宰相旨"。所谓"希宰相旨"，就是迎合宰相的意思，直接点出了赵普这个幕后主使的身份。

纵观雷德骧案件始末，从他上书请奏，到后来被贬商州，再到因罪流放边疆，一切皆因赵普而起，但赵普自始至终都没有露过一次面，甚至没有说过一句话。他指使奚屿充当枪手、间接利用皇帝的权威，悄然化解了这次政治危机，将敢于挑战自己的对手彻底击垮，谋划之机巧，用心之狠辣，实在无愧宋初政坛"第二高手"称号（第一高手自然是赵匡胤）。

赵普的心狠手辣和皇帝的公开袒护让朝廷百官十分震撼。大家都是明白人，眼见赵普地位固若金汤，有所怨言的人也都选择了沉默。此后，再没人敢公开与宰相大人作对。

解决完雷德骧这个对手后，赵普的权势达到了顶点——大臣对自己俯首听命，皇帝对自己宠信有加，一切尽在掌握，放眼天下，已经无人再是敌手。

开宝二年（969年），赵普拜相整整五年。但物极必反，盛极必衰，宰相赵普一统政坛、无人可敌的状态没能持续太久。很快，他就遇到了一个真正的对手。

与地位权势远不如赵普的窦仪、雷德骧相比，这是一个重量级的选手，也是赵普名副其实的对手。

第三十七章　真正的对手

据《宋史·太祖本纪》记载，赵光义是陈桥兵变的重要策划者，不但与赵普全程参与了兵变的谋划，还带头拦马进谏，向赵匡胤提出了约束士兵、不许劫掠百姓等"约法三章"的建议。赵匡胤坐拥天下，赵光义的贡献也很大。

但另外一些史料如王禹偁的《建隆遗事》显示，赵光义根本没在陈桥兵变中露脸，他从头到尾都和家人待在一起，处于被人保护的状态。

《宋史·太祖本纪》主要根据《太祖实录》修成，而《太祖实录》是宋太宗在位期间编修，很可能被赵光义篡改，以突出自己在陈桥兵变中的作用，增加自己在大宋帝国中的砝码，因此《宋史·太祖本纪》关于陈桥兵变的记载自然就不足全信。

综合来看，史学界主流观点更倾向于认为赵光义在赵宋代周的过程中寸功未立，《宋史·太祖本纪》和《太祖实录》的记载不过是历代帝王美化自己的惯用手段。当然这也是人之常情，不至于对赵光义大加鞭挞。

按照常规操作，皇帝的亲弟弟该封亲王，这跟立功与否没有必然关系。但赵匡胤没有一上来就给两个弟弟封王，只是简单提拔了一下。其中，赵光义被任命为殿前都虞候。

赵光义在禁军两司将帅中的职位是从五品武职，这在将帅级别中是最低的，在他之上还有多个重权在握的将帅，他们都是有翊戴之功的开国武将。赵光义资历浅、能力平平，最多是个以皇弟身份上位的关系户，这是当时人们的普遍看法。

赵光义确实没什么开国翊戴之功，但他性格稳重，智虑深沉，并没有急切地向皇兄要官。他知道以哥哥的脾气和性格，主动去索取未必会有，凭自己的特殊身份，淡然处之即可，没必要急于一时。

在揣摩人心和使用计谋方面，赵光义算得上一个无师自通的高手。

赵光义的判断十分准确，所谓长兄如父，赵匡胤当了皇帝后没有忘记兄弟姐妹，只是他不像其他开国帝王一样动辄对兄弟封王封爵。他认为赵光义、赵光美现在还太过稚嫩，对他们的提拔不能一蹴而就，一定要按部就班地培养。

建隆元年（960年）正月，赵光义被任命为从五品的殿前都虞候，赵普任正五品的枢密直学士。同年八月，赵普升任枢密副使，跻身两府，赵光义依然是殿前都虞候。

建隆二年（961年）十月，在"杯酒释兵权"事件中，赵光义跟禁军两司的功臣宿将们一起被解除兵权，出任开封府尹。与此同时，赵普由枢密副使提拔担任枢密使。

乾德二年（964年）正月，枢密使赵普出任门下侍郎、同中书门下平章事，正式拜相，总揽朝政大权，风光无限。赵光义依然是开封府尹，虽然顶着同平章事、中书令的头衔，但那些都是虚衔，赵普才是货真价实的宰相。

逐渐地，赵光义心里有了想法：同样是同平章事，官居正一品，差距咋就这么大呢？

第三十七章 真正的对手

其实以赵光义的年龄资历，能在短短几年内爬到开封府尹的位子上，已经相当迅速。

在北宋行政区划体系中，州和县是两级最基础的行政单位，另一个比较常见的府实际上是拥有特殊地位的州。

宋初，全国大概有二十个府，这些府的地位不尽相同，其中有四个府的规格明显高出其他府一截，合称"四京"，分别是东京开封府（今河南开封）、北京大名府（今河北邯郸）、西京河南府（今河南洛阳）、南京应天府（今河南商丘），地位相当于陪都。

县的最高长官叫知县或县令，州的最高长官叫知州，府的最高长官叫知府，但"四京"的最高长官不叫知府而叫留守，级别与知府一致或略高。考虑到工作便利，留守一职往往由该京所在地的知府兼任。

既然府的最高长官叫知府，京的最高长官叫留守，那赵光义的职务为什么不叫开封府知府或东京留守，而叫开封府尹呢？

在宋朝，官员担任府的最高长官叫"知府"是一般规则，但有两种人例外。

一种是曾任过宰相的官员，他们若出任地方府州最高长官不叫"知某某府"，而叫"判某某府"，以突出他们曾经的宰执身份，算是一种特殊的政治待遇。

另一种是亲王，也就是被封王的皇兄皇弟，他们担任府的最高长官时叫"某某府尹"。赵光义作为皇帝的亲弟弟，担任开封府的最高长官，自然称"开封府尹"。

北宋历届开封府的最高长官都由皇帝器重的高级官员担任。与一般知府不同的是，开封府最高长官可以经常面见皇帝，可以参与决策、会谈国事。历史上的包拯就曾担任此职，留下了"包龙图打坐在开封府"的著名戏文。

很多人称包拯为"开封府尹",实际上是给包大人戴错了帽子,至少在北宋徽宗之前,只有亲王担任开封府最高长官才叫开封府尹,包大人还没有这个资格,他的职务名称应该是"权知开封府"。

开封府乃天子脚下,京畿要地,国之都城,"知府"一职对大部分人都有着极强的吸引力,但对赵光义而言并非如此。他毕竟不是朝廷宰辅,因此无权参与军国大事的决策、治国方略的制定、朝廷官员的任免等事务,这些权力归属宰相赵普所有。

每次想到这一点,赵光义便怅然若失。他实在想不明白,皇兄为何对赵普如此宠信。赵普的确有过人的权谋才干,但赵光义认为,自己同样具备这些品质,甚至在某些地方不在赵普之下。因此,赵光义暗自下定决心,要跟赵普一较高下。

跟宰相较量,仅凭个人的力量还不够。在深入对比两人实力后,赵光义得出一个结论:自己缺少帮手。

赵普是当朝宰相,门生故吏遍布朝野,文武百官趋之若鹜。反观自己,身为开封府尹,虽然也有幕僚班子,但在数量和质量上都处于劣势,完全不能与赵普抗衡。因此,他决定团结一切可以团结的力量,让自己强大起来。本着"广泛撒网,重点捕鱼"的原则,赵光义大开方便之门,广收天下豪杰,朝廷中的文武大臣成了他重点拉拢的对象;社会上的贤士名流、奇人术士,甚至身背命案的刑满释放人员也成了他的拉拢对象;对于有一技之长的、愿意投靠效命的他也来者不拒,颇有当年"战国四公子"广结豪士之遗风。

在笼络人心、培植势力方面,赵光义甚至比自己的哥哥赵匡胤更加得心应手,比自己的政敌赵普更讲究策略,因为他能屈尊下就,做到当朝皇帝和宰相做不到的事情。

赵匡胤笼络人心的手段是"直中取",恩威并济,软硬兼施,主

第三十七章 真正的对手

要靠自己的个人威望和魅力征服人心；赵光义拉拢人心的方式是"曲中求"，钱字开道，义字当头，能动用的手段都大胆动用，可以拉拢的对象都努力争取。

赵光义拉拢人心的第一个手段是请客送礼。

我国自古崇尚礼尚往来，极少有人能免俗。在强大的金钱攻势和利益诱惑下，朝廷很多文武官员纷纷聚集到赵光义的门下。

赵光义笼络人心的第二个手段是替人说情，开脱罪责。

赵匡胤疾恶如仇，眼里容不得沙子，对那些贪赃枉法（赵普除外）、侵害百姓的官员从不手软，轻则削职为民，黔面充军；重则杀头流放，永不赦免。因此，朝廷大臣很少有人敢在这些事上替人出面说情，唯有赵光义是个例外。

作为一母同胞的亲兄弟，赵光义跟哥哥的性格差别很大。若是有人犯错找到赵光义帮忙说情，他绝不会拒之门外，而是大胆出面替他们从中游说，加以保全。

出于兄弟感情，赵匡胤对弟弟出面说情的人往往都会稍加宽恕，这些死里逃生的人不会感激皇帝，反倒会感激赵光义。这样一来，他们顺理成章地就成了赵光义的附庸。

自己的宽大处理成了弟弟收买人心的手段，这一点恐怕连赵匡胤都没有想到，甚至连他身边的个别心腹也因此投入了赵光义的阵营。

开宝五年（972年）夏，京城粮食储备出现短缺，有关部门预计现有存粮只能撑到次年二月，如不采取紧急补救措施，京城百官包括皇帝在内都得忍饥挨饿。

粮食问题大于天，事关国民生计和社会稳定，赵匡胤立刻意识到了问题的严峻性。他认为三司准备不足，应对失策，严厉斥责了三司负责人楚昭辅，要治他失职渎职之罪。

楚昭辅极为惶恐，他考虑再三，觉得只有赵光义有能力拉自己一把，便连夜赶去开封府求救。

楚昭辅是赵匡胤最初的使府幕僚之一，也是重要的开国功臣，如果能拉他入伙，必定如虎添翼。一念至此，赵光义慨然应允，第二天就带着解决方案去找皇帝说情。

赵匡胤依计而行，粮食问题很快就得到了解决，楚昭辅也如愿以偿免于处罚。就这样，开封府又添一员实力干将。

赵普的情报网络遍布京师，赵光义势力的膨胀自然逃不过他的眼睛，他认为有必要压制一下赵光义。但赵光义身份特殊，不能与其当面硬刚，只能暗中较量——他需要一个合适的机会。

不久后，机会出现了。

乾德三年（965年）初，宋军平定后蜀，需要派一批官员治理蜀地，赵普亲自遴选了一批精明强干的人才推荐给皇帝。

赵匡胤看过名单后很满意，尤其对于名单中的冯瓒，他早就赞赏有加，曾公开称"此人才力当世罕有"，现在他的姓名赫然在列，正好借这项重任考察一下他的真实水平，于是大笔一挥，让冯瓒入蜀担任梓州知州。

赵匡胤并不知道，自己对冯瓒的夸赞无意中激起了赵普嫉贤妒能的老毛病。赵普把冯瓒列入治蜀官员名单并非为国荐贤，而是想借机整治冯瓒，因为蜀地刚刚平定，治理难度很大，只有把冯瓒派到蜀中，才更容易让他犯错，从而留下把柄攻击他。

赵普整人的手段十分高明，就像当初对付雷德骧一样，他不会在皇帝眼皮子底下动手，而是在冯瓒身边安排卧底，暗中搜集他的过失，伺机打击。

冯瓒没有辜负皇帝的期望，在梓州任职期间不仅抵挡住了后蜀乱

第三十七章 真正的对手

军对州城的进攻,还趁势消灭数千敌军,的确是一名文武全才。但赵普派去的卧底工作也很高效,不久后就向赵普报告说自己发现冯瓒等人集体受贿。

在赵普的授意下,很快就有官员检举冯瓒"受迷为奸",要求严肃调查处理。

赵匡胤可不是一个容易被忽悠的人,他担心万一有人诬告,毁了这位极具前途的人才,于是下令把冯瓒调回京师,待案情查明后再做处置。

赵普不会放过这个机会,他迅速采取行动,派人在半路拦住冯瓒的行装进行检查,结果发现包袱中竟藏有数包金银珍宝,极有可能是受贿所得。

这个情况让赵匡胤十分痛心,以赵普为首的朝廷百官又气势汹汹地要求严加处置,但赵匡胤还是顶住了压力,他赦免了冯瓒的死罪,改为流放沙门岛(今属山东蓬莱,又名庙岛群岛)。

从案情经过看,这似乎又是一个赵普妒贤嫉能的案例,但事情没有这么简单,冯瓒虽被流放了,但斗争却没有结束,因为此案牵涉了另外一个大人物。

侦办冯瓒受贿案搜出的金银财宝中,有几盒贴着纸条,上书"送交刘嶅"字样。很明显,刘嶅就是收受这些财宝的人,看来冯瓒不光自己受贿,还涉嫌向他人行贿。

如此重要的线索,经验丰富的办案人员当然不会放过,直接报告给宰相。

赵普很纳闷,自己在朝廷混了这么多年,手握人事任免大权,怎么没听说过刘嶅这号人物?以冯瓒的身份,为什么要向他行贿呢?天生的政治敏锐性告诉他,其中必有隐情。

赵普立刻派人打探刘熬的底细，结果让他大吃一惊，刘熬确实是个小角色，但他的后台老板是一个真正的大人物——开封府尹赵光义，而刘熬就是赵光义的得力幕僚。

赵普一下子就意识到了问题的复杂性，冯瓒既受贿也行贿，情节不可谓不重，尤其是"送交刘熬"这四个字，赤裸裸地表明他要借向刘熬送礼之名，行结交开封府尹赵光义之实。

既然牵扯到赵光义，这可是一个杀他威风的好机会。于是，赵普在论罪时动员百官力主将冯瓒处死，虽然赵匡胤决定将其流放，但赵普打击政敌的目的基本达到了。

对于冯瓒一案，赵光义十分恼火。他把冯瓒一案前前后后想了一遍，总觉事有蹊跷。朝廷官员多的是，赵普为什么专查冯瓒一人，而且是在返京途中突击检查？难道是他提前得知了冯瓒夹藏金银财宝的消息？如此隐私之事被人知晓，莫非是自己身边出了内奸？

赵光义一个个地细数自己的幕僚，数来数去终于发现了一个可疑分子。

这个人名叫宋琪，时任开封府推官。赵光义平素对他礼遇甚厚，但这次一查才发现，宋琪竟是赵普同乡，两人私下往来密切，宋琪极有可能就是赵普安插在开封府的卧底。于是，赵光义便向皇帝进言诋毁宋琪，很快便把此人赶出开封府，打发到了边远的陇州（今陕西陇县）。

在这场暗地的较量中，工于心计的赵光义不敌更精于权谋的赵普，一时落于下风。但赵光义不会善罢甘休，他随时窥伺着赵普的漏洞，准备报一箭之仇。但天不遂人愿，一件事情的发生再度让赵光义受到打击，这一次惹祸的是黄河。

第三十八章　坐山观虎斗

作为中华民族的母亲河，黄河不仅哺育了辉煌的中华文明，同时也因其难以驯服而令人生畏，一旦发怒便会成为可怕的梦魇。因此修筑堤防、治理黄河是历朝历代高度重视的水利工程。

赵匡胤高度重视河防水利事业，多次组织实施黄河专项治理工程，每次都要征发数十万民夫，财资耗费难以计量。但在当时的技术条件下，千防万防也阻挡不了黄河的屡次决口，北宋一百六十多年间有记载的黄河决口就有一百二十多次，几乎平均每年爆发一次。

开宝四年（971年）七月，受夏季暴雨影响，黄河水位持续猛涨，终于在澶州一带冲垮堤防。滔滔洪水一发而不可收，以不可阻挡之势在平原上一泻千里，所经之处，州郡皆成水乡泽国，无数百姓家园被毁，他们流离失所，死于洪水、饥饿和瘟疫者不计其数。

赵匡胤一方面调遣军队赶往前线堵塞决口，抗洪救灾；另一方面派出调查组前往澶州进行事故调查。经验告诉他，黄河堤防不致如此脆弱，天灾背后往往隐藏着人祸的因素。

调查组到达澶州后很快就查明真相，此番事故的发生，主要是由于澶州官府汛期前未组织人力加固堤防，汛期内又未及时报告汛情险情,反而听之任之,等黄河决口后又束手无策,没有及时采取有效的应急救援措施。综合调查情况,调查组得出结论:澶州官府和有关负责人存在重大渎职失职嫌疑。

既然有渎职嫌疑,就得一查到底,赵匡胤批示将此案交由司法部门处理。

司法部门经过审理认为,左骁卫大将军、澶州知州杜审肇是黄河决口的第一责任人,对此次事故负主要领导责任,应按渎职失责罪处理。

报告递到皇帝面前,赵匡胤却陷入了沉思。

这种事放在往日连想都不用想,一律从严处理,可这个澶州知州杜审肇不是普通人,他是杜太后的亲弟弟,赵匡胤的亲舅舅。

据史料记载,杜太后一共有五个兄弟,杜审肇排行老四。建隆元年(960年)赵匡胤黄袍加身时,杜审肇已经五十八岁了,一下就成了名副其实的国舅,被授予诸卫将军的虚衔。

考虑到澶州距离汴京较近,有事也方便照应,赵匡胤给杜审肇安排了一个澶州知州的实职。他以为舅舅会老老实实当官,不会出什么乱子,却没想到这个舅舅给自己捅出了这么大的娄子。

王子犯法与庶民同罪,大义灭亲的赵匡胤很快就公布了对澶州黄河决口案的处理结果:

澶州知州杜审肇,作为澶州一把手,是事故第一责任人,免官归私第。澶州通判姚恕,作为分管防汛的二把手,是事故第二责任人,依法处死。

明眼人都看得出来,赵匡胤在这件事上还是徇了私。姚恕和杜审肇,虽然一个是直接责任,一个是领导责任。但处理结果一个直接死刑,一个免职回家,这差别也太大了吧?

第三十八章 坐山观虎斗

那么，姚恕究竟何许人也？这起案件跟赵光义又有什么关系？

要搞清楚这个问题，还要追溯一段往事。与之前冯瓒案中的刘嶅一样，此案里的姚恕也有一个特殊身份——赵光义的幕僚。

姚恕曾任开封府判官，是赵光义的得力助手。与刘嶅相比，姚恕的个人能力更强，更受赵光义器重，脾气也就更牛。

有一次，姚恕去宰相府拜谒赵普，却被门卫拦住。门卫告诉他宰相正在会客，不方便接见。

姚恕亮出了自己的身份——开封府判官，请求门卫前去通报。

宰相门人六品官，这位见惯了高级官员的门卫对区区一个开封府判官怎会放在眼里？不但拒绝了姚恕的请求，而且说话态度也很不客气。

门卫的态度激怒了姚恕，他甚至一句话也没留就怒气冲冲地拂袖而去。

赵普得知此事后，赶忙派人上门代自己向姚恕道歉，姚恕却犯起了犟脾气，说话一点都不给当朝宰相面子。

要说姚恕的脑袋确实不好使，难道他不知道赵宰相是出了名的小心眼？居然还要逞一时之快，招惹这位睚眦必报的大人物。

使者碰了钉子，回去把情况如实报告给赵普，这下换成赵普恼火了，他认为姚恕狗仗人势，肯定是受了赵光义的指使，必欲除之而后快。

擅长打击报复的赵普很快就找到了机会。

开宝三年（970年），赵匡胤安排杜审肇知澶州时准备给他配个通判做副手，协助他治理州务。赵普抓住机会，极力推荐姚恕担此重任。

这种阴人的招数赵普也不是一两次使用了，他的如意算盘是借机将姚恕赶出京师，报当年的一箭之仇；另一方面，也可借此剪除赵光义的羽翼。

同样工于心计的赵光义当然知道赵普的用意。跟着国舅混表面看是好事，但实际上风险很大，有了功一定是国舅的，出了错却得替国舅背黑锅。

赵光义决定留下姚恕，他亲自出面向赵匡胤说情，但赵普此时正当红，又打着举荐贤才的旗号，赵光义白忙活了一场，姚恕还是走马上任去了。

有了这段恩怨在前面，待黄河决口、皇帝震怒时，赵普便抓住机会把姚恕成功问成死罪。这次赵普彻底除掉了赵光义的得力幕僚，又给对方一次沉重打击。

其实姚恕的死也不能全怪赵普，他能不能借机整死姚恕，关键要看赵匡胤的意思。姚恕确实有罪，但罪不至死，只是此案影响太过重大，不杀人不足以平民愤，而杜审肇又必须保全，所以姚恕只能当那个倒霉的替罪羊。

姚恕事件让赵光义和赵普的梁子越结越深，也让赵光义意识到自己目前的实力跟赵普比，确实还有差距。

两人从乾德二年赵普拜相时开始较劲，明争暗斗了五六年，赵普始终牢牢把握斗争的主动权。虽说开封府在声势上与宰相府不相上下，但历次较量中都是赵光义吃亏，幕僚羽翼多次被对方剪除。

赵普结党营私、专断擅权，排斥异己、妒贤嫉能，贪污受贿、徇私枉法，简直就是无恶不作，在朝廷中树敌众多，为什么依旧能稳坐钓鱼台，屹立不倒呢？难道是赵匡胤浑然不知？还是他对此有意纵容？

非也。

第三十八章　坐山观虎斗

其实，赵匡胤对赵光义与赵普的明争暗斗早有觉察，只是一开始没太放在心上。在他看来，赵普和赵光义都是自己最亲密、最信任的人，一个精于权谋，一个年轻气盛，存在分歧乃至针锋相对都不足为奇。

但是随着时间的推移，双方不仅在礼仪排场、府邸宅第等外在形式上比拼，还各自笼络文武大臣，通过各种手段打压对方。时间一久，竟然发展成两个政治派系之间的较量，这就不得不引起赵匡胤的关注了。

赵普自不必说，从他拜相那年起，各种举报弹劾的奏章密信就没消停过，且有愈演愈烈之势。赵光义也不遑多让，经过数年苦心经营，现在的开封府宾客盈门、人才济济，号称"南衙"，已成为继皇宫大内、宰相府后的第三个权力中心，俨然有"小朝廷"之势。且关于赵光义结交大臣、纵吏不法、扩张权势的流言亦不在少数。

不久前，汴京流传的一则笑话更让赵匡胤感到痛心。

为维持京城秩序，赵匡胤曾派侍卫步军都指挥使党进巡视京师。党进是奚族人，相貌魁伟，打仗勇猛，办事也认真，每次巡视街巷必定亲力亲为。

当时的开封城内住着很多大富大贵之家，这些人家的钱多到花不完，就开始流行豢养鹰、鹞等猛禽做宠物，党进尤其痛恨这一点，只要遇到有人当街携带宠物必定疾步上前，一把夺过后当场放生，还狠狠骂上一句："有钱不买肉孝敬父母，却用来饲养禽兽，真是岂有此理！"

有一天，党进又率部下巡城，老远看见一个人手架鹞鹰，招摇过市，他大为恼火，上去就是一顿怒声呵斥，然后准备夺了鹞鹰现场放生。

谁知对方根本就不怕他，直接转身就走："这是开封府的鹰。你要放，先跟我们府尹打个招呼！"

听到这句话，刚才还气鼓鼓的党进一下就没了脾气，赶紧追上前去，换上一副憨态可掬的表情："既是开封府的鹰，那你可要好好伺候，千万别让其他东西伤着！"说完还从兜里掏出一把钱递给对方，嘱咐道，"这是我的一点小意思，去买些肉好好喂养这鹰！"

党进说话的时候是在大街上，这件逸事立刻被好事者添油加醋，编成段子大肆传播，短短几天就传遍大街小巷，成为大家茶余饭后的必谈笑资。不久，这个笑话也很快传到了赵匡胤的耳朵里。

赵匡胤十分了解党进，他性格朴实，说话不会拐弯抹角，不会做溜须拍马的事，即便当着自己的面，言谈举止也丝毫不做作。正是基于这一优点，才让他当了三衙管军之一的侍卫步军都指挥使。

就是这样一个忠厚朴实的将领，竟在大庭广众之下对赵光义属下的无名小卒如此恭敬有礼，难道开封府的权势已经到了跟皇权分庭抗礼的程度吗？

面对两股政治势力的争斗，赵匡胤的选择是不动声色，坐山观虎斗。

既然两只老虎只是看对方不顺眼，非要争个高低，并非挑战自己这条真龙的权威，那不妨坐下来看一场两虎相搏的好戏，让两股势力相互遏制，自己则居中调节，从中受益。

在皇帝这一思想的主导下，宰相府与开封府的两府之争持续了五六年，饶是赵普略占主动，但也没有取得压倒性优势，双方一直没能分出胜负。

如果不是另外一个人的出现，这种局面或许不会被打破。

赵光义屡次吃亏后开始总结教训，他发现自己长期以来都把精力放在如何挖墙脚、告黑状上了，却忽略了一个根本性问题：赵普为何能在自己的不断攻击下不动不摇，屹立不倒？

不错，赵普确实心狠手辣、权谋老到、位高权重、党羽众多，但这些都不是他屹立不倒的根本因素，真正能决定他去留生死的只有一个人——自己的皇兄赵匡胤。

赵普贪污受贿也好，结党营私也罢，哪怕他把国库搬到自己家里，把中书门下变成他的一言堂，只要皇帝能忍受，那谁都拿他没办法。而赵匡胤虽然对开国功臣格外优容，却绝不是没有底线的老好人，他的底线就是皇权。

赵光义相信，不论是谁，只要威胁到那至高无上的皇权，敢于挑战那不能碰触的底线，那他就绝对没有好果子吃，包括赵普，也包括自己。而这，正是反败为胜的关键。

一个人试图用铁棍打开上锁的门，但无论如何用力敲、打、撬、击，铁锁仍然纹丝未动。这时，另一个人拿来一把钥匙，不慌不忙地打开铁锁，大门应声而开。

对赵光义来讲，赵普就是那把铁锁，赵匡胤就是那把钥匙。

可问题依旧存在，钥匙和铁锁配合多年，亲密无间，牢不可破。赵光义意识到，自己不能操之过急，否则可能会弄巧成拙。最佳的策略就是让钥匙主动打开铁锁。

这需要极高的谋略水平和精妙的斗争技巧，也需要一个重量级的助手，一个真正的盟友。这个人不但要有一定分量，能得到皇帝的信任，还要在才干、权谋上能与赵普抗衡。更重要的是，这个人要跟赵普有过节，关键时刻敢冲上去冒险一搏。

不过，这些年来跟赵普有过节的人不是被收拾掉，就是被流放到地方上默默无闻，即便个别人心有怨恨，也没有胆量和实力站出来和赵普对着干。赵光义想找到这等人物，可谓难于登天。

尽管如此，赵光义最终还是找到了那个重量级的盟友，一个能够打破平衡的关键人物。

第三十九章　冒牌的海货

北宋历史上，卢多逊是一个并不引人注目的人物。尤其是跟赵匡胤、赵光义和赵普相比，他的知名度更是小得可怜。然而，他在宋初的一系列重要历史事件中扮演了十分重要的角色，特别是在太祖晚期、太宗前期的十多年间，他对政治时局的影响毫不亚于赵普，是个不得不说的风云人物。

赵匡胤登基后留用了很多旧臣，但多数人并未获得真正重用，对不属于自己嫡系的后周官员，赵匡胤真正重用的只有一文一武两个人，武的叫曹彬，文的就是卢多逊。

卢多逊，怀州河内（今河南沁阳）人。他能受到赵匡胤的重用绝非偶然，而是因为他具备两项优秀的素质。

卢多逊出身于官宦世家，曾祖父和祖父都干过县令，父亲卢亿更进一步，在后唐时考中明经科（科举考试的一种，区别于进士科），而且入仕后仍不忘学习，继续苦读，后又考中进士科。

在祖辈父辈的影响下，卢多逊自幼热爱读书，且天赋很高，反应极快，博涉经史，过目不忘，是个才华横溢的年轻人。

后周显德初年，卢多逊身负父亲的期望第一次参加进士考试，结果一举中第,官授秘书郎、集贤校理,后升任左拾遗、集贤殿修撰。

职业生涯初期,卢多逊从事他最擅长的文秘工作,他的文学才华和公文水平逐渐获得领导的赏识,也包括赵匡胤在内。

建隆三年(962年),卢多逊得到职业生涯中第一个重要职务——知制诰。

制,指诰、诏、敕、令、策等各种形式的公文,其中由皇帝直接授意下发的诏令称内制,由中书门下撰拟下发的敕令等公文称外制。按规定,内制由翰林学士起草,故翰林学士称内制官;外制由中书舍人起草,故中书舍人称外制官,内制官和外制官合称"两制"。

宋初情况比较特殊,由于实行官职、差遣分离,并不是官职为翰林学士、中书舍人的官员都能起草制书,只有在官职外加挂"知制诰"的翰林学士、中书舍人才是真正的"两制"人选。当时卢多逊的官职是左拾遗,虽然不任中书舍人、翰林学士,却拥有知制诰之衔,就是实际上的两制官。

知制诰相当于皇帝或朝廷的高级秘书,极具政治前途,而卢多逊也依靠自己的才华和工作能力进一步得到了赵匡胤的赏识。两年后的乾德二年(964年),卢多逊接受了另一个重要差遣——知贡举。

知贡举是科举考试的主考官。这是很多官员梦寐以求的差事,却不是人人都能干的,若非文采斐然、品学兼优的儒臣绝对无法胜任,卢多逊年仅三十一岁便能担此重任,足见赵匡胤对他的器重。

更让人羡慕的是,这个美差卢多逊还干了不止一次。乾德二年(964年)、乾德四年(966年)、开宝三年(970年),短短七年内,卢多逊就先后三次担当科举主考官。

随着地位越来越高,名声越来越大,卢多逊的前景越来越被人看好,而他对一个人的厌恶感也与日俱增,这个人就是当朝宰相赵普。

第三十九章　冒牌的海货

据史料记载，卢多逊担任知制诰期间就对赵普有所不满，其中缘由不甚明了。但他很有心计，没有像雷德骧一样公开跟赵普叫板，而是对这种不满进行了掩饰，因此并没有引起赵普的注意。

在赵普看来，卢多逊确实是一个年纪轻轻、颇有文才的后起之秀，但他资历尚浅，没什么大功，远不够当自己对手的资格，史料中也没有赵普排挤攻击卢多逊的记载。

然而，这一次赵普真的看走眼了，卢多逊具备的不只是高出他一大截的才学，还有一项堪与他匹敌的特长——谋略。

谋略这种东西有很多的表现形式，赵匡胤运筹帷幄、决胜千里，恩威并施、驾驭臣下，是帝王的谋略；赵普提出先南后北、先易后难的统一路线，削弱藩镇、加强中央集权的三大纲领，是宰辅的谋略；赵光义擅长笼络党羽、罗织势力、无所不用，也是一种谋略。

与上面这些不同，卢多逊的谋略是——揣摩皇帝的意图。

《宋史·卢多逊传》说卢多逊"好任数，有谋略，发多奇中"，这绝非虚言。

开宝元年（968年）四月，卢多逊受命担任史馆修撰、判馆事。

史馆本是负责编修、收藏和贮存史书的机构，但宋初修史的职责已被其他机构抢走，因此史馆成了专门收藏图书史籍的国家图书馆，卢多逊干的就是图书馆馆长工作。

乍一看，这份差事没油水、没前途，不容易出成绩，但事实并非如此。

赵匡胤虽是武将出身，却深知马上得天下却不可马上治天下的道理。他登基后大力提倡文治，动员领导干部读书学习，自己更是以身作则，百忙之中仍手不释卷，常命人到史馆取书研读。

书读得多了，就会思考很多问题，也有很多心得体会要跟大臣们交流。对很多大臣而言,皇帝每一次发表心得都不啻一回考验,因为皇帝的问题很多,没人能提前预料,若是答不上来或者答不好,就会在皇帝心中留下读书不多、知识浅薄的印象,所以谁也不敢胡乱回答一气。

不过,这个棘手的问题在卢多逊那里却不算问题,皇帝每次与他讨论书中之事,卢馆长总是反应敏捷,对答如流,让同僚心服口服,自叹不如。

卢馆长之所以有如此抢眼的表现,绝不只是靠他自己博览群书,而是另有秘籍。

作为国家图书馆馆长,卢多逊很清楚皇帝派人到史馆取书之事,心思敏锐的他从中发现了投机的可能,命人记下皇帝每次所取书目,然后拿一本相同的书同时阅读。这样当皇帝问起时,那就自然心中有底,应对游刃有余了,于是赵匡胤更加欣赏卢多逊的才华,经常单独召他交流谈心。

经过长时间的观察培养,赵匡胤认为这位年轻人经过一系列岗位锻炼,已经渐趋成熟,能堪大用。

开宝四年(971年),赵匡胤授予卢多逊一个至关重要的职务——翰林学士,这一年他只有三十七岁。

翰林学士专门起草皇帝的诏书,同时还充当皇帝的高级政治顾问,皇帝在做重大决策时往往会征求翰林学士的意见,因此翰林学士不是一般的领导秘书,更像是皇帝的御用秘书长,是与皇帝关系最密切的大臣之一。

北宋时,翰林学士和权知开封府、御史中丞、三司使并称为"四入头",意思是说这四个职务是朝廷执政大臣的主要后备来源。一个人如果被任命为翰林学士,那不出意外的话,他的下一步晋升应该就

第三十九章 冒牌的海货

是枢密副使或参知政事，从而正式跻身两府大臣之列。

可卢多逊心里很清楚，自己获得进一步晋升的难度很大，因为他的表现已经引起了赵普的注意——赵普绝不允许如此年轻且富有才华的卢多逊轻易进入执政班子。卢多逊的才华和潜力已经对他的权位构成了威胁，赵普甚至担忧卢多逊会将自己取而代之。

要想实现宰辅梦想，卢多逊就必须越过赵普这个障碍。

可这又谈何容易？赵普独掌朝政近十年，政治上排斥异己、专断擅权，经济上贪污受贿、以权谋私，多少反对者都被他一一摆平，皇帝也对他包庇纵容，自己如何能突破藩篱呢？

正在卢多逊苦于势单力薄时，一个人向他抛出了橄榄枝，并且信誓旦旦地表示："只要你加入我们的阵营，你我联合起来，一定可以击败不可一世的赵普，实现我们各自的梦想。"

发出邀请的人正是开封府尹赵光义。

对赵光义跟赵普的较量，卢多逊早有耳闻，知道他们的矛盾几乎已经到了水火不容的地步。现在看来，这位皇帝的亲弟弟、开封府的一把手，或许是唯一可以与赵普抗衡的人物，只有他有可能帮助自己实现拜相主政的政治梦想。

面对赵光义的热情邀请，权衡再三的卢多逊选择了接受，他和赵光义组成"倒普联盟"，制定了一套完整的"反普策略"。

他们的计划是利用赵光义的影响力与赵普周旋，搜集对方的违法犯罪证据，什么政治问题、经济问题、生活问题、作风问题，甚至是家属子女和身边工作人员的问题都在搜集范围内，然后由卢多逊利用自身的职位便利，将赵普违法乱纪的事情透露给赵匡胤。

日复一日，月复一月，在卢多逊的精彩演绎下，赵普在赵匡胤心目中的形象逐渐发生了变化。赵匡胤没想到这个股肱之臣的口碑竟如此之差，俨然就是一个专权独断、操纵朝政、贪诈狡黠、聚敛财货的权臣奸相，甚至到了让人无法容忍的地步。不久后发生的一件事，更坚定了赵匡胤的这种认识。

赵匡胤是古代最爱微服私访的皇帝之一，只是他的微服私访不像后世某位帝王那样吟风弄月、暧昧风流。赵匡胤的活动范围一般不会超出京城，造访对象多是朝廷百官，比如那个雪夜访赵普的故事。

开宝五年（972年）十一月，赵匡胤再次造访宰相府邸，照旧不摆排场，不提前通知，直接突击检查。

皇帝上门了，赵普大吃一惊，没有任何准备的他赶忙接驾。

赵匡胤目光随意一扫，一排摆在房廊下的瓶子就吸引了他的注意，便饶有兴致地问道："这些瓶子里装的什么东西啊？"

赵普心里一紧，这可真是怕什么来什么，只好老老实实回答："这是吴越国王钱俶送来的礼物，臣也不清楚里面装的是什么，想必是海货吧？"

赵匡胤顿时来了兴趣："既是海货，质量一定上佳。把瓶子打开，让朕开开眼界！"

这下赵普彻底愣住了，海货是送礼的使者说的，自己根本没有开瓶查验，现在皇帝要亲自验货，万一里面装的不是海货，而是金银珠宝，那自己就是跳进黄河也洗不清。

侍卫上前把瓶子打开，赵匡胤满心期待地探头一看，脸色突然一变。

赵普看到皇帝的脸色瞬间由晴转阴，暗叫大事不妙，跟着凑过去一看，也倒吸一口凉气：瓶子里装的竟然是金光闪闪的金瓜子！

赵普不假思索，慌忙叩首道："陛下恕罪！臣还没来得及打开钱俶送来的书信，根本不知他所赠何物。要知道是这些财物，臣岂敢擅

第三十九章　冒牌的海货

自收受？臣一定会先禀奏皇上！"

赵匡胤微微一笑，打破了这个颇为尴尬的局面："既然是钱俶送给你的，收下也无妨，看来他还以为国家大事都由你一人做主呢！"

说完，赵匡胤也不再逗留，直接就打道回宫了。

作为十几年的君臣搭档，赵普对皇帝万分了解，自己平时贪个污、受个贿，打击个政敌、排斥个异己，赵匡胤都是睁一只眼闭一只眼，可这次皇帝亲自演了一出"捉贪捉赃"的好戏，哪怕是张仪复生，苏秦再世，施展三寸不烂之舌为自己辩解，那也是瞎子点灯——白费蜡了。

更让赵普紧张的是皇帝那句意味深长的话——"国家大事都由你一人做主"。想到这里，赵普心中一个激灵，他终于意识到自己犯了一个十分严重的错误，而这个错误在很久以前就开始犯了，那就是独断专权。

赵匡胤是个好皇帝，但也有自己的底线，这个底线不是道德，也不是律法，而是至高无上的皇权。只要有人敢于突破这个底线，威胁他至高无上的皇权，不管是有心还是无意，都必须付出代价。

关于这一点，赵普原本是清楚的。他帮助皇帝镇压反抗势力、解除宿将兵权、全面削弱藩镇，为巩固皇权立下赫赫功劳，其积极程度甚至超过了皇帝本人。然而在其他势力被不断削弱的过程中，赵普所代表的相权却在不断膨胀，以致演变成对皇权新的威胁。

对这种变化，赵普没有保持足够的清醒，他在权力中迷失了自我，忘了皇帝的感受，直到这次被抓住现行，赵普才意识到自己的错误。看来以后自己真的要谨慎行事，现在只能找机会挽回不利局面了。

可惜的是，赵普的觉悟来得稍晚了一些。现在不只是有一个赵光义,还有一个卢多逊——这个隐藏在暗处的敌人,一直窥伺着赵普的失误,随时准备发动致命一击。

自担任翰林学士后,卢多逊的表现越来越出色。开宝六年(973年)四月,赵匡胤又交给他一个特殊的差使——江南生辰国信使,代表大宋皇帝到南唐祝贺后主李煜的生日。

卢多逊没有摆大国使者的架子,而是以君臣之礼与李煜相见。他表现得彬彬有礼、不亢不卑,深得南唐君臣的好感;李煜更是觉得相见恨晚,甚至把他当作推心置腹的知心朋友。

几天后,卢多逊完成使命,准备由水路返国复命。

船只即将开拔,卢多逊突然向李煜提出了一个请求,说朝廷正重修天下图经典籍,各地资料一应俱全,唯独缺少江南诸州的资料,希望贵国把资料借给朝廷参考,以助一臂之力。

李煜毫不犹豫地就立刻组织人手修订。第二天,卢多逊带着这份礼物,满意地踏上了返程道路。

能为大宋文化事业贡献一点绵薄之力,李煜也很高兴。然而,李煜完全没有意识到自己送出的这份礼物将会直接加速南唐政权的灭亡。在所谓的图经资料中,李煜不仅提供了江南一十九州的地理形貌,还详尽标注了各州的户口多少、屯兵远近等信息,相当于把本国的军事机密向敌人和盘托出。

卢多逊返回汴京后便将所获资料呈报皇帝,并结合自己在南唐的所见所闻,大胆地提出了"江南国势衰弱,君臣无能,大宋发兵必可攻取"的结论。

面对侃侃而谈的卢多逊,赵匡胤露出满意的笑容:这个文质彬彬的儒臣只是动了动嘴皮,就让李煜把国家机密全盘奉上,确实值得重用。

第三十九章　冒牌的海货

卢多逊的事业蒸蒸日上，前景大好；相比之下，赵普的前途却呈每况愈下之势。朝廷文武大臣对他的弹劾不断升温，特别是不久前的"金瓜子"事件更让赵匡胤对他的不满情绪达到了新高度。

卢多逊抓住这个大好形势，火上浇油，趁机在赵匡胤面前数落赵普的种种不法行为，包括公然违规开办旅馆；大搞不公平竞争，扰乱市场秩序，牟取暴利；使用劣质土地换取肥沃的国有田产；违规占地建设超标准豪宅等。

得知这些不法事迹，赵匡胤大为震怒。为验证这些消息的可靠性，赵匡胤特地向另一位翰林学士李昉求证。

李昉是个老实人，既不敢直言不讳地得罪赵普，更不敢说谎话欺骗皇帝。他想了想，委婉地说："臣乃翰林学士，职责只是草拟诏令，至于赵普所作所为，臣一概不知。"

赵匡胤自然明白李昉的意思——这恰恰证明确有其事！看来赵普的权势已经到了连朕的侍从大臣都不敢对自己说实话的地步，是时候给这位得意忘形的宰相大人敲敲警钟了。

就在这时，精明的赵普又犯了另一个错误。

赵普有个儿子叫赵承宗，刚好到了婚娶的年龄。

古时婚嫁讲究门当户对，宰相儿子娶妻更要千挑万选，但有资格跟宰相攀亲的人家，扳着手指头数也没几个。数来数去，赵普找到了一个门当户对的亲家——时任枢密使的李崇矩。

宰相跟枢密使的联姻堪称天作之合，且赵普和李崇矩的交情也不错，双方一拍即合，既没有找人牵线搭桥，也没有向皇帝请示报告，直接便结成了儿女亲家。

宰相娶媳，枢密使嫁女，在别人看来，这是一桩堪称天作之合的美满姻缘。但有一个人不这么认为，这个人就是皇帝赵匡胤。

中书门下与枢密院并称东西二府，对掌文武权柄，二府并立的初衷就是为了让两者相互制衡以巩固皇权，赵普作为宰相，理应明白遵循这一制度的重要性。但他明知故犯，反其道而行之，这恰恰犯了赵匡胤的大忌。

赵匡胤迅速做出反应，先是发布诏令，禁止宰相和枢密使在等待召对时同处一室。不久后，赵匡胤又借李崇矩门客郑伸上书告发李崇矩图谋不轨的机会，把李崇矩赶出了京城。赵匡胤三下五除二就把这个政治联盟拆散了。

这一次，赵匡胤虽然没有直接对赵普采取措施，但他杀鸡儆猴、敲山震虎的意图已经十分明显。

第四十章　蚍蜉撼大树

从乾德二年（964年）到开宝六年（973年），赵光义和赵普斗了十年之久。其间，赵光义一直处于下风。然而，随着赵普的失势，赵光义首次占据了优势地位。

赵光义十分清楚赵普绝不会轻易放弃，一直在寻找机会反败为胜，自己必须在对方反击前，抢先发出致命一击，将赵普彻底击倒。可这样的机会，要到哪里去寻找呢？

开宝六年（973年），朝廷发布的一条诏令引起了很多人的注意：各地凡"权摄官"满三任、解由齐全的人员，可向有关部门投递简历，通过规定考试后正式录用为官。

权摄官的设置是唐末五代藩镇用来夺取中央人事权的重要手段，这种做法在宋初便被赵匡胤严令禁止了。但问题是，偏远州县官员缺额的问题依然存在，正式干部往往不愿就任，这导致朝廷难以及时找到合适人选。

为解决这个问题，赵匡胤又做出了一项特殊规定：允许某些边远地区如广西、四川、贵州、湖南的部分州县长期使用权摄官，也就是临时工。然而，这些临时工不论干多长时间、表现有多好，都永远成不了正式干部。

允许权摄官转正的诏令发布后，权摄官们欢欣鼓舞。然而，在这个千载难逢的机会面前，有一个人却犯起了愁。

犯愁的人名叫刘伟，他曾三度权摄上蔡县（今河南上蔡）主簿，符合转正条件。但很不幸的是，他居然弄丢了其中一任的解由。

解由是官员的任职手续，可以用来证明曾经摄官的经历；解由不全，连投简历的资格都没有，更别提转正了。

眼看就要惨遭淘汰，刘伟实在不甘放弃，决定铤而走险。

刘伟有一个哥哥叫刘侁，刘侁是进士出身，眼光、门路自然比刘伟开阔。为了帮助弟弟转正，刘侁不但给刘伟出了一个伪造解由的主意，还帮忙联系到了"专业人士"，补齐了刘伟的任职手续，顺利帮助刘伟转了正。

在这哥俩看来，刘伟摄官三任之事属实，自己想办法"补"一份解由并不算伪造履历。然而，刘伟完全没有想到，这套假货虽然帮他转了正，却也断送了他的性命。

无论如何，这份补的"解由"确确实实是个赝品，所以这种事一定要高度保密。可刘伟着实不是一个让人省心的人，他在得意之际，竟把这件不光彩的事透露给了一位好友。

在他看来，这位好友跟自己交情深厚，一定会替他保守秘密。换作别人，或许真的会替他保密，但倒霉的是，刘伟的这位好友名叫雷有邻。

雷有邻只是一介平民，但他的父亲和兄长都是有头有脸的人物。

兄长雷有终虽是文官，却精通兵事，颇识方略，后来在太宗朝立过大功。而他的父亲在当时就已经很有名气——就是前文所讲的那位敢向赵普发飙的雷德骧。

第四十章 蚍蜉撼大树

雷德骧因弹劾赵普被贬商州后，雷有邻很气愤，想当然地把这笔账记到了赵普头上。后来雷德骧又在商州遭到暗算，被皇帝下令削籍为民，流放灵武，这更让雷有邻对赵普的仇恨达到了顶点。

雷有邻不像父亲那样刚直急躁，他聪明务实，很有心计，没有站出来以卵击石，也不与赵普对着干，而是选择了沉默。

但沉默不代表放弃，更不意味着忘却，每当看到那个坑害父亲的人高高在上，继续打击异己时，雷有邻的脑海中总会浮现父亲当年的冤屈和现在的落魄，心中对赵普的仇恨与日俱增。他年复一年地收集赵普违法犯罪的证据，等待着为父亲报仇雪恨、洗刷不白之冤的机会。

进入开宝六年（973年）后，赵匡胤终于失去了耐心，开始采取一些措施敲打赵普。密切关注形势的雷有邻敏锐地觉察到了这种变化，他相信这对曾经亲密无间的君臣搭档已经开始有了嫌隙，此时出面弹劾赵普，即便不能把对方一举击倒，也不至于重蹈父亲当年的覆辙。

开宝六年（973年）六月二十一日，雷有邻做出了向赵普宣战的决定。

雷有邻要了一个心眼儿，他没有直接攻击赵普，而是选择揭发自己的好友刘伟在其兄刘侁的协助下伪造解由文状，中书门下堂后官胡赞、李可度收受刘氏兄弟贿赂，为其谋取私利的违法行为。

雷有邻还嫌动静不够大，顺带检举了曾因私行贿胡赞、李可度的秘书丞王洞，又在同一奏章中弹劾了时任宗正丞的赵孚，说他曾被派往四川任职，因嫌四川地方偏远，谎称有病不能赴任，欺骗朝廷。

一次弹劾涉及三个案件、六个嫌疑人，桩桩事实清楚，件件证据确凿，雷有邻准备之充分可见一斑。但这些事，和赵普有什么关系呢？

有关系，而且有很大的关系！其中奥秘就在于这些被弹劾对象的种种不法行为，都和当朝宰相有着千丝万缕的联系。

首先看刘伟、赵孚，他们犯的虽不是什么滔天大罪，却涉及造假与说谎，这很容易被人扣上欺君的帽子，严重的话，可是要掉脑袋的！

再看胡赞、李可度，两人虽只是中书门下的吏员，却都是赵普的属下，就算不是赵普指示二人受贿枉法，他也推脱不掉领导责任，至少要背一个驭下不严、纵吏枉法的罪名。

更要命的是，雷有邻在奏疏的最后竟然直指："皆宰相庇之。"

当赵普得知弹劾自己的雷有邻是雷德骧的儿子时，心中暗叫一声："不好！报仇的来了！"

表面上看，雷有邻的奏疏只是弹劾几个小人物，但最后一句"皆宰相庇之"，一下子把进攻的矛头转向了赵普。

赵普绝对没想到，当年那个头脑简单的雷德骧竟培养出了这样一个工于心计的儿子。这个一直隐蔽在暗处的年轻人，不出手则已，一出手就直指要害，一击毙命。

赵匡胤龙颜大怒，下令御史台将六名涉案嫌疑人全部逮捕下狱，指示司法部门迅速从严审讯，对查明属实者从严从重惩处，绝不姑息。

皇帝的态度是一个危险的信号，因为雷有邻的弹劾内容基本属实，只要认真办案，那嫌疑人就一个都跑不掉。而作为他们的总后台，赵普在皇帝心目中的地位已然今非昔比，此次不可能再独善其身。

果不其然，开宝六年（973年）六月二十八日，雷有邻检举赵普

第四十章　蚍蜉撼大树

后的第七天，赵匡胤下令，即日起，参知政事薛居正、吕余庆与宰相赵普轮流执掌印信，并共同负责押班奏事。

参知政事这一职位于北宋乾德二年（964年）四月首次设立，又被称为副相、执政。赵匡胤设立此职的初衷是减轻宰相工作负荷，故而在首次任命参知政事时就明确规定："参知政事不宣制、不押班、不知印、不升政事堂，止令就宣徽使厅上事，殿廷别设砖位于宰相后，敕尾署衔降宰相数字，月俸杂给皆半之。"

由此可见，参知政事不能宣布制文，不能领导百官序位，甚至不能到宰相的政事堂办公，别说执掌大权，就连中书门下的印章都摸不着，充其量只能算个宰相助理，远达不到副宰相的级别。

但到了开宝六年（973年），形势发生了变化。赵普不遗余力地揽权专断已引起赵匡胤的警惕，为了限制宰相的权力，赵匡胤决定赋予参知政事与宰相轮流知印押班，共同向皇帝奏事、共同参决政事的职权，这意味着赵普一个人独占权力顶峰的美好时光已经一去不复返了。

一直以来，赵普都致力于帮助皇帝削弱藩镇和武将，分割地方权力，而今他自己也成了皇帝分权的对象。面对皇帝的步步紧逼，一向足智多谋的赵普发现自己竟然无计可施。

"胡李刘王赵"系列案件的审讯工作很快有了回音，涉案嫌疑人对各自罪行均供认不讳，司法部门上奏审理报告后，赵匡胤毫不犹豫地签字批准，涉案人员全部被依法严惩。

刘伟违法伪造官府文书以求转正，情节严重，性质恶劣，论罪斩，弃市。

刘佚身为国家工作人员，系刘伟伪造文书案的共犯，由于其本人并未从中受益，罪减一等，处以杖刑，开除公职。

赵孚、王洞、胡赞、李可度一干人等，违法犯罪事实清楚，一律处以杖刑，开除公职，胡、李二人财产充公。

平心而论，这些人被开除公职是罪有应得，但对刘伟的定罪量刑确实过重，毕竟他只是使用非法手段补了一份原本合法存在却不幸遗失的任职文书，并不算伪造任职经历。

当然，最冤枉的人还是秘书丞王洞。他与雷有邻的父亲雷德骧是同科进士，两家交情很不错，雷有邻常到这位王伯家串门，王洞对他很信任，还托雷有邻到黑市上帮自己买白金，说是要送给"胡将军"。

说者无意，听者有心。雷有邻把这件事牢牢记在了心里，因为王洞所说的"胡将军"就是堂后官、赵普的亲信胡赞，这将成为自己日后攻击赵普的重要证据。

功夫不负有心人，多年来致力于报复赵普的雷有邻终于取得了初步胜利。他弹劾检举的六人全部论罪伏法，不仅给父亲出了一口恶气，自己还被皇帝授予秘书省正字的官职，真可谓一举三得。

雷有邻从这次成功中获得了仕途上进的灵感。之后，他再接再厉，继续发挥窥探他人隐私并背后打小报告的特长，不断上书告发他人隐私。

可能是因为告状太过劳累，雷有邻没多久便病倒了。接着，发生了一件骇人听闻的事。

据说，有人在大白天亲眼看见死去的刘伟进入了雷有邻的住处，用一根粗大的木杖对卧病在床的雷有邻进行殴打。雷有邻动也动不了，只能任人捶击，高声呼号，声音凄厉。屋外的人虽然听得一清二楚，却没人敢进屋救他。

几天后，雷有邻就莫名其妙地死去了。

第四十章　蚍蜉撼大树

开宝六年（973年）八月二十三日，宰相赵普被罢去相位。

赵匡胤一如既往地执行了优待功臣的政策，任命赵普为河阳三城节度使，并保留他同平章事的职务。虽然不在中央任职了，但赵普这个使相（节度使兼同平章事称为"使相"）仍是位极人臣。

对赵普而言，这样的结局并不令他震惊。作为一个熟谙帝王心术的政坛老手，他早已做好应对一切的心理准备，只是当这一切真的来临时，失落感还是笼罩了他的内心。

对于一个正处于权力巅峰的政治家来说，最痛苦的事不是被人不断攻击，而是没有人再去攻击。因为这意味着他已经从权力巅峰滑落，丧失了被他人攻击的资格。

当赵匡胤亲临驿站为出任外藩的赵普饯行时，赵普的心情十分复杂，眼泪情不自禁地流淌了出来。多年来，他们之间的关系早已超越了君臣的界限，以赵普的所作所为，若换作其他人，早已被皇帝废了，哪里会容忍到今天？

其实，赵普没有必要过于落寞，因为他已在权力的巅峰独占十余年，赏过无人见过的风光，打倒过无数的对手。现在休息一下，也未必是件坏事。

以赵匡胤的一贯政策，等过几年，大家对赵普的抱怨逐渐平息，再让他东山再起，也不过一念之间。政治上的风云变幻，又有谁说得准呢？

赵匡胤和赵普，这对宋朝最著名的君臣搭档，就这样结束了他们之间长达十余年的合作。他们彼此都坚定地认为，这次分别只是暂时的权宜之计，却不知竟成永诀。

第四十一章　一心事中原

赵普走了，赵匡胤失去了一个得力助手，他不得不独自面对未竟的统一大业。历史交给他的使命，他还远远没有完成——北面的北汉顽固不化，南面的南唐、吴越、漳泉个个都是独立王国。而南唐，无疑是其中最重要的一个。

与五代十国的很多政权相似，南唐也不是白手起家打来的天下，其前身是唐末杨行密所建立的吴国。吴国权臣徐知诰经过长期的谋划，在天祚三年（937年）废吴自立，后改国号为唐，史称南唐。

为标榜自己是大唐的正统继承者，徐知诰还把自己的名字改成李昪。值得注意的是，李昪原来并不姓徐，只是因为自少孤贫，被吴国大将徐温收养，因而随了徐姓。

这位南唐的开国皇帝是一个很不简单的人。他培植了庞大的政治势力，待他废帝自立时，"上下顺从，人无异意，国中夷然无易姓之戚"，是一次真正完美的政权更迭。

李昪建国后，坚持保境安民的政策，罢兵休战。这一举措促进了经济社会的繁荣发展。再者，他本人重视文治，礼贤下士，又轻徭薄赋，勤政爱民，虽无显功，亦无大错，算得上一位有所作为的好

第四十一章 一心事中原

皇帝。

然而和历史上众多皇帝一样,李昪痴迷于追求长生不老,过分信奉道家的长生之术,服用了大量"延年益寿"的灵丹妙药。可这不但没能帮他实现长生不老的梦想,反而加速了他的死亡。最终,李昪在升元七年(943年)去世,享年五十五岁,结束了他对南唐六年的统治。

临死前,李昪拉着长子李璟的手,留下了遗言:

"我已经不行了。德昌宫贮藏的兵器和金银财帛足有七百万,你即位后切记要和邻国友善相处,莫要擅动兵戈。眼前我国虽和平无事,但日后北部边境必生变端,你一定要注意防范。"

李昪去世后,李璟继承了皇位,是为南唐中主。

然而,李璟登基后,很快就把老爹的遗嘱抛到了九霄云外。他认为眼下国库充盈,要钱有钱,要兵有兵,理应趁此乱世问鼎中原,干一番惊天动地的事业,怎能偏安江南一隅,屈居他人之下?李璟彻底抛弃了父亲保境安民的基本国策,转而四面出击,追求对外扩张。

李璟先是趁闽国内乱,灭了位于自己东南的邻居,占据福建;随后又灭掉西南的强敌楚国,占据湖南;不仅如此,他还积极插手中原事务,将南唐的国土扩张至淮河以北地区,形成了对吴越的全面包围。

在开疆拓土政策的指引下,短短几年间,南唐的领土达到了全盛,占据了现今的江西全境和安徽、江苏、福建、湖北、湖南的大部分地区。

春风得意的李璟并没有真正领会父亲的谆谆教诲。在李昪看来,南方诸国弱小,根本不足为患,但如果轻易向这些邻居开战,一定会把它们推向自己的对立面,这样会引起中央政权的警觉,引发新的战端。正因如此,他才坚持低调做人,在位期间不扩张、不称霸、不生事、不打仗。

事实上,当初亦有人劝李昇出兵攻打闽、楚和吴越,南唐也确实具备这个实力,但李昇拒绝了,并系统阐述了自己的理由。

闽国境内多山、地势险峻,没几个月时间很难攻克,非常劳民伤财;且闽地落后,占有其地得不偿失。吴越依附中原,和南唐有过多次交锋,是一块难啃的骨头。只有楚国皇帝为政严苛,不得民意,逢其局势动荡,方可考虑攻取。

李昇的分析很有道理,可惜李璟逆反心理极强,偏要反其道而行之,全面开战,导致四处树敌,虽然取得了一时的战功,却没能长久保住胜利果实。

李璟没有能力维持在这些地区的稳固统治:先是楚国境内的原有势力四处起兵,很快便把南唐守将赶回老家,湖南得而复失;后来从闽国夺来的福建,又被清源军节度使刘从效据为己有。短短两年内,南唐的地盘便缩回至从前,近十年的攻伐可谓白忙一场。

最糟糕的是,南唐强势的表现招来了一个真正的强敌——后周。

南唐在江南发动攻势期间,中央政权也正经历着改朝换代。郭威称帝建立后周,革除弊政,励精图治,国力不断强大。

然而,热衷于开疆拓土的李璟并没有意识到这种威胁,仍把主要精力放在欺负自己的邻居上。后来柴荣即位,开始实施"十年拓天下,十年养百姓,十年致太平"的宏伟计划,位置优越、资源富庶的南唐随即成为他讨伐的重要目标。

但此时的李璟已经不想打仗了,经年累月的征战消耗了大量国力,闽楚之地的得而复失更消磨了他的野心。可惜的是,柴荣不是一个可以商量的人——想要统一天下,战争是不可避免的。

第四十一章 一心事中原

经过和后周近三年的艰苦较量，南唐最终全面溃败。为了结束战争，双方达成了和平停火协定，约定划江为界。作为战败方，南唐又是割地赔款，又是称臣进贡。为了表示诚意，李璟还主动上表请求废除皇帝号，自称国主。

经过这番沉重打击，南唐国力大为削弱，彻底失去了称雄称霸的实力。而李璟本人也心灰意冷，干脆主动禅位，将皇位传给了第六个儿子李煜。

李煜，字重光，号钟隐、莲峰居士，南唐升元元年（937年）七月七日出生于金陵（今江苏南京）。李煜的生日适逢七夕，这似乎预示着他的一生将与浪漫和爱情紧密相连。

李煜可以说是含着金汤匙出生的。他从小就聪颖绝伦、过目成诵，长得帅气又呆萌，很讨父亲李璟的喜欢。长大以后，李煜更是一表人才、风流倜傥，史书形容他"广额、丰颊"，双目漆亮如电，顾盼生辉。

更难得的是，李煜不仅貌比潘安，还是一个极具内涵的男人。他精于诗词，工于书画，谙于音律，在每一项才艺上都取得了非凡的成就，堪称五代宋初文艺圈的领军人物。

无数江南美女都期盼着能嫁给这样一个极品如意郎君。最终，一名叫周娥皇的女子成了万里挑一的幸运儿，做了李煜的第一任妻子。后来，人们常称她为"大周后"。

周娥皇能够脱颖而出，击败众多竞争对手，绝非侥幸。

周娥皇是南唐司徒周宗的女儿，出身高贵、长得国色天香自不必说，还是一位才情横溢的女子。她情趣雅致，通书史，善弈棋，喜歌舞，擅声乐，对填词谱曲极为精通。更有甚者，周娥皇经悉心钻研演习，竟然将失传的唐朝《霓裳羽衣曲》的残谱补全了，使之流传于世。

这样的美女加才女，正对李煜的胃口。两人婚后情深意笃，相敬如宾，坐则同席，卧则同衾，几乎形影不离、如胶似漆。

李煜的天赋才华跟他的家庭背景有很大关系，南唐前主李昇、中主李璟都有一项共同的兴趣爱好——诗词。

前主李昇有一首著名的《咏灯》，诗曰："主人若也勤挑拨，敢向尊前不尽心。"李璟则有"细雨梦回鸡塞远，小楼吹彻玉笙寒"的经典词句。

然而，李煜虽然在文艺上有着惊人的天赋，治国理政能力却稍显不足。

李煜自小就对政治提不起兴致，自从他当了皇帝后，更是把朝廷的事务一股脑儿全扔给他当年的老师兼幕佐陈乔、张洎二人，把有限的时间和精力都放在了享受生活上。大臣中有人上书劝谏，他也不生气，还表彰赏赐其忠诚——但事后依然我行我素。

李煜既不想当皇帝，也没当皇帝的本事，但他的脑袋还算清醒，吸取了李璟的教训，坚持和平主义方针，绝不轻易诉诸武力，尤其是高度重视处理与大宋的关系。

建隆二年（961年）十月，大宋使者前来祝贺李煜即位。为显示对大宋的谦恭，李煜竟然脱去龙袍，换上一袭紫袍在朝堂上接见使者。

紫袍是朝廷高官的制服。在没有任何人强迫的情况下，堂堂南唐国主对一国使者如此谦卑，说出去实在有失国家颜面，李煜因此被称为"紫袍皇帝"。

李煜在日常交往中对大宋曲意奉迎，逢年过节的朝贡自然不在话下，就连宋军出师讨伐，南唐也要有所表示。

第四十一章 一心事中原

乾德元年（963年）三月，宋军平定荆湖，南唐遣使犒师，送上赞助军费。

乾德三年（965年）四月，宋军攻灭后蜀，南唐上贡金银绢帛数以万计，表示热烈祝贺。

乾德四年（966年），宋军进攻南汉，李煜虽没有直接出兵援助，但奉赵匡胤之命给刘鋹写信劝降，其顺服听话的姿态让赵匡胤颇为满意。

当宋军灭掉南汉，下一个目标就直指南唐时，李煜的惊惶和恐惧达到了顶点。为求保境安民，开宝四年（971年）十月，李煜上表主动提出削去南唐国号，改称"江南国"，改玉玺印文为"江南国印"，同时自贬仪制，降低规格，改称"江南国主"，改"诏"为"教"。

皇帝尚且如此，政府机关和臣僚也便跟着降尊：中书门下改称左右内史府，尚书省改称司会府，御史台改称司宪府，翰林院改称文馆，枢密院改称光政院，原来封王爵的一概降格为公爵。凡此种种措施，无不显示着李煜排除万难也要将和平坚持到底的决心。

虽然李煜不想打仗，但他也没有像大多数人认为的那样不修武备。宋军纵横四出、消灭各地割据政权时，李煜始终在做两手准备：一方面厉兵秣马、募兵备战，将精锐兵力部署在长江中下游南岸，企图凭借长江天险打造一道不可跨越的天堑；另一方面，李煜秘密致信自己的老对手吴越国王钱俶，大谈双方深厚友谊，试图拉拢这位老邻居一起抗衡宋廷。

这种毫无深度可言的伎俩当然瞒不过赵匡胤的眼睛。精于谋略的赵匡胤以彼之道还施彼身，开始对南唐实行既安抚又吓唬的双重策略。

建隆二年（961年）七月，南唐中主李璟去世，一向视他国为僭伪政权的宋廷居然追谥李璟为帝,承认其皇帝的身份和名号。

开宝元年(968年),南唐遭遇大面积灾荒,无数百姓流离失所,赵匡胤立刻调拨大批粮食帮忙赈灾。

更让李煜感动的是,对那些意志薄弱、未经拉拢就叛唐降宋的将领,赵匡胤还将他们统统斩首示众,事后甚至把人头快递给自己,以示双方和平共处、绝不互挖墙脚的诚意。

赵匡胤当然不会真的跟南唐修万世之好,也不会做赔本买卖,他给南唐的无偿援助跟南唐每年进贡的金银财物相比,简直是九牛一毛。至于斩杀南唐降将,就更好理解了:宋朝猛将如云,根本不差这些不请自来的虾兵蟹将,杀了他们还能麻痹一下对方。

除了安抚,赵匡胤也会时不时地给李煜敲敲警钟。

开宝四年(971年)十月,李煜派自己的亲弟弟、郑王李从善赴汴京朝贡。任务完成后,李从善打算回国复命,却受到了赵匡胤的盛情挽留。李从善推脱不掉,只好暂时留了下来,但这一留就是好几个月。

次年二月,李从善决意回江南,赵匡胤却封他为泰宁军节度使,在汴京赐宅院一栋。

这下李从善算是彻底明白了,自己已经被宋廷扣留做了人质。虽说每天好吃好喝还有好房子住,可李从善却成了一个不折不扣的肉票。

很多人认为赵匡胤对南唐的举动过于小心谨慎,缺乏舍我其谁的霸气——以宋军的战力指数,挟平后蜀、收荆湖、灭南汉之威,对付南唐,还不是手到擒来吗?

事实上,从双方财政实力对比来看,宋朝对南唐并不具备压倒性优势。南唐国力虽大不如前,但还拥有数十万训练有素的水陆军队和

第四十一章 一心事中原

富甲天下的经济实力。尤其是南唐水军，号称天下第一，乃其立国之本。反观赵匡胤，在位期间禁军不过三十万，去掉戍守边疆的人马，能用于机动作战的不超二十万。硬拼是划不来的，以最小的成本换取最大的胜利才是取胜之道。

在对南唐有利的诸多因素中，赵匡胤最忌惮的有两个：一个是将领，一个是河流。

说到将领，其实只有一个人，这个人叫林仁肇，时任南唐南都（今江西南昌）留守兼侍中。

南唐一向以文立国，三代皇帝的军事水平一个比一个差，但手下还有几个能征善战的将领，其中公认称得上优秀的有三人：刘仁赡、张彦卿和林仁肇。

刘仁赡、张彦卿两人在淮南争夺战中一个守寿州、一个守楚州，顽强抵抗到最后一刻，最终双双为国捐躯。

淮南一战后，林仁肇成了南唐硕果仅存的名将，也是少数几个态度强硬的主战派将领之一。

宋军大举进攻南汉时，林仁肇秘密上表，力劝李煜趁宋军主力进攻南汉之时，出兵收复江北，并表示自己愿率数万兵马，自寿州北渡淮河直取正阳，一举恢复淮南故土，敌军来援则率军据淮河之险，足可抵御攻势。

这招避实击虚、攻宋救汉的计策深合兵法之道，但也有不小风险，搞不好就会引火上身，送给宋军一个进攻江南的借口，所以林仁肇在最后还补充了一句："兵起之日，请以臣举兵外叛闻于宋朝，事成则国家享其利，败则族臣家，明陛下无二心。"

林仁肇敢拿自身乃至全家性命做赌注，赤胆忠心，可昭日月。

在当时唐宋迟早会有一战的形势下，联汉抗宋，先发制人，总比被人各个击破,坐以待毙强得多。换作别人,很可能早就和宋廷干上了,但李煜不敢玩这种大冒险游戏,最终还是拒绝了。

上表被人当了废纸,林仁肇的心里自然不会舒坦。

李煜不识货,赵匡胤却眼光犀利。他对林仁肇原本就有几分忌惮,听说林仁肇给李煜上过这样一条计策后,更下定了拔掉这颗眼中钉的决心。

但要除掉这样一个有勇有谋、忠君爱国的将领,谈何容易?金银财宝、美色权力的诱惑肯定都不管用,找一个顶级刺客去暗杀也不现实,寄希望于对方主动投诚就更是白日做梦了。

既然如此,那就只能用计智取。

开宝五年(972年)二月,一位南唐使者被安排住进了汴京的一处豪华宅院,并"无意间"在隔壁房内发现了一个人的画像,画的正是南唐名将林仁肇。

使者大为诧异,林将军的画像怎会跑到这里?

陪同官员看出了对方的疑问,热情地作出解释:"哦,这是林仁肇将军的画像。林将军已经和我们约好择日投诚,这个画像是他送来做信物的。"说完,官员还指着这套豪宅补充一句:"喏,这套宅院就是皇帝赐给林将军的。"

这不就是传说中的借刀杀人吗?

赵匡胤用的确实是借刀杀人之计,他先是派人重金贿赂林仁肇身边的工作人员,并伺机偷到了林仁肇的画像,然后悬挂在特意准备好的房间里,又精心设计,让南唐使者发现画像。使者回国后,立刻向李煜报告了此行的这一重大发现。

这招其实不算很高明,因为演得有点假,但此时的李煜一改往日优柔寡断的作风,认为有图有真相,宁可信其有不可信其无,硬是给林仁肇加了一个叛国通敌的罪名,果断地把林仁肇给"鸩杀"了。

在李煜的大力配合下,妨碍赵匡胤讨伐南唐的第一个因素——名将,已被消除。但另外一个障碍更难跨越,那就是长江天险。

从历史地理和地缘政治角度来看,长江是中国南北政权对峙的分割线,其对南方政权的意义远比北方政权重要得多。在中国东部广阔的黄淮海和长江冲积平原地区,长江是南方政权唯一的、最后的且最重要的防线,也是它们的生命线。失去长江,就等于亡国。

李煜不通治国之术,不懂政治权谋,却知道长江是南唐的生命线,是南唐赖以与宋军对抗的唯一资本。他暗修战备,招募训练水军,苦心经营长江防线。

长江险要让赵匡胤犯起了难。宋军以步骑为主,根本不习水战,而南唐的水军数量战力远胜他们,又处于相对有利的防守位置,强行渡江难度极大。如果想顺利攻灭南唐,宋廷就必须训练一支精锐水师部队。

北宋建国之初就组建了番号"水虎捷军"的水师,在消灭南汉后,赵匡胤明显加快了训练水军的步伐。他命人在汴京城郊外开凿了一个名为"教船池"的巨大水池,作为水军训练基地和演习场。水军将士在此不分昼夜地操练演习,赵匡胤也经常亲临现场观摩。从建隆元年(960年)到开宝七年(974年),仅正史记载,赵匡胤就现场观摩了三十二次。

那么问题来了,宋军已扫平南方大半地区,巴蜀、荆湖尽入版图,长江中上游尽在掌握,在东、西、北三面形成了对南唐的战略包围,完全可以从中上游从容渡江,横跨长江防线后转向陆路,何必硬在中下游渡江,跟对方的精英水军直接对抗呢?

这与江南的地理形势有关。

南唐都城金陵位于长江下游南侧，宋军如果不想直接在下游渡江，就必须沿长江南侧穿越湖南、江西北部地区，再向金陵方向进发。这条进军路线哪怕只算直线距离，就有一千多公里，更何况湖南、江西北部多山地丘陵，光靠徒步行军，没个把月时间是走不到金陵的。

除此之外，粮食转运、军队士气也都是问题。劳师袭远乃兵家大忌，等宋军翻山越岭赶到金陵时，恐怕已是强弩之末，疲惫至极。南唐军队完全可以以逸待劳，将之击败。

作为一个深通兵法韬略的优秀军事家，赵匡胤绝不会犯这种战略错误。

事实上，从历史经验来看，北方政权想要消灭江南势力，有两条进军路线：一条是从西向东，顺流而下，直捣金陵；另一条是自北向南，在下游横跨渡江后直扑金陵。从古至今，从未有过中游渡江，再走陆路奔袭金陵的成功案例。

两条路线各有利弊，南北线略难于东西线。西晋灭东吴、隋朝灭陈都是两条路线并举，才顺利攻下江南。但无论选择哪条路线，都必须面临同一个问题，那就是渡江。

正当赵匡胤纠结于如何渡江时，一个人的名字突然闪过他的脑海。

开宝三年（970年），赵匡胤收到了一封特殊的上书，上书之人引起了他的特别注意。

上书人是一名叫樊若水的布衣，他在上书中大谈攻取江南之道，尤其就宋军如何渡江提出了一套极为详尽的方案，自信地说只要按该方案行事，定可安然渡过长江，直捣金陵。

赵匡胤一下就来了兴趣，立刻召见了樊若水。

第四十一章 一心事中原

樊若水祖籍京兆府（今陕西西安），从爷爷那一代起就举家搬迁到江南。他的父亲曾担任南唐的县令，从此便在池州（今安徽池州）安了家。

南唐是读书人的天堂，三代皇帝都重视任用文人，每年都开科取士，很多读书人都可以通过科举入仕，继而飞黄腾达。樊若水也是众多应考士子中的一员，可他的运气实在不好，考了好几次都没能中第。

换作别人，落榜也没什么大不了的，回家头悬梁锥刺股，发愤图强，继续努力，考不中再考，一直坚持到考中，不就行了吗？但樊若水很有个性，他认为自己这样优秀的人才竟然每次都名落孙山，一定是因为科举考试有黑幕！

此处不识货，自有识货处。义愤填膺的樊若水一不做二不休，立即动起了投靠江北谋取功名的念头。只是两手空空，对方肯定不会接纳自己，怎么也得给对面的皇帝准备一份大礼。

不久后，当涂（今安徽当涂）采石矶附近的江面上，就出现了个奇怪的身影。此人手持钓具丝绳，划着小船往返于长江南北两岸间，似乎在忙着钓鱼，一钓就是一整天，风雨无阻，钓鱼不辍，如此坚持了好几个月。

数月之后，谜底揭开——这个辛辛苦苦钓鱼数月的人正是樊若水，他直接来到了北宋都城汴京，送给赵匡胤一份特殊的见面礼——采石矶附近的长江水文数据。

樊若水早就看出宋军有进攻南唐的意图，也知道渡江是宋军最棘手的问题，所以才费尽心机地做了一系列的现场调查研究，拿出了一套完美的解决方案——架设浮桥。

在此之前，北方军队进攻江南政权都是乘战舰顺流直下或利用船只摆渡，还从来没人在长江下游架过浮桥，科考失利的樊若水决心挑战这一关。他以钓鱼为掩护，在小船上载着细细的丝绳，一头固定在长江南岸，另一头借着小船直趋北岸，借此测量出江面的宽度。

由于长江宽度和水位时刻总在变化，为掌握精确数据，樊若水选择在不同的时间反复测量，并对数据进行了大量的测算，最终得出架设浮桥的最佳方案。看到樊若水的这份礼物，赵匡胤除了惊喜，还有一丝感动。其实此前也有不少南唐官员前来投靠，却没一个像樊若水这样用心的。

对于这样千里迢迢前来投靠的用心之人，当然是不能亏待的。只是赵匡胤当时还没做好全面进攻南唐的准备，此人暂时尚无大用，便赐给樊若水进士及第，让他去舒州（今安徽安庆）干团练推官，着手架设浮桥的准备工作。

第四十二章　长江天堑变通途

开宝七年（974年）七月，赵匡胤终于启用了这枚关键棋子：他拜樊若水为右赞善大夫，同时派使者到荆湖地区督造大批黄黑龙船和战舰，供架设浮桥之用。九月，又任命颍州团练使曹翰为先锋都指挥使，宣徽南院使、义成军节度使曹彬为昇州西南面行营马步军战棹都部署，同时命山南东道节度使潘美、侍卫马军都虞候李汉琼、判四方馆事田钦祚等先后领兵赶赴荆南。

此前的开宝五年至六年（972—973年），赵匡胤先后任参知政事薛居正、吕余庆兼任淮南、湖南、岭南和荆南、剑南水陆转运使，又专门设置川蜀水陆转运节度使，很好地贯彻兵马未动、粮草先行的原则，为大举用兵做了充分的后勤准备。

开宝六年（973年）三月，赵匡胤遣使与辽修好，双方约定停止军事冲突，维持和平局面，从而免除了大军南下的后顾之忧。四月，派卢多逊出使南唐，获取了南唐十九州的军事地理等重要情报资料。

至开宝七年（974年）下半年，进攻南唐的各项政治、经济和军事准备已全面就绪，大战一触即发。

古人凡事都讲究顺天应时，打仗也要师出有名。赵匡胤深谙其道,所以无论是伐荆湖攻北汉,还是平后蜀灭南汉,他都找到了合适的借口。但李煜对大宋一向小心侍奉,赵匡胤想要出兵,一时还真是找不到借口。

既然没有借口,那就只好制造借口。

开宝七年(974年)九月二十一日,赵匡胤派知制诰李穆担任江南国信使,前往南唐宣谕他的旨意,让李煜到汴京觐见。

这不是赵匡胤第一次邀请李煜来汴京了,前几次邀请都被李煜以各种理由搪塞过去,赵匡胤也不甚在意,没有强求。但李煜知道,这次恐怕不能再拖延了,否则换来的必定是大兵压境、生灵涂炭。可如果听命进京,自己毫无疑问就会像弟弟李从善一样被扣为人质,难以摆脱沦为阶下囚的命运。

经过一番激烈的内心斗争,犹豫再三的李煜终于做出一个艰难的决定——乖乖听话,入京觐见。

李煜不敢承担开战的责任,不敢面对可能战败的结局,更不敢直面可能的死亡。入京虽然危险,也极有可能失去人身自由,但以赵匡胤的一贯政策,自己应该可以保全性命。在这个艰难的时刻,李煜选择了活下去,哪怕是以一种屈辱的方式。

可李煜很快就发现,自己竟然连这件"小事"都做不了主——南唐大臣对他的决定均表示反对,陈乔、张洎的态度尤其坚决。

陈乔对李煜说:"臣当年受元宗(中主李璟的庙号)顾命,陛下今日若去宋廷,必被扣留为质,社稷不保,国将不国,臣就是死了,也无颜面见元宗于九泉之下啊!"

陈乔和张洎是李煜最倚重的左膀右臂,也是南唐抵抗派的领袖。本就首鼠两端的李煜听了他们的劝告,就又变了卦,再次以身体有病为由推辞北上。可他又怕对方发飙,便低声下气地向李穆说:"臣对大宋如此小心侍奉，无非是为了保全性命，若如此苦苦相逼，我今天只有一死！"

李穆懒得和他再说，直接挑明利害："入朝与否，国主自做决定，但大宋兵甲精锐，军力雄厚，江南恐怕难挡兵锋，尚望深思熟虑，再做计较，以免后悔莫及！"说完便拂袖而去。

赵匡胤要的正是这个结果。他料定以李煜的懦弱，绝不敢冒险前来，自己便可以对方"大胆妄为，抗命不遵"为由头，堂而皇之地出师南唐。

十月，赵匡胤做出开战的决定，一场酝酿已久的战争正式拉开了序幕。

宋朝之前，历史上的北方政权曾有过两次成功的大规模渡江作战之举，分别是西晋灭吴之战和隋灭陈之战。这两次战役的共同之处至少有两点：一是进行了长时间的战前准备；二是进攻时多路并举，数十万大军跨过长江天险，数月内便灭了南方政权。

赵匡胤充分借鉴前人的成功经验，发动了第三次渡江作战，他的军事部署如下：

由曹彬、潘美二人率水军、步骑军共计十万人为一路，任务是在下游渡江，然后直趋金陵。这一路是进攻主力。

这十万主力大多是陆军，少数为水军，主力军又分开两路行动。陆路方面由潘美统率，任务是取道颍州（今安徽阜阳），以最快的速度赶赴预定的渡江地点，与水军主力会合；水路方面则由曹彬统领，准备沿江东下扫除南唐水师的威胁，接应长江北岸的陆军主力渡江。

吴越国王钱俶为昇州东南面行营招抚制置使，统率五万吴越军队，以丁德裕为监军，自东面进军攻取常州（今江苏常州），配合自汴水南下的宋军水师夺取润州（今江苏镇江），最后与主力合围金陵。这一路作为辅攻。

为对付南唐最具威胁的长江水师，赵匡胤任命黄州刺史王明为池州至岳州江路巡检战棹都部署，也就是池州至岳州段的长江江防巡逻部队总指挥，率领一部水军向武昌方向发动进攻，牵制位于江西的南唐水军主力，阻止其东下救援金陵。

赵匡胤这次的战略部署十分清晰，那就是三路出师，分进合击，让南唐首尾难顾、疲于招架，然后宋军的主力军队长驱直入，兵锋直指金陵。

三路大军中，首先行动的是曹彬率领的荆湖水军。十月十八日，曹彬率领水师从荆南出发，沿长江顺流东下。

这是一支特殊的舰队，由数千艘大舰船、黄龙船、黑龙船等各色舰只组成，船上满载粗大的竹竿和绳索，前后绵延数十里，千帆竞渡，樯橹如林，浩浩荡荡，气势惊人。

曹彬最担心遇到南唐水军。情报显示对方在长江中下游的水军有十几万人，尤其是在江西湖口屯守着十万水军主力，而自己这支看似庞大的舰队装的大多是建筑材料，没有多少能投入实战的战舰，一旦双方碰面，对方顺风放上一把火，就能把自己烧个血本无归。

为保持低调，避免引起长江南岸敌军水师的注意，曹彬命舰队排成数列纵队，沿长江北岸行驶。但奇怪的是，宋军一直走了数百里，也没有受到任何的警告和攻击，就连平时在江面上巡逻的南唐舰船也不见了踪影，整个南唐水军像全部隐身一样，江防形同虚设。

曹彬正疑惑间，就碰到一件更滑稽的事——南唐水军派人送来了牛酒犒师。

曹彬侧面一打听，才明白原来对方完全不知道宋军进攻南唐之事。他们看到宋军水师自觉遵守交通规则，靠着本方半场行驶，整齐

第四十二章 长江天堑变通途

划一，秩序井然，还以为对方在进行常规巡逻，完全没想到宋军是去进攻南唐。

就这样，这支庞大的舰队以一种不可思议的方式，在南唐水军的眼皮子底下大摇大摆，一路向东而去，就连途经屯驻十万主力的南唐水军基地湖口（今江西湖口）时，对方竟也没有任何表示，行军之顺利，实在出乎意料。

南唐水军的表现充分证明，一个国家和一支军队承平日久，神经是会被麻痹的。所谓"生于忧患，死于安乐"，诚不我欺。

一路未遇任何抵抗的曹彬很快便率军沿长江进入了南唐腹地。十月二十四日，一直靠长江北岸行驶的宋军舰队突然来了一个急转弯，瞬间渡过长江，趁势袭占了南岸的南唐军事据点峡口寨（今安徽贵池西）。随后，宋军马不停蹄，水陆并进，直趋池州。

这个时候，池州守将戈彦看到迎面扑来的宋军，方如梦初醒，他竟毫不犹豫地弃城逃跑，宋军不费一兵一卒便取得了池州这个战略要地。

占领池州后，曹彬没有急于继续东进，他率领的这支军队还不足以在接下来的行动中顺利推进，况且赵匡胤交给他的首要任务不是攻城略地，而是开路架桥。

架浮桥的设想是樊若水提出来的，但这个创意实在有点天马行空，因此赵匡胤决定先在距池州不远的石牌口镇进行试点，架桥所需材料就由曹彬的舰队运载。

浮桥之所以称为浮桥，是因为桥体浮在水面之上，利用船只做承重载体，船上铺设板材，船船相连，板板相接，形成一道桥面，利用水的浮力承载桥面负荷。由于船只容易随水势颠簸移动，所以浮桥搭建起来十分困难；而在水深浪急的长江之上，搭建浮桥更是难上加难。

但古人再次用智慧证明了"世上无难事，只怕有心人"。在预先设计的工程图纸的指导下，经过五天的紧急施工，一座长达半公里的浮桥出现在了石牌口附近的江面上。

这是一件了不起的人造工程，也是数千年以来长江下游地区出现的第一座浮桥。它的出现填补了长江浮桥建设史上的空白，充分显示了最高领导赵匡胤运筹帷幄、决胜千里的英明决策，和宋军将士不怕困难、艰苦奋斗的攻坚精神，是一项值得载入史册的伟大成就。

工程完工后，曹彬命江州防御使陆万友率领数千人马守卫浮桥，自己则继续率军东下，沿途所经之地，南唐军队望风披靡，各处守将非败则降，非降即逃。宋军如入无人之境，十几天内就接连攻克了长江下游的铜陵、当涂、芜湖三大重镇，抵达采石矶。

采石矶，又名牛渚矶，与岳阳城陵矶、南京燕子矶并称为"长江三矶"。矶是江岸地貌深入江流形成的突出部分。采石矶位于今天安徽省马鞍山市的长江东岸，由牛渚山（又称翠螺山）西麓突兀于江中形成。它扼江流要冲，南接著名米乡芜湖，北连南唐国都金陵，自古为兵家必争之地。唐朝的李白、白居易，以及后来的王安石、苏东坡、陆游、文天祥等历史文化名人都曾慕名而来。

不过，曹彬来到采石矶并没有观光览胜的兴趣，更没有饮酒赋诗的情怀。他来这里，是为了建造第二座浮桥，接应江北的数万宋军主力渡江。

宋军之所以选择采石矶作为主力渡江地点，是因为这里正是樊若水进行实地水文勘测的地点。而樊若水选择这里，也有自己的一番考虑。

北方军队若是自北向南，跨江横渡，渡江地点有两处选择，两处渡口分别位于金陵上下游,位于下游的是瓜洲渡,位于上游的是采石渡。

瓜洲渡位于金陵下游的长江北岸,它的北面是扬州,南岸则是镇江(古称京口),二者都是长江下游的军事重镇,分别扼守金陵的东北和东南门户。

采石渡位于金陵上游的长江东岸,它的西岸是安徽和县,东北是安徽马鞍山,两地均紧邻长江,分别扼守金陵的西北和西南门户。

从历次战争来看,北方进攻南方,主力多沿江东下,取道采石渡(有顺流之势),南方进攻北方则多经瓜洲渡北上(地势更为平坦)。无论如何,这两处渡口都对南方至关重要,是重点布防的战略要地,历代江南政权无不派重兵把守。

可问题是,若将士军事素质不够,人再多也是白费,渡口再险也守不住。

当曹彬率领数千军队向采石发动进攻时,南唐守军只是象征性地抵抗了一下就缴械投降,马步军副都部署杨收、都监蔡震做了俘虏,足见"险可恃而不可恃""兵在精而不在多"是多么正确的论断。

抢占采石后,曹彬准备在采石渡口再造一座浮桥。

听闻宋军在采石渡口搭建浮桥,李煜的第一反应是不可思议,于是赶紧召张洎前来询问意见。

张洎倒也是一位博学多识、熟通经史的人才,他拍着胸脯向领导打保票:"有史以来,臣就从没听过在长江上架设浮桥这种事,宋军绝对不可能成功!"

李煜赞同地点了点头,彻底放下心来。

三天后,当浮桥搭成,天堑变通途,北岸的数万宋军如履平地,跨越长江时,南唐灭亡的命运已经无法挽回。

并未掌握现代路桥建筑技术的宋军只用三天就在长江上架起了第二座浮桥,其效率之高、速度之快令人咋舌。而这其中有一个不为人知的秘密,这个秘密就隐藏在石牌口试造的浮桥中。

既然是用大船浮在水面做基座,那浮桥就是可以移动的,宋军在采石搭建浮桥时不是重复建设,而是把在石牌口试造的浮桥沿江漂流到采石矶,再进行适当的调整组装即可。

这种类似现代工业中模块化生产的建造模式大大减少了工程量,压缩了工程期限,堪称建筑工程领域具有划时代意义的技术革新。

潘美率数万宋军在采石矶渡江后,与曹彬所部合兵一处,继续挥师东进。

靠着长江天险阻挡宋军的计划落空,李煜这才惊慌起来,急忙派镇海军节度使、同平章事郑彦华率水军一万,天德都虞候杜真率步军一万,兵分两路并进,前往金陵上游阻击宋军。

临行前,李煜信心百倍地勉励两位统帅:"今日我水陆两军并进齐发,一定无往不胜!"

几天后,杜真率领的步军率先与宋军相遇,当即展开了一场激战。

潘美率领的步军主力刚刚渡江而来,还没和唐军交过手,碰上杜真所部,正好可以练手。几番冲锋下来,宋军就把一万南唐步军打得溃散而逃。

水军统帅郑彦华见势不妙,连战斗都没敢参加就直接开溜了。两位仁兄一败一逃,彻底辜负了李煜的期望。

击败南唐阻击部队后,面前一片坦途,宋军距离最终目标金陵只剩数十公里。不过在溧水镇(今江苏溧水),他们还是遇到了一点小小的抵抗。

第四十二章 长江天堑变通途

溧水位于金陵正南方,是金陵南面的最后一个重要据点,驻守溧水的是南唐老将李雄。

早在宋军渡江之初,李雄便请求朝廷给自己增派兵力,以便在金陵外围与宋军决战,但朝廷里那些自作聪明的头头脑脑拒绝了他的请求。

李雄不是南唐的高级将领,手下所统兵力只有万余,然而面对数倍于自己的宋军主力,李雄没有退缩。战斗开始前,他对部下众将慷慨说道:"我李雄一定会战死疆场,为国捐躯,至于诸位,就请好自为之吧!"

说完,他便亲自上阵与宋军展开搏斗。他的七个儿子各持兵器,紧随其后,冲入敌阵,浴血拼杀,最后终因寡不敌众,父子八人皆战死沙场。

第四十三章　金陵王气黯然收

攻克溧水后，金陵的西南屏障被彻底扫清，曹彬率大军步步进逼，终于屯兵于金陵城下。

从开宝七年（974年）十月发兵荆南到兵临金陵城下，宋军只用了两个多月的时间。

金陵，亦称建康、建业，是我国著名的四大古都之一，有六朝古都、十朝都会之称。

金陵城北据大江，南接重岭，钟山据其东，石头山据其西，三面环山，一面环水，自古乃虎踞龙盘之地、山川形胜之冲。经过历代王朝的苦心经营，金陵城规模雄伟，墙高三丈有余，基座由巨石砌成，城池坚固异常。城周壕堑重重，绕城数匝，因此得名"石头城"。

金陵历史悠久，吸引了无数文人墨客前来凭吊怀古，感叹兴衰成败，品味历史沧桑。翻开古诗词大全，单单以金陵为题的怀古诗词就有数十篇，内容涉及金陵的就更多了。

开宝八年（975年）正月十七日，宋军正式开始攻城。

南唐在围城之下，孤注一掷地投入大军在城外摆开防守阵型。唐军号称六十余万，面临秦淮，背靠城池而列，黑压压一片不见尽头；

第四十三章　金陵王气黯然收

宋军兵力虽少,却士气高昂,位于秦淮河南岸,与唐军隔河对峙。

宋军也有水师,但舰船的数量远不够搭载主力渡河。大部分将领认为不必着急渡河,待舰船充足后再做打算,以免对方给自己来个击其半渡。

宋军二号统帅潘美则不这么认为,他知道兵贵神速的道理,如果坐等水师来援后再发动进攻,风险小则小矣,却可能贻误战机。

潘美纵身上马,高声喊道:"我潘美统率数万骁勇之师,战必胜,攻必取,岂能被这一衣带水阻隔?众将士随我杀过河去!"

说罢,潘美一马当先,带头跃入秦淮河中。

将士见主帅如此奋不顾身,也受到了极大鼓舞,个个奋勇争先,连人带马地跳入河中,向北岸奋力冲去。

金陵虽位于南方,冬天却不暖和,此时正值寒冬,秦淮河冰冷刺骨,大批宋军在潘美的带领下毫不畏惧,冒着被对方箭矢射杀的危险很快就冲到了岸边,与唐军展开厮杀。

唐军虽然人多势众,却既无战之勇,亦无战之能。他们眼见宋军冒死涉水,来势汹汹,早被吓破了胆。且唐军缺少统一的指挥,因此在宋军的冲击下很快就乱了阵型,逐渐趋于崩溃,数万大军不到两个时辰就土崩瓦解,一败涂地。侥幸逃脱的军队狼狈地退回金陵,龟缩在城内再也不敢出头。

初战大捷的宋军不给唐军喘息之机,继续扫荡金陵外围,在白鹭洲(今江苏南京西南)击败了南唐的万余兵马,斩首五千,生擒数百。

几天后,宋军再次发力,攻克金陵城关城(即外城),大军在城外三面扎营,完成了对金陵内城的包围。

至此,城内唐军已成网中之鱼、瓮中之鳖,只等宋军进来捕捉。

这时的形势对南唐来说已经糟糕透顶，然而作为一国之君的李煜却毫不惊慌，因为他对当前的形势根本一无所知。

宋军大兵入境之初，李煜虽然内心慌乱，但仍努力镇定下来。他召集陈乔、张洎问计。这两位谋臣虽然不懂军事，却是坚定的主战派，他们的应对策略是坚壁清野，壁垒固守，以劳宋师。

这两位谋臣想必读了不少兵书，因为按照兵书上的说法，"劳师袭远"乃兵家大忌，宋军千里奔袭而来，只要南唐将士长期坚守，对方必定人困马乏，粮草不济，最终不战而退。

听了两位心腹的分析，李煜顿时觉得很有道理，但他对这些劳心费神的军务根本提不起兴趣，因此决定将这些事全权委托给陈乔、张洎二人，赋予他们临机决断之权。至于金陵城的守卫事宜，则全权交给神卫统军都指挥使皇甫继勋处理。

安排好这些事之后，李煜便一头扎进了后宫。每天不是与和尚道士研讨经文，就是跟嫔妃佳丽吟诗作画、宴饮取乐。在这样的生活中，他很快就把外面那些烦心事抛诸脑后，过起了无忧无虑的生活。

李煜身边的人也大力配合，唐军节节败退的战报全被近臣徐元瑀截留，以至于后来金陵城被围一个多月，李煜竟对此一无所知。

先不说李煜醉生梦死的生活，我们来看金陵城的攻防形势。

被李煜委以重任的皇甫继勋也算将门之后，他的父亲就是当年在滁州之战中被赵匡胤设计擒获的南唐老将皇甫晖。皇甫晖虽然军事才能也一般，但至少经历过五代的大风大浪。相比之下，他的儿子皇甫继勋只会纸上谈兵，完全是个中看不中用的绣花枕头加草包将军。

没能力也就罢了，偏偏还是个贪图富贵、爱惜性命的胆小鬼，皇甫继勋压根儿就没打算跟宋军交战，满脑子只想如何说服李煜献城投降，还授意自己的侄子皇甫绍杰向李煜提出归顺宋朝之计，结果被李

第四十三章　金陵王气黯然收

煜一口拒绝。

说服不了李煜，皇甫继勋便开始不遗余力地在军中散播谣言，反复强调"北军强劲，谁能敌之"，不断贬低自己军队的战斗力。听闻唐军兵败，这位仁兄居然按捺不住内心的兴奋，得意扬扬地说："我早就知道根本打不过人家！"一副幸灾乐祸的姿态。

皇甫继勋的偏将中有人受不了他这种长他人志气、灭自己威风的无耻举动，便秘密组织一支敢死队，打算趁夜出城偷袭宋军，但还没来得及行动就被皇甫继勋发现了。这位堂堂主帅担心部将坏了自己的投降大事，竟把这人抓起来痛打一顿后关了禁闭。

对于皇甫继勋的所作所为，躺在深宫大内，两耳不闻宫外事、一心只顾念佛经的李煜并不知晓。但纸终究包不住火，有一天，李煜觉得终日宅在深宫实在闷得慌，便到城头散心。

当他登上城墙，向外一看，不禁倒吸了一口凉气——只见城外满是宋军营寨，将金陵城三面围困，一眼望去旌旗遍野，不见边际，十分骇人。

震怒之下，李煜立刻开始追究相关人员的责任。当他知道皇甫继勋公开散布流言、煽惑军心，甚至派人到宋军营中商议投降事宜时，恨得咬牙切齿，立刻把他们叔侄二人逮捕下狱，并很快将其斩首示众。

处死坚决走投降路线的皇甫继勋后，李煜胸中出了一口恶气；而坚决主张抵抗的陈乔、张洎二人的权势，此时也得到了加强。皇甫继勋死后，军队的指挥权就落入他们二人手中，一切军国要务，不分大小轻重，全由二人决断处分。

执掌军权的张洎不想坐以待毙，他修书一封，派使者连夜召朱令赟发兵解围。

朱令赟时任神卫军都虞候，正率十万水军屯于江西湖口。随着战争的爆发，宋军水师自荆南东下，恰好经过他的防区。但麻痹大意的朱令赟没有发现宋军的战略意图，以至于对方顺利通过了湖口。等宋军渡过长江并包围金陵后，朱令赟竟然还是按兵不动。

手下将领看不懂主帅的沉默，多次进谏请战，都被他一一拒绝。

当金陵使者拿着信函到来时，部将再次强烈请战，但朱令赟担心宋军水师抄截自己的后路，因此即便李煜多次催促，他依旧拒不出兵。这种只顾自保、不顾大局的表现，比之前那位一心投降的皇甫继勋强不了多少。

对朱令赟的拒不配合，李煜又气又急，却无可奈何。唯一的援军都不来解围，光靠城内这些守军，不知能坚持多长时间。一旦城破国亡，赵匡胤必定不会放过自己。

就在李煜内心动摇时，一个人的到来带给他一丝希望，此人正是他的弟弟李从善。

李煜和李从善的感情十分深厚，弟弟被扣留在汴京，李煜还写了好几首思念他的词，甚至亲自致信请求赵匡胤归还人质。在这生死存亡的危急时刻，李从善的突然回归让李煜有一种雪中送炭的感觉。

兄弟重逢，一通嘘寒问暖、抱头痛哭后，李从善亮出了自己的真实意图：他不是单纯来表达慰问的，而是肩负着赵匡胤交给他的一项特殊使命——充当说客，劝李煜投降。

在对南唐施加长时间的军事压力后，赵匡胤决定尝试一下感情攻势。他让曹彬暂缓攻势，授意李从善回来做李煜的思想工作。

李从善在李煜面前大谈赵匡胤的帝王风范，并透露大宋皇帝已在汴京为其准备好了豪华住所，许诺他只要归宋，一定保其荣华富贵，说得李煜怦然心动。

第四十三章　金陵王气黯然收

眼看赵匡胤的心理战术就要奏效，主战派张洎又来搅局。张洎看出了李煜内心的动摇，赶紧鼓吹金陵城池如何坚固，宋军攻了几个月仍旧牢不可破，激励李煜只要继续坚守，胜利就一定属于南唐！

耳根子软到不行的李煜立马又动摇了。在投降和坚守之间，他选择了后者。

李煜刚拒绝赵匡胤的好意，战场形势便发生了意想不到的变化：润州失守了！

润州是金陵的东面门户，吴越军队就是从这个方向发动进攻的。镇守润州的是南唐侍卫都虞候刘澄。

刘澄具体生平不详，军事能力不详，战绩也不详，唯一清楚的是他曾在李煜当太子时当过跟班，因此深得李煜信任。刘澄被提拔担任润州留后，全权负责润州的军政防务。

刘澄前往润州赴任时，李煜亲自为他饯行，表达了自己的殷切期望："卿本不该离我身边，我也不舍得与卿分别，但国家危难之际，除你以外，其他人我都不放心啊！"尽显君臣依依惜别之情。

此情此景，刘澄也很感动。刘澄告别了李煜，迅速回家收拾行李，把金银财宝全部打包好后就准备出发。

有人好奇地问："你出去打仗十有八九是一去不回了，拿这些东西干什么？"

刘澄慷慨答道："这些金银财宝都是皇帝所赐，而今国家有难，我刘澄怎可吝惜钱财？理当散尽家财，激励将士报效国家，以图功业！"

刘澄的慷慨陈词很快就传到了李煜的耳里，他不禁为自己识人用人的高明而感到欢欣鼓舞。

空发感慨的李煜并不知道，这个为国散财的刘澄跟那位纸上谈兵的皇甫继勋相比，就军事素养和战斗意志而言，可谓半斤八两。

开宝八年（975年）八月，数万吴越军抵达润州城下后便开始安营扎寨，准备攻城。

这时有人建议刘澄趁敌军立足未稳、营垒未成，主动出城攻击，打对方个措手不及。

主帅刘澄坚决拒绝冒险，他要等朝廷援军到后再从长计议，结果坐失良机。

李煜一直很关心刘澄的情况，听说他在润州被围，硬是从有限的人手中抽出了八千兵马，由卢绛率领，前往润州救援。

卢绛率军奋力突破了金陵城外的宋军包围圈，顺江而下，在京口（今江苏镇江）登陆，跟围困润州的吴越军展开了激战。在战斗中，吴越军的包围圈出现了一道缺口，卢绛窥准时机，终于率军闯入城中。

按理说，友军来援守城，将领应该高兴才对，可刘澄却高兴不起来——因为他其实一开始就没打算老老实实地守城。吴越军才来了没几天，他就派人跟对方暗通款曲，准备时机成熟时来个弃暗投明、举城纳降，可李煜居然派来了援军，这不是破坏了他的投降大计吗？

不行！得想办法把这个碍事的卢绛赶走，刘澄暗自想。

在与卢绛的一次交谈中，刘澄感叹地说："金陵城被围数月，形势一天不如一天，迟早是会守不住的。如果连都城都失陷，那咱们死守在这里又有什么用呢？"刘澄不敢直接提投降的事，便拿这句话来试探卢绛的态度。

卢绛知道刘澄说的未必不是事实，沉吟片刻道："你是润州守军主帅，无论如何都不能弃城逃跑，赴汤蹈火的事就由我一人来做吧！"

第四十三章　金陵王气黯然收

这位突围而来的将领再次选择突围而出，并且再次取得了成功。

如愿以偿地赶走卢绛后，刘澄召开全体将士大会，发表了一番激情演说："澄城守数旬，志不负国，事势如此，须为生计，诸君以为何如？"

将士们听了这番话，更觉前途惨淡，很多人开始放声哭泣。刘澄立刻装出一副悲戚模样，跟着大家一起痛哭，一边哭一边煽风点火："我刘澄受皇恩浩荡，岂不更胜诸位？况且父母老小都在金陵留为人质，若有异心不但有负皇恩，父母妻儿也将受到连累，背上不忠不孝之名。但我相信大家不是不尽力守城，只是敌我实力太过悬殊，实在无法抵挡啊！"

肯定完大家的努力后，刘澄继续道："诸位难道忘了楚州城的教训吗？"

所谓"楚州城的教训"，是指当年后周伐淮南时曾在楚州遭遇守军顽强抵抗，城池失陷后，周军为泄愤对楚州进行屠城之事。

这是一句威力极大的话，在刘澄连痛哭带吓唬的表演下，大部分人选择了保命投降。

开宝八年（975年）九月九日，刘澄率守城将吏主动请降。润州平定。

第四十四章　东风不与江南便

刘澄投降，润州失守，最伤心愤怒的莫过于李煜。然而，他习惯了吟咏春花秋月，面对如此严峻的军事形势，实在难以构思出有效的对策。最终，还是张洎提出了一个不是办法的办法——乞师缓攻。

乞师缓攻是个比较文雅的说法，通俗地讲，就是哀求敌人下手轻一点、慢一点。既然是祈求缓攻，那就不是投降，不是讲和，而是暂缓进攻。

毫无疑问，这是一招自欺欺人的把戏。但李煜病急乱投医，同意了张洎的计策，并根据张洎的提名选定了徐铉、周惟简担当使者。

能在关键时刻被挑选出来担此重任，这两个人的能力必定非同一般。

徐铉，浙江会稽（今浙江绍兴）人，时任修文馆学士承旨，其文学才华即便在才子辈出的南唐，也是数一数二的。不过他最突出的特长不是写文章，而是辩论。

据说徐铉和人聊天，无论什么话题都能信手拈来，高谈阔论一番，就没有他不敢涉足的领域。辩论时逻辑缜密，言辞锋利，有理有据，不把对方驳倒决不罢休，堪称江南第一辩才。

第四十四章 东风不与江南便

另一位使者周惟简是半个道士，名气不如徐铉，只是对古典名著《周易》颇有研究，曾给李煜专门讲解《周易》，李煜为表感谢才赏给他官做。朝廷正当用人之际，张洎突然想起这位赋闲在家的老道，便向李煜强力推荐了他，理由是"惟简有远略，可以谈笑弭兵锋"。

临行前，李煜亲自接见了两位勇士："为了你们的人身安全着想，我已经决定你们出发后，就下令不让上游的朱令赟来救金陵了。"

徐铉很纳闷，金陵被围数月，危在旦夕，朱令赟的水军是唯一的外援，怎么能轻易放弃呢？他当即提出质疑："此去汴京未必成功，您可千万不要阻止援军前来啊！"

李煜的回答让人哭笑不得："我们刚刚提出息兵停战、重归于好的请求，又要招兵入援，岂不是自相矛盾，显得我们太没诚意了？万一宋廷发怒，你们两个的处境岂不危险？"

为打消李煜的顾虑，徐铉慷慨表示："陛下要以社稷为重，将臣等置之度外！"

肩负着南唐上下的期望，徐铉和周惟简踏上了北上的路途。

一路之上，徐铉日夜思考着该如何遣词造句，如何发问质疑，如何应答辩解，打了无数遍腹稿，就等着一展身手，靠三寸不烂之舌消弭兵锋，挽狂澜于既倒。

不久后，赵匡胤在汴京的皇宫里接见了这两位远道而来的南唐使者。

行礼完毕后，徐铉毫不怯场，他先发制人，向赵匡胤高声说道："李煜无罪，陛下师出无名！"言语之间，底气十足。

满朝文武都暗自捏了一把汗。早先就有大臣提醒赵匡胤说徐铉博学多才、能言善辩，让他好好准备应对之策，以免被对方驳得下不了台。二人正式见面，甫一交锋，徐铉开口就说对方师出无名，也算是直击要害。

一看徐铉如此自信，赵匡胤顿时来了兴趣，他想看看这位江南第一辩才有多大的本事，便让徐铉上前说话。

看到大宋皇帝态度温和、言辞客气，徐铉的胆子就更壮了。他讲得眉飞色舞，口水四溅，还打了一个自认为精彩的比方："李煜以小国事大国，好比儿子侍奉老子，儿子没有过错，当老子的怎么能说打就打，诉诸暴力呢？"

赵匡胤没有打断徐铉的话，而是看着他尽情地表演，直到对方口干舌燥，停止了演说。此时，赵匡胤只说了一句话，就让徐铉彻底闭上了嘴巴："既然你说李煜待朕如以子侍父，那你觉得父子之间可以分成两家吗？"

眼见徐铉无言以对，另一位使者周惟简站出来呈交了一篇奏表。

奏表是李煜亲笔创作的，他在奏表中狂拍了赵匡胤一通马屁，什么王师、明主、圣君之类的词汇不绝于耳，最后委婉地表示请大宋放南唐一条生路，自己愿意退位养病，不问政事。

看完这篇辞藻华丽却空洞无比的上表，赵匡胤又用一句话打发了周惟简："李煜文笔甚佳，不过朕实在搞不懂他究竟想要说些什么。"

事情到了这个地步，谈判是没法谈了，缓攻更是不可能，两人只好灰头土脸地返回了金陵。

看到两个谈判高手灰溜溜地归来，李煜的失落可想而知。打仗打不过，请和不同意，投降又不甘心，难道上天真的要绝了南唐的生路吗？

就在李煜绝望之时，一个好消息传了过来：朱令赟正率水军

第四十四章　东风不与江南便

来援。

朱令赟原本一直在等待时机，但形势万分紧迫，再等下去恐怕就得替李煜收尸了。于是在开宝八年（975年）十月，朱令赟统率十五万水师，倾巢出动，浩浩荡荡沿江东下，直趋金陵。

朱令赟的十五万水军是南唐水师主力，拥有舰船近千艘，大舰可容千余人，小舰能装百余人。除了各式战船，这支舰队还携带了很多巨筏。这些筏子长达百余丈，多以木头、竹子编成，它们是朱令赟精心准备的秘密武器。

朱令赟甫一行动，驻扎在湖口以东的宋军水师就得到了情报。

统领宋军水师的是池州至武昌沿江巡检使王明——就是那位打南汉时带数千民工扛着铁锹镐头创下攻城奇迹的人物。由于那一战的突出表现，他的军事才干被赵匡胤发掘，并在这次讨伐南唐的战争中得到了重用。

王明的主要任务是牵制南唐水军。由于对方主力一直窝在湖口基地不出来，王明还是比较轻松的，几次和南唐水军的交锋都轻松获胜。

但真正的考验还是到来了。这回，王明没有拎着铁锹直接上阵，他一面组织兵力准备抵抗，一面火速派儿子进京面圣，请求皇帝抓紧赶造三百艘舰船前来增援。

赵匡胤看到王明的报告，笑骂道："这个王明好生愚钝！朱令赟沿江东下，一日千里，金陵之围旦夕可解。让朕给他赶造三百艘舰船，这算哪门子的御敌之策？"

骂归骂，双方的实力差距是事实，怎么打的问题还是要解决。赵匡胤略一思索，便计上心来。

南唐十五万水军威风凛凛地向金陵进发，一路之上未遇宋军拦截。可他们遇到了另外一个问题——时值农历十月末，长江进入枯水期，越往东走水位越低、江面越窄，朱令赟的大规模舰队排不开，只能成若干纵队鱼贯而行。

当舰队抵达皖口（今属安徽安庆）附近时，朱令赟发现了一个可疑现象。只见远处江面桅樯如林，高高耸立，不胜其数。联想到附近地形，他迅速做出判断——前方有宋军埋伏，于是当机立断，命舰队暂缓行进。

如他所料，宋军确实在此设了埋伏，伏兵正是他看到的那些桅樯。但这些桅樯并不是真正的舰船樯橹，而是一根根矗立在江中的巨大木杆。

这些木杆正是赵匡胤的锦囊妙计。他知道赶造舰船、派遣援军都不现实，于是命王明紧急行动，在江中埋下无数根长杆大木，从远处望去林林总总，密密匝匝，就像数百条舰船的桅樯，足够以假乱真，延缓敌军的行进速度。

赵匡胤这一招明显借鉴了三国名将张飞守长坂坡时的疑兵之计——当时张飞以少量骑兵拖拽树枝在林中奔跑制造扬尘，造成隐藏大量伏兵的假象。

与张飞不同的是，张飞吓退曹军就算完成了断后任务，但赵匡胤不但要延缓朱令赟的救援步伐，还要求王明彻底消灭南唐的这支援军，断绝李煜最后的希望，这个难度无疑更大。

朱令赟正在疑惑之际，宋军舰队突然从正前方出现，以迅雷不及掩耳之势向自己杀了过来。

这个时候朱令赟才发现，大船巨舰虽然气派，却不实用，真正能投入战斗、直接与敌舰短兵相接的只有最前面的几艘战舰，挤在后面的只能隔船观战。宋军战船虽不算多，攻势却十分迅猛，南唐舰队被

第四十四章　东风不与江南便

死死地堵在狭窄的水域动弹不得。

面对眼前的一切，朱令赟已然明白宋军的计划。他并不担心自己的舰队被宋军打垮，但金陵已危如累卵，时间异常宝贵，如果就这么被拖住，自己根本耗不起。为迅速解决战斗，他决定提前动用秘密武器——火攻。

火攻需要大量可燃物和助燃物，这些材料从何而来？

朱令赟得意地笑了。

原来，南唐舰船上携带的木筏就是朱令赟的秘密武器。这些木筏中装满了硫黄、猛火油、火药等易燃易爆品，就像火药桶一样威力巨大。他原计划用这些火药炸毁宋军的浮桥，截断其粮道和退路，但现在形势有变，只能提前动用了。

朱令赟一声令下，木筏迅速燃起了熊熊大火，上百艘木筏刹那间就变成了火筏，贴着江面向宋军冲去，犹如火龙出水，煞是壮观。

率宋军发动进攻的是步军都指挥使刘遇，他正杀得兴起，突然发现无数熊熊燃烧的火船向自己迎面冲来，心中暗叫一声：不好！

古今很多战例证明，决定水战胜负的关键往往是火，能率先想到使用火攻之法的一方，往往会取得水上战役的胜利。

当然，凡事总有例外，比如原本晴空万里的天空，转瞬就雷电交加、狂风大作；原本的东南风可能会突然变成西北风。

朱令赟的遭遇就是这样一个例外，当大规模爆炸性武器向宋军扑去时，他忍不住自鸣得意。遥想几百年前，孙刘联军在赤壁以火攻击败了曹操数十万军队，周公瑾羽扇纶巾，指挥若定，谈笑间樯橹灰飞烟灭，何等雄姿英发！而今，自己继承先辈的智慧和荣光，同样以火攻战术消灭强大的敌人，解国家于危难，建不世之功勋，又是多么令人激动！

朱令赟的畅想还未结束，一个突如其来的意外就打断了他的憧憬——风向突然变了。

南唐放出这些移动火药桶时，长江上的风向还是南风，有利于处在上风处的唐军；但巨筏发射后、抵达宋军舰队前，南风突然变成了北风！

大风劲吹下，无人操控的火筏停止了冲锋，随后竟调转方向，向背后的唐军发动了逆袭！

这下朱令赟彻底傻了眼——他千算万算，也没有算到风会突然逆转方向。面对毫无征兆的气象变化，朱令赟没有任何防备，也来不及做出任何反应。

火借风势，风助火威，大火迅速席卷了南唐舰队，朱令赟麾下大小舰船都没能逃脱起火的命运。朱令赟眼睁睁地看着火势失去控制，像恶魔一般大肆蔓延焚烧，耳旁响着此起彼伏的哀号声和爆炸声，空气中弥漫着硫黄和火药的刺鼻气味，数十里的江面很快就变成了一片火海。

用不着趁火打劫，也用不着火上浇油，宋军就在一旁静静观看，等待大火将南唐整个舰队摧毁，无数战船毁于一旦，十五万大军不战自溃。

尘埃落定后，宋军开始打扫战场，共缴获战船四百余艘，兵器甲杖无数。南唐水军的伤亡极为惨重，场面之惨烈，让人不忍多看。

南唐水师败局已定，关于朱令赟的结局，却众说纷纭：有的说他赴火自焚，有的说他被宋军俘虏，他的死亡似乎比刘澄稍显壮烈。

第四十五章 一片降幡出石头

朱令赟全军覆没的战报很快就传到了金陵，李煜陷入了彻底的绝望。他深知，自己此生此世再无反败为胜之机，等待自己的将是亡国丧命的结局。

但张洎还是不甘就此认命，在他的鼓动下，李煜决定再做最后一次和平尝试。若是求和不成，他再举城投降。

开宝八年（975年）十一月，徐铉、周惟简再次北上汴京，他们的使命还是乞师缓攻。

经过首轮交锋，双方已经非常熟悉彼此的套路，客套话也不多说，就开始了第二轮辩论。

首先发起进攻的仍旧是江南第一辩才徐铉。

这位最佳辩手吸取了言多必失的教训，不再滔滔不绝，而是转变进攻方式，改打感情牌，千方百计替李煜辩护："李煜之所以没有遵诏入朝，是因为身体有病，实在走不动路，绝非抗诏不遵。更何况他一向对陛下恭敬谨慎，希望您念及此情，让大军暂缓进攻，保全江南百姓。"

这番话比起上次对宋廷师出无名的指责，还是温和多了，赵匡胤听了气儿也比较顺，决定和徐铉好好说道说道，帮助对方认清形势，早日纳城投降。

徐铉最怕的是一针见血，最擅长的是辩论讲理。几轮交锋下来，赵匡胤很快就理屈词穷，徐铉却渐入佳境，又开始了喋喋不休。

还好赵匡胤意识到了自己的失误，南唐现在已是肉在板上，任大宋宰割，优势尽在吾手，何必与一个小小的徐铉费什么口舌？他猛地站起身来，一手按住剑柄，高声喊出了那句载入史册，被无数人传诵的千古名言："不须多言，江南亦有何罪。但天下一家，卧榻之侧，岂容他人鼾睡？"

皇帝发怒了，后果很严重。徐铉害怕了，他从这句话中感受到了赵匡胤一统天下的坚定信念和决心。什么事情都可以商量，唯有统一不可阻挡。

视死如归的江南第一辩才闭上了自己的嘴巴，静静退了下去——他知道，统一的趋势已经不可逆转，自己的使命永远不可能完成。

二次游说无果，李煜更加心灰意冷，寝食不安。

金陵城被宋军围困七月有余，对方既不急于进兵，更没有退兵迹象，唐军几次出城偷袭都被打了回来，除了每天不断上升的伤亡数字和战败报告外，李煜从没听到过任何令人振奋的消息。

更可怕的是，围城宋军祭出了铁桶阵，城内居民不能出城打柴，也不能出来收获庄稼。金陵粮草匮乏，出现了严重的粮食危机，不时有老人孩子、体弱多病者饿死，甚至连守城将士都三餐难济。

当初陈乔、张洎提出的"坚壁清野，拒城固守，以疲宋军，使之知难而退"的计策，如今终于应验不爽，只不过陷入补给危机的不是宋军，而是据城固守的南唐。照此形势下去，用不着宋军进攻，南唐自己就得崩溃。

第四十五章　一片降幡出石头

事实上，南唐之所以能顽守至今，并不是君臣齐心协力、军民同仇敌忾的结果，而是托了赵匡胤和曹彬宽厚仁慈的福。

一年前，曹彬等人向皇帝辞行时，赵匡胤当面告诫说："平定江南之事，朕全权委与卿。切记要严明军纪，广施恩信，力促江南主动投降，千万不可急于攻城，残害百姓，滥杀无辜。"

曹彬十分理解皇帝的这番用心，当初他以监军身份随王全斌灭蜀，亲见主帅纵容三军劫掠百姓导致蜀地大乱，朝廷威信大失。作为这一切的亲历者，曹彬自然不想重蹈覆辙。

曹彬谨记皇帝的嘱托，没有急于破城。他一张一弛，急攻一阵，缓攻一阵，每次缓攻时都要派人入城，劝李煜认清形势早日顺服，以免涂炭一城百姓。也就是摊上了曹彬这样的好脾气统帅，要是换作别人，恐怕早就按捺不住了。

双方就这样对峙着，一直到了十一月下旬。当赵匡胤再次拒绝南唐乞师缓攻的申请后，曹彬终于决定攻城。他向李煜下达了最后通牒："此月二十七日，城必破矣，宜早为之所。"

李煜害怕了，不得已之下，他决定牺牲自己的儿子，让长子李仲寓入朝做人质。但李煜一直拖拖拉拉的，始终也没把人质送出来。

曹彬又一次派人进城催促，并主动做出了让步，承诺道：只要贵公子出城，无须跑到汴京当人质，宋军就可以停止攻城。

李煜还真是蹬鼻子上脸，回答说："我儿子的行装还没准备好，饯行宴还没办完，最早要到二十七日那一天才能出城，麻烦您再等等吧。"

这次曹彬再也忍不住了，他派人警告李煜："一切没得商量！"

对此，李煜的答复是没有答复。

对于能否破城，曹彬心中十分笃定，真正令他担心的是城破之后的事。越接近决战的时刻，曹彬的耳边越是不断响起皇帝反复叮咛自己的那句话："勿伤城中人，若犹困斗，李煜一门切无加害。"

这可给曹彬出了一道难题，宋军在城外守了大半年，很多将领反复请战都被压制了下去，全军上下憋着一口恶气，一旦攻城，将士们杀红了眼，很可能伤及无辜，到时候自己该如何控制局面，又该如何向皇帝交代呢？

十一月二十五日，距离预定攻城时间只有两天。

大战在即，各营战士无不摩拳擦掌、跃跃欲试，可就在这个关键时刻，一个糟糕的消息在宋军营中传开：主帅曹彬病倒了。

曹彬病了，病得连床都爬不起来，更别说处理军务、指挥战事了。

国不可一日无君，军不可一时无帅。主帅早不病，晚不病，偏偏在这个节骨眼上病了，这对全军上下的士气非常不利。潘美等人心急如焚，急忙来到帅营中探视，准备给曹彬寻医问药。

见诸将到齐，曹彬说了一句意味深长的话："诸位有所不知，我这病是任何药饵都难以治愈的。"

众人大吃一惊，以为曹彬得了绝症。心里正打鼓时，大家又听到了下半句："只要诸位宣誓，城破之日不妄杀人，我的病马上就好。"

潘美等人恍然大悟——原来主帅得的是心病，他这是在担心各位将领驭下不严，导致士兵妄开杀戒，违抗了圣命。

既是心病，医治又有何难？大家立刻摆香设案，指天盟誓，说破城之后绝不滥杀无辜、烧杀掳掠、惊扰百姓，否则就天打五雷轰。一番仪式下来，曹彬果然立刻精神抖擞，百病全无。

开宝八年（975年）十一月二十七日，最后的决战开始。

第四十五章　一片降幡出石头

这恐怕是宋军平定各地割据政权过程中最轻松的一次决战，轻松到找不到战斗过程的详细记载。经过大半年的围而不攻，固若金汤的石头城早已变成了个一捅就破的纸糊城。宋军一鼓作气，只用半天时间就拿下了城池，城内各处抵抗也很快就被平息。

宋军攻城时，皇宫内的李煜正在做最后的准备，他命人堆积木柴，想要效仿当年李筠、李重进兵败自焚的悲壮举动，带领后宫佳丽和举家老小为国捐躯。

可是李煜看着小周后等人雨打梨花一般的美丽姿容，想想自己刚过四十，正值盛年，实在不甘心就此了结生命。犹豫再三，李煜还是失去了自杀的勇气。

李煜的选择无疑是懦弱怕死的表现，但考虑到他后来取得的文学艺术成就，这又是一个值得欢呼雀跃的决定——正因为这个选择，历史上少了一位慷慨赴死的亡国君，多了一位名垂千古的词中帝王。

攻入金陵后，曹彬整军列队，直赴宫城。他很担心李煜会赶在他到达之前自我了断，为此次平定江南之战留下遗憾。

然而，当抵达宫门的那一刻，曹彬悬着的心总算放了下来，因为李煜已经携南唐群臣百官在此恭候，奉表纳降。

曹彬立刻挑选一千精兵守护皇宫大门，确保无人擅自进入，以防宫内发生哄抢动乱。

看着李煜缩着单薄的身躯在寒风中瑟瑟发抖，曹彬有些不忍。他好生安慰了李煜一番，允许他入宫收拾一些财物珠宝，以备将来的不时之需，还专门派五百士兵替他搬运行李。

对主帅的举动，宋军将领很是不解，梁迥、田钦祚等人赶忙劝曹彬一定要派人贴身看住李煜，否则出了事谁来负责？

一向小心谨慎的曹彬却不以为意，自信地笑道："李煜向来优柔寡断，他既已出降，自知性命无忧，又怎会舍得自杀？诸位尽管放心吧！"

曹彬的判断是正确的。李煜怀着感激之情回到了皇宫，却没心思搜罗金银财宝——他马上就成为阶下囚了，要这些身外之物有什么用处？他只是随便收拾了一些财物，便把其他珍宝都分给了身边大臣，算作他们跟随自己多年的补偿。

李煜缓缓环视着这座自己生活了数十年的宫殿，这里有自己少不更事、无忧无虑的童年回忆，也有轻歌曼舞、填词赋诗的安逸生活，还有刻骨铭心、温柔缱绻的浪漫爱情。但现在，这一切都将成为过去。

开宝八年（975年）十二月二日，江南捷书报至汴京，群臣称贺，百官欢腾。

建国四十余年的南唐政权终于画上了句号，十九州三军一百零八县归入大宋版图，六十五万五千零六十五户百姓成为大宋子民。

经过十余年的东征西讨、南伐北战，荆南、湖南、后蜀、南汉、南唐等割据政权相继平定，分裂的中华大地再次实现了基本统一。

捷书报至的瞬间，赵匡胤忍不住流下激动的泪水，动情地说："宇县分割，民受其祸，思布声教以抚养之。攻城之际，必有横罹锋刃者，此实可哀也。"

第四十六章　曲终人散

几天之后,李煜就奉旨北上,离开了金陵。

舟船行驶在烟波浩渺的长江上,李煜禁不住向金陵城投去无限眷恋的一瞥。这将是他最后一次看到这座虎踞龙盘、气象万千的故国都城——自此一去,恐再无回归故土之时了。

看着金陵城渐行渐远,李煜的双眼湿润了,低声吟道:

> 江南江北旧家乡,三十年来梦一场。吴苑宫闱今冷落,广陵台殿已荒凉。云笼远岫愁千片,雨打归舟泪万行。兄弟四人三百口,不堪闲坐细思量。

开宝九年(976年)正月,李煜携子弟官属抵达汴京。

在举行于明德门的献俘仪式上,当时最著名的两个君主终于有了第一次相遇——只是,两人地位并不平等,一个是强大的胜利者、征服者,一个是懦弱的亡国君、阶下囚。

对李煜而言,这是一个耻辱的时刻,除了俯首称臣、磕头认罪,他再无别的选择。

赵匡胤： 从黄袍加身到金匮之盟

高高在上的赵匡胤看着这个匍匐在自己脚下战战兢兢的可怜虫，心中既没有征服的快意，也没有对弱者的怜悯，有的只是阵阵憎恶。

他愤恨李煜的冥顽不灵、不识时务、据城死守，以致双方将士牺牲、百姓涂炭；又鄙薄他贪生怕死，不敢坚持到底、为国赴难、一死了之，这样的人不配做他的对手。但赵匡胤非但没有追究李煜的任何罪责，反而封李煜为右千牛卫将军，赐违命侯。这个封号是所有降王中独一无二的，与其说是赏赐，不如说是侮辱，因为这可能意味着李煜在赵匡胤眼中，实在是一个特别不配被尊重的人物。

赵匡胤之所以放了李煜一条生路，不是爱才怜才、不舍得杀他，而是他要让天下人都看到大宋皇帝的宽厚仁心。

李煜的命保住了，但江南的故事还没有结束，三位配角的命运值得关注，他们就是南唐著名的抵抗派"铁三角"：陈乔、张洎和徐铉。

铁三角中的陈乔、张洎是从头到尾的抵抗派。

和平时期，李煜沉溺声色犬马，是这两位把持国事、处理朝政；开战前，李煜遵旨准备进京，是这两位慷慨激昂、极力阻止；战争爆发后，又是这两位出谋划策、调兵遣将，搞出"坚壁清野，以老宋师"的战略；宋军围城，金陵势危，李煜意志动摇打算投降，又是这两位以"城池坚固，不可遽破"为由主张顽固抵抗，就连"乞师缓攻"的点子也是出自两人的策划。

如果没有他们，那个懦弱无能的李煜或许早就举手投降了，和平拿下金陵未必没有可能，故而赵匡胤对这两个人实在是憎恨至极。

对这一点，陈乔和张洎很有自知之明。当宋军发起最后攻势时，两位始终并肩战斗的战友做出一个约定：共赴国难，宁死不屈。

最后诀别的时刻，陈乔向李煜陈述心迹："臣有负于陛下，甘愿

第四十六章 曲终人散

引颈就戮。若宋廷有所责难,请陛下把责任全都推到臣的身上,一切与陛下无关。"

李煜虽是个软骨头,却知道这绝不是哪一个人的责任,他对陈乔说:"我国气数已尽,纵然卿死又有何益!"

陈乔叹了一口气:"今日陛下纵不杀臣,臣又有何面目见江南国人乎?"

对陈乔而言,他不后悔当初力主抗战的决定,所以他选择了捐躯赴国难,自缢身亡。虽不够壮烈,却无愧于国主。

陈乔用死履行了自己的诺言,另一位抵抗派领袖张洎的表现又如何呢?

入宫面圣时,张洎不是一个人去的,而是把一家老小都带到宫中。待陈乔自缢后,张洎才开始向李煜表白忠心:"臣与陈乔共掌枢务,而今国家危亡,理当与之共赴死难。但如果臣也死了,陛下入朝面见大宋皇帝时,又有谁能替陛下解释,帮助您解脱罪责呢?所以臣现在还不能死。"

按张洎的说法,他不去死不是因为自己贪生怕死,而是因为自己背负着更大的责任——为李煜的安危计,他才暂时忍着不能死。

张洎确实陪着李煜一起到了汴京,不过赵匡胤对他始终没什么好感,还曾送给张洎一个外号叫"结喉小儿",讽刺他没有能力却自作聪明,办事像个小孩子一样不靠谱。

赵匡胤让人拿出张洎当初亲笔所书召朱令赟勤王的密信,厉声责问道:"你教唆李煜顽守不降,才导致今天这样的结局,该当何罪?"

张洎的脑袋飞速转动着,经过短暂的沉默后,他肃然答道:"此信确是臣亲笔所书,而且不止一封。今日能得一死,臣之本分也。"

言辞之间，竟也透出一股视死如归的气势。

赵匡胤原想杀掉张洎，却没想到这个"结喉小儿"居然也有忠贞刚强的一面，于是哈哈一笑，转而说道："卿大有胆量，朕不加罪于你。从今以后，希望你以事李煜之节事朕，无改昔日之忠。"

张洎是个聪明人，自知赵匡胤不会放过自己，如果一味认罪求饶，只会让对方更加鄙夷，所以才把自己装扮成忠贞不渝、一心求死的忠臣，这样反而能激起赵匡胤的惜名爱才之心，保住一条性命。

料理了李煜和张洎，赵匡胤又想起一个人——那位江南第一辩才。

算起来，徐铉已经是三进宫了，只不过第三次进宫时，他的身份从使者变成了战俘，说难听点就是亡国之臣、丧家之犬。

人在屋檐下，哪能不低头？按说到了这时，再能辩论、再有才华的人也得像斗败的公鸡一样无精打采，可徐铉依然嘴硬。当赵匡胤高声训斥他为何不早劝李煜投降时，他面不改色、义正词严道："臣为江南大臣，国亡罪当死，不当问其他。"

徐铉的回答跟张洎异曲同工，但他是真正地发自肺腑，而非虚与委蛇，赵匡胤同样有感于他的忠诚刚直，于是赦免其罪，概不追究。

我们没有必要要求张洎、徐铉必须像陈乔那样为国死节尽忠，毕竟他们为国家存亡努力过、奉献过、抗争过，只是在抗争无效、国家灭亡后，选择了跟陈乔不一样的道路——毕竟，连他们的君主也选择了苟且偷生。

但是江南的军民百姓用自己的实际行动证明，为国死节的热血好汉绝不止陈乔一个。

金陵城破之日，并不是所有的文臣武将都选择了举手投降。面对潮水般涌入城内的宋军，南唐将领呙彦和马承信、马承俊兄弟率众拼死抵抗，终因寡不敌众，壮烈牺牲。

武将死战不屈，文臣亦不乏好汉。勤政殿学士钟蒨不愿投降苟活，穿好朝服端坐家中，当宋兵逼他离开时，他选择了拒绝，最后从容就死，举族被害。

除了国都金陵，南唐境内其他地方也有顽强的抵抗者。

为顺利取得南唐全境，曹彬让李煜诏谕各地守军放弃抵抗。这一招起到了良好效果，各地守将大多先后归顺，省了宋军不少力气，但仍有一个地方拒绝投降——江州。

令人惊讶的是，带头拒降的不是南唐的封疆大吏，也不是军队的高级将领，而是几个没有得到朝廷重用的小人物。

江州刺史是个老实人，见了李煜的公告就准备纳城投降，但他的部将不愿乖乖听命。军校胡则和牙将宋德明一不做二不休，直接杀了想投降的刺史，夺了江州的控制权，公然竖起抵抗大旗，江州成为南唐全境最后一处抵抗据点。

对于这个小地方，赵匡胤显然没放在心上。偌大一个金陵都攻下来了，他还怕一个小小的江州城？他把曹彬、潘美两位主帅召回了京城，把打江州的任务交给了曹翰。

曹翰也是一员猛将，虽然很能打仗，却有一个致命缺点——专擅好杀。早在周世宗时期，他就曾在没有请示汇报的情况下矫诏杀死八百南唐降卒，惹得柴荣很是不悦。十多年过去了，这家伙的脾气依旧没什么改变。

曹翰一点没把这个弹丸之城放在眼里，但真打起来之后，他才发现自己大大低估了守军的战斗力。

江州城池虽小，却十分险固；守军将士虽不多，却斗志高昂，城内军民同仇敌忾、意志坚定。宋军挟攻克金陵之威，围着江州城不停攻打，从当年冬天一直打到次年的夏天，竟没能如愿拿下江州，反倒折损了不少兵力。

要知道江州城不是金陵，没有外围据点的保护，没有不断支援的援兵；领兵的曹翰也不同于曹彬，曹彬攻打金陵时，还会时不时地缓攻一会儿。小小一个江州城，竟然死挺硬抗了数月之久，实在令人钦佩万分，也让人迷惑不解。

江南大局已定，国主和高官大臣都到了汴京，继续过苟且偷生或荣华富贵的生活。这两个小到不能再小的小官吏，在这里死守孤城，又是何苦呢？

尽管如此，江州最终还是未能逃脱陷落的命运。

开宝九年（976年）四月二十一日，坚持数月之久的江州城终被攻克，但守城将士依旧坚守着每一寸土地，与宋军展开激烈的巷战，继续给对方以沉重的打击。

这时的胡则已经身患重病，卧床不起。恼羞成怒的曹翰命人把他捆了起来，并高声训斥他为何抗拒王命，抵死不降。

胡则拖着病体，声音不大，却坚定地回答："犬吠非其主，公何怪也。"

这一幕多么熟悉啊，十多年前的淮南，寿州的固守、楚州的巷战，刘仁赡的誓死不降、张彦卿的至死不屈……似乎都一一重现。

然而，曹翰并没有周世宗对刘仁赡那样英雄惜英雄的高尚情操，他有的只是杀人的嗜好。江州的顽强抵抗再次激发了曹翰的杀戮欲望，他残忍地将濒死的胡则处以腰斩，另一位守城将领宋德明也被其残忍杀害。

然而这样似乎还不足以泄愤，头脑狂热的曹翰接下来又干了一件骇人听闻的事。

第四十六章 曲终人散

杀降不祥。无论古今中外,杀降都被视为一种不道德的行为;而比杀降更为人不齿的暴行,则是屠城。

据史料记载,此次江州屠城"死者数万人,取其尸投井坎,皆填溢,余悉弃江中……民家货赀钜万,皆为翰所得"。

刘澄之流举城投降,换得一世骂名,却换来城内百姓平安;胡则、宋德明据城顽守,死不投降,留得一世英名,却换来满城灾祸。如此结局,恐怕胡宋二人也未料到。

第四十七章　外交风云

收复江南是统一事业极为重要的一步。在这一成就的鼓舞下,文武百官趁热拍起了赵匡胤的马屁,集体上书请求为皇帝加尊号"一统太平"。

然而,他们的热脸贴上了皇帝的冷屁股。赵匡胤反问道:"燕晋未复,遽可谓一统太平乎?"

北汉还未攻克,幽云十六州也没收复,朕怎么好意思自称"一统太平"呢?

事实上,这已经不是赵匡胤第一次拒绝给自己加尊号了。

早在开宝四年(971年)八月,大臣们就提出为赵匡胤加"兴化成功"的尊号,结果被赵匡胤婉言谢绝,理由是"余虽以兴化为心,未能力致,傥便以成功自大,实所难安"。意思是朕还远未达到兴化成功的境界,当不起这个尊号。

赵匡胤知道,要实现"一统天下"的梦想,前方的道路还很漫长,即便不提顽固的北汉和契丹占据的幽云十六州,就算是南方,也还有半独立的吴越和漳泉等地尚未完全纳入大宋版图,都还在大宋的"兴化"和"太平"之外。

第四十七章　外交风云

赵匡胤深切地感受到了前路的艰难，也体会到了统一大业的刻不容缓。

从百姓到士兵，从士兵到将军，再从将军到皇帝，赵匡胤走过了不可思议的五十年。现在，他已经到了知天命的年龄，但今后的道路仍充满未知。即便赵匡胤已是九五之尊，对于未来，他也无力掌控。

人生能有几个五十年？连两个都很难。

基于这种考虑，在收复江南后，平定吴越就被赵匡胤提上了重要的议事日程。

吴越是由杭州人钱镠创立的，与五代大部分割据政权的皇帝类似，钱镠大致经历了"镇压农民起义——逐渐成长壮大——成为地方藩镇——与周边邻居打仗争地盘——对抗中央政权——形成独立割据势力"的发迹过程。

钱镠在唐朝景福二年（893年）就形成了对两浙地区的实质割据，但作为大唐臣子，他不能在唐王朝还没灭亡时就自立门户，否则就是公然分裂国家，谋逆造反。

钱镠一直等待着，直到907年朱温篡位建立后梁，他才正式建国，并自称吴越国王。

吴越的主要地盘是两浙，大致包括现在的浙江省、上海市全境和江苏苏州。这一带气候宜人，土壤肥沃，自然条件得天独厚，物产极其富饶，特别是太湖流域更是素有"天下粮仓"之美誉，是全国经济最发达的地区之一。

钱镠是一个比较有作为的皇帝，他重视农业生产，大力兴修水利，亲自主抓钱塘捍海堤、疏浚太湖、开挖鉴湖等一系列重大水利工程，还组建专门的水利部队"撩清军"。这些举措对促进农业生产发挥了重大作用，钱镠因此被百姓授予"海龙王"的荣誉称号。

说起治国之策，吴越开国君主钱镠和南唐前主李昪颇有相似之处。

李昪的基本国策是保境安民，对中原王朝保持臣服，与周边邻国睦邻友好，换取和平安定的国内环境。钱镠的治国之道跟他如出一辙，不同的是，南唐的基本国策只保持了一代，前主李昪一死，继承人李璟就改弦易辙，而吴越的基本国策得到了良好的传承。

后唐长兴三年（932年）三月，钱镠去世。这位始终未称帝号的吴越王临终前将自己毕生的治国经验——"善事中国，勿以易姓废事大之礼"传授给了继任者，意思是要始终像晚辈对长辈一样地恭敬侍奉中原王朝，不能因中原改朝换代、皇帝易姓而有所改变。

混迹江湖数十年的钱镠是个成熟的政治家，对天下大势有着清醒的认识。他知道自己有能力割据一方，却没有实力主动扩张、争霸天下。对吴越来说，最现实的目标就是保境安民。只有这样，钱氏才能长久地占据这片富饶的土地。

钱镠的后人传承了他的务实，并没像李璟那样胡乱折腾。他们牢记祖宗教诲，将保境安民的基本路线发扬光大，无论中原如何风云变幻，吴越始终主动与之结好。这期间，中原换了五个朝代，仗打得不可开交，吴越却安享了数十年的和平稳定。到北宋取代后周时，吴越国已经传至第五代国王钱俶。

钱俶青出于蓝而胜于蓝，他把保境安民之策发挥得淋漓尽致，尤其是在处理与中央政权关系时，更是不惜一切成本，始终对后周恭敬臣服。柴荣对他也非常客气，授予他天下兵马都元帅的官衔。

当然，这个官职只是一个虚衔，钱俶能指挥的兵马只能是吴越国的几万武装力量，这不过是中原王朝安抚地方割据势力的惯用手段。

中原风云继续变幻，赵匡胤的大宋取代后周成为正统，钱俶的态度还是外甥打灯笼——照旧，照旧俯首称臣，照旧年年朝贡。

赵匡胤对吴越大力笼络安抚，先是授予钱俶天下兵马大元帅称号，不久之后又改赐功臣号，全称是"承家保国宣德守道忠正恭顺功臣"，希望钱俶对大宋永远恭顺忠诚。

作为深谙外交之道的政治家，钱俶明白忠诚不能空喊口号，要用多种实际行动来表达。除了对大宋年年进贡、岁岁来朝，钱俶甚至在皇帝母亲去世后前来吊唁，皇帝生日时前来庆祝，元旦、春节等节日也都会前来进贡，朝廷大祭时也会提供赞助。总之，钱俶抓住一切机会，进京送礼以表忠心。

面对宋军对地方割据政权连续发动攻势、玩起大鱼吃小鱼的游戏时，钱俶深感形势严峻、前途未卜。但除了进贡比以前更加频繁外，他也没有别的办法。大宋每消灭一个割据政权，钱俶就得派人去汴京祝贺一番。

钱俶对这个不断扩张的政权既崇敬又害怕，一方面极尽小心侍奉之能事，维护两国的和平友好关系；另一方面又担心对方早晚会对自己动武，把祖宗数十年基业毁于一旦。

如临深渊，如履薄冰，小心翼翼，战战兢兢，这就是钱俶心理状态的真实写照。

钱俶的卖力表现获得了赵匡胤的认可。虽然大宋自建国以来就不断对周边邻居动武，或大举进攻，或游击骚扰，或武力震慑，但对吴越却始终以拉拢安抚为主。赵匡胤还主动把双方关系提高到战略合作伙伴的层次，因为双方有一个共同的敌人——南唐。

吴越和南唐虽是邻居，且在很多地方存在相似之处，但两国一向水火不容，视对方为彼此最大的威胁。对宋朝来说，吴越的地理位置具有很大的吸引力。

从军事地理的角度看，北宋和吴越分居南唐的西北和东南两个方向，互成掎角。若两国协同作战，能对南唐形成南北夹击、四面包围之势。而吴越跟南唐紧密接壤，没有高山大川相隔，从这个方向进兵，所受阻碍更少。因此，吴越就算不担当主攻手，亦可发挥牵制作用。

开宝七年（974年）九月，吴越使者从汴京带回了大宋皇帝的最高指示，大体意思是说南唐不识好歹，朝廷很不满意，决定发兵攻打，希望钱大元帅好好训练军队，共同讨伐南唐，助大宋一臂之力，千万不要受人蛊惑，相信什么"皮之不存，毛将焉附"之类的鬼话。

赵匡胤仿佛能预测未来，因为不到两个月，李煜也给钱俶送来了一封书信，建议联合起来，团结一致，共同抗击宋廷。而里面最厉害的一句话，恰被赵匡胤猜了个正着，所谓："今日无我，明日岂有君，一旦明天子易地酬勋，王亦大梁一布衣耳。"

钱俶不是三岁孩子，唇亡齿寒的道理他当然也懂，但像南唐这样连自己都保不住的国家，又谈何保护别国呢？面对大宋和南唐二选一的题目，钱俶做出了自己的选择——出兵为大宋助战。

反对的人也有，丞相沈子虎表示不可出兵助攻，反对的理由还是唇亡齿寒那一套。但钱俶丝毫不为所动，甚至亲自上阵，统领数万兵马配合行动。

吴越军的战斗力比起南唐来还略强那么一点，他们从东南方向发起助攻，有力地配合了宋军的主力进军，做出了应有的贡献。

赵匡胤高兴之余，又让使者给钱俶带话："钱大元帅亲率大军助攻江南，功莫大焉，等江南平定后，可以来汴京相见，以慰朕延想之意。"末了，赵匡胤还加上一句，"只要待上几天就行，朕以人格保证，绝不久留，绝不食言。"

第四十七章 外交风云

这句话表面听起来温情脉脉，可对吴越国来讲却不啻晴天霹雳，威力不亚于十万大军压境而来。文武大臣在朝堂上议论纷纷，老百姓在街头巷尾热烈谈论。一时间，这成为全国上下政治生活中的一件大事。

议论的人虽多，但大家的意见还是比较一致的，那就是不能去。很快，各地就开始不断报告各种怪异现象，什么彗星见于中天、巨蟒出没于草泽、野鸡立于鼎耳、桑楮共生于庭、乌夜啼、马生角等，传得神乎其神。

这些看似风马牛不相及的现象在古代被视为天象之异、灾变之兆，预示着吴越国气数已尽、国运将终，搞得不光钱俶一个人心惊肉跳、寝食不安，连全国上下都弥漫着悲观的情绪。因为大家十分确信，如果他们的国王听从诏令北上觐见，必将凶多吉少，有去无回。

钱俶本不想赴这个鸿门宴，可转念一想，不去也不行。当初李煜不就是打肿脸充胖子，在入朝觐见的事上强硬了一把，结果授人以柄，被扣上"抗诏不遵"的帽子吗？饶是南唐兵多将广，最后也难逃灭国厄运，自己一个小小的吴越国，这点兵马恐怕都不够人家塞牙缝的。

在最需要支持的时刻，宰相崔仁冀站出来力挺钱俶北上，理由是："宋主英武，所向无敌，现在天下事势，不言可知。保族全民，方为上策。"

跟陈乔、张洎那两个志大才疏的书生相比，崔仁冀显然更有自知之明，他看出了钱俶的犹豫，也深知那些慷慨激昂反对之辈的迂腐。

在崔仁冀的劝说下，钱俶终于下定决心入朝，还把妻子孙氏、儿子钱惟濬带在身边。虽说赵匡胤保证"暂来相见，即当复还"，可到了别人的地盘，是生是死，是去是留，自己说了不算。万一此去不复返,有家人陪伴总胜过一个人客死他乡。

开宝九年(976年)二月,钱俶从杭州出发北上,虽然没有"风萧萧兮易水寒"的悲壮,却不免"壮士一去兮不复还"的情怀。此时此刻,他的心情恐怕不比几个月前北上的李煜好到哪里去。

钱俶离开后,吴越国上下如丧考妣,一片愁云惨雾,杭州百姓专门在西湖边建造了一座塔,日夜在塔下焚香烧纸,祈求老天保佑他们的国王平安归来,此塔便是杭州著名的"保俶塔"。

对钱俶此行的命运,吴越全国普遍不看好,但他们的担心其实是多余的。赵匡胤当然不会放弃收复吴越,不过他不想诉诸武力,而是想走另一条全新的路径——和平统一。

在解决其他割据政权的过程中,赵匡胤不止一次尝试过和平手段,却无一例外地宣告失败。剩下的北汉、吴越和漳泉二州,若以武力消灭,犹如探囊取物,但赵匡胤想要不动一兵一卒就收复吴越,让天下人都看到大宋以德服人、绝不恃强凌弱的大国风范。

二月十四日,赵匡胤长子赵德昭前往睢阳(今河南商丘)迎接钱俶。二十六日,钱俶抵达汴京,赵匡胤又派皇弟赵廷美前去城郊迎候,把他们安置在礼贤宅中居住,当晚便由赵廷美做东,在玉津园专门设宴为其接风。

对一个臣属附庸的小国之主来说,这绝对是超高规格的外交接待仪式了。

钱俶下榻之处也值得一提。所谓礼贤宅,并不是官方招待所,而是赵匡胤专门为钱俶量身打造的豪宅,位于开封府熏风门外,规模宏大、富丽堂皇,规格跟王府不相上下。

钱俶抵京前,赵匡胤甚至亲临礼贤宅视察,对居住环境、生活设施和安全保卫工作进行了仔细检查,良苦用心可见一斑。

第四十七章　外交风云

看到大宋无微不至的安排，回顾一天来的所见所感，钱俶一颗悬着的心总算稍微放下了一些。

第二天，满腹忐忑的钱俶终于见到了"朝思暮想"的大宋皇帝。眼前这个九五之尊，既不高大威武，也不俊雅风流，衣着朴素得像个普通百姓，但眉宇之间、顾盼之际，却流露出一派英明睿智、仁慈宽厚的帝王风范。

两人相见的一瞬间，钱俶就被对方的帝王气质所折服，由衷地表达了自己对赵匡胤的敬仰之情，对大宋取得的伟大成就表示祝贺。

赵匡胤简要回顾了双方的深厚友谊，对钱俶一贯以来的忠诚给予了高度评价，希望彼此珍惜来之不易的和平友好局面，全面深化宗藩关系，奋力开创双方关系的新局面。

听着这些外交辞令，钱俶一直沉默不语。他相信接下来的谈话必定涉及一些实质内容，是威逼还是利诱，是软禁还是扣留，一切听天由命。

可他等了很久很久，却什么也没等到。

赵匡胤绝口不提政治上的事情，什么统一、纳土、归化之类的话通通都不说。恰恰相反，赵匡胤还给了钱俶一系列想都不敢想的政治待遇，包括：

一、赐钱俶剑履上殿，诏书不名；

二、封钱俶妻子孙氏为王妃；

三、给钱俶赐座，允许他坐着和皇帝说话；

四、让钱俶与晋王、开封府尹赵光义，山南西道节度使、同中书门下平章事赵廷美以兄弟相称。

之所以说特殊，是因为上述每项待遇都是空前的。

比如"剑履上殿，诏书不名"，意思就是允许钱俶佩带宝剑上殿朝见皇帝，皇帝的诏书中不直呼其姓名，只称官职。能享受这种待遇的人，即便在整个大宋，掰着手指头都能数得过来。

再比如册封钱俶妻子之事，在宋朝是没有先例的，很多官员都表示强烈反对。赵匡胤却不管这套：既然没有先例，那就从我这儿开个先例吧！

还有钱俶跟赵光义、赵廷美兄弟相称之事，更称得上空前绝后。

赵匡胤比钱俶大两岁，算是同龄人，而赵光义、赵廷美都比钱俶小好几岁，赵光义、赵廷美与钱俶以兄弟相称，实际上就表示赵匡胤跟钱俶也是兄弟了。试问，历史上有哪个皇帝会给藩国臣子这样的地位？

对这些超乎寻常的礼遇，就是借给钱俶几个胆子，他也不敢接受。一番坚决推辞后，钱俶好歹把"称兄道弟"这个待遇退了回去。

除了政治上给予高规格待遇，赵匡胤还亲自到礼贤宅探访慰问，深入了解钱俶的饮食生活情况，时常邀请钱俶父子参加宫中宴会和郊外狩猎。

觥筹交错间，钱俶的心情放松了不少，他终于开始相信这次来赴的不是鸿门宴，甚至怀疑眼前这一切是不是在做梦。这一切太不正常了，大宋皇帝召自己入朝，难道只是谈感情、叙友谊，没有任何政治企图？

不光钱俶，宋廷文武百官也看不明白赵匡胤这一系列操作，纷纷上书奏事，强烈要求把钱俶父子扣留在京，逼迫吴越就范。但赵匡胤只是微微一笑，不置可否。

泱泱大国，以诚为本，以德服人，既然当初做出"暂来相见，即当复还"的承诺，就应该信守承诺到底，怎能小不忍而乱大谋，为一时得失而放弃长远利益呢！赵匡胤暗下决心，无论如何都要实现不动刀兵，就让吴越主动纳土的目标，这不仅是他一个人的美好愿望，更符合绝大多数百姓的利益。

歌舞升平、宴饮游乐的日子过得很快。转眼间，钱俶便在汴京住了将近一个月。这期间，钱俶对赵匡胤有了更深一步的了解，阴云笼罩的感觉逐渐消失，取而代之的是如沐春风的和煦。然而，一股思念故土的愁绪，以及一个关于归期的疑问，始终在钱俶心头挥之不去。

这个问题钱俶自己回答不了。按现在的节奏，如果赵匡胤不表态，钱俶一行很可能就从临时来访转为长期定居了。

就在钱俶为此发愁之时，问题突然就解决了。

一次交谈中，赵匡胤毫无征兆地对钱俶说："你们在汴京住的时间不短了，准备一下，近日就回去吧！"

这番话传到钱俶的耳朵里，带给他的震撼不亚于当初被召进京。他曾无数次幻想这一天的到来，可当这一天真正到来时，他又泛起了一丝不舍。

经过近一个月的相处，钱俶深深地被大宋皇帝的博大胸襟和雄伟抱负所折服。威而不霸，强而不欺，这就是一代英主赵匡胤留在钱俶心目中的形象。

如逢大赦的钱俶不敢流露出归心似箭的表情，还努力做出乐不思蜀的样子，表示自己愿意多待些日子，陪伴在陛下身边。但他很快就发现自己的心思根本瞒不过对方的眼睛，赵匡胤当即表态说："朕既已答应你'暂来相见，即当复还'，就绝不食言。现在已近四月，北方天气转热，你就早日出发吧！"

面对眼前这个千载难逢的英明之主，钱俶控制不住激动的泪水，动情地提出自己今后愿意每三年前来朝见一次，以慰延想之怀。

可赵匡胤的回答再次出乎钱俶的意料，赵匡胤淡淡笑道："吴越至此,山水相隔,路途遥远,往来并非易事,等有诏旨你再来觐见吧!"

钱俶和赵匡胤两个人谁都没有想到,这是他们人生的第一次相见,也是最后一次相见——因为不久之后,他们就将天人相隔。

返程路上,钱俶突然想起一个东西——一个鼓鼓囊囊、封裹严实的黄包袱。这个包袱是赵匡胤临行前亲手交给他的,还特意叮嘱他不可轻易开启,只能在返途中一人观看,这让钱俶颇感好奇:这是大宋皇帝送给自己的礼物?

现在周围没了人,钱俶就打开包袱,准备满足一下自己强烈的好奇心。

包袱打开后,钱俶才发现里面装的是一沓沓奏章。翻开一一读过,他禁不住冷汗淋漓,因为这些奏章都是宋朝百官所上,且有一个完全相同的主题——扣留钱俶,逼其纳土。

看着这堆足可要了自己性命的奏章,钱俶彻底震惊了。这些奏章的背后,是无数蓄势待发的明枪暗箭。如果没有赵匡胤的极力维护,自己恐怕早就成了对方的肉票,任人拿捏了。

现在钱俶的心里,对赵匡胤只有感恩二字。

不用威胁逼迫,不用耀武扬威,不用苦口婆心,赵匡胤只用一包奏章就让钱俶体会到了自己的良苦用心。他相信用不了多长时间,吴越国就会主动纳土,归入大宋。

事实证明,赵匡胤的谋划确实成功了,只是他自己终究没有等到成功的那一天。

第四十八章　战无不胜

现在是开宝九年（976年）二月，距建隆元年（960年）正月已过了整整十六年。

这十六年间，赵匡胤通过一系列的战争平定了李筠、李重进叛乱，消灭了南平、武平、后蜀、南汉、南唐等地方割据政权，沉重打击了北汉，坐拥苏杭的吴越乖乖俯首，偏居东南的漳泉也老实称臣。宋朝的疆域版图从百万平方公里扩张到四百多万平方公里，控制的州郡数量从一百一十一个增加到二百九十七个，人口户数由九十六万七千多户增加到三百零九万五百多户，中华大地在经历六十多年的分裂割据后，终于重新呈现一个全新的帝国雏形。

时势造英雄，英雄也同样创造历史。

赵匡胤能取得如此举世瞩目的成就，固然得益于当时的历史形势，但与他出色的个人能力和主观努力也是分不开的，尤其是他高人一等的政治远见和军事才能，更为统一进程提供了强有力的领导保障。

根据历史唯物主义观点，即便没有赵匡胤，历史也会找到王匡胤、李匡胤、张匡胤来完成统一的使命。但可以肯定的是，同时代的其他人物都没有能力承担这一使命。

张永德不行，李重进不行，南唐的李璟、李煜不行，后蜀的孟昶、北汉的刘继元、南汉的刘𬭊更不行。即算那位继承柴荣大统的少年天子是一个明君圣主，也要等十几年后才能见分晓。

如果不是赵匡胤适时出现并取得了政权，或许五代以后还会有六代、七代，华夏大地将继续陷于分裂与混乱，无数百姓将继续生活在水深火热之中。

赵匡胤在一个合适的时间、一个合适的地点，通过一种合适的方式，取得了一个合适的位置。之后，他采取合适的策略，运用合适的手段，达到了合适的目标，完成了合适的使命。

这一切或许不是最完美的，却是最合适的。

在长达数十年的政治军事生涯中，赵匡胤的命运始终跟战争密切联系在一起。他遇到过不同的对手，打过不同类型的战役，形成了一套独具特色的军事策略，跨越战略、战术、战法各个层次，综合政治、外交、军事乃至经济手段，是赵匡胤毕生政治军事智慧的结晶。

在他的人生即将走向终点时，有必要分析下这套策略的主要内容。

一、不打无准备之仗。

《孙子兵法》有云："多算胜，少算不胜，而况于无算乎？"这句话的意思是谋划缜密、制胜条件多，取胜的概率就大，否则就容易失败，更别提毫无准备了。

《孙子兵法》还说："凡用兵之法，驰车千驷，革车千乘，带甲十万，千里馈粮。则内外之费，宾客之用，胶漆之材，车甲之奉，日费千金，然后十万之师举矣。"这段话的意思是说打仗是一件很烧钱的事，必须做好充分准备才能出师。

赵匡胤是否读过《孙子兵法》，我们无从得知，但从其实际表现看，即便没有深入研读过这部兵家畅销书，他也深通其中精髓。在统一战争的过程中，面对一个个实力远逊自己的对手，赵匡胤每次用兵前都会进行充分的战前准备，从粮草物资的转运，到军事情报的收集；从出师借口的制造，到心理战术的运用，无不精心谋划。知己知彼，方能百战不殆。

二、分化瓦解，各个击破。

在不少人看来，宋初割据政权大多不堪一击，实力远逊汉末、隋末、元末的割据群雄，进而得出北宋统一难度较小的结论。但只要认真研读五代史，就知道事实绝非如此。北宋存在两个鲜为人知的战略劣势——地理劣势和兵力劣势。

第一个劣势是地理劣势。

北宋继承了后周的全部地盘，国土以平原为主，周围缺少天然的山川江河等地理屏障，便于四处进攻，而不利于居中防守。

对比历史，历代统一王朝取得天下，都是先占据关中（秦、西汉）、河北（东汉、清）、山西（唐）、东南（明）等这些山河形胜的战略要地，以此为基地兴起，然后纵横四出，削平割据，统一天下，还没有能从中原四面出击成功的。而宋朝是唯一的从中原崛起，而基本统一天下的政权。

然而，这些战略要地当时多数都被赵匡胤的对手占据。

其中，北汉占据河东，南平和武平分别占据湖北和湖南，南唐据有江南，后蜀控制四川和汉中，更外围的吴越坐拥浙江，南汉盘踞岭南，北方的契丹拥有整个幽燕，西北的少数民族势力占据甘陇，把中原的北宋围了个密密匝匝、水泄不通。

如果这些邻居像战国群雄一样"连横合纵"，来一个东西合击、南北夹攻，定会让赵匡胤应接不暇，只是他的对手不懂得把握这种战略优势而已。

第二个战略劣势是兵力劣势。

如果说宋朝禁军人数不多,打仗不够用,很多人一定会强烈反对。北宋是出了名的兵多、兵弱,"冗兵"就是北宋的专属标签,兵怎么可能不够用呢?

冗兵现象在北宋确实存在,在某些时期还很突出,但不是在宋初,而是六七十年后的仁宗朝。宋仁宗庆历年间,禁军兵力数量达到巅峰,数字是惊人的一百二十五万;而赵匡胤在位期间,全国禁军最多也只有二十多万,还不到仁宗庆历年间的零头。

或许仍然有人觉得二十万兵力已不少,但简单做一个对比就知道,其实这个数字跟周围的邻国相比完全称不上多。

据史料粗略统计,同期割据政权的总兵力在七八十万人,其中南唐二十万左右,后蜀、南汉各有十多万,南平、武平、吴越、清源军等小军阀也各有几万不等。

这些政权以防御为主,不考虑进攻。但北宋与他们不同,北宋的战略位置和统一使命决定它既要攻又要守,这就需要大量的兵力。而宋朝居于中原,四面皆敌,边境线极长,即便不同时对外开战,也必须分兵戍守边境,能直接用于对外攻取的机动作战兵力仅有十几万人。因此,宋朝历次战役调发的兵力都不会超过这个数字,在局部甚至要以寡敌众,以少击多。

如此来看,整个形势很不乐观,但赵匡胤作为一名优秀的战略家,抓住了对手各自为战、只知自保的弱点,制定了分化孤立、各个击破的策略。他的对手也正如他所料想的那样,眼睁睁地看着宋军摧枯拉朽般消灭一个个对手,再把进攻矛头指向自己。

正是依靠这种策略,兵力有限的北宋才能逐个消灭各地的割据政权,然后以新获取地区的资源、财源和兵源壮大实力,补充兵力,以战养战,最终取得天下。

历史证明,四面树敌、全面出击只会自取灭亡;远交近攻、分化瓦解、各个击破才是正确的选择。

三、绝不放弃和平努力,也绝不放弃使用武力。

《孙子兵法·谋攻篇》中,有这么一段话:

> 夫用兵之法,全国为上,破国次之;全军为上,破军次之;全旅为上,破旅次之;全卒为上,破卒次之;全伍为上,破伍次之。是故百战百胜,非善之善者也;不战而屈人之兵,善之善者也。

简单地说,孙子认为不费一兵一卒、不动一刀一枪,以最小的代价赢得战争的胜利,才是最大的胜利,才是兵法的最高境界。

为不战而屈人之兵,赵匡胤付出了极大的努力,甚至对企图谋逆造反的李筠、李重进也不断地进行安抚劝导,试图让其顺服,迫不得已才诉诸武力。

对于南方那些割据政权,赵匡胤更是首先进行和平收复的尝试,政治施压、外交斡旋、利益诱惑、感情攻势等策略无所不用,只要有一分和平统一的可能,赵匡胤就绝不放弃和平的努力。

赵匡胤爱好和平,但如果抛去的橄榄枝对方不接受,他自然也会大棒伺候。但即便动武,赵匡胤也依然心怀善念,比如对顽固不化又胆小懦弱的李煜,他就表现出了足够的耐心,一而再再而三地留给对方机会,可谓用心良苦。

四、优待降王,约束将领,爱惜百姓。

自从平定二李叛乱后，赵匡胤就很少再御驾亲征了。皇帝不亲征，约束将士的重任就落在了军队统帅身上。

宋初受五代遗风影响，兵骄将悍的现象仍然残留，部队侵扰百姓之事时有发生。赵匡胤认识到选择将帅必须德才兼备、以德为先。真正优秀的将领不但要能打仗、会打仗、打胜仗，还要能打干干净净的仗，干干净净地打仗，不能劫掠百姓，失去民心。

纵观整个统一战争的进程，宋军在绝大多数时候都能做到秋毫无犯，只有王全斌平蜀纵兵劫掠后引起蜀中暴乱、曹彬平定江南时曹翰为泄愤屠了江州城。但相比白起活埋四十万赵军，常遇春屡屡屠城杀降，蒙古、清军入关后动辄屠城的血腥暴力，这些事迹就是小巫见大巫了。

相对于约束将领、爱惜百姓，优待降王的难度，就更大一些了。

我国自古以来就有杀降不祥、优待俘虏的传统，但那是针对一般人员而言的，对于首脑可不会轻易放过，大多是首恶必办，直接杀掉了事，更惨的还要株连九族。

在这一点上，赵匡胤表现出与众不同的大度和宽容。赵匡胤在位十七年间，收荆湖、平后蜀、灭南汉、取南唐，先后有五个降王入京，每个降王光直系血亲就不下百余人。除孟昶暴毙，死在赵匡胤前面，其他人都衣食无忧，并得到了善终。

运用之妙，存乎一心。除了"先南后北、先易后难"的总体战略和上述四项基本策略，赵匡胤还出色地运用了一系列经典的战术战法，包括顺手牵羊、假道伐虢、声东击西、借刀杀人、反间计等等，形成了战略统一、策略清晰、战术多变的军事理论和实战体系。正是这套策略，帮助北宋在十七年间陆续平定两起叛乱，灭掉五个大小割据政权，统一了大半个中国。

第四十八章 战无不胜

现在，赵匡胤准备把目光再次转向北方。

经过这些年的经济封锁和军事骚扰，北汉实力大不如前。在赵匡胤看来，宋军挟扫平南方诸国之威，一鼓作气，趁热打铁，必可一举拿下北汉，彻底结束五代十国的乱世。

赵匡胤的判断是符合实际的，但有一点他没料到，那就是他的生命即将结束。

在他传奇的一生结束前，让我们再来看一下赵匡胤对科举制度做出的重大贡献，以及其产生的深远影响。

第四十九章　天子门生

现代人说到科举,往往将之与高考相提并论。但真正研究古代科举的史料后,我们就会发现无论是目标、性质,还是形式、内容,高考跟科举考试都没有任何可比之处,其难度、重要性和影响力完全不在一个档次上。

在讲述赵匡胤在科举制度方面的贡献前,我们先简要回顾一下古代官员选任制度的发展轨迹。

纵观中国封建社会历史,官员的选任大体分为两大阶段。

隋朝以前以荐举为主、考试为辅,主要制度形态是汉朝的察举、征辟和魏晋南北朝时期的九品中正制。

隋唐以后以考试为主、荐举为辅,这个阶段大概从唐朝初年开始,延续到清朝末年,历时一千三百多年,主要制度形态是科举考试制度。

汉朝主要是察举、征辟的选官制度。

所谓察举,就是由州、郡等地方长官或者朝廷公卿在自己的辖区内进行有意识、有目的的考察,及时发现国家需要的各种人才,以"孝廉""茂才异等""贤良方正"等名目向上推荐给中央政府,然后经过一定的考核程序，授任相应的官职。三国时期的曹操就曾被举荐"孝廉"，属于这一制度取士的杰出代表。

所谓征辟，就是由皇帝或各级地方长官直接自行招聘属官，不需要经过上述察举的程序选官。东汉末年，各大割据势力手下的幕僚谋臣班底很多就是由这些"主公"自主征辟而来的，也不失为一种广纳天下英才的重要途径。

无论是察举还是征辟，掌握察举、征辟权的都是高官权贵、名门望族，其中弊端显而易见——容易滥用职权，以权谋私。

这两种制度发展到东汉末年，已经出现"举秀才，不知书；察孝廉，父别居；寒素清白浊如泥，高第良将怯如鸡"的社会怪象。号称"四世三公"的河北军阀袁绍，就是这种畸形制度的直接受益者。

徇私舞弊、任人唯亲，人才素质低也就罢了，这种制度最大的问题是被察举、征辟的官员容易与推荐他们的高官权贵结成门生故吏，他们在政治上如同君臣，私人感情上如同父子，逐渐形成世代出任显宦、门生故吏遍布朝廷的"衣冠望族"。他们凭借强大的政治势力把持中央到地方的各级政权，成为国家的实际控制者，这对皇权是一个极大的威胁。

到曹魏时期，为削弱衣冠望族的威胁，魏文帝曹丕采纳了吏部尚书陈群的意见——推行九品中正制。

九品中正制的基本内容是朝廷在各州设大中正、各郡设小中正，这些大小中正官负责考察自己辖区内的人才，从家世、德才、品行等方面对人才进行品评鉴定，把人才分为九等（亦称"九品"），分别是上上、上中、上下、中上、中中、中下、下上、下中、下下。其中，上上到上下是优等品，中上到中下是一等品，下上到下下是二等品。

大小中正把贴上标签的人才名单上报给朝廷，朝廷缺人时就根据名单择人授官，评价越好，品级越高，越容易得到朝廷的青睐，得到美差的机会也就越多。

为防止中正官以次充好、虚抬品级，负责选官的司徒府还要再度对中正官推评的人才进行考核，若是考核不合格，不仅不能授官，还可能改变或升降原来评定的品级。

这样来看，九品中正制既保留了汉朝从下向上层层把关、考察推荐的传统，又把官员的最终选任权掌握在中央手中，算是一种比察举、征辟制更先进的选官制度。

但这个制度本身仍存在一个巨大的漏洞，那就是中正官的人选。

这种担心不是没有道理的，后来的事实证明，中正官这一关键位置确实很快就被各地权大势大的豪门世族把持了，他们彻底改变了原本唯贤唯才的品评标准，只凭家世门第和父祖官爵评定人才品级，就好比相马时只看血统不看实际素质，结果造成门阀子弟"平流进取"，坐享高官厚禄。

这样一来，豪门世族凭借着先天优势逐渐垄断仕途，进而形成魏晋南北朝特有的士族门阀势力。刘禹锡诗"旧时王谢堂前燕，飞入寻常百姓家"中的王、谢两家，就是东晋时期两大著名的士族门阀。

虽说这些士族门阀也培养出了不少功臣将相，但他们中的大部分人都不算什么优秀人才，而只是一些奢靡浮夸的纨绔子弟，或是崇尚清谈、附庸风雅的文士清流，对国家和社会并无裨益。

从本质上看，九品中正制与汉代的荐举制度并无大的不同，它囿于门第限制，以品级等次为依据进行选官，使得选拔范围更狭小，考核考试更流于形式，选官权力更集中，豪强势力更强大，对皇权的威胁更直接，是一种更加畸形的荐举制度。

与此形成鲜明对比的是，庶族地主和普通百姓子弟基本没有什么入仕的机会，可谓"上品无寒门，下品无士族"，"高门华阀，有世及之荣；庶姓寒人，无寸进之路。选举之弊，至此而极"。

基于这种共识，从隋朝开始，皇帝对选官制度进行了改革。

士族门阀势力经历了东晋的极盛后逐渐衰弱。为进一步打击士族豪强、扩大统治基础，隋文帝杨坚最早使用"分科取士"的办法代替"九品中正制"，科举制度自此出现雏形。

隋亡唐兴，激荡的隋末农民起义彻底打垮了豪门世族的势力，广大中小庶族地主开始在政治舞台上占据主体地位。此消彼长，士庶双方在新的时代背景下有了新的需求。

一方面，庶族地主希望在进入仕途的过程中彻底取消门第限制，争取更多的做官机会，取得政治上的发言权；另一方面，没落的士族地主特权地位已然消失，但仍不肯退出历史舞台，力图凭借自己的传统优势跻身政坛，双方都希望能在一个公正公平的平台上开展竞争。

在这种形势下，原来的选官制度显然无法满足需要，全新的科举制度应运而生。

自唐高祖武德年间科举考试正式开始后，历代皇帝都十分重视科举选才。在李唐近三百年的历史中，除非遭遇重大变故，一直坚持开科取士，科举考试因而成为整个国家和社会生活中的一件大事。

科举之所以受到统治者的重视，归根到底还是因为它有利于巩固皇帝的统治。据说唐太宗有一次见到新考中的进士一个个排着队，规规矩矩地走出殿门，按捺不住内心的喜悦，情不自禁地说："天下英雄尽入吾彀中矣！"赤裸裸地道出了历代统治者重视科举的真正动机。

正是由于存在这种动机，所以即便在混乱不堪的五代十国，各项制度破坏严重，科举制度仍得以保留。五代十国的每个政权几乎都有分科取士的制度存在。

赵匡胤是武将出身，没参加过科举考试，文化水平也不高，但他爱读书、重文治，更是一个重视人才选拔的皇帝。赵匡胤在位十七年间，一共举行了十五次科举考试，几乎是一年不落。在他的带头垂范下，宋朝成为科举考试的黄金时代。

赵匡胤对科举的贡献，不仅仅在于他举办了多少次科举考试，录取了多少名进士，而在于他对科举制度的一系列革新和完善。

与历史上出现过的其他选官制度一样，科举制度自诞生之日起就存在诸多弊端。

在唐朝，科举制度还不完善，加上后期政治腐败，钻制度空子、找法律漏洞、营私舞弊的人越来越多，拉关系、走后门、行贿受贿等行为大行其道，"枪替"（请枪手代考）、"挟带"（私藏小抄入场）之类的作弊手段更屡见不鲜。

但若要论起影响的严重程度，还轮不到这些小打小闹的小聪明，而是科场上的"三公"现象。

"三公"并非"太师、太傅、太保"，而是科举考试中的三种特殊现象：公荐、公卷和公开。

公荐，即公开推荐，指主考官可以不把考试成绩作为录取进士的唯一依据，而是兼采举子在社会上的德才声望，排出一个叫"榜贴"的名单；或者由主考官派专人进行察访，制成"通榜贴"（简称"通榜"），供录取时作为重要的参考。

在制作通榜的过程中，达官贵人、文坛名士的推荐至关重要，若能得到这些人的推荐，在通榜排序中就会有很大优势。

当然，这种好事一般只有权贵子弟才能得到，寒门子弟想要获得

第四十九章 天子门生

社会名流的青睐,不至于在起跑前被淘汰出局,就必须多方奔走,向名公巨卿呈送自己的得意作品,请对方帮忙推荐。而这种呈送的作品,就被称为"行卷"。

在自我推荐的过程中,不成功是很正常的。一次不成功便一而再、再而三地反复投递作品以求推荐,不达目的决不罢休,达到目的方才罢休,这种反复投递自荐的行为被称为"温卷"。

为增加录取把握,考生还可以向主考部门(一般是礼部)投递诗文,展示自己的才华,称为"省卷"。这种做法系公开进行且被官方允许,所以亦称"公卷"。投送"行卷""公卷"的行为被称为"觅举""乞举"。

类似觅举、乞举的行为,唐朝很多名人都干过,像韩愈、王维、白居易这样的文学天才,如果没有名流公卿为他们荐举造势,也是很难击败众多竞争对手,如愿登科的。

设立公卷、公荐制度的初衷是为了减少单凭考试成绩决定取舍的弊端,但结果适得其反。合法的公荐制度为官僚权贵们请托营私大开方便之门,公卿大臣可以名正言顺地为亲戚子弟吹捧扬名,彼此帮助,使得权贵子弟在科举考试中占有较大优势,甚至不战而胜。有时主考官在考试前就已经根据"通榜"或"榜贴"预定了前几名乃至状元的人选。

与之形成鲜明对比的是,寒门子弟即便才华横溢、四处奔走,也很难得到足够的青睐和推荐。但他们无力改变现状,于是只能像唐朝诗人杜荀鹤一样,发出"空有篇章传海内,更无亲族在朝中"的感慨。

唐朝科举制度保留的公荐、公卷做法是荐举制的残余,更是受魏晋门阀遗风影响所致。唐朝门阀虽然远不如魏晋门阀势力强大,但与中小庶族、普通百姓相比，还是占有很大优势的。他们凭借自身的权势控制了科举考试的若干重要环节，导致唐朝晚期公卿大臣子弟及第人数在录取总数中的比例迅速上升。

据南宋王明清《挥麈录·前录》记载，"崔、卢、李、郑及城南韦、杜二家，蝉联圭组，世为显著"。这些名门望族堪称当时的"六大家族"，他们通过科举考试入仕，世代相继，长期垄断朝廷的高层权力。

这种现象的出现显然违背了最高统治者推行科举考试的初衷，但当时皇帝大权旁落、势力衰微，自己都朝不保夕，哪里还有时间和精力整治科考弊端？于是，这些科场黑幕经历了唐朝后期的藩镇割据、五代十国的分裂混战之后，还有继续流传下去的趋势。

这个时候，赵匡胤及时站出来对这一现象高声叫停。他明确表示，绝不允许唐朝科举中的残余流毒在我朝继续肆虐。

乾德元年（963年）九月二十七日，赵匡胤明文规定："礼部贡举人，自今朝臣不得更发公荐，违者重置其罪。"

这条诏令寥寥数语，短小精悍，意义却非同一般，它首次明文禁止"公荐"，持续几百年的公荐制度被一朝废罢，使得权贵子弟们失去了科举及第的"绿色通道"。

至于另一项"公卷"制度，在当时并未被废除，一直到宋仁宗时才明令禁止。但由于同时期科举考试其他制度的不断完善和严密，投送"公卷"的行为虽然存在，影响却已微乎其微。

除了废罢公荐，赵匡胤还对科举考试中的另一项惯例进行了整顿。

在唐朝，主持科考的主考官被称为知贡举。进士们被录取后，首先要向主考官谢恩行礼，答谢知遇之恩，称主考官为"座主""座师"，自称"门生"，双方结成"师生"关系，这成为唐朝科举制度的又一副产品。

师生关系的本质是政治关系，严重的可能会形成朋党，所以历任皇帝对这种行为都极其厌恶。皇帝们希望天下之才皆为自己一人所用，只对自己一个人保持忠诚，因此拉帮结伙、抱团经营无疑是对皇权的威胁。

赵匡胤深知师生关系之害，面对这个前朝未解决的痼疾，他毫不犹豫地举起了手术刀。

建隆三年（962年）九月一日，赵匡胤下达了一道诏令，大体内容如下：

> 国家悬科取士，为官择人，既擢第于公朝，宁谢恩于私室？将惩薄俗，宜举明文。今后及第举人不得辄拜知举官子孙弟侄，如违，御史台弹奏。应名姓次第，放榜时，并须据才艺高低，从上安排，不得以只科为贵，兼不得呼春官为恩门、师门，亦不得自称门生。

这道诏令意思很明确，科考是国家取士，不是主考官的个人恩赐，及第进士不得称呼主考官为恩门、师门，不能向他们谢恩，应该感恩皇帝、效忠国家。

此令一出，这些人再也不敢公开搞什么谢师礼了。其后，赵匡胤又多次下诏，重申禁令，很大程度上抑制了士族权贵和政治朋党的形成。

除了制约主考官的权力，赵匡胤还对参加科举的官宦子弟在制度上给予了"特殊照顾"。

开宝元年（968年）三月，时任礼部知贡举的王祐选拔出了十名进士合格者。名单报到了皇帝那里，其中一个人引起了赵匡胤的注意。

这个人叫陶邴，在十人名单中位列第六，他的父亲是翰林学士陶谷。

以陶谷之才，儿子中个进士似乎并不稀罕，但赵匡胤早就听说陶谷教子无方，其子怎能登科及第？他顿觉其中或有疑点，便下令对及第者进行复试，结果陶邴仍然名列其中。

从复试结果看，或许陶邴真有两把刷子，毕竟皇帝亲自安排的复试，应该不会有人顶风徇私。但赵匡胤还是不放心，规定今后凡官宦子弟参加科考者，礼部必须如实奏报，专门为他们安排复试，避免权贵子弟营私舞弊。

通过这件小事，赵匡胤开始意识到主考官的自主权似乎太大了一些。虽说这次陶邴登第可能没什么猫腻，但谁也不能保证以后不会有，谁也不能确保每次科举考试都公正公平。因此，他决定对取士大权进行干预。

赵匡胤的担心绝非杞人忧天，因为在此之前，科考主考官的权力确实很大。唐朝负责科举考试的官员人选是固定的，一开始是吏部考功司员外郎，后来改由礼部侍郎担任，偶有其他官员兼任，则称权知贡举。不过绝大多数时候，主考官的人选都是固定的，毫无保密性可言，全天下都知道谁是本届科考的主考官，完全可以提前打通关系。

更重要的是，皇帝虽对科举之事十分重视，却不直接干预考试过程，甚至连考试结果也不过问。知贡举所定录取名单就是最终人选，取舍大权完全集中在主考官一人手中，搞徇私舞弊简直易如反掌。

对这种权力过于集中的现象，赵匡胤在建国之初就采取了相应措施——不固定知贡举人选,选择六部尚书、两制等文学侍从之臣轮流担任。他在位十七年间,举行科举十五次,担任过知贡举或权知贡举的有七八个人。在开宝八年(975年)的科举考试中,赵匡胤更是史无前例地任命了四名考官。除一名"权知贡举"外,赵匡胤还同时任命了三个"权同知贡举",既减轻了考官们的考校负担,又分散了他们手中的权力。

经过采取上述一系列的措施,宋初科举考试的公平性和权威性比唐朝有了很大提高。当然,这些都属于修修补补的"纠偏救弊"性措施,而真正对科举制度具有划时代影响的,是一个全新环节的定制——殿试。

开宝六年(973年)三月,时任知贡举的翰林学士李昉上奏了当年科考及第人员名单。这次赵匡胤突发奇想,没有让中书门下进行复试,而是决定亲自考察一下这批新科进士的才学。

受到皇帝召见的人包括当年及第的十名进士、二十八名诸科。在召对过程中,赵匡胤发现一个叫武济川的进士语无伦次,回答问题一塌糊涂,完全不具备一名进士的基本素质。

这种现象其实并不奇怪,一个新科进士要一下子面对不怒自威的皇帝,毫无准备地接受面试,心理紧张导致发挥失常,其实也是人之常情。但这位仁兄不光表现失常,运气也十分之差。不仅如此,他的籍贯信息也引起了皇帝的注意。

按照惯例,录取名单上除了有及第者姓名,还会列上他的籍贯、家庭出身。赵匡胤看到武济川素质如此粗陋,一时起了疑心,往名单上一瞄——深州饶阳(今河北饶阳)人。他心里不禁咯噔一下:这不是李昉的同乡吗?

赵匡胤自认为找到了武济川才智粗陋却仍能登科及第的原因,那就是主考官涉嫌照顾老乡。正当他准备调查此事时，另一件事的发生把可怜的武济川彻底推上了风口浪尖。

既然是考试，有人及第就会有人落榜。这次落榜的人中有一个叫徐士廉的举子很有维权意识，他认为此次科考必有内幕，便大胆地纠集了一批与他同病相怜的考生击登闻鼓鸣冤，控告主考官徇私枉法，取舍进士多有不当，矛头直指李昉和他的同乡武济川。

在宋朝，击登闻鼓相当于告御状。徐士廉此举很是时候，赵匡胤听到这个消息，当晚就接见了这批击鼓诉冤的考生，详细询问情况。

徐士廉没想到自己能得到皇帝的亲自召见，心情很是激动。这位落榜生的心理素质和口才显然比那位及第的武济川要强得多，面对皇帝不仅毫无紧张畏惧之色，反而镇定自若、侃侃而谈。徐士廉提出了一个大胆的建议："方今中外兵百万，提强黜弱，日决自上，前出无敢悖者。惟岁取儒为吏，官下百数，常常赘戾，以其授于人而不自决致也。"

徐士廉的意思是说，科举取士与择将选帅乃同等大事，皇帝您应亲力亲为，将取士之权收归君上，否则不就是把施恩的机会白白送给大臣了吗？您的权威和恩情又将如何体现呢？

徐士廉准确地揣摩到了皇帝的心思，阐述了科举取士之权对国家和皇帝的重大意义，赵匡胤听后恍然大悟："由朕亲自复试进士决定进退取舍，将官员选拔大权牢牢抓在手中，这不正是朕追求的目标吗？"

赵匡胤欣然接受了徐士廉的建议。十二天后，他从落榜的三百多名考生中选出一百九十五人，加上之前及第的三十八人，一共二百三十三人，给了他们一次重新考试的机会，并且不辞劳苦地在讲武殿上逐个考校，无一遗漏。

第四十九章 天子门生

经过皇帝的亲自面试,最终有一百二十七人考试合格,被赐进士及第,录取人数远超李昉第一次录取的三十八人。那位带头击鼓诉冤的徐士廉不出意外地名列其中,而原来录取的三十八人中,居然有十人在这次皇帝的亲试中落了榜,落榜比例高达26%。而那个倒霉的武济川,自然也在落榜之列。

其实,这次事件中最倒霉的人还不是落榜的那十个倒霉蛋,而是李昉。

这位翰林学士是宋初的一位大才子,为人谦虚谨慎、老实低调,皇帝对他的印象一直不错。要说他动用私情照顾一个小老乡,倒有可能;但把上百号考生落榜的责任全扣到他的头上,确实有些冤屈。毕竟就算李昉铁面无私,亦难免有遗珠之憾。

赵匡胤本不想过分地责罚李昉,但想想这件事情的来龙去脉,加上自己正好需要抓个典型杀鸡儆猴,最后还是下定决心贬了李昉的官,把他从翰林学士降到了太常寺少卿。其他几位考官受此牵连,也受到不同程度的责罚。

在科举史上,就事件规模看,这件事只能算小事一桩,远不如明朝洪武年间的"南北榜案"轰动,但其意义不是一般的重大,对整个科举制度的影响也远非后者所能比拟。

赵匡胤在讲武殿亲自考校举人,决定取舍进士人选,相当于在原先知贡举主持的礼部省试外又增加了一级考试,也是最高一级的考试,后世将这一级由皇帝亲自主持的考试称为"殿试"。

从此以后,殿试作为一项固定制度被历代皇帝继承,三级考试模式"乡试(发解试)—会试(省试)—殿试(廷试)"也逐渐固定下来,一直延续到元、明、清三朝,发展成整个科举制度体系的核心,为历代王朝选拔了无数优秀人才。

此处纠正一个误区,有人认为殿试由武则天开创,理由是《通典》《资治通鉴》《唐会要》等史料都记载武则天在载初元年(690年)二月二十四日"试贡举人于洛城殿前,数日方毕,殿前试人自兹始也"。

其实不然。

武则天的"殿试"并非在礼部主持的考试之上又加一级考试,而是自己直接代替礼部知贡举履行职责,所以唐朝的科举仍然只是两级考试。所谓"殿前试人",只是突出了地点和主考官人选的改变,并未改变整个科举考试的级数。并且武则天这种行为也只是偶尔为之,并未形成定制。因此,赵匡胤才是科举三级考试模式中的殿试的真正首创者。

殿试的重大意义在于把原来完全属于主考官的取士决定权收到了皇帝手中,让皇帝成为无数举子命运的最终裁决者。因此,最终的进士及第者才能称为名副其实的天子门生。对致力于巩固皇权的统治者来说,这无疑是一项极为重要而精妙的举措,也是中国科举史上最具里程碑和划时代意义的重大事件。

对自己这一突出贡献,赵匡胤亦颇为自得,他曾踌躇满志地说:"向者登科名级,多为势家所取,致塞孤寒之路,甚无谓也。今朕躬亲临试,以可否进退,尽革畴昔之弊矣。"

第五十章 允文允武

科举取士只是宋朝官制体系的第一个环节，即考试录用环节，相当于今天的国考，被录取后即为国家公务员。此后，公务员还要接受铨选、任用、考核、迁转、俸禄、监察等一系列制度的约束和管理。这些制度和科举取士制度一起构成了宋朝官制尤其是文官管理制度的主体，也为文官政治的全面确立奠定了良好的基础。

不少人据此认为，赵匡胤作为开国皇帝，一手导演"杯酒释兵权"，一手亲策殿试广纳文人，开"重文轻武"之先河，导致宋朝文盛武衰，积贫积弱，堪称中华罪人。那么事实究竟如何呢？

历来对宋朝的评价中，"重文轻武"是使用频率最高的标签。在很多人看来，宋朝尊重知识分子，优待读书人，言论自由，民主开放，高薪养廉，推崇"与士大夫共治天下"，简直就是读书人的黄金时代、文官们的天堂。当然，宋朝也是武将最没有地位、命运最悲摧的朝代。

其中，"太祖誓碑"是被提及最多的强力证据。

陆游笔记《避暑漫抄》（作者有争议，有学者认为该书系后人托陆游之名伪作）中记载，赵匡胤曾在太庙寝殿的夹室里立有一块秘密誓碑，碑上铭刻了三条誓词：

第一条："柴氏子孙有罪不得加刑，纵犯谋逆，止于狱中赐尽，不得市曹刑戮，亦不得连坐支属。"这是对后周柴氏子孙的承诺。

第二条："不得杀士大夫及上书言事人。"这是对读书人的承诺。

第三条："子孙有渝此誓者，天必殛之。"这是对后世子孙的约束。

据说这块石碑对外是完全保密的，只有皇帝知晓。历代皇帝到太庙祭祀，都只带一个不识字的宦官进入夹室，其他人只能在外等候。北宋历代皇帝都很好地保守了这个秘密，直到靖康之变，金军无意中发现誓碑，这一秘密才为外人所知。

如果此条记载属实，那么赵匡胤为了保护读书人，不但自己发誓践约，还要求后世子孙无条件遵守，甚至不惜诅咒子孙，违者必遭天打五雷轰。

对于这块所谓的"太祖誓碑"，很多人都怀疑其真实性。

不过，太祖誓碑是否存在并不重要，《避暑漫抄》是否伪作也不紧要，重要的是放眼两宋三百余年历史，二十多位皇帝确确实实做到了誓碑约定的内容。即使昏庸如徽宗、懦弱如高宗、病弱如光宗，也极少因个人喜怒妄杀上书言事之人，这在其他朝代是不可想象的。

在君主独裁的体制下，对手握生杀予夺大权的皇帝而言，少杀一个无罪之人并不难，一个无罪之人都不杀却真的很难很难。

从这个角度来看，太祖誓碑很可能真的存在，否则这些性格各异的皇帝在面对一个个锋芒毕露、批评皇帝毫不客气的士大夫时，到底是依靠什么力量压制自己的怒火，容忍对方所作所为，无论如何也绝不处死的呢？

如上所述，赵匡胤登基后致力于加强中央集权，又是"杯酒释兵权""收藩镇之兵"，又是开科取士，以文官知州县事，不时发出"宰相须用读书人""朕欲令武臣尽读书以通治道"的感慨,还立下优待士大夫的誓碑,一举一措似乎都在明白无误地传递"重文轻武"的信号。

然而,当深入研究赵匡胤的具体行动时,就会发现事实并非如此。

首先,赵匡胤虽然发出了"宰相须用读书人"的感慨,但并没有真正实行。被他多次表扬的"读书人"窦仪直到死仍是翰林学士,并未获得重用。实际上,窦仪本人生前也对自己的仕途前景有过预测,知道自己这种纯粹的读书人是入不得皇帝的法眼的。

长远来看,在赵匡胤在位的十七年里,共有二十六人担任过宰相、枢密使、参知政事、枢密副使、三司使等高级职务。这些人中武臣或吏职出身的有二十人,科举出身的仅六人,其中两人(范质、王溥)还是出于政治需要留用的后周旧臣。一人(刘熙古)虽是科举出身,却长期沉沦基层,担任使府幕职。由此可见,科举出身的士大夫在太祖朝尚未成为执掌朝政的核心力量,"宰相须用读书人"此时更像一句漂亮的空话。宋初宰辅及三司使名单如表50-1所示。

表50-1 宋初宰辅及三司使名单

宰相六人	参知政事四人	枢密使四人	枢密副使五人	三司使七人
范质★	薛居正★	吴廷祚	赵普	张美
王溥★	吕余庆	赵普	李处耘	李崇矩
魏仁浦	刘熙古★	李崇矩	王仁赡	赵玭
赵普	卢多逊★	曹彬	沈伦	沈伦
薛居正★			楚昭辅	楚昭辅
沈伦				张澹
				王仁赡

注:★表示科举出身。

其次，就科举考试而言，这能否证明赵匡胤就真的特别喜欢和重用读书人呢？

据史料统计，两宋平均每年通过科举取士三百六十一人。除去武举与宗室成员应举所取，平均每年仍有三百四十五人；再除去"特奏名"所取人数，平均每年仍有一百八十八人。

乍一看，这个数字不多；可一对比，差距就大了。宋朝科举取士年均人数一百八十八人，约为唐朝年均人数的五倍、元朝年均人数的三十倍、明朝年均人数的四倍、清朝年均人数的三点四倍，堪称空前绝后。

但把范围放在赵匡胤一朝，这个数字又变小了。

赵匡胤在位十七年间，共开科考试十五次，一共取进士（指进士一科）一百八十八人，与整个宋朝年均取士人数持平，每榜所取少则六七人，最多三十一人，平均每榜录取进士不过十二点五人；一共取诸科（指进士以外其他科）一百六十一人，平均每榜录取诸科不过十人。

总体来看，赵匡胤平均每年取士二十二人。这一数字远低于唐、明、清三朝的年均取士人数，更大大低于整个宋朝的年均取士人数，其中还包括因徐士廉击登闻鼓事件而导致当年录取人数激增的一百二十七人。

可以说，赵匡胤对科举制度革新做出了重大贡献，影响极其深远。但从取士规模来看，远远没有达到大开科举之门、大批录用读书人的地步，这项工作是由他的继任者宋太宗赵光义开启，并由其后人发扬光大的。

另外，赵匡胤使皇帝亲试的殿试制度成为定制，提高了考试规格，体现了皇帝对科举取士的重视，也让进士们有了更强的荣誉感。

第五十章 允文允武

但他并没有提高进士的政治待遇,及第进士初次授官的品级和实职差遣其实都很低。

开宝八年（975年）,赵匡胤钦点的状元王嗣宗被授秦州司寇参军之职。这只是一个从九品的幕职官,还要到偏远州郡任职。同时期的三百四十九名进士及诸科中,绝大多数都在基层结束了自己的职业生涯。

相比宋朝后来的进士待遇,特别是明清时期"非进士不入翰林,非翰林不入内阁"的惯例,赵匡胤时期的进士得不到任何特殊照顾。宋人叶梦得直截了当地指出了宋初的这种情况：

> 国初犹右武,廷试进士多不过二十人,少或六七人,自建隆至太平兴国二年,更十五榜,所得宰相毕文简公一人而已。

再次,赵匡胤出身行伍,靠着战场搏杀从士兵到将军,又倚仗兵权从将军摇身变为皇帝。从历史传承角度看,他继承的是五代杰出帝王未竟的事业,身体里流淌的是五代尚武精神的血液,骨子里难脱蔑视文人的习气。

赵匡胤对文臣的称呼因时而变,有时是"读书人""儒臣",有时是"书生"这种略含贬义的说法,至于"穷措大""毛锥子"之类含有强烈鄙夷色彩的字眼,也时常见诸史料,在此不一一列举。

最后,赵匡胤任用文臣并非因为他真正喜欢读书人,主要还是基于文臣威胁更小、更易控制的考虑。

唐末五代的教训已经证明,让头脑简单、四肢发达、长于搏杀的武将执掌政权,治理国家,是唯恐天下不乱、唯恐江山不倒的致命错误,用文官治理天下比用武将安全得多。但凡稍有政治远见的皇帝为长远计，都会选择使用文臣抑制实力武将，以求江山稳固。

据李焘《续资治通鉴长编》记载，在与赵普讨论分派文臣到地方担任知州县事时，赵匡胤说过这样一番推心置腹的话："朕今选儒臣干事者百余，分治大藩，纵皆贪浊，亦未及武臣一人也。"意思是说，即便文官全部贪贿，也不如一个赳赳武夫的危害大。赵匡胤在这里赤裸裸地表达了他任用文臣的根本出发点。

在宋初特殊的历史条件下，即便赵匡胤不重用文臣，也必然对继承五代兵骄将悍习气的武将群体加以抑制和整顿。这种抑制只是政治上的考虑，是让武将懂得君臣之道、治乱之理，保持对皇帝的忠诚，而绝非对武将群体的全面打压，更不是一味抬高文官的地位。

相反，宋初文官的地位虽略有提高，但他们的权力被局限于行政事务范围内，统兵作战、国防军机基本没有读书人插手的份儿，"以文制武""重文轻武""文尊武卑"的局面只是文士儒生们的美好幻想。

事实上，在宋初几次文武群体的直接交锋中，文官仍是弱势群体，总体上落于下风。

开国功臣王彦升曾因夜闯宰相王溥宅第，向王溥勒索钱财未遂而受赵匡胤惩戒，这个故事往往被后世看作赵匡胤庇护文臣压制武将的证明。其实，这个事例恰恰是宋初武将地位高于文官的有力证据——这不仅是王溥和王彦升两个人之间的私人恩怨，更是直接反映了文武群体的地位对比。这事如果发生在宋朝中期以后或者明清两朝，后果简直不可想象。

宋军平蜀后，王全斌等将纵下不法，导致蜀中大乱。对这样犯有重大过失的将领，以宰相为首的文官群情激愤，强烈要求将其论罪斩首。但一向宽厚仁爱的赵匡胤顶住了压力，以大事化小、小事化了的态度处理此事，仅把王全斌等将贬官了事。至开宝八年（975年），当江南地区也被平定，舆论已过，赵匡胤又让王全斌等人官复原职，并授予节钺。这种对文官意见的无视、对武将过错的庇护，无疑体现了赵匡胤对武将的特殊照顾与偏袒。

这是开国初期的情形，到了后来又如何呢？

据史料记载，宋初军队出征凯旋后，皇帝要设宴犒劳将帅。按惯例，翰林学士、文明殿学士、枢密直学士等一干侍从文官均可参与。但到了开宝年间，有一次赵匡胤设宴犒劳将帅时，时任阁门使（武职）的梁迥却突然提出："陛下宴犒将帅，安用此辈！"

言外之意就是，这些穷酸秀才根本没资格参加宴会。

在宋朝，侍从官一向被视为亲贵显要之职、宰执后备人选，地位比起武职序列的阁门使要高出太多。区区一个梁迥如此不给侍从官们面子，这在北宋中期以后是不可想象的。

与梁迥的态度相比，更让人想不到的是赵匡胤的反应。他既没有向礼部、太常礼院这类机构请教，也没征求宰相的意见，直接就把这项惯例给免了。

看似一件小事，却传达了大量的信息。在古代，朝会班次、宴会座次、排队顺序、见面怎么打招呼、路上相遇谁给谁让路等，都是重要的礼仪问题。如此严肃的事，赵匡胤居然只是听信了武官的一句话，便不假思索地把学士们的政治待遇给免了，实在太不把读书人当回事了。

宋军征讨江南，曹彬、潘美等将帅牢记不得涂炭生民的诏令，曹翰却顶风作案，炮制了江州屠城事件。对这种冒天下之大不韪、视皇帝禁令如无物的反面典型，赵匡胤竟也论功不论罪。不仅没有处理曹翰，反而把他从团练使升到了观察使。对此，一向以百姓为重的文官们无人敢提反对意见，这也反映出宋初文官武将的力量对比，仍然是武将群体占据优势地位。

赵匡胤深知，自己以武起家，赵宋因武立国，自己要想建立像汉唐一样的盛世强国，就离不开一支强大的军队和一个忠诚的武将群体。纵观他在位期间的政治作为，本质是试图调整唐末五代以来严重失衡的文武关系，努力在文武之间找到一个最佳的平衡点，恢复正常的统治秩序。为此，他绝不允许任何一个群体强大到可以压倒另一方，因为只有这样才最有利于维护皇权。

相比"崇文抑武""重文轻武""以文制武"这些词汇，用"允文允武"来描述赵匡胤的政治意图和行为表现无疑更为贴切。

得益于这一政策，赵匡胤在位期间，宋朝无论是对内还是对外，都表现得游刃有余，既不失开拓进取之心，也不乏稳定求治之意。中央与地方、内政与外交、文治与武事、文臣与武将之间均处于一个相对平衡的状态，可以说这是一种最为理想的局面。

可惜的是，赵匡胤的突然离世打破了这种来之不易的平衡。

从那以后，赵宋王朝就在崇文抑武的道路上越走越远，直到北宋中期，"崇文抑武"已经成为牢不可破、万世不易的祖宗之法，甚至逐渐形成"重文轻武""以文制武""文尊武卑"的局面。武将群体的衰落和军事实力的全面下降，成为不可逆转的历史趋势，赵宋王朝也因此而前途堪忧。

第五十一章 龙有逆鳞

在中国的历代皇帝中,赵匡胤的个人形象几乎完美无缺——他头顶着开国帝王的光环,性格没有大的缺陷,能力也没有明显的短板,在政治、军事、经济、文化等方面均有不凡的建树,开创了有宋一代的辉煌成就;而他超强的驭人之术,在历代杰出帝王中也堪称翘楚,独树一帜。

赵匡胤从未忘记当年在他落魄时屡屡欺凌他的董遵诲。有一天,他突然想起了这段往事,便派人叫来董遵诲。

董遵诲惴惴不安地叩拜行礼后,伏在地上便开始忏悔:"臣有罪,请陛下治臣下不敬之罪,臣愿以死赎罪。"

出人意料的是,赵匡胤不仅没有怪罪他,还命左右扶起诚惶诚恐的董遵诲,一起回顾了当年的"愉快"经历:"朕不会因此责罚你,你就放心吧!"

董遵诲感激涕零,赶忙叩谢皇恩,以为这事就这么过去了。

就在他惊魂未定时,突然有人击登闻鼓告状。

击鼓的人身份很特殊,他是董遵诲的一个部下,而被告正是董遵诲。这位原告当着赵匡胤的面,历数董遵诲在军中的种种不法事,大大小小竟有十几起，件件有板有眼，句句言之凿凿。

董遵诲站在一边，冷汗湿透了衣衫。

赵匡胤安静地听完原告的控诉，但他既没有受理，也没有责罚，等到把来人打发走后，转而向董遵诲表示一切过错皆既往不咎。

此时此刻，除了高呼万岁，董遵诲实在找不到其他方式来表达自己的感谢之情。

这一幕很值得玩味，因为告状者的出现实在是蹊跷。他早不来晚不来，偏偏在皇帝召见董遵诲时跑来击鼓上殿，当着被告的面告御状，怎么看都像是刻意安排的，是要借机塑造赵匡胤宽容大度的"伟光正"形象。

董遵诲的命虽然保住了，但故事还没结束，因为不久后，他就收到了来自赵匡胤的意外惊喜。

董遵诲在后汉时跟随父亲投奔刘知远，其母却留在了幽州。之后他很想把母亲接来尽孝道，但幽州是契丹人的地盘，宋辽两国又没有允许居民往来探亲的政策，所以一直未能如愿，这也成了董遵诲的一桩心事。

赵匡胤得知此事后，便暗中派人办理，经过他的一番努力，老人家终被送到了董遵诲那里，感动得董遵诲眼泪汪汪。

开宝元年（968年）七月，赵匡胤任命骁武指挥使董遵诲为通远军使，赴西部守边。

通远军位于环州，是大宋沿边防御体系的重要一环。赵匡胤知道董遵诲颇识兵法，很有武略，又是科班出身的武将，定能担此重任。

赵匡胤表达了信任，董遵诲则以自己的实际行动做出了回报。他镇守通远军十四年，大力团结各族酋长，使其各守封疆，无所攻扰，为大宋边防稳定做出了重要贡献。

第五十一章 龙有逆鳞

对自己的冤家对头尚且如此宽宏大量，其他将领就更别说了。赵匡胤对关南兵马都监李汉超强抢民女案的处理就是典型。

李汉超，云州云中（今山西大同）人，宋初著名边将。后周时投入柴荣帐下，进入殿前司任职后，成了赵匡胤的下属。大宋建国后，赵匡胤在物色边将人选时，便想起了这位颇有能力又忠心的部下，任命他为齐州防御使兼关南兵马都监。

关南是北宋对益津关、瓦桥关、淤口关这"三关"以南大片地区的统称，范围大概从今天河北白洋淀以东的大清河流域，向南至河间县一带。关南位于宋辽两国的交界处，是宋朝防御契丹的重要前沿，把如此重任交给李汉超，足见赵匡胤对他的信任。

李汉超没有让赵匡胤失望，他在关南一守就是十七年，整饬边防，训练军备，既严明军纪，又爱兵如子。虽说李汉超手下只有三千兵马，却多次打败契丹军队的大小进犯，被赵匡胤誉为"边塞长城"。后来，欧阳修还曾专门作诗歌颂这位关南名将的光辉事迹。

金无足赤，人无完人。这位被赵匡胤倚重的关南名将也有头脑发热犯错误的时候。

话说有一天，赵匡胤收到报告说有百姓到汴京集体上访，诉关南兵马都监李汉超的两件不法之事，一是强娶民女，二是借钱不还。

这种民事案件一般用不着皇帝亲自处理，但考虑到被告是军队高干还是自己的心腹爱将，赵匡胤决定亲自接见上访群众，了解事情的来龙去脉。

事情的经过是，李汉超看中了原告待字闺中的女儿，想娶人家做妾却没能如愿。于是军人出身的李汉超随即就表现出简单粗暴的一面：他强行把人家闺女抢走做了自己的小妾。被抢了女儿的老百姓咽不下这口气，又没能力把女儿抢回来，于是选择上京告御状，誓将维权进行到底。

了解了事情原委的赵匡胤便有了判断：李汉超强娶民女一事应该八九不离十，否则一个普通百姓，绝不敢千里迢迢地跑到自己的面前来诬告边将。

千军易得，一将难求，赵匡胤实在不想因为这样一件"区区小事"就严惩爱将。但反过来考虑，倘若赵匡胤在此事上公然袒护李汉超，一旦传扬开来，实在有损自己仁慈爱民的形象。

李汉超应该庆幸他遇到了一个绝顶聪明的好皇帝，面对这个棘手的难题，赵匡胤略一思忖，便以一种匪夷所思的方式化解了。

赵匡胤安排了一场宴席，亲自请原告吃饭。宴席间，他亲切地问起对方的家庭情况："以你家的条件，女儿会嫁给什么样人家？"

答曰："嫁给普通农家子弟。"

赵匡胤又问："李汉超没到关南时，你们的生活如何？"

"契丹人年年入侵，抢夺民财，百姓们苦不堪言。"

"那现在如何呢？"

"现在关南安定，再也没有契丹人的侵扰。"

赵匡胤要的就是这个回答，他语重心长地说："李汉超乃朕之重将，朝廷大臣，保你一方百姓平安，功莫大焉。他抢夺民女虽不应当，但以你的身份，将女儿嫁与他做妾也不委屈，至少要强过嫁给普通农家吧？若不是李汉超镇守关南，你们哪来的太平日子呢？"

原告一想，皇帝说得对啊，男人有个三妻四妾再正常不过，更何况人家还是保疆卫国的英雄好汉，自己的女儿嫁给这样的人，就算做妾也是好事呀！

把这个道理想通后，原告一扫胸中郁闷，欢天喜地就打道回府去了。

第五十一章 龙有逆鳞

赵匡胤虽然替李汉超擦了屁股,却绝不会让事情就这样过去,他得敲打敲打这位边防大将,防止他再给自己添乱。

不久后,皇帝派遣的使者来到关南。

李汉超本以为皇帝会因此事撤了自己的职,起码也得来个降职处分或严重警告,结果却大出意料。使者高声转达了赵匡胤的原话:"你若需要钱财,只管问我要就行,为何要掠取百姓,借钱不还呢?"

使者又拿出银两说:"皇帝让你拿这些钱亲自还给百姓,这样百姓就能感念你的恩情了。"

李汉超惭愧不已,禁不住热泪盈眶。

此后,李汉超忠实地履行了自己效忠朝廷、爱惜百姓的誓言。他镇守关南十七年间,政平郡理,百姓安居,军备严谨,威名远播,契丹不敢来犯,以至于后来又有百姓到京城上访,居然要求为李汉超立碑颂德,其中不能不说有赵匡胤驭将有方的功劳。

赵匡胤对武将的态度是用人不疑、疑人不用。他对待文官的用人理念则是"苟用其长,亦当护其短",既不求全责备,也不吹毛求疵。因为他深知这个世上没有十全十美的人,用人就要用其长。

但赵匡胤也是有底线的,对文官要求的底线是廉洁,对武将要求的底线是忠诚。如果有谁试图挑战赵匡胤的权威,敢于触碰皇帝的底线,那就绝对不会有好果子吃,所谓"龙有逆鳞,狼有暗刺,窥之者怒,触之者死"。

宋承五代流弊,官员尤其是郡县官员贪赃枉法现象严重。赵匡胤儿时生活困顿,青年时又游历在外,深知民间疾苦,痛恨官场腐败。为整肃吏治,赵匡胤下了很大功夫,特别是针对以下几类官员进行了严厉惩治。

一是尸位素餐、玩忽职守者。如赵匡胤的舅舅、澶州知州杜审肇，赵光义的幕僚、澶州通判姚恕因黄河决口，被判玩忽职守罪，一个勒令退休，一个依法处死。

二是营私舞弊、以权谋私者。如蔡河务纲官王训等四人因在军粮中掺杂糠土，以次充好，被斩立决，弃市；通事舍人宋惟忠在知濠州任上多为不法，被决杖除籍为民。

三是滥用职权、枉法杀人者。如监察御史杨士达通判蕲州时，滥杀无辜，被判处死刑；供奉官武仁海在嘉州监押任上枉法杀人，被处以极刑。

四是经商营利、贪得无厌者。比如兵部郎中、监秦州税曹匪躬，海陵、盐城两监屯田副使张蔼因私下经商贸易分别被弃市、除籍为民，处罚不可谓不严厉。

五是贪赃受贿、压榨百姓者。历朝历代，贪污受贿是最普遍的腐败问题，也是统治者整肃吏治的重点。据粗略统计，赵匡胤在位期间，官员因贪污受贿数额较大而被判处死刑的案件，仅见于李焘《续资治通鉴长编》者就达四十多起。至于那些数额较少、情节略轻，被开除公职、削籍为民、流放等的例子，更是不胜枚举，无法统计，很多也未被录入史料。

当然，赵匡胤不是让官员们清贫如水，他懂得"索取"与"奉献"不可偏废，对"高薪"与"养廉"的关系有着自己的思考。

开宝三年（970年）七月，赵匡胤颁布《省官益俸诏》说："俸禄薄而责人以廉，甚无谓也，与其冗员而重费，不若省官以益俸。"这被很多人认为是有宋一朝实行高薪养廉的证据。有人还把宋朝官员的俸禄折算成人民币，得出高级官员年薪超千万的结论。

从史料记载和后世评价看，宋朝官员的俸禄确实不低，甚至是历朝之最，但高薪之说不可一概而论。宋朝的薪俸制度有两个突出特征。

一是不同时期薪俸水平差距较大。宋初的平均工资最低，正因为如此，才有后来宋真宗大中祥符年间给官员们大幅加薪一事。后来的宋仁宗、宋神宗也不同幅度地提高了官员的俸禄。

二是不同官员收入悬殊较大。只有朝廷高官才享有真正的高薪厚禄，广大基层干部仅能维持温饱。王安石曾说："方今制禄，大抵皆薄。自非朝廷侍从之列，食口稍众，未有不兼农商之利而能充其养者也。"一语点破了官员俸禄的悬殊差距。

总体来说，赵匡胤整肃吏治秉持的是"反腐肃贪"与"高薪养廉"并举的理念，实际行动则更倾向于"反腐肃贪"，他在宋初掀起的"反腐风暴"取得了相当大的成效，对整顿吏治也起到了积极的促进作用。

需要看到的是，宋初整肃吏治的措施对官僚队伍中的不同群体是区别对待的，因上述罪行被处以极刑的大多是低级官员，很少见到高官权贵。

石守信出任外藩时横征暴敛，贪污受贿，却得到了赵匡胤的庇护；张令铎不恤民事，专事聚敛，赵匡胤置若罔闻；王全斌、王仁赡等治军不严，滥杀无辜，导致蜀中大乱，赵匡胤居然也只是略施薄惩；赵普滥用职权，排除异己，大肆贩木，与民争利，却无人过问；赵匡胤的小舅子（孝明皇后同母弟）王继勋是个十恶不赦的食人恶魔，"专以脔割奴婢为乐"，甚至吃人肉，受害者众多，东窗事发被人举报后，竟然只被"削夺官爵，勒归私邸"，后因百官强烈抗议，才"流放登州"，但人还没到登州，就又被召回授官。

对于开国功臣、元老宿将和皇亲国戚，赵匡胤的原则一向是从宽从轻，他的出发点是"隆恩异数，极其优厚，以收其心而杜其异志"。比起对待低级官员的从严从重，赵匡胤对外戚、老臣简直到了放纵的地步，这一点颇为人诟病。

但是赵匡胤对功臣宿将的放纵仅限于经济、作风或者烧杀掳掠之类的暴力犯罪问题，如果犯了"政治错误"，哪怕是没有证据的"不轨"之嫌，赵匡胤也绝对不会容忍。张琼和韩重赟就是这样被废掉的。

张琼，大名府馆陶县（今河北馆陶）人，宋初著名猛将，后周时即追随赵匡胤南征北战，立下不少战功。周军攻打寿州时，张琼曾舍身救驾，用身体为赵匡胤挡住暗箭险些丧命，一向对赵匡胤忠心耿耿，深受其信任。

陈桥兵变后，赵匡胤大幅调整禁军将帅，殿前都虞候一职空缺。当时军中比张琼资历深、职位高的将领有很多，但赵匡胤认为"殿前卫士如狼虎者不啻万人，非琼不能统制"，把张琼跨越几级直接提拔为殿前都虞候。

赵匡胤的眼光确实独到，张琼性情暴烈，驭下严苛，上任后不久就把殿前司的"虎狼"调教得服服帖帖。但张琼万万没有想到，有一天自己竟会因为这个火暴脾气而送掉性命。

赵匡胤一向自诩光明磊落，但他对禁军将领其实并不放心，于是在军中安插了一些亲信作为耳目，监视将领们的言行。其中有两个叫史珪、石汉卿的耳目，靠着刺探情报和背后告密，深得赵匡胤的信任。

这种角色自然不受禁军将领的欢迎，所以两人跟很多将领的关系都很紧张，只是绝大多数人对他们敢怒不敢言。但生性没有心机的张琼却不管这一套，公开表达对史珪、石汉卿两人的极度鄙视，还给两

第五十一章 龙有逆鳞

人起了一个响亮的外号"巫",说他们像巫婆一样装神弄鬼。因此便与两人结下了梁子。

史珪、石汉卿恨得牙痒痒,便伺机打击报复,他们发挥自己刺探情报的专长,四处搜集张琼"不法"的证据,并在乾德元年(963年)八月向赵匡胤告发张琼的不法之罪,罪名是"养部曲百余人,自作威福,禁旅畏惧……诬毁皇弟光义为殿前都虞候时事"。

这两件都是极严重的罪名,特别是"养部曲百余人"一事,潜台词就是豢养私兵,图谋不轨。史珪、石汉卿处心积虑地把张琼往这两项罪名上靠,充分显示这两人不出手则已,一出手就要人命的决心。

不出所料,赵匡胤怒不可遏,立刻命人传讯张琼,当面质问。

盛怒之下的赵匡胤说话语气当然不好,但张琼的反应更强烈。他知道自己被别人诬告,却不懂辩护,也不服软,反而犯起了犟脾气,在皇帝亲自审讯下依然不屈不服。

赵匡胤被激怒了,让石汉卿当堂对张琼行刑,来了个刑讯逼供。

石汉卿得到这个公报私仇的大好机会,自然不肯放过,挥起一种叫"铁挝"的兵器,便猛击张琼的头部。

在石汉卿的刻意击打下,张琼被打得几乎气绝。但硬汉不愧是硬汉,脑袋虽受了重伤,意志却仍然坚定,仍然不服,也不认罪。

看到这种情形,赵匡胤察觉到其中或许另有隐情,于是决定把张琼交给御史台详细审问。但他实在低估了张琼的骨气,就在押往御史台的过程中,意外发生了。

受了不白之冤的张琼十分窝火,受小人凌辱当众蒙羞不说,就连皇帝也如此对待自己,与其苟活于世,还不如以死证明清白。

当走到明德门时,张琼解下自己的腰带,托人交给自己的母亲。完成这件事后,他便别无牵挂,慷慨自杀身亡。

张琼的自杀让赵匡胤有些后悔。但更让他后悔的是，张琼死后不久，他就得知了事情的全部真相——张琼死时，家无余财，只有老母一个，家仆三人。

赵匡胤质问石汉卿："你说张琼豢养部曲百余人，而今又在哪里呢？"

石汉卿不愧是特务出身，心理素质极佳，脸皮极厚，言之凿凿地辩解说："张琼虽然只有三个仆人，但他养的人个个以一敌百，足当上百部曲。"

赵匡胤虽然知道张琼的冤屈，却没有还他清白，只是对其家人厚加抚恤，把同在禁军效力的张琼之兄提拔为龙捷副指挥使，算是对张琼冤死的一种补偿。而对诬告者石汉卿，赵匡胤竟没予以任何惩处，依然重用如初。

这种行为不难理解，赵匡胤虽一向以仁明宽厚著称，但作为皇帝，对这种冤枉臣下致死的案件，是绝不可能公开认错的。这不是好不好面子、愿不愿意认错的问题，而是维护至高无上的皇帝权威的需要。

张琼案显然是一起冤假错案，可赵匡胤不仅不给冤死者张琼平反，还不愿惩处诬告者石汉卿。其中缘由，除了皇帝不能认错的考虑外，还有更深的用意，那就是杀鸡给猴看。

赵匡胤要用张琼的案件告诉其他将领一个道理：即便张琼这样对朕有救命之恩的亲信将领，只要胆敢有一丝一毫的不轨行为，哪怕只是有这方面的一点心思、一丝嫌疑，自己也绝对不会放过。

张琼是第一个被皇帝怀疑有谋反意图而遭殃的高级将领，但绝不是唯一一个。第二个遭殃的将领地位比张琼还高，他就是殿前都指挥使韩重赟。

第五十一章 龙有逆鳞

韩重赟，河北武安（今属河北武安）人，赵匡胤的"义社十兄弟"之一。建隆二年（961年），韩重赟受命担任殿前都指挥使，成为殿前司最高长官，也是殿前都虞候张琼的直接上级。

赵匡胤之所以重用韩重赟，就是看中了他的老实。

韩重赟没有辜负皇帝的看重，他在殿前都指挥使任上始终小心谨慎，一切奉命行事，不敢越雷池一步。而且他跟将士关系融洽，也不像张琼那样公开树敌。按说这种老实人最多是吃点小亏，不会摊上大事，但意外还是发生了。

乾德五年（967年）十一月，有人向赵匡胤秘密打小报告，揭发韩重赟"私取亲兵为腹心"，有图谋不轨之意，跟当初石汉卿诬告张琼的罪名如出一辙。

按说以赵匡胤的一贯理智，应该不会重蹈覆辙，但他还是愤怒了，表现得比对待张琼时还要急躁，甚至不给别人辩白的机会，就打算直接废了韩重赟。

韩重赟知道大祸临头，但他没有张琼那种刚烈的性格，只好乖乖等死。

关键时刻，平时与人为善攒下的人品发挥了作用——居然有人站出来为他说情。而给他说情的人，正是宰相赵普。

没人比赵普更懂皇帝的心理，他告诉赵匡胤说："殿前司禁军乃陛下亲兵，但您日理万机，不可能亲自统领，还需择将统任。如果韩重赟被人诬告就予以诛杀，岂不使众将人人自危，谁还肯为陛下尽心统御？"

赵普这番话唤回了赵匡胤的理智，也让老实人韩重赟逃过一劫。

命保住了，官却保不住，这年二月，韩重赟的殿前都指挥使一职被解除，随即出任彰德军（相州，今河南安阳）节度使，算是对他的惩戒。

石守信、张令铎等是功臣武将的代表，董遵诲、李汉超等是边防将领的代表，韩重赟和张琼则是禁军将帅的代表。综合赵匡胤对他们的态度，可以总结出其富有特色的驭将之策，即所谓"宠之以非常之恩，则其感深；待之以赤心，则其志固；养之以关市之租，则其力足；小其名而不挠其权，则在位者有赴功之心，而勇智者得以骋。略其过则材能进，久其任而功利悉"。

正是靠着这种高人数等的驭将之术，赵匡胤才能"以至命将出师，平西蜀，拓湖湘，下岭表，克江南，所向遂志，盖能推赤心以驭群下之所致也"。

第五十二章 烛影斧声

靠着赵匡胤的不懈努力，经历百年混战的华夏大地终于结束了分裂，呈现治世与统一的大好局面，一整套制度体系也逐步建立起来，并迅速发挥重要作用，忙碌大半生的赵匡胤终于可以坐享美好江山了。

可赵匡胤又不敢放松，因为统一的使命还远没有完成，眼前的任务依然艰巨。北汉还在死磨硬扛，幽云十六州仍在契丹手中，广阔的大西北还等着自己去开疆拓土，距离实现宏伟蓝图还很遥远，眼下还不是他放松休息的时候。因此，赵匡胤要打起十二分的精神去征战四海八荒，谋划长治久安。

打发走吴越国王钱俶后，赵匡胤再次把目光转向了北汉。

此前，赵匡胤已经和北汉打过两次硬仗。第一次是作为将领随柴荣亲征高平，一战击溃刘崇，乘胜进军太原却无功而返；第二次是作为皇帝率军亲征，大军围城强攻太原数月，却功亏一篑，遗憾撤军。

经过一番精心部署，赵匡胤把集中进攻北汉的时间定在开宝九年（976年）八月。

正式出兵前，他还有一桩牵挂多年的心愿要去实现。

赵匡胤的老家在河北涿州,但他出生在洛阳、生活在洛阳,洛阳是他的第二故乡。后来登基为帝,赵匡胤一度动过迁都洛阳的念头,却由于种种因素被搁置。多年来,赵匡胤也曾想回洛阳看一看,却因日理万机,几无闲暇,一直未能成行。

现在,随着年龄的增长,赵匡胤对洛阳的思念、对已故父母的缅怀日益深刻和浓厚。

开宝九年(976年)四月九日,赵匡胤向着那个魂牵梦萦的地方出发了。

十二日,赵匡胤抵达巩县(今河南巩义),这里是赵宋王朝的皇家陵园,埋葬着他的至亲父母。

跪拜在父母陵前,赵匡胤不禁悲从中来,失声痛哭。不知哭了多久,他终于停止了哭泣,突然想起什么,便命人取来弓箭,然后登上一处角楼,拈弓搭箭,望着西北方向用力射出一箭。

嗖的一声,箭飞了出去,飞过一段距离后掉落在地。

赵匡胤指着箭矢落地的地方,对大臣们说:"此乃朕之皇堂也。"

皇堂是对皇帝陵墓的雅称,赵匡胤的这一举动,相当于给自己选好了墓地。而后,赵匡胤又补充了一句:"陵墓的名字我也想好了,就叫永昌吧!"

说完,赵匡胤又不胜感慨地说:"朕这一生,恐怕再也来不了这里了!"

了却一桩心愿后,赵匡胤便回到了汴京。

八月十三日,赵匡胤发布诏令,以侍卫马军都指挥使党进为河东道行营马步军都部署、宣徽北院使潘美为都监、虎捷右厢都指挥使杨光义为都虞候,率军讨伐北汉。

第五十二章 烛影斧声

二十二日，他再次分派五路军队会攻北汉，以西上合门使郝崇信与解州刺史王政忠出汾州，内衣库副使阎彦进与泽州刺史齐超出沁州，内衣库副使孙晏宣与濮州刺史安守忠出辽州，引进副使齐延琛与晋州隰州巡检、汝州刺史穆彦璋出石州，洛苑副使侯美与郭进出忻、代二州。

此次进攻，宋军精锐悉数出动，国力孱弱的北汉恐怕不会再有以往的好运气，攻破太原指日可待。

但一件事情的发生彻底打乱了整个部署——皇帝突然驾崩了。

开宝九年（976年）十月二十日凌晨，北宋开国皇帝、一代英主赵匡胤驾崩，终年五十岁。

消息传来，举国悲痛，但更多的是震惊。

历史上有过不少英年早逝的皇帝，比赵匡胤年轻却早早归天的皇帝也多得是，但赵匡胤死得太过突然，太让人难以接受。而在没有征兆下的猝死，也让他的死亡笼罩了一层神秘面纱，引发后人无数猜疑，竟然渐成千古谜案。

无论死因如何，这位一生充满传奇色彩的帝王，一个从士兵到将军、从将军到皇帝的英雄人物，就这样走完了自己的人生道路，永远离开了人世。他带着荣耀与光辉，就这样永远离开了他亲手缔造、行将统一的锦绣河山。

究竟应如何评价赵匡胤取得的历史功绩呢？《宋史》载：

> 五季乱极，宋太祖起介胄之中，践九五之位，原其得国，视晋、汉、周亦岂甚相绝哉？及其发号施令，名藩大将，俯首听命，四方列国，次第削平，此非人力所易致也。建隆以来，释藩镇兵权，绳赃吏重法，以塞浊乱之源。州郡司牧，下至令录、幕

职，躬自引对。务农兴学，慎罚薄敛，与世休息，迄于丕平。治定功成，制礼作乐。在位十有七年之间，而三百余载之基，传之子孙，世有典则。遂使三代而降，考论声明文物之治，道德仁义之风，宋于汉、唐，盖无让焉。呜呼，创业垂统之君，规模若是，亦可谓远也已矣！

赵匡胤的一生堪称传奇。

他出生时"赤光绕室，异香经宿不散"，因此得乳名"香孩儿"；青年时精通武术，创太祖长拳，造"太祖盘龙棍"；壮年时以军功崛起，靠兵变"黄袍加身"；登基后，留下"杯酒释兵权"等佳话。

哪怕是死，赵匡胤也留下了"烛影斧声"的千古谜团。

"烛影斧声"千百年来历经演绎，最终导向了一种说法：弟弟赵光义谋杀了哥哥赵匡胤，篡夺了本不属于他的皇位。

那么，太祖驾崩的千古之谜究竟做何解释？太祖之死是否暗藏阴谋？太宗究竟是否弑兄篡位？太祖是自然死亡还是被谋杀？若是谋杀，谋杀者是预谋已久，还是猝然发难？

这一连串的问号，事关太祖死因和太宗名誉，不可不谨慎求证。

对这类悬案，最好的办法是重回案发现场寻找线索。但由于时间太过久远，案发现场早已湮没无存，只留下些许文字材料，所以只能选择"纸上谈兵"，从现存史料进行分析，从逻辑角度进行推理。

赵匡胤的驾崩和赵光义的即位之所以疑云重重，乃至成为一桩千古悬案，主要原因有两点：一是官修正史的记载极为简略；二是私史野史记载详细繁杂，个个绘声绘色，如临其境，与正史形成鲜明对比。

第五十二章 烛影斧声

《太祖实录》《太宗实录》《国史》《宋史》对此事的记载都是寥寥数言，既不轰轰烈烈，也不诡异神秘。赵匡胤在《宋史》里的死法跟其他皇帝没什么两样。

如《宋史·卷三·本纪三·太祖三》："癸丑夕，帝崩于万岁殿，年五十。殡于殿西阶……"《宋史·卷四·本纪四·太宗一》："开宝九年冬十月癸丑，太祖崩，帝遂即皇帝位。"其他正史大抵也是如此。

翻开历代官修正史，对皇帝驾崩的记载一向简略，绝不详述死亡过程，哪怕非正常死亡也是如此。这倒不是为尊者讳，而是因为官修史书的资料来源是起居注、时政记、日历、实录等，这些都是条目式记录帝王的言行事迹，不会有太多细节，更不可能详述帝王死亡事件。

私史野史就不一样了，它们都是个人作品，不受官方约束，可以有个人观点，可以有猜测、推断，甚至传说、虚构，这也使得私史野史对赵匡胤之死记载详细，且版本众多。有北宋司马光《涑水纪闻》之"简略说"；北宋杨亿之《杨亿谈苑》"黑杀将军"及"张守真说"；南宋李攸《宋朝事实》之"黑杀将军说"；南宋蔡惇《夔州直笔》之"陈抟说"；北宋王禹偁《建隆遗事》之"赵普、卢多逊说"；南宋徐大焯《烬余录》之"赵光义调戏花蕊夫人说"；北宋文莹《湘山野录》之"真无道士说"，等等。

在众多版本中，只有南宋徐大焯《烬余录》之"赵光义调戏花蕊夫人说"、北宋文莹《湘山野录》之"真无道士说"两个版本有"斧"这个道具的出现，其他版本根本没有提到"烛""斧"。也就是说，广为人知的"烛影斧声"之说，史料对其的记载其实不多，而且这两个版本的记载差别也很大。

首先看南宋徐大焯《烬余录》之"赵光义调戏花蕊夫人说"。

"太祖寝疾。中夜太宗呼之不应。乘间挑费氏。太祖觉，遽以玉斧斫地。皇后、太子至，太祖气属缕。太宗惶遽归邸。翌夕，太祖崩。"

按照《烬余录》的说法，赵光义调戏花蕊夫人，被卧病在床的赵匡胤发现，赵匡胤气得拿斧子砍地，结果第二天就驾崩了。如果此说属实，那最多也只能猜测赵匡胤可能是被赵光义气死的，得不出他被谋杀的结论。

更何况《烬余录》"皇后、太子至，太祖气属缕"一句存在严重错误。众所周知，赵匡胤生前并未公开册立太子，怎么会有"太子"来呢？当时赵匡胤虽然有两个儿子，但不管是赵德昭还是赵德芳，都只是"皇子"而非"太子"，怎么能胡乱称呼呢？古人绝不可能犯这种低级错误。

《烬余录》号称是南宋"城北遗民"徐大焯所撰，著名历史谣言"元代初夜权之说"就源于此书。但此书最早刊行在清朝光绪年间，宋朝灭亡数百年之后才出现，其真实性令人生疑。史学界早有考证，认定此书乃"伪书"，内容不足为信，而赵光义调戏花蕊夫人之说更见荒谬。

再看北宋文莹《湘山野录》之"真无道士说"。

"宦官宫妾悉屏之，但遥见烛影下，太宗时或避席，有不可胜之状。饮讫，禁漏三鼓，殿雪已数寸。帝引柱斧戳雪，顾太宗曰：'好做，好做。'遂解带就寝，鼻息如雷霆。是夕，太宗留宿禁内，将五鼓，周庐者寂无所闻，帝已崩矣。"

相比《烬余录》的调戏说，文莹的《湘山野录》更有迷惑性。

文莹是一个很有文化的僧人，大概生活在北宋仁宗年间，不算什

第五十二章　烛影斧声

么大人物，却留下了《湘山野录》《玉壶野史》《玉壶诗话》三部流传后世的知名作品，其中的《湘山野录》尤其值得关注。

《湘山野录》主要记载自北宋开国至神宗时期的历史，很多内容是关于朝廷宫闱的秘闻轶事，"烛影斧声"的故事完整内容如下：

> 祖宗（注：祖指太祖赵匡胤，宗即太宗赵光义）潜耀日，尝与一道士游于关河，无定姓名，自曰混沌，或又曰真无。每有乏，则探囊金，愈探愈出。三人者每剧饮烂醉。生喜歌步虚为戏，能引其喉于杳冥间作清微之声。时或一二句，随天风飘下，惟祖宗闻之，曰："金猴虎头四，真龙得真位。"至醒诘之，则曰："醉梦语，岂足凭耶？"至膺图受禅之日，乃庚申正月初四也。

> 自御极不再见，下诏草泽遍访之。或见于辕辕道中，或嵩、洛间，后十六载，乃开宝乙亥岁也。上巳祓禊，驾幸西沼，生醉坐于岸太阴下，笑揖太祖曰："别来喜安。"上大喜，亟遣中人密引至后掖，恐其遁去，急回跸与见之，一如平时，抵掌浩饮。

> 上谓生曰："我久欲见汝，决克一事，无他，我寿还得几多在？"生曰："但今年十月廿日夜晴，则可延一纪，不尔，则当速措置。"

> 上因留之，俾泊后苑。苑吏或见宿于木末鸟巢中，止数日不见。帝切切记其语，至所期之夕，上御太清阁四望气。是夕果晴，星斗明灿，上心方喜。俄而阴霾四起，天地陡变，雪雹骤降。移仗下阁，急传宫钥开端门，召开封王，即太宗也。延入大寝，酌酒对饮。宦官宫妾悉屏之，但遥见烛影下，太宗时或避席，有不可胜之状。饮讫，禁漏三鼓，殿雪已数寸。帝引柱斧戳

雪，顾太宗曰："好做，好做。"遂解带就寝，鼻息如雷霆。是夕，太宗留宿禁内，将五鼓，周庐者寂无所闻，帝已崩矣。

按照《湘山野录》的说法，赵匡胤、赵光义哥俩还没有发迹的时候，曾有一个叫"混沌"（又名"真无"）的道士跟他俩交游。这个道士有意无意间泄露了"天机"，不仅成功预测了赵匡胤受禅登基的日子，还成功预测了赵匡胤的寿命和死期，实在让人叹为观止。

这段记载的本意是宣传君权神授那一套，告诉大家太祖的登基、驾崩和太宗的即位都是命里注定的，是上天的旨意，谁都改变不了。

遗憾的是，真无道士只预测了赵匡胤的死期，却没有透露他死于何故，记载也是语焉不详。只是说当天阴霾四起，天地陡变，雪雹骤降，营造了一个神秘的氛围。然后赵匡胤召赵光义入宫，哥俩酌酒对饮，烛影摇动，柱斧戳雪，赵光义留宿禁内，给后世留下了重重迷雾。

宿命论和阴谋论在中国很有市场，加上这个故事讲得绘声绘色，让人身临其境，很能吸引眼球。自此，"烛影斧声"之说就流传开来，影响颇大，以致后来的很多史学家都深受此说影响。只要说起赵匡胤的死亡和赵光义的上位，"烛影斧声"就是绕不过去的话题。

实际上，这段记载也有很多疑点。

史学界已有不少人专门考证辨析，指出宋初的柱斧是一种用水晶制作的礼器，后来作为文房用具，做工精致，根本不可能拿在手里"戳雪"，更不可能当成劈死人的凶器；赵光义留宿皇宫大内不符合规定，与其他版本记载冲突，故事本身就经不起推敲。至于所谓的"太祖引柱斧戳雪，顾太宗曰：'好做，好做。'"怎么看都像是太祖在表示传位于太宗，让他好好干的意思，怎么能理解成赵光义要谋杀赵

第五十二章 烛影斧声

匡胤呢？

著名史学家李焘在修《续资治通鉴长编》时指出，所谓的"烛影斧声"主要是依据《湘山野录》，"正史、实录并无之"，甚至其他私史野史都没有记载，只是《湘山野录》一家之言。后世学者也未加详细考证，便直接认定赵光义干掉了赵匡胤，把"疑案"搞成了"铁案"。

退一步讲，即便《湘山野录》的记载完全可信，也不能得出赵光义谋杀其兄的结论，反而可以证明他的即位是完全合法的。因为《湘山野录》在"太祖已崩矣"后，紧接着又有下面一段记载：

"太宗受遗于枢前即位。逮晓登明堂，宣遗诏罢，声恸，引近臣环玉衣以瞻圣体，玉色温莹如出汤沐。"

《湘山野录》说太宗"受遗诏""宣遗诏"即位，很明显是在证明赵光义即位的合法性，而整个"烛影斧声"故事的出发点就是证明赵匡胤死于天命，赵光义合法即位。如果说这个故事是赵光义为了美化自己而授意别人虚构的，目的是为自己的即位寻找合法的依据，那它更该有利于赵光义，而不会让他惹上谋杀赵匡胤的嫌疑，否则其岂不是端起屎盆子往自己头上扣吗？

遗憾的是，历史上总不乏好事之人，他们为了迎合大众的猎奇心理，滥用阴谋理论，置诸多正史、私史和野史记载于不顾，仅抓住其中一个版本歪曲本意，以讹传讹。正因如此，才演绎出了"烛影斧声"的"千古之谜"。

如果说赵匡胤不是被赵光义谋杀的，那他到底是怎么死的呢？

排除谋杀以外，就是自行死亡了。而在自行死亡中，如果排除意外事故，那突发疾病是最有可能的死亡原因。

实际上，不管是正史，还是私史、野史，均有赵匡胤死前"帝（赵匡胤）不豫"的记载。"不豫"就是不舒服、生病的意思，这说明赵匡胤在死前确有生病的情况，那就极有可能是因为生病而导致的死亡。

至于赵匡胤得的什么病，史学家一般认为是突发心脑血管疾病（脑出血或心脏病）。这并非胡乱猜测，而是合理推断。

上海博物馆藏有一张宋末元初画家钱选所绘的《蹴鞠图》，这是临摹的南宋宫廷藏画，内容是赵匡胤、赵光义和几名大臣一起踢球，正中的黑矮胖子是赵匡胤，这也接近赵匡胤的真实形象。

矮胖身材的人往往更容易面临"三高"（血压高、血脂高、血糖高）的风险，也更易罹患心脑血管疾病，这都是医学常识。何况对于一个年近五十岁且喜欢喝酒的人来说，这些风险更是显著增加。在古代，五十岁的人通常被视为爷爷辈，属于老人的范畴。

赵匡胤有喝酒的爱好，尤其喜欢在酒桌上谈事。杯酒释兵权、设宴罢藩镇等就是明证。然而，史料亦不乏赵匡胤醉酒的记载，醒酒后就后悔。尽管深知其害，赵匡胤却一直没戒掉这个嗜好，这无疑为他的健康埋下了隐患。

另外，赵匡胤的脾气不怎么好，容易发怒。用暗器袭击雷德骧不是他唯一一次动手，他还曾用弹弓把冲撞他的一名谏官打得头破血流。众所周知，情绪激动、生气动怒容易诱发心脑血管疾病，而在古代，这些疾病的致死率极高。

赵匡胤是个大大咧咧的人，平时不怎么关注身体健康。五十岁是人生一大坎，很容易突发疾病。多个版本的史料都记载赵匡胤在开宝九年十月的时候，人已经"不豫"了，在这种情况下，赵匡胤居然还和赵光义对饮到深夜，睡后又"鼻息声异""鼻息如雷"，很像是脑梗或心肌梗死的症状。

第五十二章 烛影斧声

古代虽然没有"脑梗""心梗"的说法，但不表示古人就不会得心脑血管疾病，只不过囿于当时医疗理论和技术的限制，无法准确诊治罢了。

综上，赵匡胤死于突发疾病（其实早有病症）的可能性极大。

当然，任何对赵匡胤死因的分析都只是推断，不可能真正还原。但可以肯定的是，赵光义没有谋杀赵匡胤的动机，也没有任何证据能证明是赵光义谋杀的赵匡胤。所谓"烛影斧声"的说法，可信度极低，充其量只是人们茶余饭后的谈资。

一言以蔽之，从现有史料看，赵光义谋杀赵匡胤篡位的说法，毫无史料依据，纯属无稽之谈。"烛影斧声"之说可以休矣！

时至今日，世人之所以相信"烛影斧声"，归根结底在于质疑赵光义即位的合法性。其中，赵廷美（赵匡胤的另一个弟弟）及赵匡胤的两个儿子赵德昭、赵德芳的死亡，被认为赵光义所为，或与其有密切关系。这一观点进一步促使人们推测赵光义可能谋杀了赵匡胤。

那么，赵光义即位到底是否合法呢？这就绕不开一个与"烛影斧声"密切相关的话题——"金匮之盟"。

第五十三章　金匮之盟

金匮之盟与陈桥兵变、烛影斧声并称宋初三大疑云，其本质是赵光义继位的合法性问题。在探讨其合法性前，不妨回看一下赵光义的即位过程。

关于赵光义的即位过程，史料记载亦有多个版本，详略不一，以李焘《续资治通鉴长编》引司马光《涑水记闻》记载最为详细：

> 上崩于万岁殿。时夜已四鼓，宋皇后使王继恩出，召贵州防御使德芳。继恩以太祖传国晋王之志素定，乃不诣德芳，径趋开封府召晋王，见左押衙程德玄先坐于府门。德玄者，荥泽人，善为医。继恩诘之，德玄对曰："我宿于信陵坊，乙夜有当关疾呼者曰：'晋王召。'出视则无人，如是者三。吾恐晋王有疾，故来。"继恩异之，乃告以故，扣门与俱入见王，且召之。王大惊，犹豫不行，曰："吾当与家人议之。"入久不出，继恩促之曰："事久，将为它人有矣。"时大雪，遂与王于雪中步至宫。继恩使王止于直庐，曰："王且待于此，继恩当先入言之。"德玄曰："便应直前，何待之有！"乃与王俱进至寝殿。后闻继恩

至,问曰:"德芳来耶?"继恩曰:"晋王至矣。"后见王,愕然,遽呼官家,曰:"吾母子之命,皆托于官家。"王泣曰:"共保富贵,勿忧也。"

这是流传最广的太宗即位版本,刻意突出了王继恩(太祖的亲信宦官)在太宗即位过程中的异常举动(不遵宋皇后之命召太祖儿子赵德芳,而召晋王赵光义入宫),以及赵光义、宋皇后在赵匡胤寝宫内的奇怪表现。很多人据此认为,赵光义像赵匡胤一样欺负孤儿寡母,乘机窃取皇位。

且不说该版本记载真实与否,细看便可知王继恩、赵光义两人的表现并无明显不妥,真正不妥的是宋皇后的表现。

宋皇后是赵匡胤的第三任皇后,开宝元年二月入宫(其时赵德芳九岁)。由于她并无子嗣,所以与赵德芳建立了母子般的关系。

赵匡胤生前未立太子,赵德昭、赵德芳两子均为嫡子,生母是已故的孝惠贺皇后。赵匡胤驾崩时,赵德昭二十五岁,赵德芳十七岁,两人均身心健康。如果要从他们二人中选择一位继承皇位,那必定是年长的赵德昭。

可宋皇后在得知赵匡胤驾崩后,却选择召赵德芳入宫。这一决定引发了人们的怀疑,很多人认为宋皇后企图借机扶持与自己感情更亲近、更年轻也更易控制的赵德芳上位。这一企图被王继恩察觉,他认为赵匡胤早有传位赵光义的想法,便赶快跑去找到赵光义说:"事久,将为它人有矣。"告诉赵光义如果动作慢的话,皇位就被别人抢了。这个"别人"显然是指赵德芳。

当宋皇后见到赵光义后,"愕然,遽呼官家,曰:'吾母子之命,皆托于官家。'"表现出一副很害怕的样子。与其说她在担心赵光义篡夺皇位后会加害她和赵德芳，不如说是自知谋划失败为求自保才说出的这番话，她以一种顺服于赵光义的姿态掩饰自己扶持赵德芳上位失败的忐忑心理。

当然，仅凭这段记载还不足以证明赵光义继位的合法性。赵匡胤究竟想传位给谁、赵光义有无资格继位等问题均涉及另一个谜团——"金匮之盟"。

"金匮之盟"是一个关于皇位传承的誓约，涉及赵匡胤、赵光义、赵廷美，以及他们的母亲昭宪杜太后。

需要指出的是，"金匮之盟"至今未在任何史料中见其原文，故而史学界对该誓约是否真实存在有一定争议，对它的内容也有重大的分歧。

简单地说，金匮之盟有两个版本——独传约和三传约。

所谓独传约，是指赵大传赵二（匡胤传给光义），如《宋史·魏王廷美传》记载："昭宪太后不豫，命太祖传位太宗。"

所谓三传约，指赵大传赵二（匡胤传给光义），赵二传赵三（光义再传给廷美），赵三廷美再传赵大长子赵德昭，同样见于《宋史·魏王廷美传》："或谓昭宪及太祖本意，盖欲太宗传之廷美，而廷美复传之德昭。"

很多人言之凿凿地认定"金匮之盟"系赵光义伪造，原因是赵光义缺乏继位的合法证明，故而伪造"金匮之盟"来证明自己即位的合法性。

一个皇帝继位是否合法，判断标准有两项：一是皇储身份，二是传位诏书。很多人认为赵光义不具备上述两项条件，所以是非法继位；而赵光义为了证明自己的合法性，也为了堵住众人悠悠众口，便伪造了"金匮之盟"。

第五十三章　金匮之盟

赵光义真有必要伪造"金匮之盟"来证明自己继位的合法性吗？

答案是否定的。事实上，赵光义是合法的皇位继承人，因为上述两项继位的合法证明，他一项也不缺。

先看第一项：皇储身份。

多数情况下，皇储是皇太子，而皇太子大多是皇帝的嫡长子，立嫡立长，父死子承，属于皇位传承的主要形态。但历史上也不乏传位给弟弟、孙子、侄子的例子，其中最值得关注的是兄终弟及。

兄终弟及多见于金、元、五胡十六国等一些少数民族政权或政局不稳的乱世。五代乱世，礼制大坏，父死子承的皇位传承制受到极大冲击，传弟、侄而不传亲子者屡见不鲜，传养子而不传亲子者亦比比皆是。

后梁太祖朱温有六亲子在世，且大都成年，却传位给"年最长而有才干"的养子朱友文。

后晋高祖石敬瑭，不立幼子为继位人，而传位给侄子石重贵。

吴国烈祖杨渥驾崩，其弟弟杨隆演继位，杨隆演又传位给弟弟杨溥，两世皆兄终弟及。

吴国权臣徐温有成年亲子数人，却以才干"皆不如"为由，授权位于养子知诰（即李昪），徐知诰后来建立了南唐。

南唐元宗李璟称奉父李昪遗命，约定兄终弟及，立弟弟李景遂为皇太弟，只是李景遂后被李璟之子李弘冀毒杀，因而未能继位。

楚国马殷"遗命诸子兄弟相继"，故此后二十年间传立和争国者悉为同辈兄弟，无一人按"父死子继"的原则被立为皇储或争位。

南汉烈祖刘隐，传位于弟刘䶮而不传子，中宗刘玢又传位给弟弟刘晟，两世均为兄终弟及。

闽国奠基人王潮病重，舍诸子而传位于其弟王审知，王审知后来建立闽国。

吴越国世宗钱元瓘病重，认为子钱弘佐年幼而欲择宗室长者为储君，后钱弘佐虽然袭位却英年早逝，因子年幼而以其弟钱弘倧袭位。

南平主高保融三子均成年，却传位给其弟高保勖，高保勖袭位后又传位给其侄（高保融之子）高继冲。

上述均是以正式遗命继承皇位的兄终弟及，至于其他因帝王非正常死亡或未留遗命而被部将拥戴袭位者，亦大多是其弟，而非其子。

反倒那些传位给幼子、亲子者，往往命运多舛，继位者或遭其弟、养子嫉妒，或沦为权臣傀儡，以致被武装篡夺或被迫禅位。

后唐明宗李嗣源传位于亲子李从厚（二十岁），却为养子李从珂不服，遂以武力篡位，李从厚被废，后遇弑身亡。

后汉高祖刘知远传位于亲子刘承祐（十八岁），却被顾命大臣左右，大权旁落，刘承祐大肆诛杀功臣却诱发郭威兵变，后为部将所杀。

后周世宗柴荣驾崩时诸子皆幼，坚持传位于年龄最大的柴宗训（七岁），"主少国疑"，导致陈桥兵变，被迫禅位于禁军统帅赵匡胤。

除五代外，其他十国政权也有不少上演过"主少国疑""功高震主""篡夺禅位"的桥段。

综合上述事实，不得不承认，五代十国时期兄终弟及、传立长君的观念已深入人心，成为普遍现象。那为什么会出现这种情况呢？

五代十国局势动荡，政权更迭频繁，很多政权仅历二代便被他人篡夺，几乎都是短命王朝。兄终弟及的优势是"国有长君"，袭位者年龄较长，且大多历经锻炼，各方面都比较成熟，具备较丰富的军政经验、政治声望和人事基础，即位后能够迅速镇住场面，巩固皇权统治，避免为权臣、戚宦、外戚等势力所乘，导致二代而亡，这就是实行兄终弟及制的直接原因。所以五代十国很多帝王在生前考虑继承人时，为长远计，都会主动选择"兄终弟及"。

第五十三章 金匮之盟

究其深层次的社会原因,乃是隋唐之后门阀政治彻底崩溃,传统血缘伦理观不再强势,取而代之的是不重血缘门第而崇个人才品、实力威望的价值观念。同时,五代十国战乱频仍,宗法礼制尽坏,大多数社会规范失效,受周边"胡夷"思想(五代中的后唐、后晋、后汉,十国中的北汉均为沙陀人及其后裔创立)和早期原始民主传统遗存(兄终弟及原本在少数民族和上古三代最为常见)的冲击,兄终弟及制遂得以最大限度地作用于政治生活中,导致这一时期皇位传立观念的极大变化。

赵匡胤是一个睿智成熟、高瞻远瞩的政治家,对所处五代十国的兴衰成败经验有着切身体会。以后周为例,郭威、柴荣皆为明君,皇权本已稳固,却仍因三代主少国疑被自己所乘,沦为短命王朝。

赵匡胤深知宋朝紧随五代之后,政治态势和社会思潮深具五代遗风,"兵骄则逐帅,将强而叛上"的风气根深蒂固,自己就是一个典型。若不小心谋划,谨慎择人,谁也不能保证自己建立的宋朝会不会成为一个新的短命王朝。因此,在确定皇储这一影响王朝命运的重大事项上,赵匡胤受五代皇位传立制度和观念的影响,为了赵氏江山永固着想,没有选择承平时代"传嫡传长"的做法,而实行兄终弟及。故而赵光义成为继承人的可能性很大。

当然,历史背景只为兄终弟及提供了可能。但很多人坚持认为,即便赵匡胤有传位赵光义的动机,也并未正式公开册立赵光义为皇储;况且赵匡胤还有亲子在世,赵光义不具备皇位继承人的资格。

持该论点者,同样忽略了五代十国时期的特殊背景——不立皇储。

皇储是法定身份,而非天然身份。即便嫡长子,在册立前也不能称为皇太子,只有经过正式册封程序后才能称为皇储,才是法定的皇位继承人。而在五代十国时期,五个中央政权在数十年间没有任何一个经过册封、以诏书形式确认的正式皇储。当时皇帝确认皇储的方式，是一种约定俗成的惯例——"亲王尹京"，即亲王封号+京城府尹职衔。

事实上，自晚唐五代百年以来，"皇太子"这种东西就成了稀罕物什。所谓"自唐天佑以来，中国多故，不遑立储贰，斯礼之废，将及百年"，中原王朝的第一个太子竟然是宋太宗的儿子赵恒，以至于赵恒被册立为皇太子时，京师满城欢喜雀跃，争睹皇太子的风采。

换言之，五代即位的皇帝都不是经册立的正式皇储。

后梁时，养子朱友文以"博王、开封尹"为后梁太祖朱温之储（未立，为其弟朱友珪所杀）。

后唐时，次子李从荣以"秦王、河南尹"为后唐明宗李嗣源之储（未立，起兵叛变被杀）。

后汉时，长子刘承训以"开封尹"为后汉高祖刘知远之储（未立，病逝后追封魏王）。

后周时，养子柴荣以"晋王、开封尹"为后周太祖郭威之储（得立，即为周世宗）。

这些皇储都是以"亲王尹京"的身份被确立为皇位继承人的，而那些不以"亲王尹京"身份即位的帝王，如后唐闵帝李从厚、后汉隐帝刘承祐、后周恭帝柴宗训，即位前也没有正式册封的皇太子身份。

宋初的情景又如何呢？

宋太祖驾崩前，赵光义为"晋王、开封尹"，正是柴荣即位前的职衔。

宋太宗时，欲以三子襄王赵恒为储，遂以之为开封尹，改封寿王，于是立为皇太子。

上述事实表明，"亲王尹京"作为皇储的惯例已沿袭数十年，世所公认，就连赵光义也要先以赵恒为开封府尹，而后才册其为皇太子。在宋初的历史背景下,包括赵匡胤、赵光义本人在内的所有人都清楚知道"亲王尹京"的政治含义,赵光义晋王、开封尹的身份早已释放了"兄终弟及"的强烈信号。

如果这些证据还不够充分,不妨看看赵匡胤的两个弟弟(赵光义、赵廷美)和两个儿子(赵德昭、赵德芳)的仕履轨迹,如表53-1所示。

表53-1 赵光义、赵廷美与赵德昭、赵德芳仕履表

时间	赵光义	赵廷美	赵德昭	赵德芳
建隆元年正月	殿前都虞候、睦州防御使			
建隆元年三月		嘉州防御使		
建隆元年八月	泰宁军节度使			
建隆二年七月	开封尹、兼同平章事	兴元尹、山南西道节度使		
乾德二年六月	兼中书令	兼同平章事	贵州防御使	未出阁
开宝六年九月	封晋王(朝班位居宰相上)、开封尹	永兴军节度使、京兆尹(今陕西西安)、检校太保、兼侍中	山南西道节度使、兴元尹(今陕西汉中)、检校太傅、同平章事	
开宝九年三月				贵州防御使
开宝九年十月		开封尹、兼中书令、齐王	永兴节度使,兼侍中、武功郡王	山南西道节度使,同平章事
太平兴国初		魏王、开封尹	武功郡王、京兆尹	山南西道节度使、兴元尹

从表中可以看出,截至赵匡胤驾崩前的开宝九年三月,赵光义在皇室中地位超然,同时折射出赵匡胤对他的刻意培养。

一、同样是王，国王＞郡王。赵光义是唯一拥有亲王爵的皇室成员（晋王），其他人连郡王爵都没有，只是节度使。

二、同样是武臣阶秩，节度使＞防御使，泰宁军节度使＞永兴军节度使＞山南西道节度使。赵光义早在建隆元年（建宋当年）就任节度使，比其他人都早得多，也快得多。

三、同样是府尹，开封府＞京兆府＞兴元府。赵光义是唯一有实职（开封尹）的皇室成员，而其他人的京兆尹、兴元尹，以及节度使职衔都是遥领，不去实地任职。而且赵光义早在建隆二年（建宋次年）就出任开封尹，在他的职业生涯中，完全没有经历过稍低层次的兴元府、京兆府等职位。

四、同样是兼宰相衔，尚书令＞中书令＞侍中＞同平章事。赵光义兼的宰相衔最高。

五、上朝时，赵光义是唯一班位在宰相之上的，其他人都得乖乖站在宰相后面。

六、凡赵匡胤出京师，赵光义就留守汴京，临时代理国事（类似太子监国），全权处理京师事务。征李筠，他是大内都点检；征李重进，他是大内都部署；征北汉，他是东京留守。

事实上，赵匡胤终其一生，都未给亲生儿子封王。

赵德昭十七岁出阁，依例应当封王（"前代皇子出阁即封王"），但赵匡胤以德昭年幼为由，只授其贵州防御使，史料称"特杀其礼，非旧典也"。

如此杀自己儿子的礼节，突出弟弟的地位，即便在五代也绝无仅有，简直令人质疑这儿子是不是"充话费"送的，怪不得有人调侃赵匡胤是"弟控"。

综合上述情况分析，赵光义的经历跟五代那些合法即位的五代皇储并无二致，其地位之超卓，甚至有过之而无不及，完全就是人尽皆知的第一顺位继承人。试想若欲传位于子而不传位于弟，以赵匡胤之英明睿智，绝不可能怀抱传子之心而亲手造就传弟之实，而且一坚持就是十几年，这不是故意在皇储一事上制造模糊，生怕大宋江山不乱吗？

再看第二项：传位诏书。

很多人认为赵匡胤暴毙，未留任何遗嘱，赵光义没有传位诏书来证明自己继位的合法性，因此才伪造"金匮之盟"。

这个说法放在几十年前或许成立，但如今同样是一个伪命题。

《宋史》、马端临《文献通考》等正史，蔡惇《夔州直笔》、王称《东都事略·太宗纪》等私史，都记载赵光义"奉遗诏即位"，《宋史·礼志》甚至收录了遗诏的部分内容："开宝九年十月二十日，太祖崩，遗诏：'以日易月，皇帝三日而听政，十三日小祥，二十七日大祥。诸道节度防御团练使、刺史、知州等，不得辄离任赴阙。诸州军府临三日释服。'群臣叙班殿庭，宰臣宣制发哀毕，太宗即位，号哭见群臣。群臣称贺，复奉慰尽哀而退。"只是由于内容不完整，太祖遗诏长期不被认可而已。

但到20世纪90年代初，有学者在《宋会要辑稿》中发现了太祖遗诏，全文如下：

开宝九年十月二十日，太祖崩于万岁殿，遗制曰："修短有定期，死生有冥数，圣人达理，古无所逃，朕生长军戎，勤劳邦国，艰难险阻实备尝之。定天下之妖尘，成域中之大业，而焦劳成疾，弥留不瘳。言念亲贤，可付后事。皇弟晋王天钟睿哲，神授英奇，自列王藩，愈彰厚德，授以神器，时惟长君，可于枢前即皇帝位。丧制以日易月，皇帝三日听政，十三日小祥，二十七日大祥。诸道节度观察防御团练使、刺史、知州等并不得辄离任赴阙，闻哀之日，所在军府三日出临释服。其余并委嗣君处分。更在将相协力，中外同心，共辅乃君，永光丕构。"召群臣叙班殿庭，宰臣宣制发哀毕。移班谒见帝于殿之东楹，称贺。复奉慰尽哀而出。

另外，《宋大诏令集》亦收录了太祖遗诏之全文，名曰"开宝遗制"，内容与《宋会要辑稿》收录之太祖遗诏完全一致。

太祖遗诏一现，一切水落石出，赵光义没有传位诏书的说法不攻自破。但仍有人质疑：这份所谓"太祖遗诏"，会不会也是赵光义伪造的呢？

其实"太祖遗诏"是否伪造根本不是问题，因为无论伪造与否，赵光义在即位之初就已有一份可以公之于众的传位诏书在手，且当朝无人质疑其真实性。而"太祖遗诏"是最直接、最权威的继位证明，赵光义根本没必要再搞一个效力更间接、内容更复杂的"金匮之盟"来给自己添乱。

更何况，稍微了解历史的人都知道，历史上所谓的"皇帝遗诏"，很少真正由皇帝本人临终手书或者口头交代，基本上是大臣们代笔的。如果坚持认为"太祖遗诏"系赵光义伪造，那几乎所有遗诏都是"伪造"的。

分析完史实，再论证逻辑。

"金匮之盟"首次在朝廷正式公开是在赵光义即位的第六年，即太平兴国六年（981年）九月，由刚刚官复宰相的赵普与赵光义联手公之于众。

第五十三章 金匮之盟

宋朝官方文献《实录》《国史》记录和承认的"金匮之约"内容均为"独传约",即"太祖传之太宗",这也是赵光义和赵普联手公布的版本。私史稗乘对"金匮之盟"则多为"三传约"的记录,即"太祖传之太宗,太宗传之廷美,而廷美复传之德昭",该版本未获得官方认可。

且不说"独传约""三传约"孰是孰非,如果"金匮之盟"系赵光义、赵普联手伪造,那么也该在赵光义即位之初人心浮动、政局不稳时伪造,为什么君臣二人却反其道而行之,直至赵光义即位六年之后,皇位已经稳固时才抛出?这完全不合逻辑。

再者如前所述,赵光义在即位之初就已经拥有了效力最直接的"太祖遗诏",不管"太祖遗诏"是真是假,他都完全没必要在多年以后再伪造一份惹人生疑的"金匮之盟",这不是画蛇添足吗?

退一步讲,如果"金匮之盟"确系赵光义伪造,那么他伪造的也是"独传约"而非"三传约","独传约"对他无害,而"三传约"却有妨碍,因为"三传约"约定赵光义将来要传位赵廷美,赵廷美再传位赵德昭。

综合前文所述,最终结论是:"金匮之盟"真实存在,"三传约"是原始的、真实的,而赵光义即位六年后与赵普联手公布的"独传约"是对原始"金匮之盟"的篡伪,其篡伪目的不是为赵光义继位寻找合法依据,而是为了否定赵廷美、赵德昭的皇位继承权,为赵光义传位于子制造依据。整个"金匮之盟"是一桩有真有伪、伪者又非纯伪的复杂事件。

这才是合乎逻辑的结论。